U0553309

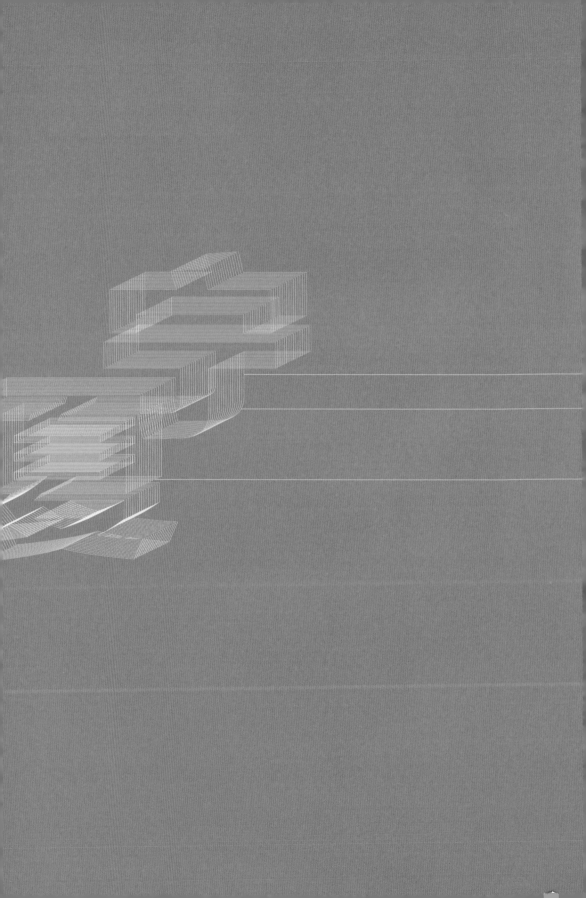

宁夏社会科学院文库

汉藏语音韵对应研究
——以杨福绵汉藏音韵研究成果为例

王艳春 著

A Study on Rhyme Correspondence in Sino-Tibetan Phonetics
— Taking Yang Fumian's Research as an Example

社会科学文献出版社
SOCIAL SCIENCES ACADEMIC PRESS (CHINA)

总　序

　　宁夏社会科学院是宁夏回族自治区唯一的综合性哲学社会科学研究机构。长期以来,我们始终把"建设成马克思主义的坚强阵地、建设成自治区党委政府重要的思想库和智囊团、建设成宁夏哲学社会科学研究的最高殿堂"作为时代担当和发展方向。长期以来,特别是党的十八大以来,在自治区党委政府的正确领导下,宁夏社会科学院坚持以习近平新时代中国特色社会主义思想武装头脑,坚持马克思主义在意识形态领域的指导地位,坚持以人民为中心的研究导向,增强"四个意识"、坚定"四个自信"、做到"两个维护",以"培根铸魂"为己任,以新型智库建设为着力点,正本清源、守正创新,不断推动各项事业迈上新台阶。

　　2016 年 5 月 17 日,习近平总书记在哲学社会科学工作座谈会上强调,当代中国正经历着我国历史上最为广泛而深刻的社会变革,也正在进行着人类历史上最为宏大而独特的实践创新。这种前无古人的伟大实践,必将给理论创造、学术繁荣提供强大动力和广阔空间。作为哲学社会科学工作者,我们积极担负起加快构建中国特色哲学社会科学学科体系、学术体系、话语体系的崇高使命,按照"中国特色哲学社会科学要体现继承性、民族性,体现原创性、时代性,体现系统性、专业性"的要求,不断加强学科建设和理论研究工作,通过国家社科基金项目的立项、结项和博士学位论文的修改完善,产出了一批反映哲学社会科学发展前沿的研究成果。同时，以重大现实问题研究为主要抓手，建设具有地方特色的新型智库，推出了一批具有建设性的智库成果，为党委政府决策提供了有价值的参考，科研工作呈现良好的发展势头和前景。

加快成果转化，是包含多种资源转化在内的一种综合性转化。2019年，宁夏社会科学院围绕中央和自治区党委政府重大决策部署，按照"突出优势、拓展领域、补齐短板、完善体系"的原则，与社会科学文献出版社达成合作协议，分批次从已经结项的国家社科基金项目、自治区社科基金项目和获得博士学位的毕业论文中挑选符合要求的成果，编纂出版"宁夏社会科学院文库"。

优秀人才辈出、优秀成果涌现是哲学社会科学繁荣发展的重要标志。"宁夏社会科学院文库"，从作者团队看，多数是中青年科研人员；从学科内容看，有的是宁夏社会科学院的优势学科，有的是跨学科或交叉学科。无论是传统领域的研究，还是跨学科领域研究，其成果都具有一定的代表性和较高学术水平，集中展示了哲学社会科学事业为时代画像、为时代立传、为时代明德的家国情怀和人文精神，体现出当代宁夏哲学社会科学工作者"为天地立心，为生民立命，为往圣继绝学，为万世开太平"的远大志向和优良传统。

"宁夏社会科学院文库"是宁夏社会科学院新型智库建设的一个窗口，是宁夏社会科学院进一步加强课题成果管理和学术成果出版规范化、制度化的一项重要举措。我们坚持以习近平新时代中国特色社会主义思想为指引，坚持尊重劳动、尊重知识、尊重人才、尊重创造，把人才队伍建设作为基础性建设，实施学科建设规划，着力培养一批年富力强、锐意进取的中青年学术骨干，集聚一批理论功底扎实、勇于开拓创新的学科带头人，造就一支立场坚定、功底扎实、学风优良的哲学社会科学人才队伍，推动形成崇尚精品、严谨治学、注重诚信的优良学风，营造风清气正、互学互鉴、积极向上的学术生态，要求科研人员在具备专业知识素养的同时，将自己的专业特长与国家社会的发展结合起来，以一己之长为社会的发展贡献一己之力，立志做大学问、做真学问，多出经得起实践、人民、历史检验的优秀成果。我们希望以此更好地服务于党和国家科学决策，服务于宁夏高质量发展。

路漫漫其修远兮，吾将上下而求索。宁夏社会科学院将以建设特色鲜明的新型智库为目标，坚持实施科研立院、人才强院、开放办院、管理兴院、文明建院五大战略，努力建设学科布局合理、功能定位突出、特色优势鲜明，在全国有影响、在西部争一流、在宁夏有大作为的社科研究机构。同时，努力建设成为研究和宣传马克思主义理论的坚强阵地，成为研究自治区经济社会发展重大理论和现实问题的重要力量，成为研究中华优秀传统文化、革命文化、社会主义先进文化的重要基地，成为开展对外学术文化交流的重要平台，成为自治区党委政府信得过、用得上的决策咨询的新型智库，为建设经济繁荣民族团结环境优美人民富裕的美丽新宁夏提供精神动力与智力支撑。

宁夏社会科学院
2020 年 12 月

前　言

　　汉藏语比较语言学作为一门国际性的语言学研究门类，其发展进步从未有过停歇。近期汉藏语同源词的研究又兴盛起来，而且呈现新的势态：即以学者论著为研究对象，对其汉藏语比较研究的成果进行梳理，将有建树的学者们提出的汉藏语同源词进行全面系统地总结，力图概括规律或提出问题与意见。本文通过对杨福绵关于汉藏语同源词的重要论文进行翻译整理归类，把其中出现的兼具汉语和藏语同源词的词项归纳为杨福绵汉藏语同源词表，对杨福绵汉藏语同源词在音韵上的对应体系和规律进行系统总结，以期为古汉语上古音更合理的构拟提供有益的现实依据和理论证明。

　　本书在结构上分为五章。第一章是绪论，有以下几方面内容。首先是介绍汉藏语比较研究概况，对国际国内研究现状进行描述。然后笔者对写作本文的目的和想法进行了简略交代。紧接着是介绍杨福绵先生及本文研究资料——杨福绵先生有关汉藏语比较研究的论文，说明写作体例。最后详细说明了本文进行汉藏语比较的音韵框架模式及比较方法。第二章是杨福绵汉藏语同源词概述，从绪论第三节所提及的资料中梳理出同源词并汇编成《杨福绵汉藏语同源词谱》。第三章杨福绵汉藏语同源词声母对应比较研究，这一章分为三大部分：先总体概述杨福绵声母体系，交代其与斯塔罗斯金上古汉语声母体系的关系，并比较斯氏的上古汉语声母体系与郑张尚芳先生的上古汉语声母体系；然后按声母发音部位，即唇音、牙音、舌音、齿音、喉音的顺序分别进行分析比较；最后对带有前缀 *s- 的情况进行重点分析。第四章是杨福绵汉藏语同源词韵母对应比较研究，分为两大部分内容：先介绍了杨福绵的构拟中所参照的斯塔罗斯金上古汉语韵母体系，并比较斯氏上古汉语韵母体系与郑张尚芳先生上古汉语韵母体系的异同；继而分别按照阴声韵、去声韵、入声韵、阳声韵的顺序对杨福绵汉藏语同源词对应情况进行分析。第五章为结论，概括总结前四章论述所得出的结论和没有解决的问题，以期对上古汉语语音构拟和汉藏语同源词对应比较中的某些问题提供参考与帮助。

目　录

第一章　绪论

第一节　汉藏语比较研究概况

早在 19 世纪初，印欧语比较研究便已发轫，并取得了辉煌灿烂的成就。在 20 世纪初问世的《印欧语词源词典》是印欧语比较研究的一部总集，广泛在世间通行。在印欧语比较研究的启发下，19 世纪末孔好古（August Conrady）在前人基础上比较明确地提出了"汉藏语系"这一概念。

"汉藏语系"这个概念虽已提出，但"汉藏语系"的划分和类别，时至今日也没有一致的定论。学界通常有两种看法：其一是以李方桂为代表，他在《中国的语言和方言》（1937）一文中，首次将汉藏语系划分为汉台和藏缅两个语支。1973 年，李方桂的这篇文章发表在美国《中国语言学报》（*Journal of Chinese Linguistics*）第一卷第一期上，他对自己的划分进行了调整和改动，把汉藏语系分为汉、苗瑶、侗台、藏缅四个语族。

另外一种影响深远的观点是以美国学者白保罗（又称本尼迪克特）（Paul K. Benedict）为代表，他与李方桂所持观点相去甚远。他在专著《汉藏语言概论》（1972）中指出，侗台和苗瑶两个语族应该归为南岛语系，不属于汉藏语系。白保罗对汉藏语系的划分比较单纯，认为只包括汉语和藏—克伦语。

不管汉藏语系怎样划分，汉语和藏语是汉藏语系中最主要组成部分这一点毋庸置疑，此二者的亲属关系早已得到学术界的普遍认同。既然属同一语系，必有此语系语言的共同祖先语言，我们把它称为"原始汉藏语"。汉藏语比较语言学的目的就在于构拟原始汉藏语。而对汉藏语同源词音韵对应规律的研究和掌握，必将成为构拟原始汉藏语的关键。

由于汉藏语系语言文献大大少于印欧语系，这一研究资料上的先天不足导致汉藏语比较研究语言学发展倍加艰难。国内外学者克服困难，披荆斩棘，在汉藏语比较研究历时百年之际，取得不少成就。汉藏语同源词的研究步入正轨始于英国学者西门华德（Simon Walter）。1929 年他的《藏汉语比较词汇集》出版，引起了汉藏语学界的极大关注。虽然后来学者们诟病于他的元音对应，但其功绩也不容忽视。冯蒸先生的《汉藏语比较研究的原则与方法——西门华德〈藏汉语比较词汇集〉评析》公正客观："1. 它是系统地、大规模地进行汉藏两语词汇比较的第一部著作；2.《词汇集》的确找到了一批相当可靠的汉藏同源词；3. 对汉藏两语的声韵系统对应关系勾画出一个大致的轮廓；4. 对藏语语音史和原始藏语的构拟提出了若干新见；5. 对上古汉语音韵以及形态和语义的研究极有启发；6. 在对汉藏两语进行具体比较的方法和程序方面有自己的一套独特方式，在方法论上有一定的影响。"[①] 作为汉藏语同源词比较研究的先驱之一，西门华德为此后的研究奠定了科学的基础和方法。

1972 年白保罗（Paul K.Benedict）《汉藏语言概论》作为里程碑式的专著问世，这开启了汉藏语比较研究的新时代。《汉藏语言概论》分 48 节，分论藏缅语族、克伦语族和上古汉语的音韵、形态和句法。马提索夫（James.A.Matisoff）为此书加了几百个注，使此书的内容能够适应时

[①] 冯蒸：《汉藏语比较研究的原则与方法》，《温州师院学报》（哲学社会科学版）1988 年第 4 期，第 13 页。

代，并说它构拟了 300 多个汉语同藏语的同源词。关于此书的同源词作者白保罗并没有给出确定的数字，今据周法高（1972）索引统计此书汉语与藏缅语同源词共有 342 个。这其中注明藏文的只有 52 个，且基本是构拟原始汉藏语的。可见白保罗进行汉藏语比较研究的基本手段是发掘同源词，目的是构拟原始汉藏语。

在汉藏语音韵比较研究方面，特别是对韵母系统的研究方面，台湾学者龚煌城有自己独到见解。1980 年他发表论文《汉语、藏语、缅语元音系统的比较研究》（*A Comparative Study of the Chinese, Tibetan, and Burmese Vowel System,* BIHP 51, 455-490.），开启了汉藏语韵母对应关系的比较。他在文章中对 169 对汉藏语同源词进行分析，总结对应规律。之后的《原始汉藏语的韵母系统》一文更是对 278 个汉藏同源词进行研究，对原始汉藏语的韵母系统进行构拟。他在《汉藏语比较语言学的回顾与前瞻》一文中，从发展历史和方法论的角度对汉藏语比较研究进行了梳理。龚煌城以藏缅语发音情况作为依据，构拟汉语上古音，就方法论而言，此种做法比较科学合理，为汉藏语比较研究语言学的持续发展助力不小。

国内学者在汉藏语比较研究方面亦建树颇多。俞敏的汉藏语比较研究开始很早，他从 1948 年开始研究，在 1989 年发表《汉藏同源词谱稿》。他在文中列举汉藏语同源词 595 个，就数目来说是最多的。他研究的最独特方式是引用经籍用例来证明汉藏同源在古汉语里也能考证。他认为汉藏语比较研究的目的在于"借藏语同源词窥测汉语上古音"。虽说有些例证只是发散思维，大胆假设，难以令人信服，但中外学者都没有做过这样的尝试，不能不说是一种创新，对后续研究颇具启发性。俞敏（1949）《释甥》所讨论的汉语"甥"与藏语 zaŋ 的同源问题，可谓国内汉藏语同源词比较的先河和典范。《汉藏韵轨》首次提出了上古汉语和藏文韵母的对应关系。他还分别在论文《汉藏虚字比较研究》《汉藏联绵字比较》中对汉藏语虚字和联绵字进行系统比较，共比证了 27 组汉藏虚字，100 多对联绵字。

郑张尚芳的汉藏语比较研究是从词汇、语义、音韵、语法等各方面进行的，他的研究全面且自成体系。在研究方法上，他的文章《汉语与亲属语同源词根及附缀成分比较上的择对问题——附录：华澳语言比较三百核心词表》讨论了汉藏语比较的择词问题，还附录了他新拟定的"华澳语言比较三百核心词表"；《汉语与亲属语言比较的方法问题》也指出亲属语言同源词比较应该重视择词，选择核心词根进行比较。他依照这些原则和方法挖掘了不少有价值的汉藏语同源词，对汉藏语比较研究在资料和方法上都有重大指导意义。《汉语上古音系表解——附录：共"声"同源词比较》提出了共"声"同源词理论，认为新的上古音构拟可以把古汉语谐声、通假、词源等研究与汉藏语言比较研究相互融合。这样使得构拟思路更加开阔，使汉语上古音构拟有了新的发展方向。自1981年以来，他先后写了二十余篇论文论述汉语上古音，并有专著《上古音系》。本文的上古音系统就是基本上采用郑张尚芳先生的体系。

第二节　本文撰写之源起及目的

近年来，冯蒸先生将音韵学研究重点投入汉藏语同源词音韵比较研究之上，尤其是对已有建树的汉藏语比较研究学者的论著进行概括总结。俞敏《汉藏韵轨》一文在语音比较方面指出汉藏语韵母存在着对应关系。冯蒸先生把这篇论文中的韵母对应情况以表格形式列出，同时归纳出汉藏韵母对应的十三个规律。经冯蒸先生指点，本人对汉藏语同源词比较研究也产生了浓厚兴趣。冯蒸先生把珍藏的杨福绵先生的论著倾囊相授，这些论著几乎全部用英语写就，在国内没有公开刊行，就是这些资料促成了我写出这样一篇论文：对杨福绵关于汉藏比较研究方面的诸多论著进行全面整理，研究其所收录的汉藏语同源词的音韵对应情况，系统总结杨福绵的汉藏语同源词对应体系和对应规律，并借此期望对汉语上古音的构拟提出有意义的问题和具有参考价值的意见。

本文写作有三个目的：其一，试将杨福绵论著中的汉藏语同源词汇集在一起加以检验，并从声母和韵母两方面进行比较，特别是将杨福绵对复辅音声母的研究进行系统梳理，以期为汉藏语比较研究这一大领域贡献绵力；其二，对这些同源词进行音韵分析，试找出杨福绵汉藏语同源词在音韵方面的某些对应关系，杨福绵构拟的一些"原始汉藏语"形式可为其他研究者提供参考；其三，本文所用杨福绵的论著绝大部分在国内没有公开刊行，有些甚至是手稿，本人择取重要篇章自行翻译，附录在后，以飨对此有兴趣的深入研究者。

第三节　杨福绵简介

杨福绵于 1925 年 10 月 16 日出生于中国河北保定，1947~1949 年就读于上海震旦大学，1964 年在日本东京大学学习语言学，1967 年在美国华盛顿乔治城大学取得中国语言学博士学位。1972 年起在乔治城大学语言学院中日文系任副教授。其专长是中国语言书志学、中日文书目编纂，主要从事汉语及汉语方言的教学和科研工作，于 1974 年加入美国国籍。

杨福绵极具语言天赋，他精通保定话、上海话和厦门话，对客家方言和广东话也能熟练掌握运用。杨福绵对其他语系语言也多有涉猎，其论著几乎全部用英语写成。

杨福绵心系祖国，曾在中美建交后多次回国，与国内学者就汉语现代方言和古代汉语乃至原始汉藏语之间的同源关系展开深入交流与讨论，并在多所大学为年轻学生进行教学及讲座，鼓励并指点学生们开展语言学学习研究，为汉藏语比较研究在国内的深入推进做出了一定贡献。

杨福绵笔耕不辍，其论著颇丰，著有《中国语言学书目设计：1961-1974》（1974 年）、《中国方言学设计，1974—1975 年，中国方言学书目精选和分类》（1976 年）等。关于杨先生论著的具体情况，不是本文所要探讨的内容，故不在这里赘述。

第四节　本文进行汉藏语比较研究的资料

杨福绵对于汉藏语同源词比较研究并没有系统的专著，只是以论文的形式零散见于某些学术性期刊，本文所采用的资料主要来自杨福绵以下几篇论文。

1. 现代方言与古代汉语的构拟（复辅音声母）

Modern Dialects and the Reconstruction of Archaic Chinese (Initial Consonant Cluster), Georgetown University, 1968.

2. 上古汉语的 *s- 前缀

Prefix*s-in Proto-Chinese, *8th ICSTLL*,1975:10, pp.24-26

3. 上古汉语的 *s-、*SK-、*SKL- 复辅音前缀：第一部分 *s- 和 *SK- 前缀

Prefix*s-and*SK-,*SKL-clusters in Proto-Chinese(PC):Part Ⅰ. Prefix*s- and *SK- clusters. Genetic Relationship, *Diffusion and Typological Similarities of East and Southeast Asian Languages*, Tokyo, 1976, pp.3510.411.

4. 上古汉语的 *s-、*SK-、*SKL- 复辅音前缀：第二部分 *s- 和 *SKL- 前缀

Prefix *s- and *SK-, *SKL-clusters in Proto-Chinese: Part Ⅱ. Prefix *s- and *SKL-clusters. *9th ICSTLL*, 1976: 10, pp.22-24.

5.*S-KL- 复辅音前缀形式在藏缅语中的相应成分

Proto-Chinese *S-SK- and Tibeto-Burman Equivalents. *10th ICSTLL*, 1977, 10, pp.14-16.

6.*SK- 复辅音前缀形式在藏缅语中的相应成分

Proto-Chinese *SK- and Tibeto-Burman Equivalents. *11th ICSTLL*, 1978,10, pp.20-22.

7. 现代汉语方言和上古汉语中的 *kə- 前缀

Prefix *kə- in Modern Chinese Dialects and Proto-Chinese. *MS33*,1978, pp.286-299.

8. 远古及上古汉语 *SK- 及 *SKL- 声母的构拟

9. 远古及上古 *SKL- 声母

10. 远古汉语唇音前缀在古代汉语和现代汉语方言中的残存

Traces of Proto-Chinese Bilabial Prefixes in Archaic and Modern Chinese. *12th ICSTLL*, 1979,10, pp.11-21.

11. 中国文化和远古汉语：第一部分 古代汉语和原始闽方言

Sinitic and Proto-Chinese: Part I Archaic Chinese and Proto-Min. *15th ICSTLL*, 1982, 8, pp.18-19.

12. 远古汉语的 *s- 和 *st- 复辅音前缀：第一部分 谐声和方言（初稿）

Prefix *s- and *st- cluster in Proto-Chinese: Part I. From Xie-sheng and Dialect Reflexes (first draft). 18th ICSTLL, 1985, 8, pp.28-29.

13. 现代汉语方言及远古汉语的复辅音 *KL-

Initial Consonant Clusters *KL- in Modern Chinese Dialects and Proto-Chinese. Linguistics of the Sino-Tibetan Area: The State of the Art, Papers presented to Paul K. Benedict for his 71st birthday, 1985, pp.169-179.

14. 上古汉语多音字反映出的原始汉语前缀

Proto-Chinese Prefixes as Reflected in Archaic Polyphonous Characters.

以上 14 篇论文是按照发表日期先后排序的，杨福绵先生的汉藏语同源词比较研究分散其中，笔者将其选取出来，汇编成表，见下文。

第五节　本文进行汉藏语比较的音韵框架模式及比较方法

相对于语言学研究的其他领域，汉藏语同源词比较研究开始较晚，其同源词比较所采用的音韵框架模式，研究者们各执己见，目前学界尚无统一规范。冯蒸先生根据汉藏语同源词比较研究现状，遍考各家之言，撰成颇富指导性的学术论文《论古汉语和藏语同源词比较研究的音韵框架模式》。该文提出的汉藏语同源词音韵比较框架，极具可行性，是一种相对理想的比较框架，具体操作起来对总结汉藏语同源词音韵间的对应关系有很强的系统性。本文即采用冯蒸先生的这一框架模式来进行杨福绵汉藏语同源词的音韵比较研究。

声母部分，本文选用郑张尚芳（2003）上古声母系统，韵母部分则参考冯蒸先生撰写的《论古汉语和藏语同源词比较研究的音韵框架模式》一文中提出的韵母框架模式。

一　用于汉藏语比较的上古声母系统

冯蒸先生在《论古汉语和藏语同源词比较研究音韵框架模式》一文中，对郑张尚芳的上古声母体系予以高度评价和肯定："郑张尚芳先生的上古声母构拟体系是到目前为止最系统、全面、解释力最强的上古声母构拟体系。该体系遵循基辅音前有若干种冠音，后有 r、l、j、w 四种垫音的通则。声母分冠音、基辅音、垫音三种成分，分别处于声首、声干、声尾三个位置。处于声首的冠音有五类：啝冠 s-，喉冠 ʔ-、h-、ɦ-，鼻冠 m-、N-，流冠 r-，塞冠 p-、t-、k-。作为声干的基辅音可由各个单辅音充当。垫音即流音 r、l 与通音 j、w，通音性垫音可同时两个出现，亦能与流音性垫音同时出现"，所以冯蒸先生指出，用于汉藏语同源词比较研究的上古汉语声母体系应是"以中古汉语的 38 声母为基础，吸收郑张尚芳（2003）的研究成果，充分考虑到前缀音（郑张尚芳称冠音，下同）和垫音的影响的上古汉语声母体系"。

现将郑张尚芳上古汉语声母体系以表 1-1 呈现。

表 1-1　郑张尚芳上古汉语声母体系

单声母	复辅音声母								
k 见	kl'	tk	kr'	ŋk	mk	sk	skr	kj	
kh 溪	pkh	khl'	tkh	khr'	ŋkh	mkh	skh	skhr	khj
g 群匣	pg	mg	gl'	gr'	ŋg	sg	sgr	gj	

续表

单声母	复辅音声母											
ŋ 疑	tŋ	ŋl'	ŋr'	rŋ	kŋ	sŋ	sŋr	hŋj	ŋj	ʔŋ	hŋ	ɦŋ
ŋh 哭	pŋh	mŋ	tŋh	ŋhr'	ŋhl'	sŋh	sŋhr	ŋhj				
p 帮	pk	pq	pŋ	mp	pl'	pr'	kp	sp	spr	pj		
ph 滂	mph	phl'	phr'	kph	sph	sphr	phj					
b 並	mb	bl'	br'	sb	sbr	bj						
m 明	ml'	mr'	km	sm	smr	hmj	mj	ʔm	hm	ɦm		
mh 抚	mhr'	kmh	smh	smhr	mhj							
t 端	nt	rt	kt	st	str	tj						
th 透	nth	rth	sth	sthr	thj							
d 定	nd	rd	sd	dj								
n 泥	mn	tn	rn	sn	ʔnj	hnj	nj	ʔn	hn	ɦn		
nh 滩	snh	nhj										
l 以	rl	sl	lj	plj	klj	qlj	ʔlj	ʔl	ɦblj	ɦglj	ɦil	glj<ɦlj
	khlj	phlj	hlj	glj	blj	hl	g·l	gw·l	b·l	ŋlj	mlj	qhlj<hj
lh 胎	slh	lhj										
s 心	ʔs	ʔsr	sr	sl'	sr'							
sh/tsh 清	shr											
z/dz 从	zr											
r 来	g·r	gw·r	m·r	b·r	rj	ʔr	hr	ɦr				
rh 宠	rhj											
q/ʔ 影	mq	ql'	tq	qr'	sq	sqr	qj	qwj	ʔl'	ʔr'		
qh/h 晓	pqh	qhl'	hl'	tqh	qhr'	hr'	sqh	sqhr	qhwj	qhj<hj		
ɢ/ɦ 云匣	pɢ	mɢ	gl'	ɦil'	ɢr'	ŋɢ	sɢ	sɢr	gj/ɦj	gwj/ɦwj		

二　用于汉藏语比较的上古韵母系统

本文研究所采用的汉藏语比较的上古韵母体系，是以冯蒸（2006）提出的"'阴、去、入、阳'四分、三十三部框架为基础，吸收郑张尚芳（2003）的脂质真三部韵尾二分说以及俞敏（1949/1999，1989）的侵缉部各二分说"为基础的。"在传统的阴、阳、入三分的基础上，增加了去声韵三部，此类去声韵仅限于与收 -t/-n 韵尾相配的阴声韵，它们不但系统地对应于藏文的 -s 尾韵类，而且本身也应是收 -s 尾的"，这是该框架最大特点之一。相对于方法论而言，这一框架具有科学合理性和实践可行性。

表1-2　古韵三十三部

类别	序号	阴声韵	去声韵	入声韵	阳声韵
甲类韵	一	1. 之		2. 職	3. 蒸
	二	4. 幽		5. 覺	[6. 冬]
	三	7. 宵		8. 藥	
	四	9. 侯		[10. 屋]	[11. 東]
	五	12. 魚		13. 鐸	14. 陽
	六	15. 支		[16. 錫]	17. 耕
乙类韵	七	18. 脂	（19. 至）	20. 質	21. 真
	八	22. 微	（23. 隊）	24. 物	25. 文
	九	26. 歌	27. 祭	28. 月	29. 元
丙类韵	十			30. 緝	31. 侵
	十一			32. 葉	33. 談

表1-3　俞敏《汉藏同源字谱稿》汉藏韵母对应

类别	阴声韵		去声韵		入声韵		阳声韵	
	汉	藏	汉	藏	汉		藏	汉	藏
甲类	之	-i、-e			職		-ig	蒸	无字俞敏 -aŋ、-iŋ郑张
	幽	-u			沃		-ug、-ig		
	宵	无字俞敏 -o、-ogs郑张			藥		无字俞敏 -og郑张		
	侯	-o、-u			屋		-ug	東	-uŋ、-aŋ
	魚	-a			鐸		-og	陽	-oŋ、-aŋ、-uŋ
	支	-e			錫		-ag、-ig	耕	-aŋ、-iŋ、-eŋ
乙类	脂	1	-i、-e、-ir	至	-is	質	1	-id、-ed	真	1	-in、-en
		2	-er、-il、-as		-es		2	-is		2	
	微		-ur、-ol -ul、-or	隊	-os	術		-ud、-od -ed	諄	-un、-on、-ul -en、-el
	歌		-al	祭	-as	月		-ad、-od -al、-as	元	-an、-al、-on
丙类						緝		-ib、-eb	侵	-im、-em
						合		-ub、-ob	覃（冬）	-um、-om
						盍		-ab	談	-am

表1–4　郑张尚芳（2003）上古韵母系统与俞敏（1949/1999）《汉藏韵轨》韵母系统比较

类别		俞敏	郑张尚芳	俞敏	郑张尚芳	俞敏	郑张尚芳
甲类	1	（之）咍-i	-ɯ	（职）德-ig	-ɯg	（蒸）登(无字)	-ɯŋ
	2	（幽）觉-u	-u	（觉）萧入-ug	-ug	（冬）冬-om	-uŋ
	3	（宵）豪(无字)	-ew、-aw -ow	（药）沃(无字)	-ewG、-awG -owG		
	4	（侯）侯-o、-u	-o	（屋）屋-ug	-og	（东）东-uŋ、-aŋ	-oŋ
	5	（鱼）模-a、-ar	-a	（铎）铎-og	-ag	（阳）唐-oŋ、-aŋ	-aŋ
	6	（支）齐(无字)	-e	（锡）锡-ag、-ig	-eg	（耕）青-aŋ、-iŋ、-eŋ	-eŋ
乙类	7	（脂微）灰-i、-e、-ir、ɐr、ɑr、ɔi、ɛs	（脂）-i、-il	（质）屑-id、-ed	-id、-ig	（真）先-in、-en	-in、-iŋ
	8		（微）-ul、-uul	（物）没-ud、-uud	-ud、-uud	（文）魂痕-un、-on、-en	-un、-uun
	9	痕部与灰对转的-ul、-el					
	10	（歌）歌(无字)	-el、-al、-ol	（月）曷末-ad、-od	-ed、-ad、-od	（元）寒桓-an、-on	-en、-an、-on
丙类	11			（缉）合甲-ib、-ob	-ib、-ɯb、-ub	（侵）覃甲-im、-em	-im、-ɯm
	12			（缉）合乙-ub、-ob		（侵）覃乙-um、-em	-um
	13			（葉）怗-ab	-eb、-ab、-ob	（谈）添-am	-em、-am、-om

三　用于汉藏语比较的藏文声母系统

藏文有30个基本单辅音声母，冯蒸认为"完全据此进行汉藏语的声母比较我们认为还不够。这里提出的原始藏语声母框架是吸收了李方桂1933，白保罗1942，张琨1977，龚煌城1977，赵彤2003诸家对原始藏语形式的拟测，即充分考虑到藏文的前缀音（八个：b、d、g、m、ɦ、r、l、s）和介音（四个：r、l、w、j）对声母的影响。"也就是要把原始的复辅音声母形式引入汉藏语比较当中，不能只就基本单声母进行比较。现代藏文的一个重要特点就是复辅音声母趋于简化和消失，想要全面系统地构拟原始汉藏语，构拟原始复辅音声母、对复辅音声母进行比较自然必不可少。

表 1-5　用于汉藏语比较的藏文声母体系 [①]

p 组

	p	ph	b	m
Ø- 前缀 [②]	p- 部分 <ph-			
s- 前缀	sp-<s-ph-			
d- 前缀	dp-<d-ph-			
ɦ- 前缀		ɦph-<ɦ-p-		
-l- 介音			bl-<b-l-	

t 组

	t	th	d	n	l	r
Ø- 前缀	t- 部分 <th-	th-	d-	n-	l-	r-
s- 前缀	st-<s-th-				sl-<s-lh-	
b- 前缀	bt-<b-th-					
g- 前缀	gt-<g-th-					
l- 前缀	(1)lt-<l-th- (2)lt-<d-th-(?)		ld-<d-l- <ɦ-l-(?)		gl-, kl-< g-lh, g-l-	
r- 前缀	rt-<r-th-					
m- 前缀		mth-<m-t-				
ɦ- 前缀		ɦth-<ɦ-t-				
-l- 介音						rl-<r-l-

k 组

	k	kh	g	ŋ
Ø- 前缀	k- 部分 <kh-	kh-	g-	ŋ-
s- 前缀	sk-<s-kh-			
b- 前缀	bk-<b-kh-			
d- 前缀	dk-<d-kh-			
l- 前缀	lk-<l-kh-			
r- 前缀	rk-<r-kh-			
m- 前缀		mkh-<m-k-		
ɦ- 前缀		ɦkh-< ɦ-k-		
-l- 介音	kl-<k-l-		gl-<g-l-	

[①] 　该表共包括 p 组、t 组、k 组、ts 组、tɕ 组、h 组六个部分，同表 1-1 中的唇音、牙音、舌音、齿音·精庄组、齿音·章组、喉音六个部分一一对应，故也仍划为一个表格。

[②] 　表中"Ø- 前缀"指藏文单声母本身，下同。

ts 组

	ts	tsh	dz	s	z
Ø- 前缀	ts-部分<tsh-	tsh-	dz-	s-	z-
s- 前缀					
b- 前缀	bts-<b-tsh-			s-<s-tsh-	
g- 前缀	gts-<g-tsh-				gz-<g-dz-
r- 前缀	rts-<r-tsh-				
m- 前缀		mtsh-<m-ts-			
ɦ- 前缀		(1)ɦtsh-<ɦ-s- (2)ɦtsh-<ɦ-ts-(?)	ɦdz-<ɦ-z-		
-l- 介音				sl-<s-l-	zl-<z-l-<sɢl(?)

tɕ 组

	tɕ	tɕh	dʑ	ɕ	ʑ	ȵ
Ø- 前缀	tɕ-部分<tɕh-	tɕh-	dʑ-	ɕ-	ʑ-	ȵ-
s- 前缀				ɕ-<s-tɕh-		
b- 前缀	btɕ-<b-tɕh-					
g- 前缀	gtɕ-<g-tɕh-					
l- 前缀	ltɕ-<l-tɕh-					
r- 前缀			rdʑ-<r-ʑ-			
m- 前缀		mtɕh-<m-tɕ-				
ɦ- 前缀		(1)ɦtɕh-<ɦ-ɕ- (2)ɦtɕh-<ɦ-tɕ-				
-j- 介音	tɕ-<tj- tɕ-<tsj-	tɕh-<thj- tɕh-<tshj-	dʑ-<dj- dʑ-<dzj-	ɕ-<sj	ʑ-<zj	ȵ-<nj
-r- 介音				ɕ-部分<sr-	ʑ-部分ʑr-	

h 组

	h	ɦ	ʔ	w	j
Ø- 前缀	h-	ɦ-	ʔ-	w-	j-

四　用于汉藏语比较的藏文韵母系统

用于汉藏比较的藏文韵母系统，冯蒸先生有言："通常认为藏文有 77 个韵母，从汉藏语比较的角度有必要对藏文的韵母系统进行新的分类，参照汉语上古音的韵部分类体系和术语，我们认为藏文的韵母分类亦可采用四分法，即也把藏文的韵母按照韵尾的特征分成阴、阳、去、入四类。"根据此"四分法",可将藏文的 77 个韵母重新划分如下。

表 1-6　藏文韵母

a	e	i	o	u
ag	eg	ig	og	ug
ags	egs	igs	ogs	ugs
aŋ	eŋ	iŋ	oŋ	uŋ
aŋs	eŋs	iŋs	oŋs	uŋs
ad	ed	id	od	ud
an	en	in	on	un
ab	eb	ib	ob	ub
abs	ebs	ibs	obs	ubs
am	em	im	om	um
ams	ems	ims	oms	ums
ar	er	ir	or	ur
al	el	il	ol	ul
as	es	is	os	us
afii	efii	ifii	ofii	ufii
afiu	efiu			

表 1-7　藏文韵母分类及相配关系

阴声韵		去声韵		入声韵		阳声韵	
-Ø	-a			-g	-ag	-ŋ	-aŋ
	-e				-eg		-eŋ
	-i				-ig		-iŋ
	-o				-og		-oŋ
	-u				-ug		-uŋ
				-gs	-ags	-ŋs	-aŋs
					-egs		-eŋs
					-igs		-iŋs
					-ogs		-oŋs
					-ugs		-uŋs
-r	-ar	-s	-as	-d	-ad	-n	-an
	-er		-es		-ed		-en
	-ir		-is		-id		-in
	-or		-os		-od		-on
	-ur		-us		-ud		-un

阴声韵		去声韵	入声韵		阳声韵
	-al				
	-el				
-l	-il				
	-ol				
	-ul				
				-ab	-am
				-eb	-em
			-b	-ib	-im
				-ob	-om
				-ub	-um

注：参照汉语上古音韵部分类体系，将藏文韵母用四分法予以分类。具体来说，韵尾是 -Ø、-r、-l、-ɦi、-ɦu 的是阴声韵，韵尾是 -m、-ms、-n、-ŋ、-ŋs 的是阳声韵；韵尾是 -s 的是去声韵，韵尾是 -b、-bs、-d、-g、-gs 的是入声韵（其中 -gs、-bs 还可以再细分为两类，一类是入声韵，一类是去声韵，不过这里暂且统一归为入声韵）。藏文的阳声韵和入声韵的韵尾发音部位相同者可以按照主元音相配，至于藏文阴声韵与阳声韵和入声韵的相配关系暂不十分明确，暂时把 -Ø 尾与收喉的 -ŋ、-ŋs、-g、-gs 相配，-r、-l 尾与收舌的 -n、-d 相配，以待进一步的研究。藏文的去声韵亦至于收舌的韵母相配。

第二章 杨福绵汉藏语同源词

第一节 杨福绵汉藏语同源词谱体例

本节将从绪论第三节中列出的文章资料中分检出杨福绵汉藏语同源词，并将其按照郑张尚芳上古韵部的分部顺序汇成同源词谱。笔者以之部第一个字为例具体说明杨福绵同源词谱的体例。

1. 之部

1.1 **原始汉藏语**：s-mraŋ~*s-mrak

汉字：诲（947n）

杨福绵拟音：*xmwəg(C)<*s-mrəg(?) **汉字义**：教导

郑张上古拟音：hmɯɯs **上古音韵地位**：明之

中古音（反切）：晓灰去蟹合一（荒内）

藏文：smra-ba，也作 smar-ba **藏文义**：说，讲

以上各项的位置关系可以用表 2-1 来进行标示。

表 2-1　杨福绵汉藏语同源词谱体例位置关系

行号	内容 1	内容 2
1	编号	上古韵部
2	编号	原始汉藏语

续表

行号	内容 1	内容 2
3	汉字	（汉文典编号）
4	杨福绵拟音	汉字义
5	郑张拟音	上古音韵地位
6	中古音韵地位	（反切）
7	藏文	藏文义

下面对表 2-1 各项进行简单说明。

1. 第一行中"编号"为韵部顺序，后跟具体上古韵部，如 1. 之部，2. 蒸部……以此类推。

2. 第二行中"编号"分为两部分，前一部分是按郑张尚芳上古汉语韵部为排列次序的编号，如 1 之部，2 蒸部……以此类推。第三行后一部分是按此同源词在杨福绵文章中出现的先后顺序编号；"原始汉藏语"即杨福绵自己构拟或选取他人构拟的上古汉藏语共同语，有些同源词杨福绵没有拟出原始汉藏语，这种情况标注为"未构拟"。

3. 第三行"汉字"即杨福绵文中所举上古汉语，括号内为该字在《汉文典》的编号。

4. 第四行"汉字义"为杨福绵文章所用意义，"杨福绵拟音"即材料中杨福绵先生所拟上古汉语语音、均以国际音标记录并在末尾以 ABCD 表示汉语的平上去入四声，有些拟音是杨福绵采纳别家所拟，具体情况同源词谱中有标明。

5. 第五行的"郑张拟音"是据郑张尚芳（2003）的上占拟音系统加以注明的，包括上古音韵地位（声母和韵部）。

6. 第六行"中古音韵地位"是该字中古音的音韵地位：分别表示中古的声母、韵部、开合、等位、声调和摄，重组韵则在等位前加"重"字用以区别。音韵地位后面的括号内为此字的反切。为保证音韵资料以原貌呈现，此处内容均以繁体汉字书写，不改简体。

7. 最后一行"藏文"为材料中所举藏语书面语转写，"藏文义"为杨福绵文中所举藏文释义。

第二节 杨福绵汉藏语同源词谱

1. 之部

1.1 **原始汉藏语**：s-mraŋ~*s-mrak

汉字：诲（947n）

杨福绵拟音：*xmwəg(C)<*s-mrəg(?) **汉字义**：教导

郑张上古拟音：hmɯɯs **上古音韵地位**：明之

中古音（反切）：晓灰去蟹合一（荒内）

藏文：smra-ba，也作 smar-ba **藏文义**：说，讲。

1.2 **原始汉藏语**：*(s-)grâk~*(s-)krâk

汉字：骇（937s）

杨福绵拟音：*gʻɛg(C)<*gʻrěg **汉字义**：惊慌，害怕

郑张上古拟音：grɯɯʔ **上古音韵地位**：匣之

中古音（反切）：匣皆上蟹开二（侯楷）

藏文：skrag-pa **藏文义**：害怕，被吓到

1.3 **原始汉藏语**：*(s-)grâk~*(s-)krâk

汉字：惎（952u）

杨福绵拟音：*gʻjəg(C)<*gʻrəg **汉字义**：害怕

郑张上古拟音：kɯ **上古音韵地位**：见之

中古音（反切）：见之平止开三（居之）

藏文：dkrog-pa, skrog-pa **藏文义**：心神不安，激起，害怕

1.4 **原始汉藏语**：未构拟

汉字：友（995b）

杨福绵拟音：*gjǔg(B)（李方桂 *rəgwx）<*g-ljôg **汉字义**：朋友，伙伴

郑张上古拟音：ɢʷɯʔ **上古音韵地位**：云之

中古音（反切）：云尤上流开三（云久）

藏文：grogs **藏文义**：朋友，伙伴

1.5　原始汉藏语：*(s-)kek

汉字：灾（940a）

杨福绵拟音：*skəg/tsâi(A) **汉字义**：灾难，毁灭，伤害，不幸

郑张上古拟音：ʔsɯɯ **上古音韵地位**：心之

中古音（反切）：精咍平蟹开一（祖才）

藏文：kag-ma,keg-ma **藏文义**：不幸，伤害

1.6　原始汉藏语：*sgə·k

汉字：俟（976m）

杨福绵拟音：*sgʻi̯əg/dẓʻi(B) **汉字义**：等待

郑张上古拟音：sgrɯʔ **上古音韵地位**：心之

中古音（反切）：崇之上止开三（牀史）

藏文：sgug-pa **藏文义**：等待，期待

1.7　原始汉藏语：*(s-)kyek

汉字：嘻（955e）

杨福绵拟音：*s-kʻi̯əg/xji(A) **汉字义**：噢（因为高兴或害怕而尖叫）

郑张上古拟音：qhɯ **上古音韵地位**：晓之

中古音（反切）：晓之平止开三（許其）

藏文：kye-ma **藏文义**：噢，哎呀

1.8　原始汉藏语：*ʔ-gək~*ʔ-kək

汉字：礙（956g）

杨福绵拟音：*ʔgəg/ŋâi(C) **汉字义**：障碍

郑张上古拟音：ŋɯɯs **上古音韵地位**：疑之

中古音（反切）：疑咍去蟹开一（五溉）

藏文：ʼkʻegs-pa **藏文义**：阻止，停止，关闭

1.9　原始汉藏语：*(s-)gə·k

汉字：字（964n）

杨福绵拟音：*sgʻiə̯g/dzʻi(C) 汉字义：培育，养育；爱，爱抚；孕育

郑张上古拟音：zlɯ 上古音韵地位：從之

中古音（反切）：從之去止开三（疾置）

藏文：sgag-pa 藏文义：交配

1.10　原始汉藏语：*(s-)gə·k

汉字：孳（966k）

杨福绵拟音：*sgʻiə̯g/dzʻi(C) 汉字义：交配；繁殖

郑张上古拟音：ʔɯs 上古音韵地位：心之

中古音（反切）：精之平止开三（子之）

藏文：sgag-pa 藏文义：交配

2. 職部

2.1　原始汉藏语：*(s-)grâk~*(s-)krâk

汉字：伏（918j）

杨福绵拟音：*tʻjək<*s-kʻjək<*s-kʻrək 汉字义：怕

郑张上古拟音：lhɯɡ 上古音韵地位：胎職

中古音（反切）：徹職入曾开三（恥力）

藏文：skrag-pa 藏文义：害怕，被吓到

3. 蒸部

3.1　原始汉藏语：*s-kyəŋ~*s-kyək

汉字：鷹（890c）

杨福绵拟音：*sgiaŋ/i̯aŋ(A) 汉字义：鹰，猎鹰

郑张上古拟音：qɯŋ 上古音韵地位：影蒸

中古音（反切）：影蒸平曾开三（於陵）

藏文：skyiŋ-ser 藏文义：鹰，猎鹰

3.2　原始汉藏语：*(s-,ʔ-)kyəŋ~*(s-,ʔ-)kyək

汉字：承（896c）

杨福绵拟音：*sgyi̯əŋ/ źi̯əŋ(A) 汉字义：举，交给

郑张上古拟音：gljɯŋ **上古音韵地位：**群蒸

中古音（反切）：禅蒸平曾开三（署陵）

藏文：'kʻyoŋ-ba 藏文义：带来

3.3　原始汉藏语：*(s-,ʔ-)kyəŋ~*(s-,ʔ-)kyək

汉字：拯（896i）

杨福绵拟音：*skyi̯əŋ/ tśi̯əŋ(B) 汉字义：救，帮助；举

郑张上古拟音：kljɯŋʔ **上古音韵地位：**见蒸

中古音（反切）：章蒸上曾开三（支庱）

藏文：'kʻyog-pa，过去时 kʻyag，命令式 kʻyog **藏文义：**举，举起，带来

3.4　原始汉藏语：*(s-,ʔ-)kyəŋ~*(s-,ʔ-)kyək

汉字：抍（897e）

杨福绵拟音：*sgyi̯əŋ/ śi̯əŋ(A)，*sgyi̯əŋ/ tśi̯əŋ(B) 汉字义：举起，救

郑张上古拟音：hljɯŋ **上古音韵地位：**晓蒸

中古音（反切）：书蒸平曾开三（識蒸）

藏文：'kʻyog-pa，过去时 kʻyag，命令式 kʻyog **藏文义：**举，举起，带来

4. 幽部

4.1　原始汉藏语：*(s-,ʔ-)kyəŋ~*(s-,ʔ-)kyək

汉字：救（1066m）

杨福绵拟音：*ki̯og/ki̯əu(C) 汉字义：帮助，救，解脱

郑张上古拟音：kus **上古音韵地位：**见幽 1

中古音（反切）：见尤去流开三（居祐）

藏文：'k'yog-pa，过去时 k'yag，命令式 k'yog **藏文义**：举，举起，带来

4.2 原始汉藏语：未构拟

汉字：潲（1077o）

杨福绵拟音：*sjôg(B)<*s-njôg **汉字义**：排尿

郑张上古拟音：sluwʔ **上古音韵地位**：心幽 2

中古音（反切）：心尤上流开三（息有）

藏文：tś'u-bsnyogs **藏文义**：浑浊，脏水

4.3 原始汉藏语：未构拟

汉字：溲（1097d）

杨福绵拟音：*sjôg(A)<*s-ljôg<*s-njôg **汉字义**：排尿

郑张上古拟音：sru **上古音韵地位**：心幽 1

中古音（反切）：生尤平流开三（所鸠）

藏文：rnyog-pa **藏文义**：浑浊的，搅动

4.4 原始汉藏语：*(s-)grâk; *s-grâk

汉字：摎（1069d）

杨福绵拟音：*gljôg(A), *kljôg(A) **汉字义**：转圈系上

郑张上古拟音：kruuuw **上古音韵地位**：见幽 2

中古音（反切）：见肴平效开二（古肴）

藏文：grags-pa **藏文义**：系

4.5 原始汉藏语：*(s-) grâg

汉字：叫（1064g）

杨福绵拟音：*kjôg(C)<*krjôg **汉字义**：喊，呼

郑张上古拟音：kiiws **上古音韵地位**：见幽 3

中古音（反切）：見萧去效开四（古弔）

藏文：'grags-pa **藏文义**：发声，哭，喊

4.6 原始汉藏语：*(s-) grâg

汉字：哮（1168d）

杨福绵拟音：*xog(A&C)<*xrog<*g'rog **汉字义**：咆哮

郑张上古拟音：qhruus **上古音韵地位**：曉幽 1

中古音（反切）：曉肴去效开二（呼教）

藏文：'k'rog-pa **藏文义**：咆哮

4.7 原始汉藏语：*(s-) grâg

汉字：咻（1070g）

杨福绵拟音：*xjôg(A)<*xrjôg<*grôg **汉字义**：大声疾呼

郑张上古拟音：qhu **上古音韵地位**：曉幽 1

中古音（反切）：曉尤平流开三（許尤）

藏文：sgrog-pa **藏文义**：哭，喊

4.8 原始汉藏语：*(s-) grâg

汉字：嘹（1069q）

杨福绵拟音：*xlộg(A)<*xrôg<*grôg **汉字义**：夸张的

郑张上古拟音：g·ruuw **上古音韵地位**：來幽 1

中古音（反切）：來豪平效开一（郎刀）

藏文：'k'rog-pa **藏文义**：咆哮

4.9 原始汉藏语：*s-nok~*s-njok

汉字：扰（1152a）

杨福绵拟音：*ńjog(B)<*s-ńjog **汉字义**：打乱

郑张上古拟音：njiwʔ **上古音韵地位**：泥幽 3

中古音（反切）：日宵上效开三（而沼）

藏文：sŋogs-pa **藏文义**：恼火，生气

4.10 原始汉藏语：*(s-)gjôk~*(s-)kjôk

汉字：觚（1064f）

杨福绵拟音：*g'jǒg(A) **汉字义**：角形的，弯且长的

郑张上古拟音： gruuw **上古音韵地位：** 群幽 2

中古音（反切）： 群幽平流开重三（渠幽）

藏文： gyog-pa **藏文义：** 弯曲，弧形

4.11 原始汉藏语： *(s-)gjôk~*(s-)kjôk

汉字： 觩（1066f）

杨福绵拟音： *g'jôg(A) **汉字义：** 长且弯曲，角形的

郑张上古拟音： gu **上古音韵地位：** 群幽 1

中古音（反切）： 群幽平流开重三（渠幽）

藏文： kyog, kyog-kyog **藏文义：** 弯曲，弧形

4.12 原始汉藏语： *(s-)kok

汉字： 陶（1047a）

杨福绵拟音： *sg'ôg/d'âu(A) **汉字义：** 窑；陶器

郑张上古拟音： luu **上古音韵地位：** 以幽 1

中古音（反切）： 以宵平效开三（餘昭）

藏文： k'og-ma **藏文义：** 罐子，陶器

4.13 原始汉藏语： *(s-)kok

汉字： 窑（1144b）

杨福绵拟音： *sgiog/i̯äu(A) **汉字义：** 窑

郑张上古拟音： luu **上古音韵地位：** 以幽 1

中古音（反切）： 以宵平效开三（餘昭）

藏文： k'og-ma **藏文义：** 罐子，陶器

4.14 原始汉藏语： *(s-,a-)gyuk~*(s-,r-)kyuk

汉字： 骤（131q）

杨福绵拟音： *sg'i̯ôg/dẓ'i̯u̯u(C) **汉字义：** 快跑（特指马），迅速，突然

郑张上古拟音： zrus **上古音韵地位：** 從幽 1

中古音（反切）： 崇尤去流开三（鋤祐）

藏文：rgyug-pa **藏文义**：跑，匆忙，飞奔

4.15　原始汉藏语：*skyok

汉字：救（1066m）

杨福绵拟音：*ki̯ôg/ki̯ əu(C) **汉字义**：帮助，救助

郑张上古拟音：kus **上古音韵地位**：见幽 1

中古音（反切）：見尤去流开三（居祐）

藏文：skyobs **藏文义**：帮助，辅助

4.16　原始汉藏语：*skyok

汉字：周（1083a）

杨福绵拟音：*skyi̯ôg/tśi̯ əu(A) **汉字义**：圆；周；一圈

郑张上古拟音：tjuw **上古音韵地位**：端幽 2

中古音（反切）：章尤平流开三（職流）

藏文：skyogs-pa **藏文义**：转

4.17　原始汉藏语：*(s-)kyok

汉字：首（1102a）

杨福绵拟音：*sgyi̯ôg/si̯ əu(B) **汉字义**：头；最重要的

郑张上古拟音：hlju? **上古音韵地位**：曉幽 1

中古音（反切）：书尤上流开三（書九）

藏文：skyogs-pa mgrin-pa **藏文义**：转动脖子，环顾

4.18　原始汉藏语：*s-kyəŋ~*s-kyək

汉字：雕／鵰（1083t,u）

杨福绵拟音：*skiôg/tieu(A) **汉字义**：鹰

郑张上古拟音：tuuuw **上古音韵地位**：端幽 2

中古音（反切）：端宵平效开四（都聊）

藏文：skyiŋ-ser **藏文义**：鹰，猎鹰

5. 觉部

5.1 **原始汉藏语：***(s-)kjân~*(s-)kjâk

汉字：鞠（1017g）

杨福绵拟音：*kjôk **汉字义：**养育

郑张上古拟音：kug **上古音韵地位：**见觉 1

中古音（反切）：见屋入通合三（居六）

藏文：'k'yog-pa，过去时 k'yag，使动式 k'yog **藏文义：**举起，携带，提供（抚养）

5.2 **原始汉藏语：***(s-)kjân~*(s-)kjâk

汉字：畜（1018a）

杨福绵拟音：xjôk<*k'jôk; *xjôg(C)<*k'jôg;*t'jôk（李方桂 *skhrjəkw<*s-k'jôk;*t'jôg<*s-k'jôg）**汉字义：**养育，抚养，保持，支持，贮藏

郑张上古拟音：lhug **上古音韵地位：**胎觉 1

中古音（反切）：徹屋入通合三（勑六）

藏文：skyoŋ-ba，过去时 bskyaŋs **藏文义：**守卫，保持，喂养，支持

5.3 **原始汉藏语：***(s-)kjân~*(s-)kjâk

汉字：育（1020）

杨福绵拟音：*djôk<*gjôk（董同龢 *gjôk) **汉字义：**抚养，喂养，养育

郑张上古拟音：lug **上古音韵地位：**以觉 1

中古音（反切）：以屋入通合三（余六）

藏文：'k'yog-pa，过去时 k'yag，使动式 k'yog **藏文义：**举起，携带，提供（抚养）

5.4 **原始汉藏语：***(s-)kjân~*(s-)kjâk

汉字：毓（1021）

杨福绵拟音：*djôk<*gjôk **汉字义：**培养，养育孩子

郑张上古拟音：lug **上古音韵地位：**以觉 1

中古音（反切）：以屋入通合三（余六）郑张上古拟音：

藏文：'k'yog-pa，过去时 k'yag，使动式 k'yog **藏文义：**举起，携带，提供（抚养）

5.5　**原始汉藏语：***(s-)grâk; *s-grâk

汉字：缩（1029c）

杨福绵拟音：*sjôk（李方桂 *srjəkw）<*s-grjôk<*s-grôk **汉字义：**系

郑张上古拟音：srug **上古音韵地位：**心觉 1

中古音（反切）：生屋入通合三（所六）

藏文：grags-pa **藏文义：**系

5.6　**原始汉藏语：***(s-)kôŋ~*(s-)kôk

汉字：督（1031n）

杨福绵拟音：*sk'ôk/tuok **汉字义：**中间（特指后部中间的接缝处）

郑张上古拟音：ʔl'uuwɢ **上古音韵地位：**影觉 1

中古音（反切）：端沃入通合一（冬毒）

藏文：k'oŋs **藏文义：**中间，中部

6. 冬部

无

7. 宵部

7.1　**原始汉藏语：***(s-)grâk; *s-grâk

汉字：缭（1151g）

杨福绵拟音：*ljog(B)，*liog(B) **汉字义：**系上，包起

郑张上古拟音：rewʔ **上古音韵地位：**來宵

中古音（反切）：來宵上效开三（力小）

藏文：grags-pa **藏文义：**系

7.2 原始汉藏语：未构拟

汉字：僚（1151h）

杨福绵拟音： *liog(A&B) **汉字义：** 同事，同志

郑张上古拟音： rew? **上古音韵地位：** 來宵

中古音（反切）： 來宵上效开三（力小）

藏文： rogs **藏文义：** 朋友，伙伴

7.3 原始汉藏语：*(s-) grâg

汉字：號（1041q）

杨福绵拟音： *g'og(C)<*g'rog **汉字义：** 呼喊，大哭

郑张上古拟音： ɦlaaw **上古音韵地位：** 以宵

中古音（反切）： 匣豪平效开一（胡刀）

藏文： grags-pa, (grag-pa) **藏文义：** 哭，哭喊，喊

7.4 原始汉藏语：*(s-) grâg

汉字：嚆（1129x）

杨福绵拟音： *g'og(C)<*g'rog **汉字义：** 喊叫

郑张上古拟音： qhraaw **上古音韵地位：** 曉宵

中古音（反切）： 曉肴平效开二（許交）

藏文： 'k'rog-pa **藏文义：** 咆哮

7.5 原始汉藏语：*(s-) grâg

汉字：嚆（1129b）

杨福绵拟音： *xǒg(A)<*xrǒg<*g'rǒg **汉字义：** 发声

郑张上古拟音： qhraaw **上古音韵地位：** 曉宵

中古音（反切）： 曉肴平效开二（虛交）

藏文： sgrog-pa **藏文义：** 哭，喊

7.6 原始汉藏语：*(s-) grâg

汉字：譟（1134b）

杨福绵拟音： *sog(C)<*s-ɣrog<*s-grog **汉字义：** 喊叫

郑张上古拟音：saaws **上古音韵地位**：心宵

中古音（反切）：心豪去效开一（蘇到）

藏文：sgrog-pa **藏文义**：哭，喊

7.7 原始汉藏语：*(s-) grâg

汉字：哓（1164e）

杨福绵拟音：*xjog(A)<*xrjog<*grjog **汉字义**：惊慌的喊叫

郑张上古拟音：hŋeew **上古音韵地位**：疑宵

中古音（反切）：曉萧平效开四（許么）

藏文：grags-pa, (grag-pa) **藏文义**：哭，哭喊，喊

7.8 原始汉藏语：*s-nok~*s-njok

汉字：挠（1164s）

杨福绵拟音：*nŏg(B), *xnog<*s-nog(A) **汉字义**：麻烦，混乱

郑张上古拟音：rŋaaw **上古音韵地位**：疑宵

中古音（反切）：泥肴平效开二（尼交）

藏文：skyo-ŋogs **藏文义**：争吵

7.9 原始汉藏语：*s-nok~*s-njok

汉字：娆（无）

杨福绵拟音：*ńʑjäu(KY)<*ńjog(B)<*s-ńjog; nieu<*niog **汉字义**：纷争，骚扰

郑张上古拟音：njew? **上古音韵地位**：泥宵

中古音（反切）：日宵上效开三（而沼）

藏文：skyo-ŋogs **藏文义**：争吵

7.10 原始汉藏语：*s-kyəŋ~*s-kyək

汉字：鹞（1144m）

杨福绵拟音：*sgi̯og/i̯äu(C) **汉字义**：鹰，清淡

郑张上古拟音：lew **上古音韵地位**：以宵

中古音（反切）：以宵平效开三（餘昭）

藏文：skyiŋ-ser 藏文义：鹰，猎鹰

7.11　原始汉藏语：*(s-)kyok

汉字：夭（1141a）

杨福绵拟音：*s-ki̯og/ʔi̯äu(A) 汉字义：弯曲

郑张上古拟音：qrow 上古音韵地位：影宵

中古音（反切）：影宵平效开重三（於乔）

藏文：gyog-pa 藏文义：弯、弯曲

7.12　原始汉藏语：*(s-)kyen~*(s-)kyet

汉字：娎（无）（KYSH 300）

杨福绵拟音：xiät<*s-k'iat 汉字义：高兴

郑张上古拟音：hleews 上古音韵地位：晓宵

中古音（反切）：晓萧去效开四（火弔）

藏文：skyid-pa 藏文义：使高兴，高兴，高兴的

7.13　原始汉藏语：*s-kyok

汉字：殀（1141f）

杨福绵拟音：*s-ki̯og/ʔi̯äu 汉字义：夭折；杀死动物幼崽

郑张上古拟音：qrowʔ 上古音韵地位：影宵

中古音（反切）：影宵上效开重三（於兆）

藏文：skyag-pa，过去时 bskyags，未来时 skyog 藏文义：花费，布置，扩张；屠杀，谋杀（西部藏语）

7.14　原始汉藏语：*s-kyok

汉字：悄（1149s）

杨福绵拟音：*sk'i̯og/tsʻi̯äu(B) 汉字义：焦急，悲伤

郑张上古拟音：shewʔ 上古音韵地位：清宵

中古音（反切）：清宵上效开三（於兆）

藏文：skyo-ba 藏文义：疲惫，坏脾气，悲伤，烦恼

7.15　原始汉藏语：*s-kyok

汉字：勦（1169b）

杨福绵拟音：*ski̯og/tsi̯äu(B) 汉字义：使疲惫

郑张上古拟音：ʔslawʔ **上古音韵地位：**心宵

中古音（反切）：精宵上效开三（子小）

藏文：skyo-ba **藏文义：**疲惫，坏脾气，悲伤，烦恼

7.16　原始汉藏语：*s-kyok

汉字：乔（1138a）

杨福绵拟音：*k'i̯og/k'i̯äu(A),*ki̯og/ki̯äu(A) 汉字义：焦急

郑张上古拟音：krew **上古音韵地位：**见宵

中古音（反切）：見宵平效开重三（舉喬）

藏文：skyo-ba **藏文义：**疲惫，坏脾气，悲伤，烦恼

8. 藥部

8.1　原始汉藏语：未构拟

汉字：溺（1123d）

杨福绵拟音：*niog(C) 汉字义：尿

郑张上古拟音：njewɢ **上古音韵地位：**泥藥

中古音（反切）：日藥入宕开三（而灼）

藏文：nyog-pa **藏文义：**蒙尘，脏

8.2　原始汉藏语：未构拟

汉字：溺（1123d）

杨福绵拟音：*niok 汉字义：沉，坠落

郑张上古拟音：njewɢ **上古音韵地位：**泥藥

中古音（反切）：日藥入宕开三（而灼）

藏文：nyog-pa **藏文义：**蒙尘，脏

8.3　原始汉藏语：*s-kyok

汉字：勺（1120a）

杨福绵拟音：*skyi̯ok/tśi̯ak **汉字义**：用勺盛；斟酒

郑张上古拟音：bljewɢ **上古音韵地位**：並藥

中古音（反切）：禅藥入宕开三（市若）

藏文：skyogs-pa 藏文义：勺；酒杯

8.4　原始汉藏语：*s-kyok

汉字：杓（1120b）

杨福绵拟音：*sgyi̯ok/źi̯ak **汉字义**：勺；杯

郑张上古拟音：bljewɢ **上古音韵地位**：並藥

中古音（反切）：禅藥入宕开三（市若）

藏文：skyogs-pa 藏文义：勺；酒杯

8.5　原始汉藏语：*s-kyok

汉字：酌（1120d）

杨福绵拟音：*skyi̯ok/tśi̯ak **汉字义**：往杯里倒酒

郑张上古拟音：pljewɢ **上古音韵地位**：帮藥

中古音（反切）：章藥入宕开三（之若）

藏文：skyogs-pa 藏文义：勺；酒杯

8.6　原始汉藏语：*s-kyok

汉字：汋（1120c）

杨福绵拟音：*sgyi̯ok/źi̯ak,*skyi̯ok/tśi̯ak, ʼsgi̯ok/i̯ak **汉字义**：勺，用勺盛出来，倒出

郑张上古拟音：bljewɢ **上古音韵地位**：並藥

中古音（反切）：禅藥入宕开三（市若）

藏文：skyogs-pa 藏文义：勺；酒杯

8.7　原始汉藏语：*(s-)kâk

汉字：鑃（1141-1）

杨福绵拟音：*s-kok/ʔuok **汉字义**：银

郑张上古拟音：qoowɢ **上古音韵地位**：影药

中古音（反切）：影沃入通合一（乌酷）

藏文：gag **藏文义**：小块的银，锭

8.8 原始汉藏语：*s-kyok

汉字：削（1149c）

杨福绵拟音：*s-gi̯ok/si̯ak,*s-gi̯og/si̯äu(A) **汉字义**：剥，削，切；破坏；擦掉

郑张上古拟音：slewɢ **上古音韵地位**：以药

中古音（反切）：心药入宕开三（息约）

藏文：skyag-pa，过去时 bskyags，未来时 skyog **藏文义**：花费，布置，扩张；屠杀，谋杀（西部藏语）

9. 侯部

9.1 原始汉藏语：*(s-)nu·(-n)~*(s-)nu·(-t)

汉字：乳（135a）

杨福绵拟音：*ńju(B)<*nju **汉字义**：乳头，乳汁，吮吸

郑张上古拟音：njoʔ **上古音韵地位**：泥侯

中古音（反切）：日虞上遇合三（而主）

藏文：nu-ma **藏文义**：乳头、胸

9.2 原始汉藏语：*(s-)gjôk~*(s-)kjôk

汉字：胸（108v）

杨福绵拟音：*gʻju(A) 董同龢 *gʻjug **汉字义**：一条干肉的弯曲部分

郑张上古拟音：go **上古音韵地位**：群侯

中古音（反切）：群虞平遇合三（其俱）

藏文：skyogs-pa **藏文义**：扭转（颈部）

9.3 原始汉藏语：*(s-)gjôk~*(s-)kjôk

汉字：鞠（108w）

杨福绵拟音：*g'ju(A) 董同龢 *g'jug 汉字义：车轫向内弯曲的部分

郑张上古拟音：koo 上古音韵地位：见侯

中古音（反切）：見侯平流开一（古侯）

藏文：skyogs-pa 藏文义：扭转（颈部）

9.4 原始汉藏语：*(s-)gjôk~*(s-)kjôk

汉字：伛（122n）

杨福绵拟音：*·ju(B)（董同龢 jug）<*s-ʔjug<*s-gjug 汉字义：俯身，驼背

郑张上古拟音：qoʔ 上古音韵地位：影侯

中古音（反切）：曉侯去流开一（於武）

藏文：gyog-pa 藏文义：弯曲，弧形

9.5 原始汉藏语：*(s-)gjôk~*(s-)kjôk

汉字：痀（108q）

杨福绵拟音：*kiu(A) 董同龢 *kjug 汉字义：脊柱弯曲，驼背

郑张上古拟音：ko 上古音韵地位：见侯

中古音（反切）：見虞合遇平三（舉朱）

藏文：k'yog-po 藏文义：弯曲，俯身

9.6 原始汉藏语：*(s-,a-)gyuk~*(s-,r-)kyuk

汉字：趋（132c）

杨福绵拟音：*sk'i̯u/tsʻi̯u(A) 汉字义：赶快，跑去

郑张上古拟音：shlo 上古音韵地位：清侯

中古音（反切）：清虞平遇合三（七逾）

藏文：'gyu-ba 藏文义：快速行动

9.7 原始汉藏语：*(s-,a-)gyuk~*(s-,r-)kyuk

汉字：驱（122c）

杨福绵拟音：*k'i̯u/k'i̯u(A,C) 汉字义：飞奔，赶快

郑张上古拟音：kho 上古音韵地位：溪侯

中古音（反切）：溪虞平遇合三（岂俱）

藏文：'k'yug-pa **藏文义**：跑，猛冲

9.8　原始汉藏语：*(s-)gyu(-r)

汉字：渝（125h）

杨福绵拟音：*sgiu/ĭu(A) **汉字义**：改变

郑张上古拟音：lo **上古音韵地位**：以侯

中古音（反切）：以虞平遇合三（羊朱）

藏文：'gyur-ba **藏文义**：改变，离开

10. 屋部

10.1　原始汉藏语：*(s-)grâk; *s-grâk

汉字：束（1222a）

杨福绵拟音：*śjuk<*ś-gjuk<*s-gruk **汉字义**：系

郑张上古拟音：hljog **上古音韵地位**：以屋

中古音（反切）：書燭入通合三（書玉）

藏文：grags-pa **藏文义**：系

10.2　原始汉藏语：*(s-)gjôk~*(s-)kjôk

汉字：曲（1213a）

杨福绵拟音：*k'juk **汉字义**：弯的，弯曲

郑张上古拟音：khog **上古音韵地位**：溪屋

中古音（反切）：溪燭入通合三（丘玉）

藏文：k'yog-po **藏文义**：弯曲，俯身

10.3　原始汉藏语：*(s-)gjôk~*(s-)kjôk

汉字：局（1214a）

杨福绵拟音：*g'juk **汉字义**：弯，俯身；卷曲，缠绕

郑张上古拟音：gog **上古音韵地位**：群屋

中古音（反切）：群燭入通合三（渠玉）

藏文：skyogs-med 藏文义：笔直，挺拔

10.4 原始汉藏语：*(s-)gjôk~*(s-)kjôk

汉字：踘（1214b）

杨福绵拟音： *g'juk **汉字义：** 俯身

郑张上古拟音： gog **上古音韵地位：** 群屋

中古音（反切）： 群燭入通合三（渠玉）

藏文：skyogs-lto-'bu 藏文义：蜗牛

11. 東部

11.1 原始汉藏语：*(s-)kjâŋ~*(s-)kjâk

汉字：供（1182d）

杨福绵拟音： *kjung(A&C)(<*kjôŋ) **汉字义：** 提供，给

郑张上古拟音： kloŋ **上古音韵地位：** 見東

中古音（反切）： 見鍾平通开三（九容）

藏文：kjoŋ 藏文义：喂养，照料牲口

11.2 原始汉藏语：*s-ga·ŋ

汉字：邛（1172k）

杨福绵拟音： *g'jung(A) **汉字义：** 山

郑张上古拟音： goŋ **上古音韵地位：** 疑東

中古音（反切）： 群鍾平通合三（渠容）

藏文：sgaŋ 藏文义：小山，山峰的支脉

11.3 原始汉藏语：*s-ku·ŋ

汉字：拥（1184k）

杨福绵拟音： *s-kįuŋ/ʔįwoŋ(B) **汉字义：** 拥抱，抓住；覆盖

郑张上古拟音： qoŋ **上古音韵地位：** 影魚

中古音（反切）： 影鍾平通合三（於容）

藏文：skuŋ-ba 藏文义：藏在地下，埋葬

11.4　原始汉藏语：*s-kuˑŋ

汉字：䧺（1184c）

杨福绵拟音：*s-kiuŋ/ʔiwoŋ(B,C) 汉字义： 借词"覆盖"

郑张上古拟音：qoŋ **上古音韵地位：**影東

中古音（反切）：影鍾平通合三（於容）

藏文：skyuŋ-ba **藏文义：**留在后面，放在一边

12. 鱼部

12.1　原始汉藏语：未构拟

汉字：罵（40c）

杨福绵拟音：*mǎ(B&C)<*mwa 汉字义： 侮辱，责骂

郑张上古拟音：mraaʔ **上古音韵地位：**明鱼

中古音（反切）：明麻上假开二（莫下）

藏文：dmod-pa **藏文义：**咒骂

12.2　原始汉藏语：*s-mjə(-n)

汉字：憮（103e）

杨福绵拟音：*mjwo&*xmwo(B&A)<*s-mjwo<*s-mjo 汉字义： 吃惊，惊讶

郑张上古拟音：maʔ **上古音韵地位：**明鱼

中古音（反切）：微虞上遇合三（文甫）

藏文：smyo-ba 或 myo-ba **藏文义：**胡涂，疯狂

12.3　原始汉藏语：*(s-)grâk~*(s-)krâk

汉字：瞿（96b）

杨福绵拟音：*kjwo(C) 李方桂 *kwjagh<*krwag 汉字义： 害怕，紧张，注意，慌张

郑张上古拟音：kʷas **上古音韵地位：**见鱼

中古音（反切）：見虞去遇合三（九遇）

藏文：skrag-pa 藏文义：害怕，被吓到

12.4　原始汉藏语：*(s-)grâk~*(s-)krâk

汉字：惧（96g）

杨福绵拟音：*gʻjwo(C) 李方桂 *gwjagh<*gʻrwag 汉字义：怕

郑张上古拟音：gʷas 上古音韵地位：群魚

中古音（反切）：群虞去遇合三（其遇）

藏文：skrag-pa 藏文义：害怕，被吓到

12.5　原始汉藏语：未构拟

汉字：侣（76b）

杨福绵拟音：*gljo(B)（周法高 *liaɣ）<*g-ljog 汉字义：同志

郑张上古拟音：raʔ 上古音韵地位：來魚

中古音（反切）：来鱼上遇合三（力舉）

藏文：’grogs-pa 藏文义：联合

12.6　原始汉藏语：*skyo

汉字：褚（45g）

杨福绵拟音：*tskįo̯/t̹iwo(B) 汉字义：装衣服的包，袋子

郑张上古拟音：thaʔ 上古音韵地位：透魚

中古音（反切）：徹魚上遇合三（丑吕）

藏文：sgyu，或是 sgyig-gu 藏文义：包，钱包

12.7　原始汉藏语：*skyâ

汉字：煮（45m）

杨福绵拟音：*skyi̯o/tśi̯wo(B) 汉字义：煮，做饭

郑张上古拟音：tjaʔ 上古音韵地位：端魚

中古音（反切）：章魚上遇合三（章与）

藏文：skya 藏文义：水壶

12.8　原始汉藏语：*skyâ

汉字：曙（45mʻ）

杨福绵拟音：*sgyi̯o/źi̯wo(C) **汉字义**：日出

郑张上古拟音：djas **上古音韵地位**：定鱼

中古音（反切）：禅鱼去遇合三（常恕）

藏文：skya-bo **藏文义**：灰白色，白里泛黄

12.9　原始汉藏语：*(s-,a-)ko

汉字：污（97b）

杨福绵拟音：*s-kuo/ʔuo(A) **汉字义**：脏的，凌乱的

郑张上古拟音：qʷaa **上古音韵地位**：影鱼

中古音（反切）：影模平遇合一（哀都）

藏文：'go-ba **藏文义**：变污，变脏

12.10　原始汉藏语：*(s-,a-)ko

汉字：污（97b）

杨福绵拟音：*s-kwǎ/ʔwa(A) **汉字义**：脏，恶劣的

郑张上古拟音：qʷaa **上古音韵地位**：影鱼

中古音（反切）：影模平遇合一（哀都）

藏文：bsgo-bo **藏文义**：弄脏，变污

12.11　原始汉藏语：*(s-,a-)ko

汉字：洿（43k）

杨福绵拟音：*s-kwo/ʔuo(A) **汉字义**：污浊不动的水；脏

郑张上古拟音：qʷaa **上古音韵地位**：影鱼

中古音（反切）：影模平遇合一（哀都）

藏文：bsgo-bo **藏文义**：弄脏，变污

12.12　原始汉藏语：*(s-)ku·~*(s-)gu·(r)

汉字：迂（97p）

杨福绵拟音：*gi̯wo/ji̯u(A)，*s-ki̯wo/ʔi̯u(A) **汉字义**：弯曲，偏斜

郑张上古拟音：qʷa **上古音韵地位**：影鱼

中古音（反切）：影虞平遇合三（憶俱）

藏文：sgur，dgur，rgur 藏文义：弯曲

12.13　原始汉藏语：*s-k'ya

汉字：许（60i）

杨福绵拟音：*s-k'i̯o/xi̯wo(B) 汉字义：同意，允许；许诺

郑张上古拟音：hŋaʔ 上古音韵地位：疑鱼

中古音（反切）：晓鱼上遇合三（虚吕）

藏文：tśʻa-ba<*skʻya- 藏文义：许诺，声称

12.14　原始汉藏语：*s-kyo

汉字：瘋（92b）

杨福绵拟音：*s-gyi̯o/śi̯wo(B) 汉字义：隐藏的痛苦

郑张上古拟音：hljaʔ 上古音韵地位：以鱼

中古音（反切）：書鱼上遇合三（舒吕）

藏文：skyo-ba 藏文义：疲惫，坏脾气，悲伤，烦恼

12.15　原始汉藏语：šit<*sgit

汉字：涂（82d'）

杨福绵拟音：*sgʻo/dʻuo(A) 汉字义：深陷；涂抹

郑张上古拟音：l'aa 上古音韵地位：以鱼

中古音（反切）：澄麻平假开二（同都）

藏文：skud-pa，过去时 bskus，未来时 bsku，命令式 skus 藏文义：涂抹，擦脏，乱画

12.16　原始汉藏语：šit<*sgit

汉字：圬（82d'）

杨福绵拟音：*s-kwo/ʔuo(A) 汉字义：涂抹

郑张上古拟音：qʷaa 上古音韵地位：影鱼

中古音（反切）：影模平遇合一（哀都）

藏文：skud-pa，过去时 bskus，未来时 bsku，命令式 skus 藏文义：涂抹，擦脏，乱画

12.17　原始汉藏语：šit<*sgit

汉字：朽（-aʼ）

杨福绵拟音：*s-kwo/ʔuo(A) **汉字义：**涂抹

郑张上古拟音：qʷaa **上古音韵地位：**影鱼

中古音（反切）：影模平遇合一（哀都）

藏文：skud-pa，过去时 bskus，未来时 bsku，命令式 skus **藏文义：**涂抹，擦脏，乱画

13. 鐸部

13.1　原始汉藏语：未构拟

汉字：昔（798a）

杨福绵拟音：*sjăk<*s-ńjăk **汉字义：**以前

郑张上古拟音：sjaag **上古音韵地位：**心鐸

中古音（反切）：心昔入梗开三（思積）

藏文：sŋa-go 或 sŋon **藏文义：**以前

13.2　原始汉藏语：*(s-)grâk~*(s-)krâk

汉字：赫（779a）

杨福绵拟音：*xăk<*kʻrăk **汉字义：**红，火红；冲动，害怕

郑张上古拟音：qhraag **上古音韵地位：**晓鐸

中古音（反切）：晓陌入梗开三（呼格）

藏文：kʻrag **藏文义：**血

13.3　原始汉藏语：*(s-)grâk~*(s-)krâk

汉字：奭（913a）

杨福绵拟音：*xjək<*s-kʻjək<*s-kʻrək **汉字义：**红

郑张上古拟音：hjag **上古音韵地位：**晓鐸

中古音（反切）：书昔入梗开三（施隻）

藏文：kʻrag-tʻuŋ **藏文义：**一类可怕的神

13.4　原始汉藏语：*(s-)grâk~*(s-)krâk

汉字：奭（913a）

杨福绵拟音：śjäk<*ś-gjak<*s-grak **汉字义：**红

郑张上古拟音：hjag **上古音韵地位：**晓鐸

中古音（反切）：书昔入梗开三（施隻）

藏文：skrag-pa 藏文义：害怕，被吓到

13.5　原始汉藏语：*(s-)grâk~*(s-)krâk

汉字：赤（793a）

杨福绵拟音：*t̂ʻjǎk< 李方桂 *skhjak(?)<*s-kʻrak **汉字义：**红

郑张上古拟音：khljag **上古音韵地位：**溪鐸

中古音（反切）：昌昔入梗开三（昌石）

藏文：dkrog-pa, skrog-pa 藏文义：心神不安，激起，害怕

13.6　原始汉藏语：*(s-)grâk~*(s-)krâk

汉字：嚇（779b）

杨福绵拟音：*xǎk<*kʻrǎk; *xǎg(C)<*kʻrag **汉字义：**怕

郑张上古拟音：qhraag **上古音韵地位：**晓鐸

中古音（反切）：晓陌入梗开二（呼格）

藏文：skrag-pa 藏文义：害怕，被吓到

13.7　原始汉藏语：*(s-)grâk~*(s-)krâk

汉字：恪（766g）

杨福绵拟音：*kʻlâk<*kʻrâk **汉字义：**尊重，虔诚

郑张上古拟音：khlaag **上古音韵地位：**溪鐸

中古音（反切）：溪鐸入宕开一（苦各）

藏文：kʻrag 藏文义：血

13.8　原始汉藏语：*(s-)grâk~*(s-)krâk

汉字：懁（778e）

杨福绵拟音：*xjwak<*s-kʻrwak **汉字义：**怕

郑张上古拟音：gʷag **上古音韵地位**：群鐸

中古音（反切）：群藥入宕合三（具籰）

藏文：skrag-pa **藏文义**：害怕，被吓到

13.9　原始汉藏语：*(s-)grâk~*(s-)krâk

汉字：愕（788h）

杨福绵拟音：*ngâk<*(s-)ngâk<*(s-)grâk **汉字义**：害怕

郑张上古拟音：ŋaag **上古音韵地位**：疑鐸

中古音（反切）：疑鐸入宕开一（五各）

藏文：skrag-pa **藏文义**：害怕，被吓到

13.10　原始汉藏语：*(s-)grâk; *s-grâk

汉字：索（770a）

杨福绵拟音：*sâk(李方桂 *srak)<*s-grâk **汉字义**：缠绳子，绳子

郑张上古拟音：slaag **上古音韵地位**：心鐸

中古音（反切）：心鐸入宕开一（蘇各）

藏文：sgrogs **藏文义**：绳子，线

13.11　原始汉藏语：*(s-)grâk; *s-grâk

汉字：络（766o）

杨福绵拟音：*glâk **汉字义**：线绳，马笼头

郑张上古拟音：g·raag **上古音韵地位**：來鐸

中古音（反切）：來鐸入宕开一（盧各）

藏文：sgrogs **藏文义**：绳子，线

13.12　原始汉藏语：*skyak

汉字：鹊（798n）

杨福绵拟音：*sk‘i̯ak/ts‘i̯ak **汉字义**：鹊，喜鹊

郑张上古拟音：shag **上古音韵地位**：清鐸

中古音（反切）：清藥入宕开三（七雀）

藏文：skya-ka **藏文义**：鹊，喜鹊

13.13 原始汉藏语：*(s-,ʔ-)kok

汉字：槨（774f）

杨福绵拟音：*kwâk/kwâk 汉字义：外层棺材

郑张上古拟音：kʷaag **上古音韵地位：**見鐸

中古音（反切）：見鐸入宕合一（古博）

藏文：kog-pa,skog-pa **藏文义：**壳，外皮；剥皮，削皮

13.14 原始汉藏语：*(s-,ʔ-)kok

汉字：郭（774a）

杨福绵拟音：*kwâk/kwâk 汉字义：外层城墙

郑张上古拟音：kʷaag **上古音韵地位：**見鐸

中古音（反切）：見鐸入宕合一（古博）

藏文：kog-pa,skog-pa **藏文义：**壳，外皮；剥皮，削皮

14. 陽部

14.1 原始汉藏语：*(s-)bja

汉字：炳（757d）

杨福绵拟音：*pjăng(B) 汉字义：光亮，显赫

郑张上古拟音：praŋʔ **上古音韵地位：**帮陽

中古音（反切）：帮庚上梗开重三（兵永）

藏文：’byaŋ-ba **藏文义：**清洁，净化，纯洁

14.2 原始汉藏语：*(s-)bja

汉字：明（760a）

杨福绵拟音：*mjăng(A) 汉字义：光明，亮光

郑张上古拟音：mraŋ **上古音韵地位：**明陽

中古音（反切）：明庚平梗开重三（武兵）

藏文：byaŋ-sems **藏文义：**纯净，圣洁的想法

14.3　原始汉藏语：s-mraŋ~*s-mrak

汉字：谎（742v）

杨福绵拟音：*xmwâng(A&B), 李方桂 *hmâng, x, <*s-mwân<*s-mrân(?)

汉字义：梦话，胡说，谎话

　　郑张上古拟音：hmaaŋʔ **上古音韵地位**：明陽

　　中古音（反切）：曉唐上宕合一（呼晃）

　　藏文：smraŋ, smreŋ **藏文义**：话，讲

　　14.4　原始汉藏语：未构拟

　　汉字：曩（730k）

　　杨福绵拟音：*nâng(B)<*(s-)nân **汉字义**：过去，以前

　　郑张上古拟音：naaŋʔ **上古音韵地位**：泥陽

　　中古音（反切）：泥唐上宕开一（奴朗）

　　藏文：ɣna-bo **藏文义**：古老

　　14.5　原始汉藏语：未构拟

　　汉字：曏（714e）

　　杨福绵拟音：*xjang(B),*ʔ>śjang(B)<*ś-njaŋ **汉字义**：不久前，最近

　　郑张上古拟音：qhjaŋʔ **上古音韵地位**：曉陽

　　中古音（反切）：書陽上宕开三（書兩）

　　藏文：ɣna-sŋon **藏文义**：在古代，以前

　　14.6　原始汉藏语：未构拟

　　汉字：向（715a）

　　杨福绵拟音：*xjang(C)<*xńjaŋ<*s-njaŋ **汉字义**：以前

　　郑张上古拟音：qhaŋʔ **上古音韵地位**：曉陽

　　中古音（反切）：曉陽上宕开三（許兩）

　　藏文：sŋa-ba **藏文义**：古老的

　　14.7　原始汉藏语：未构拟

　　汉字：讓（730i）

汉藏语音韵对应研究

杨福绵拟音：*ńjang(C)<*s-njaŋ 汉字义：容许，屈服

郑张上古拟音：njaŋs 上古音韵地位：泥陽

中古音（反切）：日陽去宕开三（人様）

藏文：ɣnaŋ-ba 藏文义：给，让，容许

14.8　原始汉藏语：未构拟

汉字：瀼（730f）

杨福绵拟音：*ńjang(C)<*s-njaŋ 汉字义：湿漉漉

郑张上古拟音：njaŋ 上古音韵地位：泥陽

中古音（反切）：日陽平宕开三（汝陽）

藏文：hnaŋ（卢谢语）藏文义：浓（液体）

14.9　原始汉藏语：未构拟

汉字：穰（730h）

杨福绵拟音：*ńjang(A&B)<*s-njang 汉字义：收成好，富裕

郑张上古拟音：njaŋ 上古音韵地位：泥陽

中古音（反切）：日陽平宕开三（汝陽）

藏文：hnaŋ<*snàŋ（缅语）藏文义：给，交付

14.10　原始汉藏语：未构拟

汉字：饟（730c）

杨福绵拟音：*śnjang(A,B,C) 李方桂 *hnjang<*s-njaŋ 汉字义：把食物给（田里干活的人）

郑张上古拟音：hnjaŋ 上古音韵地位：泥陽

中古音（反切）：書陽平宕开三（式羊）

藏文：sāŋ（克钦语）藏文义：给，代替

14.11　原始汉藏语：未构拟

汉字：餉（715b）

杨福绵拟音：*ʔ>śnjang<*s-njaŋ 汉字义：给田里干活的人带食物

郑张上古拟音：hljaŋs 上古音韵地位：曉陽

中古音（反切）：書陽去宕开三（式亮）

藏文：ɣnaŋ-ba **藏文义**：给，让，容许

14.12　原始汉藏语：*(s-)gân~*(s-)kân

汉字：诳（739l）

杨福绵拟音：*kjwang(C) **汉字义**：欺骗

郑张上古拟音：kʷaŋs **上古音韵地位**：見陽

中古音（反切）：見陽去宕合三（居況）

藏文：'goŋ-ba **藏文义**：施魔法，使入迷（藏起来的符咒）

14.13　原始汉藏语：*(s-)gân~*(s-)kân

汉字：迋（739d）

杨福绵拟音：*gjwang(C)，借自 *gjwang(B) **汉字义**：欺骗

郑张上古拟音：kʷaŋʔ **上古音韵地位**：見陽

中古音（反切）：見陽上宕合三（俱往）

藏文：sgoŋ-ba **藏文义**：藏起来（物品）

14.14　原始汉藏语：*(s-)gân~*(s-)kân

汉字：葬（702a）

杨福绵拟音：*tsâng(C)<*s-kân **汉字义**：埋葬

郑张上古拟音：ʔsaaŋs **上古音韵地位**：心陽

中古音（反切）：精唐去宕合一（則浪）

藏文：sgyoŋ-ba, 过去式 bsgyaŋs, 将来式 bsgyaŋ **藏文义**：藏，锁上

14.15　原始汉藏语：*(s-)gân~*(s-)kân

汉字：藏（727gʹ）

杨福绵拟音：*dzʿâng(A)<sgʿâŋ **汉字义**：隐藏，储存

郑张上古拟音：zaaŋ **上古音韵地位**：從陽

中古音（反切）：從唐平宕合一（昨郎）

藏文：sgyoŋ-ba, 过去式 bsgyaŋs, 将来式 bsgyaŋ **藏文义**：藏，锁上

14.16 原始汉藏语：*(s-)gâŋ~*(s-)kâŋ

汉字：藏（727g'）

杨福绵拟音：*dz'âng(C)<*s-g'âŋ **汉字义**：宝藏

郑张上古拟音：zaaŋ **上古音韵地位**：從陽

中古音（反切）：從唐平宕合一（昨郎）

藏文：sgyoŋ-ba, 过去式 bsgyaŋs, 将来式 bsgyaŋ **藏文义**：藏，锁上

14.17 原始汉藏语：*(s-)gâŋ~*(s-)kâŋ

汉字：藏（727g'）

杨福绵拟音：*tsâng(A)<*s-kâŋ **汉字义**：被偷物品

郑张上古拟音：zaaŋ **上古音韵地位**：從陽

中古音（反切）：從唐平宕合一（昨郎）

藏文：sgyoŋ-ba, 过去式 bsgyaŋs, 将来式 bsgyaŋ **藏文义**：藏，锁上

14.18 原始汉藏语：*(s-)gâŋ~*(s-)kâŋ

汉字：养（732j）

杨福绵拟音：*zjang(B)<*s-gjaŋ **汉字义**：借自"藏"

郑张上古拟音：laŋʔ **上古音韵地位**：以陽

中古音（反切）：以陽上宕开三（餘兩）

藏文：sgyoŋ-ba, 过去式 bsgyaŋs, 将来式 bsgyaŋ **藏文义**：藏，锁上

14.19 原始汉藏语：*(s-)kâŋ

汉字：康（746h）

杨福绵拟音：*k'âng(A) **汉字义**：快乐，高兴

郑张上古拟音：khlaaŋ **上古音韵地位**：溪陽

中古音（反切）：溪唐平宕开一（苦岡）

藏文：k'oŋ-po **藏文义**：杯，碗（用来喝水或吃饭）

14.20 原始汉藏语：*(s-)kâŋ

汉字：庆（753a）

杨福绵拟音：*k'ǎng **汉字义**：高兴，享受

郑张上古拟音：khraŋ **上古音韵地位：**溪阳

中古音（反切）：溪唐去梗开重三（丘敬）

藏文：skaŋ-ba, skoŋ-ba **藏文义：**满意；用来赎罪的祭祀

14.21　原始汉藏语：*(s-)kâŋ

汉字：享（716a）

杨福绵拟音：*xjang(B)<*s-k'jaŋ **汉字义：**宴会；享受

郑张上古拟音：qhaŋʔ **上古音韵地位：**晓阳

中古音（反切）：晓陽上宕开三（許兩）

藏文：skaŋ-ba, skoŋ-ba **藏文义：**满意；用来赎罪的祭祀

14.22　原始汉藏语：*(s-)kâŋ

汉字：飨（无）

杨福绵拟音：*xjang(B)<*s-k'jaŋ **汉字义：**享受宴会，为宴会或祭祀带来食物

郑张上古拟音：qhaŋʔ **上古音韵地位：**晓阳

中古音（反切）：晓陽上宕开三（許兩）

藏文：skaŋ-ba, skoŋ-ba **藏文义：**满意；用来赎罪的祭祀

14.23　原始汉藏语：*(s-)kjâŋ~*(s-)kjâk

汉字：养（732j）

杨福绵拟音：*zjang(B)<*s-gjaŋ **汉字义：**养育，喂养

郑张上古拟音：laŋʔ **上古音韵地位：**以阳

中古音（反切）：以陽上宕开三（餘兩）

藏文：'k'yoŋ-ba **藏文义：**提供

14.24　原始汉藏语：*(s-)kjâŋ~*(s-)kjâk

汉字：养（732j）

杨福绵拟音：*zjang(C)<*s-gjaŋ **汉字义：**保持，支持

郑张上古拟音：laŋʔ **上古音韵地位：**以阳

中古音（反切）：以陽上宕开三（餘兩）

藏文：skyoŋ-ba, 过去时 bskyaŋs 藏文义：守卫，保持，喂养，支持

14.25　原始汉藏语：*s-ga·ŋ

汉字：伉（698c）

杨福绵拟音：*k'âng(C) 汉字义：高

郑张上古拟音：khaaŋs 上古音韵地位：溪陽

中古音（反切）：溪唐去宕开一（苦浪）

藏文：k'àŋ-rùi 藏文义：斜坡，山峰的支脉

14.26　原始汉藏语：*s-ga·ŋ

汉字：冈（697a）

杨福绵拟音：*kâng(A) 汉字义：小山，山脊

郑张上古拟音：klaaŋ 上古音韵地位：見陽

中古音（反切）：見唐平宕开一（古郎）

藏文：sgaŋ 藏文义：小山，山峰的支脉

14.27　原始汉藏语：*s-ga·ŋ

汉字：昂（699b）

杨福绵拟音：*ngâng(A)<*(s-)ŋâŋ<*s-gâŋ 汉字义：高

郑张上古拟音：ŋaaŋ 上古音韵地位：疑陽

中古音（反切）：疑唐平宕开一（五剛）

藏文：k'àŋ-rùi 藏文义：斜坡，山峰的支脉

14.28　原始汉藏语：*(s-,r-)gyaŋ

汉字：墙（727j）

杨福绵拟音：*sg'i̯aŋ/dz'i̯aŋ(A) 汉字义：墙

郑张上古拟音：zaŋ 上古音韵地位：從陽

中古音（反切）：從陽平宕开三（在良）

藏文：gyaŋ,gyeŋ 藏文义：泥土建筑

藏文：gyaŋ-skor 藏文义：泥筑的墙

藏文：gyaŋ-tse 藏文义：台墙

14.29 原始汉藏语：*skân

汉字：偿（725y）

杨福绵拟音：*sgyi̯aŋ/źi̯aŋ(A,C) **汉字义：**赔偿；补偿；履行（如愿望、誓言等）

郑张上古拟音：dja ŋ **上古音韵地位：**定阳

中古音（反切）：禅阳平宕开三（市羊）

藏文：skoŋ-pa，过去时 bskaŋs，未来时 bskaŋ，命令式 skoŋs **藏文义：**履行，实现（如愿望、誓言等）

14.30 原始汉藏语：*s-kyəŋ~*s-kyək

汉字：扬（720j）

杨福绵拟音：*sgi̯aŋ/i̯aŋ(A) **汉字义：**借词，"鹰"

郑张上古拟音：laŋ **上古音韵地位：**以阳

中古音（反切）：以阳平宕开三（與章）

藏文：skyiŋ-ser **藏文义：**鹰，猎鹰

14.31 原始汉藏语：*(s-,r-)kaŋ

汉字：痒（732r）

杨福绵拟音：*sgi̯aŋ/i̯aŋ(B) **汉字义：**痒

郑张上古拟音：lja ŋ **上古音韵地位：**以阳

中古音（反切）：邪阳平宕开三（似羊）

藏文：rkoŋ-pa **藏文义：**痒

14.32 原始汉藏语：*(s-)kâŋ

汉字：饗（714j）

杨福绵拟音：*s-k'i̯aŋ/xi̯aŋ(B) **汉字义：**宴会，赴宴

郑张上古拟音：qhaŋʔ **上古音韵地位：**晓阳

中古音（反切）：晓阳上宕开三（許兩）

藏文：skaŋ-ba,skoŋ-ba **藏文义：**满足；用于赎罪的祭品

14.33 原始汉藏语：*(s-)ka·ŋ

汉字：亢（698a）

杨福绵拟音：*kâŋ/kâŋ(A) **汉字义**：借词"高"

郑张上古拟音：khaaŋs **上古音韵地位**：溪陽

中古音（反切）：溪唐去宕开一（苦浪）

藏文：sgaŋ **藏文义**：突出的山，山一边的尖坡

14.34 原始汉藏语：*(s-)ka·ŋ

汉字：卬（699a）

杨福绵拟音：*ʔkịâŋ/ŋịaŋ(A) **汉字义**：高

郑张上古拟音：ŋaaŋ **上古音韵地位**：疑陽

中古音（反切）：疑唐平宕开一（五剛）

藏文：藏文：sgaŋ **藏文义**：突出的山，山一边的尖坡

14.35 原始汉藏语：*(s-)ka·ŋ

汉字：卬（699a）

杨福绵拟音：*ʔkịâŋ/ŋịaŋ(B) **汉字义**：向上看

郑张上古拟音：ŋaaŋ **上古音韵地位**：疑陽

中古音（反切）：疑唐平宕开一（五剛）

藏文：藏文：sgaŋ **藏文义**：突出的山，山一边的尖坡

14.36 原始汉藏语：*(s-)kôŋ~*(s-)kôk

汉字：央（718a）

杨福绵拟音：*s-kịaŋ/ʔịaŋ(A) **汉字义**：中心，中间

郑张上古拟音：qaŋ **上古音韵地位**：影陽

中古音（反切）：影陽平宕开三（於良）

藏文：kʻoŋ-pa **藏文义**：里面，内部

15. 支部

15.1　原始汉藏语：*(s-)pja(-r)~*(s-)bja(-r)

汉字：吡（566t）

杨福绵拟音：*p'jăr(B) **汉字义：**责备，说坏话

郑张上古拟音：pheʔ **上古音韵地位：**滂支

中古音（反切）：滂支上止开重四（匹婢）

藏文：'p'ya-ba, 过去式 'p'yas **藏文义：**责备，嘲笑，愚弄

15.2　原始汉藏语：*(s-)pja(-r)~*(s-)bja(-r)

汉字：訾（358j）

杨福绵拟音：*tsjăr(B)<*s-pjăr **汉字义：**责备，诽谤

郑张上古拟音：ʔse **上古音韵地位：**心支

中古音（反切）：精支平止开三（即移）

藏文：spyar-ba **藏文义：**责备

15.3　原始汉藏语：*(s-)pja(-r)~*(s-)bja(-r)

汉字：疵（358n）

杨福绵拟音：*dz'jăr(A)<*s-b'jăr 借自 tsjăr 责备 **汉字义：**缺点

郑张上古拟音：ze **上古音韵地位：**從支

中古音（反切）：從支平止开三（疾移）

藏文：spyar-ba **藏文义：**责备

15.4　原始汉藏语：*(s-,a-)ke·k

汉字：隄（865g）

杨福绵拟音：*skieg/tiei(A) **汉字义：**水库，堤坝

郑张上古拟音：tee **上古音韵地位：**端支

中古音（反切）：端齊平蟹开四（都奚）

藏文：gegs-pa **藏文义：**阻止，停止，禁止；关闭

15.5　原始汉藏语：*(s-,a-)ke·k

汉字：堤（865k）

杨福绵拟音： *sg'ieg/d'iei(A) **汉字义：** 水库，堤坝

郑张上古拟音： tee **上古音韵地位：** 端支

中古音（反切）： 端齐平蟹开四（都奚）

藏文： gegs-pa **藏文义：** 阻止，停止，禁止；关闭

15.6　原始汉藏语： *(s-,a-)ke·k

汉字： 翅（无）

杨福绵拟音： *sgyi̯ěg/śi̯e(C) 和 *ki̯ěg/kji̯e̞(C) **汉字义：** 翼，翅膀

郑张上古拟音： kles **上古音韵地位：** 见支

中古音（反切）： 見支去止开重四（居企）

藏文： gegs-pa **藏文义：** 阻止，停止，禁止；关闭

15.7　原始汉藏语： *sgə·k

汉字： 徯（876i）

杨福绵拟音： *g'ieg/ɣiei(B) **汉字义：** 等待

郑张上古拟音： gee **上古音韵地位：** 匣支

中古音（反切）： 匣齐平蟹开四（胡鷄）

藏文： sgug-pa **藏文义：** 等待，期待

15.8　原始汉藏语： *(s-)kyek

汉字： 嘶（869e）

杨福绵拟音： *s-gieg/siei(A) **汉字义：** 尖叫

郑张上古拟音： see **上古音韵地位：** 心支

中古音（反切）： 心齐平蟹开四（先稽）

藏文： kye **藏文义：** 噢，喂

16. 錫部

16.1　原始汉藏语： *(s-)grâk～*(s-)krâk

汉字： 虩（787d）

杨福绵拟音： *xjăk<*s-k'răk **汉字义：** 害怕

郑张上古拟音：sqhraag **上古音韵地位**：曉錫

中古音（反切）：生麦入梗开二（山責）

藏文：skrag-pa **藏文义**：害怕，被吓到

16.2　原始汉藏语：*(s-)grâk~*(s-)krâk

汉字：愬（769b）

杨福绵拟音：sɛk<*s-grĕk **汉字义**：害怕

郑张上古拟音：sqhraag **上古音韵地位**：曉錫

中古音（反切）：生麦入梗开二（山責）

藏文：skrag-pa **藏文义**：害怕，被吓到

16.3　原始汉藏语：*(s-)kek

汉字：戹（844a）

杨福绵拟音：*s-kĕk/ʔɛk **汉字义**：困难，灾难

郑张上古拟音：qreeg **上古音韵地位**：影錫

中古音（反切）：影麦入梗开三（於革）

藏文：skyeg **藏文义**：不幸

16.4　原始汉藏语：*(s-)kek

汉字：阸（844h）

杨福绵拟音：*s-kĕg/ʔɛk,*s-kĕg/ʔai(C) **汉字义**：困难

郑张上古拟音：qreeg **上古音韵地位**：影錫

中古音（反切）：影麦入梗开三（於革）

藏文：skyeg **藏文义**：不幸

16.5　原始汉藏语：*(a-,s-)kâ·t

汉字：惕（313s）

杨福绵拟音：*k'i̯ad/k'i̯äi(C)*k'i̯at/k'i̯ät **汉字义**：休息

郑张上古拟音：lheeg **上古音韵地位**：胎錫

中古音（反切）：透錫入梗开四（他歷）

藏文：k'ad-pa **藏文义**：粘牢，抓住，停止，停，阻碍

17. 耕部

17.1　原始汉藏语：*(s-)bja

汉字：清（812u）

杨福绵拟音：*tsʻjěng(A)<*spʻjaŋ **汉字义**：清洁、纯洁、明亮

郑张上古拟音：shleŋ **上古音韵地位**：清耕

中古音（反切）：清清平梗开三（七情）

藏文：'byoŋ-ba **藏文义**：使清洁，纯洁

17.2　原始汉藏语：*(s-)bja

汉字：净（无）（KYSH 736）

杨福绵拟音：*dzʻjěng(C)<*sbʻjaŋ **汉字义**：清洁，净化

郑张上古拟音：zeŋs **上古音韵地位**：從耕

中古音（反切）：從清去梗开三（疾政）

藏文：sbyoŋ-ba, 过去时 sbyaŋs, 将来时 sbyaŋ **藏文义**：打扫，洁净

17.3　原始汉藏语：*(s-)greŋ

汉字：擎（813k）

杨福绵拟音：*gʻjěng(A)<*gʻljěŋ **汉字义**：举

郑张上古拟音：greŋ **上古音韵地位**：群耕

中古音（反切）：群庚平梗开重三（渠京）

藏文：'greŋ-ba **藏文义**：支撑

17.4　原始汉藏语：*(s-)kyeŋ~*(s-)gyeŋ

汉字：惊（813b）

杨福绵拟音：*kjěng(A) **汉字义**：吃惊，注意，害怕（害羞，脸红）

郑张上古拟音：kreŋ **上古音韵地位**：見耕

中古音（反切）：見庚平梗开重三（舉卿）

藏文：'kʻyeŋ-ba **藏文义**：吃惊

17.5　原始汉藏语：*(s-)kyeŋ~*(s-)gyeŋ

汉字：經（831s）

杨福绵拟音： *t'jěng(A)<*sk'jěŋ **汉字义：** 红

郑张上古拟音： theŋ **上古音韵地位：** 透耕

中古音（反切）： 彻清平梗开三（丑贞）

藏文： ʔək'jeŋ **藏文义：** 红

17.6　原始汉藏语： *(s-)kyeŋ~*(s-)gyeŋ

汉字： 赪（834f）

杨福绵拟音： *t'jěng(A)<*sk'jěŋ **汉字义：** 红

郑张上古拟音： theŋ **上古音韵地位：** 透耕

中古音（反切）： 彻清平梗开三（丑贞）

藏文： skyeŋ-ba, skyeŋs-ba **藏文义：** 害羞

17.7　原始汉藏语： *(s-)kyeŋ~*(s-)gyeŋ

汉字： 竀（833m）

杨福绵拟音： *t'jěng(A)<*s-k'jěŋ **汉字义：** 借自"红"

郑张上古拟音： theŋ **上古音韵地位：** 透耕

中古音（反切）： 彻清平梗开三（丑贞）

藏文： ʔək'jeŋ **藏文义：** 红

17.8　原始汉藏语： *(s-)kyeŋ~*(s-)gyeŋ

汉字： 骍（821c）

杨福绵拟音： *sjěng(A)<*s-gjěŋ **汉字义：** 红马，红

郑张上古拟音： seŋ **上古音韵地位：** 心耕

中古音（反切）： 心清平梗开三（息营）

藏文： ʔək'jeŋ **藏文义：** 红

17.9　原始汉藏语： *(s-)kâŋ

汉字： 盛（318i）

杨福绵拟音： *sgyiěŋ/ʑiäŋ(A) **汉字义：** 装在容器里

郑张上古拟音： djeŋ **上古音韵地位：** 定耕

中古音（反切）： 禅清平梗开三（是征）

藏文：sgyoŋ-pa，过去时 bsgyaŋs，未来时 bsgyaŋ **藏文义**：装，填充

17.10 **原始汉藏语**：*(s-)kâŋ

汉字：盛（318i）

杨福绵拟音：*sgyiěŋ/źi̯aŋ(C) **汉字义**：充分，繁盛

郑张上古拟音：djeŋ **上古音韵地位**：定耕

中古音（反切）：禅清平梗开三（是征）

藏文：'geŋs-pa，过去时 bgaŋ，未来时 dgaŋ，命令式 kʻoŋ **藏文义**：装，履行

17.11 **原始汉藏语**：*(s-)kâŋ

汉字：盈（815a）

杨福绵拟音：*sgi̯ěŋ/i̯än(A) **汉字义**：满，装满；满意

郑张上古拟音：leŋ **上古音韵地位**：以耕

中古音（反切）：以清平梗开三（以成）

藏文：sgyoŋ-pa，过去时 bsgyaŋs，未来时 bsgyaŋ **藏文义**：装，填充

17.12 **原始汉藏语**：*(s-,r-)gy(w)aŋ

汉字：敻（167g）

杨福绵拟音：*s-kʻiwan/xiwen(C)，*s-kʻi̯wěŋ/xi̯wäŋ(C) **汉字义**：远

郑张上古拟音：qhʷeŋs **上古音韵地位**：晓耕

中古音（反切）：晓清去梗合三（休正）

藏文：brgyaŋ-ba **藏文义**：喊远处的人

17.13 **原始汉藏语**：*(s-,r-)gy(w)aŋ

汉字：泂（842h）

杨福绵拟音：*gʻiweŋ/ɣiweŋ(B) **汉字义**：远

郑张上古拟音：gʷeeŋʔ **上古音韵地位**：匣耕

中古音（反切）：匣青上梗合四（户顶）

藏文：rgyaŋ-ma **藏文义**：远处

17.14　原始汉藏语：*(s-,r-)gy(w)aŋ

汉字：嵤（843m）

杨福绵拟音：*gʻwěŋ/ɣwɛŋ(A)，*gi̯wěŋ/ji̯wɒŋ(A) **汉字义**：高，远

郑张上古拟音：Gʷreŋ **上古音韵地位**：云耕

中古音（反切）：云庚平梗合三（永兵）

藏文：rgyaŋ-ma **藏文义**：远处

18. 脂部

18.1　原始汉藏语：*(s-)ni·(-n)~*(s-)ni·(-t)

汉字：尼（563a）

杨福绵拟音：*njər(A) **汉字义**：附近，近的

郑张上古拟音：nil **上古音韵地位**：泥脂1

中古音（反切）：娘脂平止开三（女夷）

藏文：nye-ba **藏文义**：附近，旁边

18.2　原始汉藏语：*(s-)kə·n~*(s-)kyə·n~*(s-)kyə·r

汉字：翳（589f）

杨福绵拟音：*s-ki̯ər/ʔiei(A,C) **汉字义**：幕，阴影，覆盖

郑张上古拟音：qii **上古音韵地位**：影脂2

中古音（反切）：影齐平蟹开四（乌奚）

藏文：gos **藏文义**：外衣，长袍

19. 至部

19.1　原始汉藏语：未构拟

汉字：畀（521a）

杨福绵拟音：*pjəd(C) **汉字义**：给

郑张上古拟音：pids **上古音韵地位**：帮至1

中古音（反切）：帮脂去止合重四（必至）

藏文：sbyin-pa, 过去式和祈使式 byin 藏文义：给，赠，赐予

19.2　原始汉藏语：未构拟

汉字：鼻（521b）

杨福绵拟音：*b'jəd(C)<*brjəd(?) **汉字义：**鼻子

郑张上古拟音：blids **上古音韵地位：**並至 1

中古音（反切）：並脂开止去重四（毗至）

藏文：p'rid（见 sbrid-pa）**藏文义：**打喷嚏

19.3　原始汉藏语：未构拟

汉字：自（1237p）

杨福绵拟音：dz'i(KY)<*dz'jər（董同龢 *dz'jəd）(C)*s-b'jəd<*s-brjəd(?) **汉字义：**自己（鼻？）

郑张上古拟音：ɦljids **上古音韵地位：**以至 1

中古音（反切）：從脂去止开三（疾二）

藏文：sbrid-pa **藏文义：**打喷嚏

19.4　原始汉藏语：未构拟

汉字：泗（518d）

杨福绵拟音：*sjəd(C)<*s-bjəd<*s-brjəd(?) **汉字义：**流鼻涕

郑张上古拟音：hljids **上古音韵地位：**以至 1

中古音（反切）：心脂去止开三（息利）

藏文：sbrid-pa **藏文义：**打喷嚏

19.5　原始汉藏语：未构拟

汉字：痹（无）

杨福绵拟音：pji(KY)<*pjəd<*(s-)pjəd<*s-prjəd(?) **汉字义：**风湿病，麻木

郑张上古拟音：pids **上古音韵地位：**帮至 1

中古音（反切）：帮脂去止开重四（必至）

藏文：sbrid-pa **藏文义：**麻木，麻痹

20. 質部

20.1　原始汉藏语： *(s-)ni·(-n)~*(s-)ni·(-t)

汉字： 昵（563f）

杨福绵拟音： *njět **汉字义：** 站的很近，熟悉，亲密

郑张上古拟音： nig **上古音韵地位：** 泥質 2

中古音（反切）： 娘質入臻开三（尼質）

藏文： nyen-k'or **藏文义：** 亲戚

20.2　原始汉藏语： *(s-)ni·(-n)~*(s-)ni·(-t)

汉字： 袒（404b）

杨福绵拟音： *njět **汉字义：** 女式贴身内衣

郑张上古拟音： nig **上古音韵地位：** 泥質 2

中古音（反切）： 娘質入臻开三（尼質）

藏文： ŋnjen **藏文义：** 家属，亲戚

21. 真部

21.1　原始汉藏语： 未构拟

汉字： 进（379a）

杨福绵拟音： *tsjěn(C)<*spjen **汉字义：** 献、进

郑张上古拟音： ʔslins **上古音韵地位：** 心真 1

中古音（反切）： 精真去臻开三（即刃）

藏文： sbyin-pa, 过去式和祈使式 byin **藏文义：** 给，赠，赐予

21.2　原始汉藏语： 未构拟

汉字： 贐（381d）

杨福绵拟音： *dz'jěn(C)<sb'jěn **汉字义：** 离别礼物

郑张上古拟音： ljins **上古音韵地位：** 以真 1

中古音（反切）： 邪真去臻开三（徐刃）

藏文： sbyin-pa, 过去式和祈使式 byin **藏文义：** 给，赠，赐予

21.3 原始汉藏语：*s-mjə(-n)

汉字：泯（457b）

杨福绵拟音：*mjən(A&B)<*s-mjən **汉字义**：胡涂，混乱

郑张上古拟音：minʔ **上古音韵地位**：明真 1

中古音（反切）：明真上臻开重四（武盡）

藏文：smyo-ba 或 myo-ba **藏文义**：胡涂，疯狂

21.4 原始汉藏语：*(s-)mjun~*(s-)mjur

汉字：迅（383b）

杨福绵拟音：*sjĕn(C)~*sjwĕn(C)<*s-mjwĕn **汉字义**：快速，突然

郑张上古拟音：sins **上古音韵地位**：心真 1

中古音（反切）：心真去臻开三（息晉）

藏文：smyo-ba 或 myo-ba **藏文义**：胡涂，疯狂

21.5 原始汉藏语：*(s-)ni·(-n)~*(s-)ni·(-t)

汉字：人（388a）

杨福绵拟音：*ńjĕn(A)<*s-njĕn **汉字义**：人

郑张上古拟音：njin **上古音韵地位**：泥真 1

中古音（反切）：日真平臻开三（如鄰）

藏文：ɣnjen **藏文义**：家属，亲戚

21.6 原始汉藏语：*(s-)ni·(-n)~*(s-)ni·(-t)

汉字：邻（387i）

杨福绵拟音：*ljĕn(A)<*ʔljĕn<*hnjĕn<*s-njĕn **汉字义**：邻居，助手

郑张上古拟音：rin **上古音韵地位**：來真 1

中古音（反切）：來真平臻开三（力珍）

藏文：ɣnjen **藏文义**：家属，亲戚

21.7 原始汉藏语：*(s-)ni·(-n)~*(s-)ni·(-t)

汉字：亲（382g）

杨福绵拟音：*ts'jěn(A)<*ts'-njěn<*s-njěn **汉字义**：父母，亲戚；近，接近

郑张上古拟音：shin **上古音韵地位**：清真 2

中古音（反切）：清真平臻开三（七人）

藏文：ɣnjen **藏文义**：家属，亲戚

21.8　原始汉藏语：*（s-,r-）kyen

汉字：因（370a）

杨福绵拟音：*s-ki̯ěn/ʔi̯ěn(A) **汉字义**：原因，事件

郑张上古拟音：qin **上古音韵地位**：影真 1

中古音（反切）：影真平臻开重四（於真）

藏文：rkyen **藏文义**：原因，事件

21.9　原始汉藏语：*(s-)kil

汉字：陻（483c）

杨福绵拟音：*s-ki̯ɛn/ʔi̯ěn(A) **汉字义**：控制，阻止，阻挠

郑张上古拟音：qin **上古音韵地位**：影真 1

中古音（反切）：影真平臻开重四（於真）

藏文：skyil-ba **藏文义**：关起来，限制

21.10　原始汉藏语：*(s-)kyen

汉字：紧（368e）

杨福绵拟音：*ki̯ěn/ki̯ěn(B) **汉字义**：绑紧；压；紧急

郑张上古拟音：kin? **上古音韵地位**：见真 1

中古音（反切）：见真上臻开重四（居忍）

藏文：skyen-pa **藏文义**：快，迅速

22. 微部

22.1　原始汉藏语：*(s-)pja(-r)~*(s-)bja(-r)

汉字：诽（579f）

杨福绵拟音：*pjwər(B) 汉字义：诽谤

郑张上古拟音：puul? 上古音韵地位：帮微 1

中古音（反切）：非微上止合三（府尾）

藏文：dpyas-po 藏文义：挑剔，责备

22.2 原始汉藏语：*(s-)mjun~*(s-)mjur

汉字：亹（585a）

杨福绵拟音：*mjwər(B) 汉字义：有力的，努力

郑张上古拟音：muul? 上古音韵地位：明微 1

中古音（反切）：微微上止合三（無匪）

藏文：myur-ba 藏文义：快速，迅速

22.3 原始汉藏语：*(s-)grj(w)ǎl

汉字：累（577r）

杨福绵拟音：*ljwər(A) 许思莱（1974b）*rywəl 汉字义：蜿蜒，弯曲

郑张上古拟音：ruuls 上古音韵地位：來微 2

中古音（反切）：來灰去蟹合一（盧對）

藏文：gril 藏文义：圆圈

22.4 原始汉藏语：*(s-)kə·n~*(s-)kyə·n~*(s-)kyə·r

汉字：衣（550a）

杨福绵拟音：*s-kiǝr/ʔjei(A) 汉字义：长袍，衣服，借词"依靠"

郑张上古拟音：qul 上古音韵地位：影微 1

中古音（反切）：影微平止开三（於希）

藏文：skon-pa 藏文义：穿，给别人穿

23. 隊部

23.1 原始汉藏语：*(s-)bu·n~*(s-)bu·t

汉字：燧（227f）

杨福绵拟音：*dzjwəd(C)<*s-bjwəd **汉字义**：钻木取火

郑张上古拟音：ljuds **上古音韵地位**：以队 3

中古音（反切）：邪脂去止合三（徐醉）

藏文：sbud-pa **藏文义**：点燃，放火；（风）吼

23.2　原始汉藏语：*(s-)bu·n~*(s-)bu·t

汉字：焠（490g）

杨福绵拟音：*ts'wəd(C)<*s-p'wəd **汉字义**：烧

郑张上古拟音：shuuds **上古音韵地位**：清队 2

中古音（反切）：清灰去蟹合一（七内）

藏文：sbud-pa **藏文义**：点燃，放火；（风）吼

23.3　原始汉藏语：*(s-)bu·n~*(s-)bu·t

汉字：孛（491a）

杨福绵拟音：*b'wət **汉字义**：彗星

郑张上古拟音：buuuds **上古音韵地位**：並队 1

中古音（反切）：並灰去蟹合一（蒲昧）

藏文：sbud-pa **藏文义**：点燃，放火；（风）吼

23.4　原始汉藏语：未构拟

汉字：頿（490l）

杨福绵拟音：*dz'jwəd(C)<*s-brjəd(?) **汉字义**：筋疲力尽，疲劳

郑张上古拟音：zuds **上古音韵地位**：從队 2

中古音（反切）：從脂去止合三（秦醉）

藏文：sbrid-pa **藏文义**：麻木，麻痹

23.5　原始汉藏语：未构拟

汉字：瘁（490k）

杨福绵拟音：*dz'jwəd(C)<*s-b'jwəd<*s-brjəd(?) **汉字义**：痛苦，疲劳

郑张上古拟音：zuds **上古音韵地位**：從队 2

中古音（反切）：從脂去止合三（秦醉）

藏文：sbrid-pa 藏文义：麻木，麻痹

23.6 原始汉藏语：*(s-)k(w)at~*(s-)g(w)at

汉字：谓（523d）

杨福绵拟音：giwəd/jwẹi(C) 汉字义：说，讲，叫

郑张上古拟音：ɢuds 上古音韵地位：云队 2

中古音（反切）：云微去止合三（于貴）

藏文：skad 藏文义：声音，哭声；讲，话语，语言

23.7 原始汉藏语：šit<*sgit

汉字：墍（515h）

杨福绵拟音：*s-k'i̯əd/xjẹi(C)，*s-k'i̯ɛd/xji(C)，*g'i̯ɛd/g'ji(C)

汉字义：涂抹

郑张上古拟音：gruɯds 上古音韵地位：群队 1

中古音（反切）：群脂去止开重三（其冀）

藏文：skud-pa，过去时 bskus，未来时 bsku，命令式 skus 藏文义：涂抹，擦脏，乱画

24. 物部

24.1 原始汉藏语：*(s-)buˑn~*(s-)buˑt

汉字：哱（491e）

杨福绵拟音：b'uət(KY)<*b'wət 汉字义：吹气声

郑张上古拟音：phɯɯd 上古音韵地位：滂物 1

中古音（反切）：滂没入臻合一（普沒）

藏文：sbud-pa 藏文义：点燃，放火；（风）吼

24.2 原始汉藏语：*s-mjə(-n)

汉字：惚（503i）

杨福绵拟音：*xmwət<*s-mwət 汉字义：迷惑，昏沉沉

郑张上古拟音： hmɯɯd **上古音韵地位：** 明物 1

中古音（反切）： 晓没入臻合一（呼骨）

藏文： smyon-pa **藏文义：** 发疯，发狂

25. 文部

25.1　**原始汉藏语：** *(s-)buˑn~*(s-)buˑt

汉字： 喷（437b）

杨福绵拟音： *p'wən(A&C) **汉字义：** 吐出

郑张上古拟音： phuuun **上古音韵地位：** 滂文 1

中古音（反切）： 滂魂平臻合一（普魂）

藏文： bud-pa=sbud-pa **藏文义：** 放火

25.2　**原始汉藏语：** *(s-)buˑn~*(s-)buˑt

汉字： 歕（437c）

杨福绵拟音： *p'wən(A&C) **汉字义：** 吹出，吐出

郑张上古拟音： phuuun **上古音韵地位：** 滂文 1

中古音（反切）： 滂魂平臻合一（普魂）

藏文： 'bud-pa，过去式 bus，p'us **藏文义：** 吹气

25.3　**原始汉藏语：** *(s-)buˑn~*(s-)buˑt

汉字： 焚（474a）

杨福绵拟音： *b'jwən(A) **汉字义：** 烧

郑张上古拟音： bun **上古音韵地位：** 並文 2

中古音（反切）： 奉文平臻合三（符分）

藏文： sbud-pa **藏文义：** 点燃，放火；（风）吼

25.4　**原始汉藏语：** *(s-)buˑn~*(s-)buˑt

汉字： 焌（468n）

杨 福 绵 拟 音： *tsjwən,*tswən(C)<*s-pjwən,*s-pwən **汉 字 义：** 烧，点火

郑张上古拟音：ʔsluuns 上古音韵地位：心文 2

中古音（反切）：精魂去臻合一（子寸）

藏文：bud-pa=sbud-pa **藏文义**：放火

25.5 原始汉藏语：未构拟

汉字：分（471a）

杨福绵拟音：*pjwən(A) 李方桂 *pjən **汉字义**：赠，给

郑张上古拟音：puun 上古音韵地位：帮文 1

中古音（反切）：非文平臻合三（府文）

藏文：sbyin-pa, 过去式和祈使式 byin **藏文义**：给，赠，赐予

25.6 原始汉藏语：未构拟

汉字：分（471a）

杨福绵拟音：*bʻjwən(C) 李方桂 *bjən **汉字义**：部分，分享

郑张上古拟音：puun 上古音韵地位：帮文 1

中古音（反切）：非文平臻合三（府文）

藏文：sbyin-pa, 过去式和祈使式 byin **藏文义**：给，赠，赐予

25.7 原始汉藏语：未构拟

汉字：惽（无）

杨福绵拟音：*xmwən<*s-mwən **汉字义**：呆笨，愚蠢

郑张上古拟音：hmuuun 上古音韵地位：明文 1

中古音（反切）：晓魂平臻合一（呼昆）

藏文：dman-pa **藏文义**：低，小

25.8 原始汉藏语：*mun~*s-mun

汉字：闷（441b）

杨福绵拟音：*mwən(C) **汉字义**：悲伤，黯淡，迷糊

郑张上古拟音：muuuns 上古音韵地位：明文 1

中古音（反切）：明魂去臻合一（莫困）

藏文：mun-pa **藏文义**：朦胧，黑暗，不清楚的

25.9　原始汉藏语：*mun~*s-mun

汉字：昏（457g）

杨福绵拟音：*xmwən(A)<*s-mwən **汉字义**：黄昏，晚上，黑暗

郑张上古拟音：hmuun **上古音韵地位**：明文 1

中古音（反切）：曉魂平臻合一（呼昆）

藏文：dmun-pa **藏文义**：变暗，不清楚

25.10　原始汉藏语：未构拟

汉字：闻（441d）

杨福绵拟音：*mjwən(A), 李方桂 mjən **汉字义**：听，闻

郑张上古拟音：muun **上古音韵地位**：明文 1

中古音（反切）：微文平臻合三（無分）

藏文：nyan-pa，也作 mnyan-pa **藏文义**：听

25.11　原始汉藏语：未构拟

汉字：闻（441d）

杨福绵拟音：*mjwən(C)<*s-mjwən<*s-mjən **汉字义**：听说，名声

郑张上古拟音：muun **上古音韵地位**：明文 1

中古音（反切）：微文平臻合三（無分）

藏文：snyan-pa<*s-mnyan-pa(?) **藏文义**：名望，荣誉，名声

25.12　原始汉藏语：*(s-)mjun~*(s-)mjur

汉字：逡（468j）

杨福绵拟音：*sjwən<*s-mjwən **汉字义**：快速

郑张上古拟音：shlun **上古音韵地位**：清文 2

中古音（反切）：清谆平臻合三（七倫）

藏文：smyur-ba **藏文义**：快速，急忙，催促

25.13　原始汉藏语：未构拟

汉字：顺（462c）

杨福绵拟音：*ḍʻjwən(C)<*dʻjwən **汉字义**：跟从，服从，符合

郑张上古拟音：ɢljuns 上古音韵地位：以文 2

中古音（反切）：船谆去臻合三（食閏）

藏文：tʻun-pa 藏文义：按照，遵循

25.14 原始汉藏语：未构拟

汉字：循（465f）

杨福绵拟音：*dzjwən(A)<*s-djwən **汉字义**：跟从，沿着

郑张上古拟音：ljun 上古音韵地位：以文 2

中古音（反切）：邪谆平臻合三（詳遵）

藏文：stun-pa 藏文义：同意

25.15 原始汉藏语：未构拟

汉字：遵（430j）

杨福绵拟音：*tsjwən(A)<*s-tjwən **汉字义**：跟从，沿着

郑张上古拟音：ʔsun 上古音韵地位：心文 2

中古音（反切）：精谆平臻合三（將倫）

藏文：stun-pa 藏文义：同意

25.16 原始汉藏语：*(s-)nu·(-n)~*(s-)nu·(-t)

汉字：唇（455m）

杨福绵拟音：*ɗʻjwən(A)<ɗ-ńjwən<*ś-ńjwən<*s-njwən **汉字义**：嘴唇

郑张上古拟音：ɦljun 上古音韵地位：以文 2

中古音（反切）：船谆平臻合三（食倫）

藏文：nu-po/mo 藏文义：喂奶

25.17 原始汉藏语：*m-snyu<*m-snu

汉字：唇（455m）

杨福绵拟音：*ɗʻjwən **汉字义**：嘴唇

郑张上古拟音：ɦljun 上古音韵地位：以文 2

中古音（反切）：船谆平臻合三（食倫）

藏文：mtśʻu 藏文义：嘴唇

25.18　**原始汉藏语：***(s-)ni·(-n)~*(s-)ni·(-t)

汉字：近（443e）

杨福绵拟音：*g'jən(B)<*g'ńjən<*ɣ-ńjən<*s-njěn **汉字义：**附近

郑张上古拟音：ɡuɯns **上古音韵地位：**群文 1

中古音（反切）：群欣去臻开三（巨靳）

藏文：nye-ba **藏文义：**附近，旁边

25.19　**原始汉藏语：***(s-)ni·(-n)~*(s-)ni·(-t)

汉字：近（443e）

杨福绵拟音：*g'jən(C)<*s-njěn **汉字义：**邻近

郑张上古拟音：ɡuɯns **上古音韵地位：**群文 1

中古音（反切）：群欣上臻开三（巨靳）

藏文：nye-ba **藏文义：**附近，旁边

25.20　**原始汉藏语：***(s-)kwəl

汉字：训（422d）

杨福绵拟音：*xjwən(C),*s-k'jwən **汉字义：**指导，解释，遵守，跟从

郑张上古拟音：qhuɯns **上古音韵地位：**曉文 2

中古音（反切）：曉文去臻合三（許運）

藏文：skul-ba **藏文义：**劝说，强加

25.21　**原始汉藏语：***(s-)grj(w)ǎl

汉字：轮（203f）

杨福绵拟音：*ljwən(A) **汉字义：**车轮

郑张上古拟音：run **上古音韵地位：**來文 2

中古音（反切）：來谆平臻合三（力迍）

藏文：ril<*rjǎl(?) **藏文义：**圆

25.22　**原始汉藏语：***skyâ

汉字：蠢（463d）

杨福绵拟音：*skʻyi̯wən/tśʻi̯uěn(B) 汉字义：蠕动，移动

郑张上古拟音：thjun? 上古音韵地位：透文 2

中古音（反切）：昌谆上臻合三（尺尹）

藏文：skya-rəŋs 藏文义：黎明，日出

25.23　原始汉藏语：*(s-)kə·l

汉字：运（458d）

杨福绵拟音：*gi̯wən/ji̯uən(C) 汉字义：旋转，翻转；移动

郑张上古拟音：ɢuns 上古音韵地位：云文 2

中古音（反切）：云文去臻合三（王問）

藏文：sgul-ba 藏文义：移动，摇动，行动

藏文：'gul-ba 藏文义：移动，摇动，搅动

25.24　原始汉藏语：*（s-,r-）kyen

汉字：根（416b）

杨福绵拟音：*kən/kən(A) 汉字义：根，根本

郑张上古拟音：kɯɯn 上古音韵地位：见文 1

中古音（反切）：見痕平臻开一（古痕）

藏文：rkyen 藏文义：原因，事件

25.25　原始汉藏语：*(s-)kə·n~*(s-)kyə·n~*(s-)kyə·r

汉字：隐（449a）

杨福绵拟音：*s-ki̯ən/ʔi̯ən(B) 汉字义：隐藏

郑张上古拟音：qun? 上古音韵地位：影文 1

中古音（反切）：影欣上臻开三（於謹）

藏文：gon-pa 藏文义：穿，穿上；外衣，衣服

25.26　原始汉藏语：*(s-)kə·n~*(s-)kyə·n~*(s-)kyə·r

汉字：緼（426f）

杨福绵拟音：*s-ki̯wən/ʔi̯uən(B,C) 汉字义：借词"藏"

郑张上古拟音：qun 上古音韵地位：影文 2

中古音（反切）：影魂平臻合一（乌渾）

藏文：gyon-pa **藏文义**：穿上，穿

25.27　原始汉藏语：*(s-)kil

汉字：限（416i）

杨福绵拟音：*g'εn/ɣăn(B) **汉字义**：障碍，限制

郑张上古拟音：gruɯun? **上古音韵地位**：匣文 1

中古音（反切）：匣山上山开二（胡简）

藏文：skyil-ba **藏文义**：关起来，限制

25.28　原始汉藏语：*(a-,s-)kâ·t

汉字：垦（515h）

杨福绵拟音：*s-k'i̯əd/xje̤i(C)，*s-k'i̯εd/xji(C)，*g'i̯εd/g'ji(C) **汉字义**：借词"休息"

郑张上古拟音：khuɯun? **上古音韵地位**：溪文 1

中古音（反切）：溪痕上臻开一（康很）

藏文：k'ad-pa **藏文义**：粘牢，抓住，停止，停，阻碍

26. 歌部

26.1　原始汉藏语：*s-bwar

汉字：火（353a）

杨福绵拟音：*xwâr(B)<*s-bwâr **汉字义**：火

郑张上古拟音：qhʷaal? **上古音韵地位**：晓歌 1

中古音（反切）：晓戈上果合一（呼果）

藏文：sbor-ba，过去时和将来时 sbar **藏文义**：烧，点燃

26.2　原始汉藏语：*s-bwar

汉字：煨（356b）

杨福绵拟音： **汉字义**：猛烈燃烧的火

郑张上古拟音：hmral? **上古音韵地位**：明歌 1

中古音（反切）：曉支上止合重三（許委）

藏文：sbor-ba，过去时和将来时 sbar **藏文义**：烧，点燃

26.3　**原始汉藏语**：*(s-)pja(-r)~*(s-)bja(-r)

汉字：毁（356a）

杨福绵拟音：*xjwǎr<*s-bjwǎr **汉字义**：诋毁，辱骂

郑张上古拟音：hmralʔ **上古音韵地位**：明歌 1

中古音（反切）：曉支上止合重三（許委）

藏文：'pyar-ka **藏文义**：责备，侮辱

26.4　**原始汉藏语**：*(s-)pja(-r)~*(s-)bja(-r)

汉字：譭（无）

杨福绵拟音：xjwię(KY)<*xjwǎr(B)<*s-bjwǎr **汉字义**：诽谤，诋毁，辱骂

郑张上古拟音：hmralʔ **上古音韵地位**：明歌 1

中古音（反切）：曉支上止合重三（許委）

藏文：spyo-ba，过去式、祈使式 spyos **藏文义**：责备，责骂

26.5　**原始汉藏语**：*(s-)mjun~*(s-)mjur

汉字：麾（17h）

杨福绵拟音：*xmwia(A)<*s-mwia **汉字义**：迅速

郑张上古拟音：hmral **上古音韵地位**：明歌 1

中古音（反切）：曉之平止合重三（許為）

藏文：smyur-ba **藏文义**：快速，急忙，催促

26.6　**原始汉藏语**：s-mraŋ~*s-mrak

汉字：麾（17h）

杨福绵拟音：*xmwia(A)<*s-mwia<*s-mria(?) **汉字义**：标志，旗（即记号，语言）

郑张上古拟音：hmral **上古音韵地位**：明歌 1

中古音（反切）：曉之平止合重三（許為）

藏文：smra-ba，也作 smar-ba **藏文义：**说，讲

26.7　原始汉藏语：s-mraŋ~*s-mrak

汉字：撝（27e）

杨福绵拟音：*xwia(A)<*s-mria(?) **汉字义：**标记，表明

郑张上古拟音：qhʷral **上古音韵地位：**曉歌 1

中古音（反切）：曉支平止合重三（許為）

藏文：smraŋ, smreŋ **藏文义：**话，讲

26.8　原始汉藏语：*(s-)grj(w)ǎl

汉字：輠（无）

杨福绵拟音：*gʻlwâr(B), *gʻlwər, *gʻlwân(B) **汉字义：**（轮子）转弯

郑张上古拟音：klool? **上古音韵地位：**見歌 3

中古音（反切）：見戈上果合一（古火）

藏文：ril<*rjǎl(?) **藏文义：**圆

26.9　原始汉藏语：*(s-)grj(w)ǎl

汉字：裹（351c）

杨福绵拟音：*klwâr(B) **汉字义：**包扎，包起来

郑张上古拟音：klool? **上古音韵地位：**見歌 3

中古音（反切）：见戈上果合一（古火）

藏文：ril<*rjǎl(?) **藏文义：**圆

26.10　原始汉藏语：*skya~*skyan

汉字：移（3q）

杨福绵拟音：*sgia/ię(A) **汉字义：**转换，移动；改变

郑张上古拟音：lal **上古音韵地位：**以歌 1

中古音（反切）：以支平止开三（弋支）

藏文：skya-ba，过去时 bskyas，未来时 bskya **藏文义：**改变位置；
移动

27. 祭部

27.1　原始汉藏语：*(s-)buˑn~*(s-)buˑt

汉字：彗（527a）

杨福绵拟音：*dzjwəd,*dzjwad(C)<*s-bjwəd~*s-bjwad 汉字义：彗星

郑张上古拟音：sɢʷeds 上古音韵地位：匣祭 2

中古音（反切）：邪祭去蟹合三（祥歲）

藏文：sbud-pa 藏文义：点燃，放火；（风）吼

27.2　原始汉藏语：*s-geˑt

汉字：契（279b）

杨福绵拟音：*k'jad(C) 借自 *k'iat 分开 汉字义：手刻，刻痕

郑张上古拟音：kheeds 上古音韵地位：溪祭 2

中古音（反切）：溪齐去蟹开四（苦計）

藏文：'gye-ba 藏文义：分，分离

27.3　原始汉藏语：*(s-)k(w)at~*(s-)g(w)at

汉字：喝（313k）

杨福绵拟音：*s-k'ât/xât 汉字义：叫喊

郑张上古拟音：qraads 上古音韵地位：影祭 1

中古音（反切）：影夬去蟹开二（於犗）

藏文：skad-pa 藏文义：说，告诉，讲述，叫

27.4　原始汉藏语：*(s-)k(w)at~*(s-)g(w)at

汉字：话（302j）

杨福绵拟音：*g'wad/ɣwai(C) 汉字义：说；话语

郑张上古拟音：groods 上古音韵地位：匣祭 3

中古音（反切）：匣夬去蟹合二（下快）

藏文：skad 藏文义：声音，哭声；讲，话语，语言

27.5　原始汉藏语：*(s-)keˑt~*(s-)geˑt

汉字：契（279b）

杨福绵拟音：*k'iad/k'iei(C) **汉字义**：文字刻痕

郑张上古拟音：kheeds **上古音韵地位**：溪祭2

中古音（反切）：溪齊去蟹开四（苦計）

藏文：sgyed-po **藏文义**：用来垒灶的石头

27.6　原始汉藏语：*(s-)ke·t~*(s-)ge·t

汉字：契（279b）

杨福绵拟音：k'iat/k'iet **汉字义**：分开的

郑张上古拟音：kheeds **上古音韵地位**：溪祭2

中古音（反切）：溪齊去蟹开四（苦計）

藏文：sgyid-bu，sgyed-bu **藏文义**：炉底，灶，包括三块石头（即分开的石头）上面可以放壶

27.7　原始汉藏语：*(s-)ke-t

汉字：裔（333a）

杨福绵拟音：*sgi̯ad/i̯äi(C) **汉字义**：后人，后代

郑张上古拟音：leds **上古音韵地位**：以祭2

中古音（反切）：以祭去蟹开三（餘制）

藏文：skye-ba **藏文义**：出生，生

27.8　原始汉藏语：*s-ŋâ-t

汉字：埶（330a）

杨福绵拟音：*sni̯ad/ŋi̯äi(C) **汉字义**：种，耕，栽培

郑张上古拟音：ŋeds **上古音韵地位**：疑祭2

中古音（反切）：疑祭去蟹开重四（魚祭）

藏文：sŋo-ba，也作 sŋod-ba，过去时 bsŋos，未来时 bsŋo，命令式 sŋos **藏文义**：变绿（即"长成绿色"）；祈祷

27.9　原始汉藏语：*s-ŋâ-t

汉字：埶（330a）

杨福绵拟音：*s-ŋyi̯ad/śi̯äi(C) **汉字义**：力量，影响

郑张上古拟音：ŋeds 上古音韵地位：疑祭 2

中古音（反切）：疑祭去蟹开重四（魚祭）

藏：rŋa-ba，过去时 brŋas，未来时 brŋa，命令式 rŋos 藏文义：割，收割

27.10　原始汉藏语：*s-ŋâ-t

汉字：蓻（330e）

杨福绵拟音：*sŋiad/ŋiäi(C) **汉字义**：种，耕种，种庄稼

郑张上古拟音：ŋeds 上古音韵地位：疑祭 2

中古音（反切）：疑祭去蟹开重四（魚祭）

藏：sŋo-ba，也作 sŋod-ba，过去时 bsŋos，未来时 bsŋo，命令式 sŋos 藏文义：变绿（即"长成绿色"）；祈祷

27.11　原始汉藏语：*s-ŋâ-t

汉字：蓻（330e）

杨福绵拟音：*sŋiad/ŋiäi(C) **汉字义**：种，耕，栽培；艺术；方法，规则；天才

郑张上古拟音：ŋeds 上古音韵地位：疑祭 2

中古音（反切）：疑祭去蟹开重四（魚祭）

藏：sŋo-ba，也作 sŋod-ba，过去时 bsŋos，未来时 bsŋo，命令式 sŋos 藏文义：变绿（即"长成绿色"）；祈祷

27.12　原始汉藏语：*(a-,s-)kâ·t

汉字：憩（329a）

杨福绵拟音：*k'iad/k'iäi(C) **汉字义**：休息

郑张上古拟音：khrads 上古音韵地位：溪祭 1

中古音（反切）：溪祭去蟹开重四（去例）

藏：k'ad-pa 藏文义：粘牢，抓住，停止，停，阻碍

28. 月部

28.1　*原始汉藏语：未构拟*

汉字：懱（311c）

杨福绵拟音：*miat<*hmiat<*s-miat **汉字义**：鄙视

郑张上古拟音：meed **上古音韵地位**：明月2

中古音（反切）：明屑入山开四（莫結）

藏文：smod-pa **藏文义**：责备

28.2　*原始汉藏语：未构拟*

汉字：蔑（311a）

杨福绵拟音：*miat **汉字义**：毁掉，消灭

郑张上古拟音：meed **上古音韵地位**：明月2

中古音（反切）：明屑入山开四（莫結）

藏文：smad-pa **藏文义**：中伤，责备

28.3　*原始汉藏语：未构拟*

汉字：威（294a）

杨福绵拟音：*xmjwat<*s-mjat **汉字义**：消灭，毁掉

郑张上古拟音：hmed **上古音韵地位**：明月2 ．

中古音（反切）：曉薛入山合重四（許劣）

藏文：smad-pa **藏文义**：中伤，责备

28.4　*原始汉藏语：未构拟*

汉字：末（277a）

杨福绵拟音：*mwât **汉字义**：最后，小，缩小

郑张上古拟音：maad **上古音韵地位**：明月1

中古音（反切）：明末入山合一（莫撥）

藏文：dman-pa **藏文义**：低，小

28.5　*原始汉藏语：*s-geˑt

汉字：锲（279f）

杨福绵拟音：*k'iad 汉字义：锲，切断

郑张上古拟音：keed 上古音韵地位：见月 2

中古音（反切）：见屑入山开四（古屑）

藏文：'gyed-pa 藏文义：分，撒，散播

28.6　原始汉藏语：*s-ge·t

汉字：楔（279i）

杨福绵拟音：*siat<*s-giat 汉字义：分开尸体的牙齿

郑张上古拟音：kreed 上古音韵地位：见月 2

中古音（反切）：見黠入山开二（古黠）

藏文：sgyed-po, sgyid-po 藏文义：炉底石

28.7　原始汉藏语：*(s-)k(w)at~*(s-)g(w)at

汉字：曰（304a）

杨福绵拟音：*gi̯wǎt/ji̯wɒt 汉字义：说

郑张上古拟音：ɢʷad 上古音韵地位：云月 1

中古音（反切）：云月入山合三（王伐）

藏文：skad-pa 藏文义：说，告诉，讲述，叫

28.8　原始汉藏语：*(s-)ke·t~*(s-)ge·t

汉字：楔（279i）

杨福绵拟音：*s-giat/siet 汉字义：楔，装在尸体牙齿之间的木头（即把牙齿分开）

郑张上古拟音：kreed 上古音韵地位：见月 2

中古音（反切）：見黠入山开二（古黠）

藏文：'gyed-pa 藏文义：分开，撒开

28.9　原始汉藏语：*(s-)ke·t~*(s-)ge·t

汉字：鍥（279f）

杨福绵拟音：*k'iat/k'iet 汉字义：割，割开

郑张上古拟音：keed 上古音韵地位：见月 2

中古音（反切）：見屑入山开四（古屑）

藏文：'gyed-pa **藏文义**：分开，撒开

28.10 原始汉藏语：*(s-)ke·t~*(s-)ge·t

汉字：齛（279e）

杨福绵拟音：*ʔkiat/ŋiet **汉字义**：噬，嘎扎嘎扎的咀嚼

郑张上古拟音：ŋeed **上古音韵地位**：疑月2

中古音（反切）：疑蟹入山开四（五結）

藏文：'gyed-pa **藏文义**：分开，撒开

28.11 原始汉藏语：*(a-,s-)kâ·t

汉字：遏（31s-l）

杨福绵拟音：*s-kât/ʔât **汉字义**：停止，抑制，终止

郑张上古拟音：qaad **上古音韵地位**：影月1

中古音（反切）：影曷入山开一（烏葛）

藏文：'k'od-pa **藏文义**：坐下，坐

28.12 原始汉藏语：*(a-,s-)kâ·t

汉字：歇（313u）

杨福绵拟音：*s-k'i̯ăt/xi̯ɐt **汉字义**：终止，休息

郑张上古拟音：qhad **上古音韵地位**：曉月1

中古音（反切）：曉月入山开三（許竭）

藏文：k'ad-pa **藏文义**：粘牢，抓住，停止，停，阻碍

28.13 原始汉藏语：*(s-,ʔ-)ka·n~ *(s-,ʔ-)ka·t

汉字：设（290a）

杨福绵拟音：*s-gyi̯at/śi̯ät **汉字义**：建立；设立；放置

郑张上古拟音：hljed **上古音韵地位**：以月2

中古音（反切）：書薛入山开三（識列）

藏文：'god-pa，过去时 bgod，未来时 dgod，命令式 k'od **藏文义**：设计，计划，建立

29. 元部

29.1　*原始汉藏语：**s-bwar

汉字：燔（195g）

杨福绵拟音：*b'jwǎn(A)<*b'jwǎn~*b'war **汉字义**：烧，烤

郑张上古拟音：ban **上古音韵地位**：並元 1

中古音（反切）：奉元平山合三（附袁）

藏文：'bar-ba **藏文义**：烧，着火

29.2　*原始汉藏语：*未构拟

汉字：俛（222b）

杨福绵拟音：*mwən **汉字义**：俯身

郑张上古拟音：mron? **上古音韵地位**：明元 3

中古音（反切）：明仙上山开重三（亡辨）

藏文：smad-pa **藏文义**：弯下

29.3　*原始汉藏语：*未构拟

汉字：悗（222e）

杨福绵拟音：*mwən **汉字义**：胡涂，愚蠢

郑张上古拟音：moon **上古音韵地位**：明元 3

中古音（反切）：明桓平山合一（母官）

藏文：smad-pa **藏文义**：弯下

29.4　*原始汉藏语：**(s-)mjun~*(s-)mjur

汉字：勉（222c）

杨福绵拟音：*mjan(B) **汉字义**：努力

郑张上古拟音：mron? **上古音韵地位**：明元 3

中古音（反切）：明仙上山开重三（亡辨）

藏文：myur-ba **藏文义**：快速，迅速

29.5　*原始汉藏语：**(s-)mjun~*(s-)mjur

汉字：黾（无）

杨福绵拟音：*mjwěn(B) **汉字义**：自勉

郑张上古拟音：mlenʔ **上古音韵地位**：明元 2

中古音（反切）：明仙上山开重四（彌兖）

藏文：smyur-ba **藏文义**：快速，急忙，催促

29.6 原始汉藏语：*(s-)nu·(-n)~*(s-)nu·(-t)

汉字：吮（468g）

杨福绵拟音：*ɗʲwən(C)<*s-njwən **汉字义**：吮吸（嘴唇的动作）

郑张上古拟音：zlonʔ **上古音韵地位**：從元 3

中古音（反切）：從仙上山合三（徂兖）

藏文：nud-pa **藏文义**：喂奶

29.7 原始汉藏语：*(s-)kwâ·l

汉字：涫（157f）

杨福绵拟音：*kwân(C) **汉字义**：起泡

郑张上古拟音：koon **上古音韵地位**：见元 3

中古音（反切）：見桓平山合一（古丸）

藏文：kʻol-ba **藏文义**：煮

29.8 原始汉藏语：*(s-)kwâ·l

汉字：爟（158d）

杨福绵拟音：*kwân(C) **汉字义**：招致，引火（做饭）

郑张上古拟音：koons **上古音韵地位**：见元 3

中古音（反切）：見桓去山合一（古玩）

藏文：ʼkʻol-ba **藏文义**：煮，沸腾

29.9 原始汉藏语：*(s-)kwâ·l

汉字：爨（177a）

杨福绵拟音：*tsʻwân(C)<*skʻwân **汉字义**：加热，煮

郑张上古拟音：shoons **上古音韵地位**：清元 3

中古音（反切）：清桓去山合一（七亂）

藏文：skol-ba 藏文义：煮

29.10 *原始汉藏语：*(a-)kwâ·l*

汉字：倌（157-l）

杨福绵拟音：*kwân(A&C) **汉字义：**仆人

郑张上古拟音：koon **上古音韵地位：**见元 3

中古音（反切）：見桓平山合一（古丸）

藏文：kʻol-pa 藏文义：男仆

29.11 *原始汉藏语：*(a-)kwâ·l*

汉字：宦（188a）

杨福绵拟音：*gʻwân(C)<*(s-)gʻwân **汉字义：**仆人，男仆

郑张上古拟音：gʷraans **上古音韵地位：**匣元 1

中古音（反切）：匣删去山合二（胡慣）

藏文：ʼkʻol-ba 藏文义：使唤用人

29.12 *原始汉藏语：*(a-)kwâ·l*

汉字：痯（157g）

杨福绵拟音：*kwân(A) **汉字义：**疲惫，筋疲力尽

郑张上古拟音：koon? **上古音韵地位：**见元 3

中古音（反切）：見桓上山合一（古滿）

藏文：ʼkʻol-ba 藏文义：睡觉，使麻木

29.13 *原始汉藏语：*(s-)kwəl*

汉字：劝（158s）

杨福绵拟音：*kʻjad(C),*kʻiat **汉字义：**劝说，鼓励

郑张上古拟音：khons **上古音韵地位：**溪元 3

中古音（反切）：溪元去山合三（去願）

藏文：ʼkʻul-ba 藏文义：征服，隶属

29.14 *原始汉藏语：*(s-)grj(w)ǎl*

汉字：圆（227b）

杨福绵拟音：*gjwan(A)<*gljwan **汉字义**：圆

郑张上古拟音：gon **上古音韵地位**：云元 3

中古音（反切）：云仙平山合三（王權）

藏文：'gril-ba **藏文义**：卷起

29.15　**原始汉藏语**：*(s-)grj(w)ăl

汉字：卷（226a）

杨福绵拟音：*kjwan(B)<*kljwan, 蒲立本 *kwlān **汉字义**：圆

郑张上古拟音：gron **上古音韵地位**：群元 3

中古音（反切）：群仙平山合重三（巨員）

藏文：'gril-ba **藏文义**：卷起

29.16　**原始汉藏语**：*(s-)grj(w)ăl

汉字：卷（226a）

杨福绵拟音：*g'jwan(A)<*g'ljwan **汉字义**：弯曲

郑张上古拟音：gron **上古音韵地位**：群元 3

中古音（反切）：群仙平山合重三（巨員）

藏文：'gril-ba **藏文义**：卷起

29.17　**原始汉藏语**：*(s-)grj(w)ăl

汉字：缳（256j）

杨福绵拟音：*g'jwan(B)<*g'ljwan **汉字义**：系一圈，围绕

郑张上古拟音：gʷraans **上古音韵地位**：匣元 1

中古音（反切）：匣删去山合二（胡慣）

藏文：'gril-ba **藏文义**：卷起

29.18　**原始汉藏语**：*(s-)grj(w)ăl

汉字：桓（164b）

杨福绵拟音：*g'wân(A)<*g'lwân<*s-glwân **汉字义**：借自"转"

郑张上古拟音：gʷaan **上古音韵地位**：匣元 1

中古音（反切）：匣桓平山合一（胡官）

藏文：'gril-ba **藏文义**：卷起

29.19 原始汉藏语：*(s-)grj(w)ăl

汉字：旋（236a）

杨福绵拟音：*dzjwan(A)<*s-gjwan<*s-gljwan **汉字义**：转圈，骨碌，
回来

郑张上古拟音：sɢʷan **上古音韵地位**：云元 1

中古音（反切）：邪仙平山合三（似宣）

藏文：'gril-ba **藏文义**：卷起

29.20 原始汉藏语：*s-ka·n

汉字：饘（148m）

杨福绵拟音：*skyi̯an/tśi̯an(A,B) **汉字义**：粥

郑张上古拟音：tjan **上古音韵地位**：端元 1

中古音（反切）：章仙平山开三（诸延）

藏文：tśʻan **藏文义**：熟的玉米或大麦等

29.21 原始汉藏语：*s-ka·n

汉字：飦（139m）

杨福绵拟音：*kân/kân*ki̯ǎn/ki̯ɒn(A) **汉字义**：粥

郑张上古拟音：kan **上古音韵地位**：见元 1

中古音（反切）：见元平山开三（居言）

藏文：'bras-tśʻan **藏文义**：米汤

29.22 原始汉藏语：*skya~*skyan

汉字：迁（206c）

杨福绵拟音：*skʻi̯an/tsʻi̯än(A) **汉字义**：拿走；移动；改变

郑张上古拟音：shen **上古音韵地位**：清元 2

中古音（反切）：清仙平山开三（七然）

藏文：skyas **藏文义**：换住处

29.23 原始汉藏语：*(s-,r-)kwa·l

汉字：誼（164a）

杨福绵拟音：*s-kʻi̯wǎn/xi̯wɒn(A) **汉字义**：喧闹

郑张上古拟音：qhʷan **上古音韵地位**：晓元 1

中古音（反切）：晓元平山开三（况袁）

藏文：rgol-ba **藏文义**：争吵，对抗

29.24 原始汉藏语：*(s-,r-)kwa·l

汉字：讙（158n）

杨福绵拟音：*s-kʻwân/xwân(A)，*s-kʻiwân/xi̯wɒn(A) **汉字义**：喊叫

郑张上古拟音：qhon **上古音韵地位**：晓元 3

中古音（反切）：晓元平山开三（况袁）

藏文：rgol-ba **藏文义**：争吵，对抗

29.25 原始汉藏语：*(s-)kyen~*(s-)kyet

汉字：憲（250a）

杨福绵拟音：*s-kʻi̯ǎn/xi̯ɒn(C) **汉字义**：借词，"喜悦的，高兴地"

郑张上古拟音：hŋans **上古音韵地位**：疑元 1

中古音（反切）：晓元去山开三（許建）

藏文：skyid-pa **藏文义**：使高兴，高兴，高兴的

29.26 原始汉藏语：*(s-)kyen~*(s-)kyet

汉字：衍（139p）

杨福绵拟音：*kân/kân(C) **汉字义**：高兴

郑张上古拟音：khaans **上古音韵地位**：溪元 1

中古音（反切）：溪寒去山开一（苦旰）

藏文：skyid-pa **藏文义**：使高兴，高兴，高兴的

29.27 原始汉藏语：*s-kya·l

汉字：献（252e）

杨福绵拟音：*s-kʻi̯ǎn/xi̯ɒn(C) **汉字义**：给予，送给

郑张上古拟音：hŋans 上古音韵地位：晓元 1

中古音（反切）： 晓元去山开三（許建）

藏文： skyel-ba，未来时和过去时 bskyel，命令式 skyol **藏文义：** 送、带、给（某人食物），送去

29.28 **原始汉藏语：** *s-kya·l

汉字： 遣（196b）

杨福绵拟音： *kʻi̯an/kʻi̯än(B) **汉字义：** 送，寄出

郑张上古拟音：khenʔ **上古音韵地位：** 溪元 2

中古音（反切）： 溪仙上山开重四（去演）

藏文： ʼkʻyol-ba **藏文义：** 送抵，带到

29.29 **原始汉藏语：** *s-kya·l

汉字： 遣（196b）

杨福绵拟音： *kʻi̯an/kʻi̯än(C) **汉字义：** 送（祭祀用的肉）到坟上

郑张上古拟音： khenʔ **上古音韵地位：** 溪元 2

中古音（反切）： 溪仙上山开重四（去演）

藏文： skyel-ma **藏文义：** 护送者，送

29.30 **原始汉藏语：** *(s-)kyen

汉字： 霰（156d）

杨福绵拟音： *s-gian/sien(C) **汉字义：** 雨夹雪

郑张上古拟音： sqheens **上古音韵地位：** 心元 2

中古音（反切）： 心先去山开四（蘇佃）

藏文： skyin-tʻaŋ **藏文义：** 雹子，雨夹雪

29.31 **原始汉藏语：** *(s-,ʔ-)kye·l

汉字： 羶（148q）

杨福绵拟音： *s-gyi̯an/śi̯än(A) **汉字义：** 羊的味道，腐臭味

郑张上古拟音： hljan **上古音韵地位：** 以元 1

中古音（反切）： 书仙平山开三（式連）

藏文：skyin 藏文义：野山羊

29.32　原始汉藏语：*(s-,ʔ-)kye·l

汉字：羱（无）（KYSH 216）

杨福绵拟音：ŋi̯ǎn(A)<*ʔki̯ǎn **汉字义：**有大角的野山羊

郑张上古拟音：ŋʷaan **上古音韵地位：**疑元 1

中古音（反切）：疑桓平山合一（五丸）

藏文：skyed-pa 藏文义：生殖，生育，生长

29.33　原始汉藏语：*(a-,s-)kâ·t

汉字：閼（270a）

杨福绵拟音：*s-kât/ʔât **汉字义：**阻止，阻碍

郑张上古拟音：qran **上古音韵地位：**影元 1

中古音（反切）：影仙平山开重三（於乾）

藏文：ʼkʻad-pa 藏文义：坐，稳坐；一直坐着；粘牢；被停止

29.34　原始汉藏语：*(s-,ʔ-)ka·n~ *(s-,ʔ-)ka·t

汉字：建（249a）

杨福绵拟音：*ki̯ǎn/ki̯ɒn(C) **汉字义：**设立，建立

郑张上古拟音：kans **上古音韵地位：**见元 1

中古音（反切）：见元去山开三（居万）

藏文：ʼkʻod-pa 藏文义：坐下，设立；放置，建立

藏文：ʼkad-pa 藏文义：坐，稳坐

29.35　原始汉藏语：*(r-,ʔ-)kâ·l

汉字：岸（139eʼ）

杨福绵拟音：*ʔkân/ŋân(C) **汉字义：**河岸

郑张上古拟音：ŋgaans **上古音韵地位：**群元 1

中古音（反切）：疑寒去山开一（五旰）

藏文：rgal-ba，过去时和未来时 brgal，命令式 rgol 藏文义：走过；翻过（山），涉过（河）

29.36 *原始汉藏语：*(r-,ʔ-)kâ·l*

汉字：干（139a）

杨福绵拟音：*kân/kân(A) **汉字义：**借词"河岸"

郑张上古拟音：kaans **上古音韵地位：**見元 1

中古音（反切）：見寒去山开一（古案）

藏文：rgal **藏文义：**涉水

30. 緝部

30.1 *原始汉藏语：*(s-)nup~*(s-)nəp*

汉字：纳（695c）

杨福绵拟音：*nəp **汉字义：**带入，传送，出现

郑张上古拟音：nuub **上古音韵地位：**泥緝 3

中古音（反切）：泥合入咸开一（奴答）

藏文：nub-pa **藏文义：**慢慢落下，沉入，（太阳）落下

30.2 *原始汉藏语：*(s-)nup~*(s-)nəp*

汉字：入（695a）

杨福绵拟音：*ńjəp<*s-ńjəp<*s-nəp **汉字义：**进入，带入

郑张上古拟音：njub **上古音韵地位：**泥緝 3

中古音（反切）：日緝入深开三（人執）

藏文：snub-pa **藏文义：**致死

30.3 *原始汉藏语：*(s-)kyəp*

汉字：汁（686f）

杨福绵拟音：*skyi̯əp/tɕi̯əp **汉字义：**汁，液，融化的雪水

郑张上古拟音：kjub **上古音韵地位：**見緝 3

中古音（反切）：章緝入臻开三（之入）

藏文：tɕ'ab<*sk'yab **藏文义：**水

31. 侵部

31.1 *原始汉藏语：未构拟*

汉字：沈（565b）

杨福绵拟音：*d'jəm(A) **汉字义**：沉入，沉没

郑张上古拟音：lhjumʔ **上古音韵地位**：胎侵 1

中古音（反切）：昌侵上深开三（昌枕）

藏文：t'im-pa,ʼtim-pa,ɣtim-pa **藏文义**：消失，沉没

31.2 *原始汉藏语：未构拟*

汉字：深（666c）

杨福绵拟音：*śjəm(A)*sthjəm<*s-d'i̯əm **汉字义**：深

郑张上古拟音：hljum **上古音韵地位**：以侵 3

中古音（反切）：书侵平深开三（式針）

藏文：stim-pa **藏文义**：进入，穿过，被吸收

31.3 *原始汉藏语：未构拟*

汉字：深（666c）

杨福绵拟音：*śjəm(C)<*s-d'jəm **汉字义**：深度

郑张上古拟音：hljum **上古音韵地位**：以侵 3

中古音（反切）：书侵平深开三（式針）

藏文：stim-pa **藏文义**：进入，穿过，被吸收

31.4 *原始汉藏语：未构拟*

汉字：浸（661g）

杨福绵拟音：*tsjəm(C)<*s-tjəm **汉字义**：浸泡

郑张上古拟音：ʔsims **上古音韵地位**：心侵 2

中古音（反切）：精侵去深开三（子鴆）

藏文：stim-pa **藏文义**：进入，穿过，被吸收

31.5 *原始汉藏语：未构拟*

汉字：念（670a）

杨福绵拟音：*niəm(C) **汉字义**：想

郑张上古拟音：nɯɯms **上古音韵地位**：泥侵 1

中古音（反切）：泥添去咸开四（奴店）

藏文：nyams **藏文义**：灵魂，思想

31.6　原始汉藏语：未构拟

汉字：恁（667j）

杨福绵拟音：*ńjəm(B)<*ś-ńjəm<*s-njəm **汉字义**：想

郑张上古拟音：njɯm? **上古音韵地位**：泥侵 1

中古音（反切）：日侵上深开三（如甚）

藏文：snyam-pa **藏文义**：想，想法

31.7　原始汉藏语：未构拟

汉字：审（665a）

杨福绵拟音：*śjəm(B)<*s-ńjəm **汉字义**：检验，审查

郑张上古拟音：hljɯm? **上古音韵地位**：晓侵 1

中古音（反切）：书侵上深开三（式荏）

藏文：snyam-pa **藏文义**：想，想法

31.8　原始汉藏语：*(s-)k'əm

汉字：婪（655 i）

杨福绵拟音：*gləm(A)<*l-g'əm(?) **汉字义**：贪婪

郑张上古拟音：g·ruum **上古音韵地位**：來侵 3

中古音（反切）：來覃平咸开一（盧含）

藏文：k'am **藏文义**：欲望

31.9　原始汉藏语：*(s-)k'əm

汉字：惏（655 j）

杨福绵拟音：*gləm(A)<*l-g'əm(?) **汉字义**：贪婪，垂涎

郑张上古拟音：g·ruum **上古音韵地位**：來侵 3

中古音（反切）：来覃平咸开一（盧含）

藏文：rkam-pa **藏文义**：希望，渴望

31.10 *原始汉藏语*：***(s-)k'əm**

汉字：贪（645a）

杨福绵拟音：*t'əm(A)<*sk'əm **汉字义**：贪婪

郑张上古拟音：khl'uum **上古音韵地位**：溪侵 3

中古音（反切）：透覃平咸开一（他含）

藏文：skam **藏文义**：想要

32. 葉部

32.1 *原始汉藏语*：***(s-)kjap**

汉字：挟（630j）

杨福绵拟音：*g'iap, *?>tsiep<*s-kiap **汉字义**：拿，握，夹在胳膊下，环抱

郑张上古拟音：geeb **上古音韵地位**：匣盍 2

中古音（反切）：匣贴入咸开四（胡頬）

藏文：skyob-pa，过去时 bskyabs，将来时 bskyab，使动式 skyobs **藏文义**：保护，守护，保持

32.2 *原始汉藏语*：***(s-)kjap**

汉字：协（639b）

杨福绵拟音：*g'iap **汉字义**：一致，一起，符合

郑张上古拟音：fileeb **上古音韵地位**：匣盍 2

中古音（反切）：匣贴入咸开四（胡頬）

藏文：skyabs **藏文义**：保护，帮助

32.3 *原始汉藏语*：***(s-)kjap**

汉字：馌（642t）

杨福绵拟音：*gjap **汉字义**：带去食物（给地里干活的人）

郑张上古拟音：grab **上古音韵地位**：云盍 1

中古音（反切）： 云葉入咸开三（筠輒）

藏文： skyabs **藏文义：** 保护，帮助

33. 談部

33.1 **原始汉藏语：未构拟**

汉字： 潛（660-l）

杨福绵拟音： *dz'jɛm(A)<*sd'jɛm **汉字义：** 入水，沉没、泡

郑张上古拟音： zlom **上古音韵地位：** 從談 3

中古音（反切）： 從盐平咸开三（昨鹽）

藏文： stim-pa **藏文义：** 进入，穿过，被吸收

33.2 **原始汉藏语：*(s-，a-)ke·m**

汉字： 殲（620f）

杨福绵拟音： *skḁam/tsḁäm(A) **汉字义：** 毁灭

郑张上古拟音： ʔsem **上古音韵地位：** 心談 2

中古音（反切）： 精盐平咸开三（子廉）

藏文： 'gem-pa **藏文义：** 杀，毁灭

通过整理杨福绵的相关论文，笔者从中择取出杨福绵汉藏语比较同源词，按上古三十三韵部归纳，之部有 10 对，職部有 1 对，蒸部有 4 对，幽部有 18 对，覺部有 6 对，宵部有 16 对，藥部有 8 对，侯部有 8 对，屋部有 4 对，東部有 4 对，魚部有 17 对，鐸部有 14 对，陽部有 36 对，支部有 8 对，錫部有 5 对，耕部有 14 对，脂部有 2 对，至部有 5 对，質部有 2 对，真部有 10 对，微部有 4 对，隊部有 7 对，物部有 2 对，文部有 28 对，歌部有 10 对，祭部有 12 对，月部有 13 对，元部有 36 对，緝部有 3 对，侵部有 10 对，葉部有 3 对，談部有 2 对，共有汉藏语同源词 322 对，这些就是我们进行杨福绵汉藏语同源词音韵系统比较研究的基础。

第三章　杨福绵汉藏语同源词声母对应比较研究

　　本章将对杨福绵汉藏语同源词的声母对应情况进行分析、比较、研究、总结。具体是按照声母的发音部位，即唇、牙、舌、齿、喉的顺序进行的。本章所采用的声母体系框架在上文第一章第五节已经说明，这里再作一些补充。

第一节　杨福绵构拟所用的上古汉语声母体系

　　杨福绵构拟所用的声母体系，他本人虽然没有明确说明，但基本上采用了斯塔罗斯金构拟的上古汉语辅音系统。《古代汉语音系的构拟》（林海鹰、王冲译）中 214-215 页列出了斯塔罗斯金上古声母辅音系统，现列表摘录如下，以资参考。

表 3-1　斯塔罗斯金上古声母辅音系统

p	ph	b	bh	m	mh
t	th	d	dh	n	nh
c	—	ȝ	ȝh	s	sh
ć	ćh	ʒ́	ʒ́h	r	rh
ĉ	ĉh	ʒ̂	ʒ̂h	l	lh
k	kh	g	gh	ŋ	ŋh
kʷ	khʷ	gʷ	ghʷ	w	wh
ʔ					h
ʔʷ					hʷ

在前文第一章第五节中，已经明确提出，本文的汉藏语同源词比较在声母部分所采用的音韵框架模式是郑张尚芳先生的上古汉语声母系统。在这里有必要把斯塔罗斯金、郑张尚芳二家声母系统通过表格进行简明扼要的比较，便于下文进行分析。

表 3-2　郑张尚芳上古汉语基声母

k 见	kh 溪	g 群匣	ŋ 疑	ŋh 哭		
qʔ 影	qh/h 晓	ɢ/ɦ 云匣				
p 帮	ph 滂	b 並	m 明	mh 抚		
t 端	th 透	d 定	n 泥	nh 滩	l 以	lh 胎
s 心	sh/tsh 清	z/dz 从			r 来	rh 宠

通过郑张尚芳上古基声母表，我们可以得知郑张尚芳先生辅音及基本声母体系中包含有 30 个辅音，其中基本声母 25 个（-h 表示送气）；ʔ、h、ɦ 可作喉冠音使用；j、w 只作垫音使用；表中／号后的音标是较晚产生的变体形式。

斯塔罗斯金与郑张尚芳先生的上古音体系虽然存在一些不同之处，但相同之处也较为明显，颇具异曲同工之妙。林海鹰的《斯塔罗斯金与郑张尚芳上古音系统比较研究》将二者在上古声母体系方面的异同陈述如下。"相同之处：1. 二者都构拟了一套清鼻流音声母，斯氏把它们表示成 m̥、n̥、ŋ̊、l̥、r̥。郑张先生则表示成 hm、hn、hŋ、hl、hr；2. 都把来母拟为 r，以母拟为 l；都把清母的早期上古音拟为擦音 sh；3. 二者的上古声母系统中都有一套唇化舌根音、喉音。不同之处：1. 斯氏同某些学者一样只构拟了一套清鼻流音声母，郑张先生则构拟了两套清鼻流音声母，另一套为 mh [m̥ʰ]、nh[n̥ʰ]、ŋh[ŋ̊ʰ]、rh[r̥ʰ]、lh[l̥ʰ]；2. 斯氏认为上古浊声母全部有送气、不送气的对立（包括鼻流音、半元音），而郑张先生浊声母只拟了一套不送气声母；3. 二者所构拟的影、晓、匣、云的上古形式分歧较大；4. 二者对精组字上古形式的处理不同；5. 二者对上有无边塞擦音的看法不同，斯氏拟了一套边塞擦音：c，ch，ʒ，ʒʰ。郑张先生构拟的复声母数量更多、种类更丰富些，划分得也更细腻。"

杨福绵对 *s- 前缀和 *SK 复声母进行了深入研究，这也是杨福绵汉藏语同源词比较的精华部分。自从李方桂关于古汉语音韵学的论文（1971 年）发表以来，有关带有前缀 *s- 和 *s- 类的复声母研究引起了一些汉藏语言学家的关注，这其中就包括白保罗和杨福绵。李方桂在关于上古复声母的论述中通过多个例子指出这样一个现象：中古声母 s- 和 ṣ-（从上古 *s- 而来），是与其他多种谐声系列的声母相关联的，例如 l-、m-、n-、t-、k-、x-、ŋ- 等。李方桂认为以上这些是上古复声母 sl-、sm-、sn-、st-、sk-、sŋ- 等的反映形式。李方桂这种解释并不是全新的，高本汉就曾经构拟成 *sl-、*sn- 和 *sń- 等复声母，其他人则曾构拟过 *sm-、*st-、*sŋ- 等复声母。但李方桂第一次给这类组合以系统的语音论述，同时指出可以把 *s- 看成是一个前缀，这一前缀在我们关于上古汉语形态学的研究中将占有重要地位。与汉语有亲属关系的藏语更加清楚地显示出前缀 s- 的存在。

白保罗曾发表了一篇著名的有关古汉语 *st- 复声母组合的文章，文中试图证明 *st- 复声母的存在以及 *st- 复声母向 ts- 复声母的转变。他的论述是建立在汉语和藏语一致性以及语义相关的词的基础之上的，在他看来，前缀 *s- 在原始汉语里不仅有现实的功能而且是一个派生词缀，与其他一些前缀相伴存在。但是就我们对汉语的最初认识，*s- 似乎已经失去了其本义，仅以无含义的残余形式存在于词里。

李方桂的文章问世以后，白保罗使用李方桂的构拟资料来比较古汉语和藏文的同源词，主要是针对以 *st-,*sp-,*sk- 起始的词。遗憾的是，他比较出的大部分一致性都存有疑问。对于前缀 *s- 的反映形式，他说尽管在藏文里，成对的不及物动词与带 s- 前缀的及物动词形式相对的例子容易找到，但在汉语里，这样成对的词确实十分罕见。

白保罗在他 1974 年的论文里提出了一些暂时性建议，并给出了一份古汉语与藏语同源词表，显示出了藏语 *sk-,*sk'-,*skl- 与古汉语 *ʔ-,*x-,*s- 在发音上分别相符。这些一致性非常具有资料价值。

白保罗在其著作《汉藏语言概论》中注意到上古汉语的 *s- 前缀，并且给出了一些例子，但并没有进行细节上的详尽叙述。然而，在李方桂的文章和罗杰瑞关于原始闽语的文章问世后，白保罗在国际汉藏语言学会议上提交了三篇重要论文（白保罗 1973，1974，1975），这三篇文章后来作为一篇长篇论文出版了。他对前缀 *s- 和 *s- 加声母组合成复声母的问题进行广泛系统的论述。关于前缀 *s-，他指出三种功能类型：一是动物性前缀，例如从原始汉藏语 *s-kiŋ 而来的"鹰" *s-ki̯əŋ；二是身体部位前缀，例如从原始汉藏语 *s-na·k 而来的"肉" *s-ńiôk；三是使役动词前缀，例如从原始汉藏语 *s-kə·w 而来的"妪"（取暖）*s-kiu。在同源词比较及原始汉藏语构拟中，一些浊声母经常会给同音字的解释造成困难。为了解决这个问题，白保罗采取了"次浊音"原则，即在某些情况下，原来的清声母在前缀 *s- 后浊化，例如扬 sgiaŋ（从 *s-kiaŋ 而来）"鹰"带有浊音 g-，与鹰 *s-ki̯əŋ"鹰"带有常规清音 k- 相对。在对上古汉语前缀 *s- 的认识和构拟上，为了解释让人迷惑的多种反映形式（谐声和藏缅比较上的证据），白保罗进行了假设，这对于建立区分复声母（不分音节的）和前缀（分音节的）的基本差异是必要的。例如 sk- 与 *s-k- 相对等等。

明确了斯塔罗斯金与郑张尚芳先生的上古音体系的异同，明确了杨福绵与白保罗、李方桂研究的渊源关系，我们下面将要进行的杨福绵汉藏语同源词声母对应分析也更加得心应手。

第二节　杨福绵汉藏语同源词声母对应情况

一　唇音的对应分析

在第二章第二节列出的杨福绵汉藏语同源词谱中，唇音声母所对应的汉藏语同源词词条共有 43 例。其中帮母对应 7 例，滂母对应 4 例，并母对应 7 例，明母对应 25 例。

（一）帮母对应情况

8.5　原始汉藏语：*s-kyok

汉字： 酌（1120d）

杨福绵拟音： *skyi̯ok/tśi̯ak **汉字义：** 往杯里倒酒

郑张上古拟音： pljewɢ **上古音韵地位：** 帮药

中古音（反切）： 章药入宕开三（之若）

藏文： skyogs-pa **藏文义：** 勺；酒杯

"酌"字是帮母对应藏文 k 声类 sk 复声母。杨福绵的拟音是 *skyi̯ok/ tśi̯ak，与藏文发音相配，sk 复声母在这里既有动词性质，又有名词性质。

14.1　原始汉藏语：*(s-)bja

汉字： 炳（757d）

杨福绵拟音： *pjǎng(B) **汉字义：** 光亮，显赫

郑张上古拟音： praŋʔ **上古音韵地位：** 帮阳

中古音（反切）： 帮庚上梗开重三（兵永）

藏文： 'byaŋ-ba **藏文义：** 清洁，净化，纯洁

"炳"字是汉语帮母对应藏文 b 声类。

19.1　原始汉藏语：未构拟

汉字： 畀（521a）

杨福绵拟音： *pjəd(C) **汉字义：** 给

郑张上古拟音： pids **上古音韵地位：** 帮至 1

中古音（反切）： 帮脂去止合重四（必至）

藏文： sbyin-pa, 过去式和祈使式 byin **藏文义：** 给，赠，赐予

"畀"是汉语帮母对应藏文 b 声类，此藏文带有 s- 前缀音。

19.5　原始汉藏语：未构拟

汉字： 痹（无）

杨福绵拟音：pji(KY)<*pjəd<*(s-)pjəd<*s-prjəd(?) **汉字义**：风湿病，麻木

郑张上古拟音：pids **上古音韵地位**：帮至 1

中古音（反切）：帮脂去止开重四（必至）

藏文：sbrid-pa **藏文义**：麻木，麻痹

"痹"是汉语帮母对应藏文 b 声类，此藏文带有 s- 前缀音。

22.1 原始汉藏语：*(s-)pja(-r)~*(s-)bja(-r)

汉字：诽（579f）

杨福绵拟音：*pjwər(B) **汉字义**：诽谤

郑张上古拟音：pɯlʔ **上古音韵地位**：帮微 1

中古音（反切）：非微上止合三（府尾）

藏文：dpyas-po **藏文义**：挑剔，责备

"诽"是汉语帮母对应藏文 p 声类。

25.5 原始汉藏语：未构拟

汉字：分（471a）

杨福绵拟音：*pjwən(A) 李方桂 *pjən **汉字义**：赠，给

郑张上古拟音：pɯn **上古音韵地位**：帮文 1

中古音（反切）：非文平臻合三（府文）

藏文：sbyin-pa, 过去式和祈使式 byin **藏文义**：给，赠，赐予

"分"是汉语帮母对应藏文 b 声类，此藏文带有 s- 前缀音。

25.6 原始汉藏语：未构拟

汉字：分（471a）

杨福绵拟音：*bʻjwən(C) 李方桂 *bjən **汉字义**：部分，分享

郑张上古拟音：pɯn **上古音韵地位**：帮文 1

中古音（反切）：非文平臻合三（府文）

藏文：sbyin-pa, 过去式和祈使式 byin **藏文义**：给，赠，赐予

"分"是汉语帮母对应藏文 b 声类，此藏文带有 s- 前缀音。

（二）滂母对应情况

15.1　原始汉藏语：*(s-)pja(-r)~*(s-)bja(-r)

汉字：吡（566t）

杨福绵拟音：*p'jǎr(B) 汉字义：责备，说坏话

郑张上古拟音：phe? **上古音韵地位：**滂支

中古音（反切）：滂支上止开重四（匹婢）

藏文：'p'ya-ba, 过去式 'p'yas **藏文义：**责备，嘲笑，愚弄

"吡"是汉语滂母对应藏文 p 声类。

24.1　原始汉藏语：*(s-)buˑn~*(s-)buˑt

汉字：哱（491e）

杨福绵拟音：b'uət(KY)<*b'wət **汉字义：**吹气声

郑张上古拟音：phɯɯd **上古音韵地位：**滂物 1

中古音（反切）：滂没入臻合一（普没）

藏文：sbud-pa **藏文义：**点燃，放火；（风）吼

"哱"是汉语滂母对应藏文 b 声类，此藏文带有 s- 前缀音。

25.1　原始汉藏语：*(s-)buˑn~*(s-)buˑt

汉字：喷（437b）

杨福绵拟音：*p'wən(A&C) 汉字义：吐出

郑张上古拟音：phɯɯn **上古音韵地位：**滂文 1

中古音（反切）：滂魂平臻合一（普魂）

藏文：bud-pa=sbud-pa **藏文义：**放火

"喷"字是汉语滂母对应藏文 b 声类，此藏文有带 s 前缀音和不带 s 前缀音两种形式。

25.2　原始汉藏语：*(s-)buˑn~*(s-)buˑt

汉字：歕（437c）

杨福绵拟音：*p'wən(A&C) 汉字义：吹出，吐出

郑张上古拟音：phɯɯn **上古音韵地位：**滂文 1

中古音（反切）：滂魂平臻合一（普魂）

藏文：'bud-pa，过去式 bus，p'us 藏文义：吹气

"歕"字是汉语滂母对应藏文 b 声类。

（三）并母对应情况

8.3 原始汉藏语：*s-kyok

汉字：勺（1120a）

杨福绵拟音：*skyi̯ok/tśi̯ak 汉字义：用勺盛；斟酒

郑张上古拟音：bljewɢ 上古音韵地位：並藥

中古音（反切）：禅藥入宕开三（市若）

藏文：skyogs-pa 藏文义：勺；酒杯

"勺"字是汉语并母对应藏文 k 声类 sk 复声母，杨福绵的汉语拟音是 *skyi̯ok/tśi̯ak，这样二者就是完美相对应的同源词了。

8.4 原始汉藏语：*s-kyok

汉字：杓（1120b）

杨福绵拟音：*sgyi̯ok/źi̯ak 汉字义：勺；杯

郑张上古拟音：bljewɢ 上古音韵地位：並藥

中古音（反切）：禅藥入宕开三（市若）

藏文：skyogs-pa 藏文义：勺；酒杯

"杓"字是汉语并母对应藏文 sk 复声母。杨福绵的汉语拟音是 *sgyi̯ok/źi̯ak，带有 s- 前缀音。

8.6 原始汉藏语：*s-kyok

汉字：汋（1120c）

杨福绵拟音：*sgyi̯ok/źi̯ak，*skyi̯ok/tśi̯ak，'sgi̯ok/i̯ak 汉字义：勺，用勺盛出来，倒出

郑张上古拟音：bljewɢ 上古音韵地位：並藥

中古音（反切）：禅藥入宕开三（市若）

藏文：skyogs-pa 藏文义：勺；酒杯

"汋"字是汉语並母对应藏文 k 声类 sk 复声母，此字杨福绵拟音是 *sgyi̯ok/źi̯ak，*skyi̯ok/tśi̯ak，'sgi̯ok/i̯ak，是上古汉语 sk 复声母或 s 前缀音与藏文 sk 复声母相对应的典型例子。

19.2　原始汉藏语：未构拟

汉字： 鼻（521b）

杨福绵拟音： *b'jəd(C)<*brjəd(?) **汉字义：** 鼻子

郑张上古拟音： blids **上古音韵地位：** 並至 1

中古音（反切）： 並脂开止去重四（毗至）

藏文： p'rid（见 sbrid-pa）**藏文义：** 打喷嚏

"鼻"字是汉语並母与藏文 p 声类相对应。

23.3　原始汉藏语：*(s-)buˑn~*(s-)buˑt

汉字： 孛（491a）

杨福绵拟音： *b'wət **汉字义：** 彗星

郑张上古拟音： buuuds **上古音韵地位：** 並队 1

中古音（反切）： 並灰去蟹合一（蒲昧）

藏文： sbud-pa **藏文义：** 点燃，放火；（风）吼

"孛"字是汉语並母与藏文 b 声类相对应，此藏文带有 s- 前缀音。

25.3　原始汉藏语：*(s-)buˑn~*(s-)buˑt

汉字： 焚（474a）

杨福绵拟音： *b'jwən(A) **汉字义：** 烧

郑张上古拟音： bun **上古音韵地位：** 並文 2

中古音（反切）： 奉文平臻合三（符分）

藏文： sbud-pa **藏文义：** 点燃，放火；（风）吼

"焚"字是汉语並母与藏文 b 声类相对应，此藏文带有 s- 前缀音。

29.1　原始汉藏语：*s-bwar

汉字： 燔（195g）

杨福绵拟音： *b'jwăn(A)<*b'jwăn~*b'war **汉字义：** 烧，烤

郑张上古拟音：ban 上古音韵地位：並元 1

中古音（反切）：奉元平山合三（附袁）

藏文：'bar-ba 藏文义：烧，着火

"燔"字是汉字並母对应藏文 b 声类。

（四）明母对应情况

1.1　原始汉藏语：s-mraŋ~*s-mrak

汉字：诲（947n）

杨福绵拟音：*xmwəg(C)<*s-mrəg(?) 汉字义：教导

郑张上古拟音：hmuɯs 上古音韵地位：明之

中古音（反切）：曉灰去蟹合一（荒内）

藏文：smra-ba，也作 smar-ba 藏文义：说，讲。

"诲"字是汉语明母对应藏文 m 声类，此藏文带有 s- 前缀音。

12.1　原始汉藏语：未构拟

汉字：罵（40c）

杨福绵拟音：*må(B&C)<*mwa 汉字义：侮辱，责骂

郑张上古拟音：mraaʔ 上古音韵地位：明鱼

中古音（反切）：明麻上假开二（莫下）

藏文：dmod-pa 藏文义：咒骂

"罵"字是汉语明母对应藏文 m 声类，此藏文带有 d- 前缀音。

14.2　原始汉藏语：*(s-)bja

汉字：明（760a）

杨福绵拟音：*mjǎng(A) 汉字义：光明，亮光

郑张上古拟音：mraŋ 上古音韵地位：明陽

中古音（反切）：明庚平梗开重三（武兵）

藏文：byaŋ-sems 藏文义：纯净，圣洁的想法

"明"字是汉语明母对应藏文 b 声类。

14.3 原始汉藏语：s-mraŋ~*s-mrak

汉字：谎（742v）

杨福绵拟音：*xmwâng(A&B), 李方桂 *hmâng, x, <*s-mwân<*s-mrâŋ(?)

汉字义：梦话，胡说，谎话

郑张上古拟音：hmaaŋʔ **上古音韵地位**：明陽

中古音（反切）：曉唐上宕合一（呼晃）

藏文：smraŋ, smreŋ **藏文义**：话，讲

"谎"字是汉语明母对应藏文 m 声类，此藏文带有 s- 前缀音。

21.3 原始汉藏语：*s-mjə(-n)

汉字：泯（457b）

杨福绵拟音：*mjən(A&B)<*s-mjən **汉字义**：胡涂，混乱

郑张上古拟音：minʔ **上古音韵地位**：明真 1

中古音（反切）：明真上臻开重四（武盡）

藏文：smyo-ba 或 myo-ba **藏文义**：胡涂，疯狂

"泯"字是汉语明母对应藏文 m 声类，此藏文有一种形式是带有 s-前缀音的。

22.2 原始汉藏语：*(s-)mjun~*(s-)mjur

汉字：亹（585a）

杨福绵拟音：*mjwər(B) **汉字义**：有力的，努力

郑张上古拟音：muulʔ **上古音韵地位**：明微 1

中古音（反切）：微微上止合三（無匪）

藏文：myur-ba **藏文义**：快速，迅速

"亹"字是汉语明母对应藏文 m 声类。

24.2 原始汉藏语：*s-mjə(-n)

汉字：惚（503i）

杨福绵拟音：*xmwət<*s-mwət **汉字义**：迷惑，昏沉沉

郑张上古拟音：hmɯɯd **上古音韵地位**：明物 1

中古音（反切）：晓没入臻合一（呼骨）

藏文：smyon-pa 藏文义：发疯，发狂

"惷"字是汉语明母对应藏文 m 声类，此藏文带有 s- 前缀音。

25.7 原始汉藏语：未构拟

汉字：㥋（无）

杨福绵拟音：*xmwən<*s-mwən 汉字义：呆笨，愚蠢

郑张上古拟音：hmɯɯn 上古音韵地位：明文 1

中古音（反切）：晓魂平臻合一（呼昆）

藏文：dman-pa 藏文义：低，小

"㥋"字是汉语明母对应藏文 m 声类，此藏文带有 d 前缀音。

25.8 原始汉藏语：*mun~*s-mun

汉字：闷（441b）

杨福绵拟音：*mwən(C) 汉字义：悲伤，黯淡，迷糊

郑张上古拟音：mɯɯns 上古音韵地位：明文 1

中古音（反切）：明魂去臻合一（莫困）

藏文：mun-pa 藏文义：朦胧，黑暗，不清楚的

"闷"字是汉语明母对应藏文 m 声类。

25.9 原始汉藏语：*mun~*s-mun

汉字：昏（457g）

杨福绵拟音：*xmwən(A)<*s-mwən 汉字义：黄昏，晚上，黑暗

郑张上古拟音：hmɯɯn 上古音韵地位：明文 1

中古音（反切）：晓魂平臻合一（呼昆）

藏文：dmun-pa 藏文义：变暗，不清楚

"昏"字是汉语明母对应藏文 m 声类，此藏文带有 d 前缀音。

25.10 原始汉藏语：未构拟

汉字：闻（441d）

杨福绵拟音：*mjwən(A), 李方桂 mjən 汉字义：听，闻

郑张上古拟音：muɯn **上古音韵地位**：明文 1

中古音（反切）：微文平臻合三（無分）

藏文：nyan-pa，也作 mnyan-pa **藏文义**：听

"闻"字是汉语明母对应藏文 m 或 n 声类，因为此藏文有两种读音。

25.11 **原始汉藏语**：未构拟

汉字：闻（441d）

杨福绵拟音：*mjwən(C)<*s-mjwən<*s-mjən **汉字义**：听说，名声

郑张上古拟音：muɯn **上古音韵地位**：明文 1

中古音（反切）：微文平臻合三（無分）

藏文：snyan-pa<*s-mnyan-pa(?) **藏文义**：名望，荣誉，名声

"闻"字是汉语明母对应藏文 m 或 n 声类，与 25.10 不同之处在于二者意义不同，故发音有所差别，此处藏文带有 s- 前缀音。

26.2 **原始汉藏语**：*s-bwar

汉字：煟（356b）

杨福绵拟音： **汉字义**：猛烈燃烧的火

郑张上古拟音：hmralʔ **上古音韵地位**：明歌 1

中古音（反切）：曉支上止合重三（許委）

藏文：sbor-ba，过去时和将来时 sbar **藏文义**：烧，点燃

"煟"字是汉语明母对应藏文 b 声类，此藏文带有 s- 前缀音。

26.3 **原始汉藏语**：*(s-)pja(-r)~*(s-)bja(-r)

汉字：毁（356a）

杨福绵拟音：*xjwǎr<*s-bjwǎr **汉字义**：诋毁，辱骂

郑张上古拟音：hmralʔ **上古音韵地位**：明歌 1

中古音（反切）：曉支上止合重三（許委）

藏文：'pyar-ka **藏文义**：责备，侮辱

"毁"字是汉语明母对应藏文 p 声类。

26.4　原始汉藏语：*(s-)pja(-r)~*(s-)bja(-r)

汉字：諉（无）

杨福绵拟音：xjwiɐ(KY)<*xjwǎr(B)<*s-bjwǎr **汉字义**：诽谤，诋毁，辱骂

郑张上古拟音：hmralʔ **上古音韵地位**：明歌 1

中古音（反切）：晓支上止合重三（許委）

藏文：spyo-ba，过去式、祈使式 spyos **藏文义**：责备，责骂

"諉"字是汉语明母对应藏文 p 声类，此藏文带有 s- 前缀音。

26.5　原始汉藏语：*(s-)mjun~*(s-)mjur

汉字：麾（17h）

杨福绵拟音：*xmwia(A)<*s-mwia **汉字义**：迅速

郑张上古拟音：hmral **上古音韵地位**：明歌 1

中古音（反切）：晓之平止合重三（許為）

藏文：smyur-ba **藏文义**：快速，急忙，催促

"麾"字是汉语明母对应藏文 m 声类，此藏文带有 s- 前缀音。

26.6　原始汉藏语：s-mraŋ~*s-mrak

汉字：麾（17h）

杨福绵拟音：*xmwia(A)<*s-mwia<*s-mria(?) **汉字义**：标志，旗（即记号，语言）

郑张上古拟音：hmral **上古音韵地位**：明歌 1

中古音（反切）：晓之平止合重三（許為）

藏文：smra-ba，也作 smar-ba **藏文义**：说，讲

"麾"字是汉语明母对应藏文 m 声类，此藏文带有 s- 前缀音。

28.1　原始汉藏语：未构拟

汉字：懱（311c）

杨福绵拟音：*miat<*hmiat<*s-miat **汉字义**：鄙视

郑张上古拟音：meed **上古音韵地位**：明月 2

中古音（反切）：明屑入山开四（莫结）

藏文：smod-pa **藏文义**：责备

"懱"字是汉语明母对应藏文 m 声类，此藏文带有 s- 前缀音。

28.2　原始汉藏语：未构拟

汉字：蔑（311a）

杨福绵拟音：*miat **汉字义**：毁掉，消灭

郑张上古拟音：meed **上古音韵地位**：明月 2

中古音（反切）：明屑入山开四（莫结）

藏文：smad-pa **藏文义**：中伤，责备

"蔑"字是汉语明母对应藏文 m 声类，此藏文带有 s- 前缀音。

28.3　原始汉藏语：未构拟

汉字：威（294a）

杨福绵拟音：*xmjwat<*s-mjat **汉字义**：消灭，毁掉

郑张上古拟音：hmed **上古音韵地位**：明月 2

中古音（反切）：晓薛入山合重四（許劣）

藏文：smad-pa **藏文义**：中伤，责备

"威"字是汉语明母对应藏文 m 声类，此藏文带有 s- 前缀音。

28.4　原始汉藏语：未构拟

汉字：末（277a）

杨福绵拟音：*mwât **汉字义**：最后，小，缩小

郑张上古拟音：maad **上古音韵地位**：明月 1

中古音（反切）：明末入山合一（莫撥）

藏文：dman-pa **藏文义**：低，小

"末"字是汉语明母对应藏文 m 声类，此藏文带有 d- 前缀音。

29.2　原始汉藏语：未构拟

汉字：俛（222b）

杨福绵拟音：*mwən **汉字义**：俯身

郑张上古拟音：mronʔ **上古音韵地位**：明元 3

中古音（反切）： 明仙上山开重三（亡辨）

藏文： smad-pa **藏文义：** 弯下

"俛"字是汉语明母对应藏文 m 声类，此藏文带 s- 前缀音。

29.3　原始汉藏语：未构拟

汉字： 惛（222e）

杨福绵拟音： *mwən **汉字义：** 胡涂，愚蠢

郑张上古拟音： moon **上古音韵地位：** 明元 3

中古音（反切）： 明桓平山合一（母官）

藏文： smad-pa **藏文义：** 弯下

"惛"字是汉语明母对应藏文 m 声类，此藏文带 s- 前缀音。

29.4　原始汉藏语：*(s-)mjun~*(s-)mjur

汉字： 勉（222c）

杨福绵拟音： *mjan(B) **汉字义：** 努力

郑张上古拟音： mron? **上古音韵地位：** 明元 3

中古音（反切）： 明仙上山开重三（亡辨）

藏文： myur-ba **藏文义：** 快速，迅速

"勉"字是汉语明母对应藏文 m 声类。

29.5　原始汉藏语：*(s-)mjun~*(s-)mjur

汉字： 黾（无）

杨福绵拟音： *mjwěn(B) **汉字义：** 自勉

郑张上古拟音： mlen? **上古音韵地位：** 明元 2

中古音（反切）： 明仙上山开重四（彌兖）

藏文： smyur-ba **藏文义：** 快速，急忙，催促

"黾"字是汉语明母对应藏文 m 声类，此藏文带有 s- 前缀音。

二　牙音的对应分析

在杨福绵汉藏语同源词谱中，牙音声母所对应的汉藏语同源词词条

共有 83 例。其中见母对应 35 例，溪母对应 18 例，群母对应 15 例，疑母对应 15 例。

（一）见母对应情况

1.3　原始汉藏语： *(s-)grâk~*(s-)krâk

汉字：彗（952u）

杨福绵拟音：*gʻjəg(C)<*gʻrəg **汉字义：**害怕

郑张上古拟音：kɯ **上古音韵地位：**见之

中古音（反切）：见之平止开三（居之）

藏文：dkrog-pa, skrog-pa **藏文义：**心神不安，激起，害怕

"彗"字是汉字见母对应藏文 k 声类，此藏文带有 d 或 s 前缀音。

3.3　原始汉藏语： *(s-,ʔ-)kyəŋ~*(s-,ʔ-)kyək

汉字：拯（896i）

杨福绵拟音：*skyi̯əŋ/tśi̯əŋ(B) **汉字义：**救，帮助；举

郑张上古拟音：kljɯŋʔ **上古音韵地位：**见蒸

中古音（反切）：章蒸上曾开三（支庱）

藏文：'kʻyog-pa，过去时 kʻyag，命令式 kʻyog **藏文义：**举，举起，带来

"拯"字是汉语见母对应藏文 k 声类。

4.1　原始汉藏语： *(s-,ʔ-)kyəŋ~*(s-,ʔ-)kyək

汉字：救（1066m）

杨福绵拟音：*ki̯og/ki̯əu(C) **汉字义：**帮助，救，解脱

郑张上古拟音：kus **上古音韵地位：**见幽 1

中古音（反切）：见尤去流开三（居祐）

藏文：'kʻyog-pa，过去时 kʻyag，命令式 kʻyog **藏文义：**举，举起，带来

"救"字是汉语见母对应藏文 k 声类。

4.4　原始汉藏语： *(s-)grâk; *s-grâk

汉字：摎（1069d）

杨福绵拟音：*gljôg(A), *kljôg(A) **汉字义**：转圈系上

郑张上古拟音：kruɯɯw **上古音韵地位**：见幽2

中古音（反切）：见看平效开二（古肴）

藏文：grags-pa **藏文义**：系

"摎"字是汉语见母对应藏文 g 声类。

4.5　原始汉藏语：*(s-) grâg

汉字：叫（1064g）

杨福绵拟音：*kjôg(C)<*krjôg **汉字义**：喊，呼

郑张上古拟音：kiiws **上古音韵地位**：见幽3

中古音（反切）：见萧去效开四（古弔）

藏文：'grags-pa **藏文义**：发声，哭，喊

"叫"字是汉语见母对应藏文 g 声类。

4.15　原始汉藏语：*skyok

汉字：救（1066m）

杨福绵拟音：*kĭ̯ôg/kĭ̯əu(C) **汉字义**：帮助，救助

郑张上古拟音：kus **上古音韵地位**：见幽1

中古音（反切）：见尤去流开三（居祐）

藏文：skyobs **藏文义**：帮助，辅助

"救"字是汉语见母对应藏文 k 声类 sk 复声母。

5.1　原始汉藏语：*(s-)kjâŋ~*(s-)kjâk

汉字：鞠（1017g）

杨福绵拟音：*kjôk **汉字义**：养育

郑张上古拟音：kug **上古音韵地位**：见觉1

中古音（反切）：见屋入通合三（居六）

藏文：'k'yog-pa，过去时 k'yag，使动式 k'yog **藏文义**：举起，携带，提供（抚养）

"鞠"字是汉语见母对应藏文 k 声类。

7.16 *原始汉藏语：* ***s-kyok**

汉字： 乔（1138a）

杨福绵拟音： *kʻi̯og/kʻi̯äu(A),*ki̯og/ki̯äu(A) **汉字义：** 焦急

郑张上古拟音： krew **上古音韵地位：** 见宵

中古音（反切）： 見宵平效开重三（舉喬）

藏文： skyo-ba **藏文义：** 疲惫，坏脾气，悲伤，烦恼

"乔"字是汉语见母对应藏文 k 声类 sk 复声母。

9.3 *原始汉藏语：* ***(s-)gjôk~*(s-)kjôk**

汉字： 輆（108w）

杨福绵拟音： *gʻju(A) 董同龢 *gʻjug **汉字义：** 车轭向内弯曲的部分

郑张上古拟音： koo **上古音韵地位：** 见侯

中古音（反切）： 見侯平流开一（古侯）

藏文： skyogs-pa **藏文义：** 扭转（颈部）

"輆"字是汉字见母对应藏文 k 声类 sk 复声母。

9.5 *原始汉藏语：* ***(s-)gjôk~*(s-)kjôk**

汉字： 痀（108q）

杨福绵拟音： *kiu(A) 董同龢 *kjug

郑张上古拟音： ko **上古音韵地位：** 见侯

中古音（反切）： 見虞合遇平三（舉朱）

藏文： kʻyog-po **藏文义：** 弯曲，俯身

"痀"字是汉语见母对应藏文 k 声类。

11.1 *原始汉藏语：* ***(s-)kjâŋ~*(s-)kjâk**

汉字： 供（1182d）

杨福绵拟音： *kjung(A&C)(<*kjôŋ) **汉字义：** 提供，给

郑张上古拟音： kloŋ **上古音韵地位：** 见東

中古音（反切）： 見鍾平通开三（九容）

藏文： kjoŋ **藏文义：** 喂养，照料牲口

"供"字是汉语见母对应藏文 k 声类。

12.3　原始汉藏语：*(s-)grâk~*(s-)krâk

汉字：瞿（96b）

杨福绵拟音： *kjwo(C) 李方桂 *kwjagh<*krwag **汉字义：**害怕，紧张，注意，慌张

郑张上古拟音： kʷas **上古音韵地位：**见魚

中古音（反切）：见虞去遇合三（九遇）

藏： skrag-pa **藏文义：**害怕，被吓到

"瞿"字是汉语见母对应藏文 k 声类 sk 复声母。

13.13　原始汉藏语：*(s-,ʔ-)kok

汉字：槨（774f）

杨福绵拟音： *kwâk/kwâk **汉字义：**外层棺材

郑张上古拟音： kʷaag **上古音韵地位：**见鐸

中古音（反切）：见鐸入宕合一（古博）

藏： kog-pa,skog-pa **藏文义：**壳，外皮；剥皮，削皮

"槨"字是汉语见母对应藏文 k 声类或 sk 复声母。

13.14　原始汉藏语：*(s-,ʔ-)kok

汉字：郭（774a）

杨福绵拟音： *kwâk/kwâk **汉字义：**外层城墙

郑张上古拟音： kʷaag **上古音韵地位：**见鐸

中古音（反切）：见鐸入宕合一（古博）

藏： kog-pa,skog-pa **藏文义：**壳，外皮；剥皮，削皮

"郭"字是汉语见母与藏文 k 声类或 sk 复声母两种对应。

14.12　原始汉藏语：*(s-)gâŋ~*(s-)kâŋ

汉字：诳（739l）

杨福绵拟音： *kjwang(C) **汉字义：**欺骗

郑张上古拟音： kʷaŋs **上古音韵地位：**見陽

中古音（反切）： 見陽去宕合三（居況）

藏文： 'goŋ-ba **藏文义：** 施魔法，使入迷（藏起来的符咒）

"诳"字是汉语見母对应藏文 g 声类。

14.13　原始汉藏语：*(s-)gâŋ~*(s-)kâŋ

汉字： 迋（739d）

杨福绵拟音： *gjwang(C)，借自 *gjwang(B) **汉字义：** 欺骗

郑张上古拟音： kʷaŋʔ **上古音韵地位：** 見陽

中古音（反切）： 見陽上宕合三（俱往）

藏文： sgoŋ-ba **藏文义：** 藏起来（物品）

"迋"字是汉语見母对应藏文 g 声类，此藏文带有 s- 前缀音。

14.26　原始汉藏语：*s-ga·ŋ

汉字： 冈（697a）

杨福绵拟音： *kâng(A) **汉字义：** 小山，山脊

郑张上古拟音： klaaŋ **上古音韵地位：** 見陽

中古音（反切）： 見唐平宕开一（古郎）

藏文： sgaŋ **藏文义：** 小山，山峰的支脉

"冈"字是汉语見母对应藏文 g 声类，此藏文带有 s- 前缀音。

15.6　原始汉藏语：*(s-,a-)ke·k

汉字： 翨（无）

杨福绵拟音： *sgyi̯ěg/śi̯e(C) 和 *ki̯ěg/kji̯e(C) **汉字义：** 翼，翅膀

郑张上古拟音： kles **上古音韵地位：** 見支

中古音（反切）： 見支去止开重四（居企）

藏文： gegs-pa **藏文义：** 阻止，停止，禁止；关闭

"翨"字是汉语見母对应藏文 g 声类。

17.4　原始汉藏语：*(s-)kyeŋ~*(s-)gyeŋ

汉字： 惊（813b）

杨福绵拟音： *kji̯ěng(A) **汉字义：** 吃惊，注意，害怕（害羞，脸红）

郑张上古拟音：kreŋ **上古音韵地位**：见耕

中古音（反切）：见庚平梗开重三（舉卿）

藏文：'k'yeŋ-ba **藏文义**：吃惊

"惊"字是汉语见母对应藏文 k 声类。

21.10 原始汉藏语：*(s-)kyen

汉字：紧（368e）

杨福绵拟音：*kįěn/kįěn(B) **汉字义**：绑紧；压；紧急

郑张上古拟音：kinʔ **上古音韵地位**：见真 1

中古音（反切）：见真上臻开重四（居忍）

藏文：skyen-pa **藏文义**：快，迅速

"紧"字是汉语见母对应藏文 sk 复声母。

25.24 原始汉藏语：*（s-,r-）kyen

汉字：根（416b）

杨福绵拟音：*kən/kən(A) **汉字义**：根，根本

郑张上古拟音：kɯɯn **上古音韵地位**：见文 1

中古音（反切）：见痕平臻开一（古痕）

藏文：rkyen **藏文义**：原因，事件

"根"字是汉语见母对应藏文 k 声类。

26.8 原始汉藏语：*(s-)grj(w)ăl

汉字：輠（无）

杨福绵拟音：*g'lwâr(B), *g'lwər, *g'lwân(B) **汉字义**：（轮子）转弯

郑张上古拟音：kloolʔ **上古音韵地位**：见歌 3

中古音（反切）：见戈上果合一（古火）

藏文：ril<*rjăl(?) **藏文义**：圆

"輠"字是汉语见母对应藏文 r 声类。

26.9 原始汉藏语：*(s-)grj(w)ăl

汉字：裹（351c）

杨福绵拟音：*klwâr(B) **汉字义**：包扎，包起来

郑张上古拟音：klool? **上古音韵地位**：见歌 3

中古音（反切）：见戈上果合一（古火）

藏文：ril<*rjăl(?) **藏文义**：圆

"裹"字是汉语见母对应藏文 r 声类。

28.5 原始汉藏语：*s-ge·t

汉字：锲（279f）

杨福绵拟音：*k'iad **汉字义**：锲，切断

郑张上古拟音：keed **上古音韵地位**：见月 2

中古音（反切）：见屑入山开四（古屑）

藏文：'gyed-pa **藏文义**：分，撒，散播

"锲"字是汉语见母对应藏文 g 声类。

28.6 原始汉藏语：*s-ge·t

汉字：楔（279i）

杨福绵拟音：*siat<*s-giat **汉字义**：分开尸体的牙齿

郑张上古拟音：kreed **上古音韵地位**：见月 2

中古音（反切）：见黠入山开二（古黠）

藏文：sgyed-po, sgyid-po **藏文义**：炉底石

"楔"字是汉语见母对应藏文 g 声类，此藏文带有 s- 前缀音。

28.8 原始汉藏语：*(s-)ke·t~*(s-)ge·t

汉字：楔（279i）

杨福绵拟音：*s-giat/siet **汉字义**：楔，装在尸体牙齿之间的木头（即把牙齿分开）

郑张上古拟音：kreed **上古音韵地位**：见月 2

中古音（反切）：见黠入山开二（古黠）

藏文：'gyed-pa **藏文义**：分开，撒开

"楔"字是汉语见母对应藏文 g 声类。

28.9 *原始汉藏语：*(s-)ke·t~*(s-)ge·t*

汉字：鍥（279f）

杨福绵拟音：*k'iat/k'iet **汉字义**：割，割开

郑张上古拟音：keed **上古音韵地位**：见月 2

中古音（反切）：见屑入山开四（古屑）

藏文：'gyed-pa **藏文义**：分开，撒开

"鍥"字是汉语见母对应藏文 g 声类。

29.7 *原始汉藏语：*(s-)kwâ·l*

汉字：涫（157f）

杨福绵拟音：*kwân(C) **汉字义**：起泡

郑张上古拟音：koon **上古音韵地位**：见元 3

中古音（反切）：见桓平山合一（古丸）

藏文：k'ol-ba **藏文义**：煮

"涫"字是汉语见母对应藏文 k 声类。

29.8 *原始汉藏语：*(s-)kwâ·l*

汉字：爟（158d）

杨福绵拟音：*kwân(C) **汉字义**：招致，引火（做饭）

郑张上古拟音：koons **上古音韵地位**：见元 3

中古音（反切）：见桓去山合一（古玩）

藏文：'k'ol-ba **藏文义**：煮，沸腾

"爟"字是汉语见母对应藏文 k 声类。

29.10 *原始汉藏语：*(a-)kwâ·l*

汉字：倌（157-l）

杨福绵拟音：*kwân(A&C) **汉字义**：仆人

郑张上古拟音：koon **上古音韵地位**：见元 3

中古音（反切）：见桓平山合一（古丸）

藏文：k'ol-pa **藏文义**：男仆

"倌"字是汉语見母对应藏文 k 声类。

29.12　原始汉藏语：*(a-)kwâ·l

汉字：痯（157g）

杨福绵拟音：*kwân(A) **汉字义：**疲惫，筋疲力尽

郑张上古拟音：koonʔ **上古音韵地位：**見元 3

中古音（反切）：見桓上山合一（古满）

藏文：'kʻol-ba **藏文义：**睡觉，使麻木

"痯"字是汉语見母对应藏文 k 声类。

29.21　原始汉藏语：*s-ka·n

汉字：鳱（139m）

杨福绵拟音：*kân/kân*kian/kiɒn(A) **汉字义：**粥

郑张上古拟音：kan **上古音韵地位：**見元 1

中古音（反切）：見元平山开三（居言）

藏文：'bras-tśʻan **藏文义：**米汤

"鳱"字是汉语見母对应藏文 b 声类。

29.34　原始汉藏语：*(s-,ʔ-)ka·n~ *(s-,ʔ-)ka·t

汉字：建（249a）

杨福绵拟音：*kian/kiɒn(C) **汉字义：**设立，建立

郑张上古拟音：kans **上古音韵地位：**見元 1

中古音（反切）：見元去山开三（居万）

藏文：'kʻod-pa **藏文义：**坐下，设立；放置，建立

藏文：'kad-pa **藏文义：**坐，稳坐

"建"字是汉语見母对应藏文 k 声类。

29.36　原始汉藏语：*(r-,ʔ-)kâ·l

汉字：干（139a）

杨福绵拟音：*kân/kân(A) **汉字义：**借词"河岸"

郑张上古拟音：kaans **上古音韵地位：**見元 1

中古音（反切）：见寒去山开一（古案）

藏文：rgal 藏文义：涉水

"干"字是汉语见母对应藏文 g 声类。

30.3 *原始汉藏语：*(s-)kyəp*

汉字：汁（686f）

杨福绵拟音：skyiǝp/tśiǝp **汉字义：**汁，液，融化的雪水

郑张上古拟音：kjub **上古音韵地位：**见缉 3

中古音（反切）：章缉入臻开三（之入）

藏文：tś'ab<*sk'yab **藏文义：**水

"汁"字是汉语见母对应藏文 t<sk 复声母。

（二）溪母对应情况

9.7 *原始汉藏语：*(s-,a-)gyuk~*(s-,r-)kyuk*

汉字：驱（122c）

杨福绵拟音：k'i̯u/k'i̯u(A,C) **汉字义：**飞奔，赶快

郑张上古拟音：kho **上古音韵地位：**溪侯

中古音（反切）：溪虞平遇合三（岂俱）

藏文：'k'yug-pa **藏文义：**跑，猛冲

"驱"字是汉语溪母对应藏文 k 声类。

10.2 *原始汉藏语：*(s-)gjôk~*(s-)kjôk*

汉字：曲（1213a）

杨福绵拟音：k'juk **汉字义：**弯的，弯曲

郑张上古拟音：khog **上古音韵地位：**溪屋

中古音（反切）：溪烛入通合三（丘玉）

藏文：k'yog-po **藏文义：**弯曲，俯身

"曲"字是汉语溪母对应藏文 k 声类。

13.5 *原始汉藏语：*(s-)grâk~*(s-)krâk*

汉字：赤（793a）

杨福绵拟音：*î'jăk< 李方桂 *skhjak(?)<*s-k'rak **汉字义**：红

郑张上古拟音：khljag **上古音韵地位**：溪鐸

中古音（反切）：昌昔入梗开三（昌石）

藏文：dkrog-pa, skrog-pa **藏文义**：心神不安，激起，害怕

"赤"字是汉语溪母对应藏文 k 声类，此藏文带有 d 或 s- 前缀音。

13.7 **原始汉藏语**：*(s-)grâk~*(s-)krâk

汉字：恪（766g）

杨福绵拟音：*k'lâk<*k'râk **汉字义**：尊重，虔诚

郑张上古拟音：khlaag **上古音韵地位**：溪鐸

中古音（反切）：溪鐸入宕开一（苦各）

藏文：k'rag **藏文义**：血

"恪"字是汉语溪母对应藏文 k 声类。

14.19 **原始汉藏语**：*(s-)kâŋ

汉字：康（746h）

杨福绵拟音：*k'âng(A) **汉字义**：快乐，高兴

郑张上古拟音：khlaaŋ **上古音韵地位**：溪陽

中古音（反切）：溪唐平宕开一（苦岡）

藏文：k'oŋ-po **藏文义**：杯，碗（用来喝水或吃饭）

"康"字是汉语溪母对应藏文 k 声类。

14.20 **原始汉藏语**：*(s-)kâŋ

汉字：庆（753a）

杨福绵拟音：*k'jăng **汉字义**：高兴，享受

郑张上古拟音：khraŋ **上古音韵地位**：溪陽

中古音（反切）：溪唐去梗开重三（丘敬）

藏文：skaŋ-ba, skoŋ-ba **藏文义**：满意；用来赎罪的祭祀

"庆"字是汉语溪母对应藏文 k 声类 sk 复声母。

14.25 *原始汉藏语：**s-ga·ŋ

汉字：伉（698c）

杨福绵拟音：*k'âng(C) **汉字义**：高

郑张上古拟音：khaaŋs **上古音韵地位**：溪陽

中古音（反切）：溪唐去宕开一（苦浪）

藏文：k'àŋ-rùi **藏文义**：斜坡，山峰的支脉

"伉"字是汉语溪母对应藏文 k 声类。

14.33 *原始汉藏语：**(s-)ka·ŋ

汉字：亢（698a）

杨福绵拟音：*kâŋ/kâŋ(A) **汉字义**：借词"高"

郑张上古拟音：khaaŋs **上古音韵地位**：溪陽

中古音（反切）：溪唐去宕开一（苦浪）

藏文：sgaŋ **藏文义**：突出的山，山一边的尖坡

"亢"字是汉语溪母对应藏文 g 声类，此藏文带有 s- 前缀音。

25.28 *原始汉藏语：**(a-,s-)kâ·t

汉字：垦（515h）

杨福绵拟音：*s-k'i̯ə̯d/xji̯ei(C)，*s-k'i̯ɛd/xji(C)，*g'i̯ɛd/g'ji(C) **汉字义**：借词"休息"

郑张上古拟音：khɯɯnʔ **上古音韵地位**：溪文 1

中古音（反切）：溪痕上臻开一（康很）

藏文：k'ad-pa **藏文义**：粘牢，抓住，停止，停，阻碍

"垦"字是汉语溪母对应藏文 k 声类。

27.2 *原始汉藏语：**s-ge·t

汉字：契（279b）

杨福绵拟音：*k'jad(C) 借自 *k'iat 分开 **汉字义**：手刻，刻痕

郑张上古拟音：kheeds **上古音韵地位**：溪祭 2

中古音（反切）：溪齊去蟹开四（苦計）

藏文：'gye-ba 藏文义：分，分离

"契"字是汉语溪母对应藏文 g 声类。

27.5 原始汉藏语：*(s-)ke·t~*(s-)ge·t

汉字：契（279b）

杨福绵拟音：*k'iad/k'iei(C) 汉字义：文字刻痕

郑张上古拟音：kheeds 上古音韵地位：溪祭 2

中古音（反切）：溪齐去蟹开四（苦计）

藏文：sgyed-po 藏文义：用来垒灶的石头

"契"字是汉语溪母对应藏文 g 声类，此藏文带有 s- 前缀音。

27.6 原始汉藏语：*(s-)ke·t~*(s-)ge·t

汉字：契（279b）

杨福绵拟音：k'iat/k'iet 汉字义：分开的

郑张上古拟音：kheeds 上古音韵地位：溪祭 2

中古音（反切）：溪齐去蟹开四（苦计）

藏文：sgyid-bu，sgyed-bu 藏文义：炉底，灶，包括三块石头（即分开的石头）上面可以放壶

"契"字是汉语溪母对应藏文 g 声类，此藏文带有 s- 前缀音。

27.12 原始汉藏语：*(a-,s-)kâ·t

汉字：憩（329a）

杨福绵拟音：*k'i̯ad/k'i̯äi(C) 汉字义：休息

郑张上古拟音：khrads 上古音韵地位：溪祭 1

中古音（反切）：溪祭去蟹开重四（去例）

藏文：k'ad-pa 藏文义：粘牢，抓住，停止，停，阻碍

"憩"字是汉语溪母对应藏文 k 声类。

29.13 原始汉藏语：*(s-)kwəl

汉字：劝（158s）

杨福绵拟音：*k'i̯ad(C),*k'iat 汉字义：劝说，鼓励

郑张上古拟音：khons **上古音韵地位：**溪元 3

中古音（反切）：溪元去山合三（去願）

藏文：'k'ul-ba **藏文义：**征服，隶属

"劝"字是汉语溪母对应藏文 k 声类。

29.26　原始汉藏语：*(s-)kyen~*(s-)kyet

汉字：衎（139p）

杨福绵拟音：*kân/kân(C) **汉字义：**高兴

郑张上古拟音：khaans **上古音韵地位：**溪元 1

中古音（反切）：溪寒去山开一（苦旰）

藏文：skyid-pa **藏文义：**使高兴，高兴，高兴的

"衎"字是汉语溪母对应藏文 k 声类 sk 复声母。

29.28　原始汉藏语：*s-kya·l

汉字：遣（196b）

杨福绵拟音：*k'i̯an/k'i̯än(B) **汉字义：**送，寄出

郑张上古拟音：khenʔ **上古音韵地位：**溪元 2

中古音（反切）：溪仙上山开重四（去演）

藏文：'k'yol-ba **藏文义：**送抵，带到

"遣"字是汉语溪母对应藏文 k 声类。

29.29　原始汉藏语：*s-kya·l

汉字：遣（196b）

杨福绵拟音：*k'i̯an/k'i̯än(C) **汉字义：**送（祭祀用的肉）到坟上

郑张上古拟音：khenʔ **上古音韵地位：**溪元 2

中古音（反切）：溪仙上山开重四（去演）

藏文：skyel-ma **藏文义：**护送者，送

"遣"字是汉语溪母对应藏文 k 声类 sk 复声母。

31.10　原始汉藏语：*(s-)k'əm

汉字：贪（645a）

杨福绵拟音：*t'əm(A)<*sk'əm **汉字义**：贪婪

郑张上古拟音：khl'uum **上古音韵地位**：溪侵 3

中古音（反切）：透覃平咸开一（他含）

藏文：skam **藏文义**：想要

"贪"字是汉语溪母对应藏文 k 声类 sk 复声母。

（三）群母对应情况

3.2　原始汉藏语：*(s-,ʔ-)kyəŋ~*(s-,ʔ-)kyək

汉字：承（896c）

杨福绵拟音：*sgyiəŋ/źi̯əŋ(A) **汉字义**：举，交给

郑张上古拟音：gljɯŋ **上古音韵地位**：群蒸

中古音（反切）：禅蒸平曾开三（署陵）

藏文：'k'yoŋ-ba **藏文义**：带来

"承"字是汉语群母对应藏文 k 声类。

4.10　原始汉藏语：*(s-)gjôk~*(s-)kjôk

汉字：觕（1064f）

杨福绵拟音：*g'jŏg(A) **汉字义**：角形的，弯且长的

郑张上古拟音：gruw **上古音韵地位**：群幽 2

中古音（反切）：群幽平流开重三（渠幽）

藏文：gyog-pa **藏文义**：弯曲，弧形

"觕"字是汉语群母对应藏文 g 声类。

4.11　原始汉藏语：*(s-)gjôk~*(s-)kjôk

汉字：觘（1066f）

杨福绵拟音：*g'jôg(A) **汉字义**：长且弯曲，角形的

郑张上古拟音：gu **上古音韵地位**：群幽 1

中古音（反切）：群幽平流开重三（渠幽）

藏文：kyog, kyog-kyog **藏文义**：弯曲，弧形

"觘"字是汉语群母对应藏文 k 声类。

9.2　原始汉藏语：*(s-)gjôk~*(s-)kjôk

汉字：胸（108v）

杨福绵拟音：*g'ju(A) 董同龢 *g'jug **汉字义**：一条干肉的弯曲部分

郑张上古拟音：go **上古音韵地位**：群侯

中古音（反切）：群虞平遇合三（其俱）

藏文：skyogs-pa **藏文义**：扭转（颈部）

"胸"字是汉语群母对应藏文 k 声类 sk 复声母。

10.3　原始汉藏语：*(s-)gjôk~*(s-)kjôk

汉字：局（1214a）

杨福绵拟音：*g'juk **汉字义**：弯，俯身；卷曲，缠绕

郑张上古拟音：gog **上古音韵地位**：群屋

中古音（反切）：群烛入通合三（渠玉）

藏文：skyogs-med **藏文义**：笔直，挺拔

"局"字是汉语群母对应藏文 k 声类 sk 复声母。

10.4　原始汉藏语：*(s-)gjôk~*(s-)kjôk

汉字：跼（1214b）

杨福绵拟音：*g'juk **汉字义**：俯身

郑张上古拟音：gog **上古音韵地位**：群屋

中古音（反切）：群烛入通合三（渠玉）

藏文：skyogs-lto-'bu **藏文义**：蜗牛

"跼"字是汉语群母对应藏文 k 声类 sk 复声母。

12.4　原始汉藏语：*(s-)grâk~*(s-)krâk

汉字：惧（96g）

杨福绵拟音：*g'jwo(C) 李方桂 *gwjagh<*g'rwag **汉字义**：怕

郑张上古拟音：gʷas **上古音韵地位**：群鱼

中古音（反切）：群虞去遇合三（其遇）

藏文：skrag-pa **藏文义**：害怕，被吓到

"惧"字是汉语群母对应藏文 k 声类 sk 复声母。

13.8　原始汉藏语：*(s-)grâk~*(s-)krâk

汉字：懅（778e）

杨福绵拟音：*xjwak<*s-k'rwak **汉字义：**怕

郑张上古拟音：gʷag **上古音韵地位：**群鐸

中古音（反切）：群藥入宕合三（具籰）

藏文：skrag-pa **藏文义：**害怕，被吓到

"懅"字是汉语群母对应藏文 k 声类 sk 复声母。

17.3　原始汉藏语：*(s-)greŋ

汉字：擎（813k）

杨福绵拟音：*g'jěng(A)<*g'ljěŋ **汉字义：**举

郑张上古拟音：greŋ **上古音韵地位：**群耕

中古音（反切）：群庚平梗开重三（渠京）

藏文：'greŋ-ba **藏文义：**支撑

"擎"字是汉语群母对应藏文 g 声类。

23.7　原始汉藏语：*šit<*sgit

汉字：墍（515h）

杨福绵拟音：*s-k'i̯əd/xji̯ɐi(C)，*s-k'i̯ɛd/xji(C)，*g'i̯ɛd/g'ji(C) **汉字义：**涂抹

郑张上古拟音：gruɯds **上古音韵地位：**群隊 1

中古音（反切）：群脂去止开重三（其冀）

藏文：skud-pa，过去时 bskus，未来时 bsku，命令式 skus **藏文义：**涂抹，擦脏，乱画

"墍"字是汉语群母对应藏文 k 声类 sk 复声母。

25.18　原始汉藏语：*(s-)ni·(-n)~*(s-)ni·(-t)

汉字：近（443e）

杨福绵拟音：*g'jən(B)<*g'ńjən<*ɣ-ńjən<*s-njěn **汉字义：**附近

郑张上古拟音：guns 上古音韵地位：群文 1

中古音（反切）：群欣去臻开三（巨靳）

藏文：nye-ba **藏文义**：附近，旁边

"近"字是汉语群母对应藏文 n 声类。

25.19 **原始汉藏语**：*(s-)ni·(-n)~*(s-)ni·(-t)

汉字：近（443e）

杨福绵拟音：*g‘jən(C)<*s-njěn **汉字义**：邻近

郑张上古拟音：guns 上古音韵地位：群文 1

中古音（反切）：群欣上臻开三（巨靳）

藏文：nye-ba **藏文义**：附近，旁边

"近"字是汉语群母对应藏文 n 声类。

29.15 **原始汉藏语**：*(s-)grj(w)ǎl

汉字：卷（226a）

杨福绵拟音：*kjwan(B)<*kljwan, 蒲立本 *kwlān **汉字义**：圆

郑张上古拟音：gron 上古音韵地位：群元 3

中古音（反切）：群仙平山合重三（巨員）

藏文：’gril-ba **藏文义**：卷起

"卷"字是汉语群母对应藏文 g 声类。

29.16 **原始汉藏语**：*(s-)grj(w)ǎl

汉字：卷（226a）

杨福绵拟音：*g‘jwan(A)<*g‘ljwan **汉字义**：弯曲

郑张上古拟音：gron 上古音韵地位：群元 3

中古音（反切）：群仙平山合重三（巨員）

藏文：’gril-ba **藏文义**：卷起

"卷"字是汉语群母对应藏文 g 声类。

29.35 **原始汉藏语**：*(r-,ʔ-)kâ·l

汉字：岸（139e‘）

杨福绵拟音： *ʔkân/ŋân(C) **汉字义：** 河岸

郑张上古拟音： ŋgaans **上古音韵地位：** 群元 1

中古音（反切）： 疑寒去山开一（五旰）

藏文： rgal-ba，过去时和未来时 brgal，命令式 rgol **藏文义：** 走过；翻过（山），涉过（河）

"岸"字是汉语群母对应藏文 g 声类。

（四）疑母对应情况

1.8　原始汉藏语：*ʔ-gǝk~*ʔ-kǝk

汉字： 礙（956g）

杨福绵拟音： *ʔgǝg/ŋâi(C) **汉字义：** 障碍

郑张上古拟音： ŋɯɯs **上古音韵地位：** 疑之

中古音（反切）： 疑咍去蟹开一（五溉）

藏文： ʼkʻegs-pa **藏文义：** 阻止，停止，关闭

"礙"字是汉语疑母对应藏文 k 声类。

7.7　原始汉藏语：*(s-) grâg

汉字： 哓（1164e）

杨福绵拟音： *xjog(A)<*xrjog<*grjog **汉字义：** 惊慌的喊叫

郑张上古拟音： hŋeew **上古音韵地位：** 疑宵

中古音（反切）： 曉萧平效开四（許幺）

藏文： grags-pa, (grag-pa) **藏文义：** 哭，哭喊，喊

"哓"字是汉语疑母对应藏文 g 声类。

7.8　原始汉藏语：*s-nok~*s-njok

汉字： 挠（1164s）

杨福绵拟音： *nǒg(B), *xnog<*s-nog(A) **汉字义：** 麻烦，混乱

郑张上古拟音： rŋaaw **上古音韵地位：** 疑宵

中古音（反切）： 泥肴平效开二（尼交）

藏文： skyo-ŋogs **藏文义：** 争吵

"挠"字是汉语疑母对应藏文 sk 复声母。

11.2　原始汉藏语：*s-gaŋ

汉字：邛（1172k）

杨福绵拟音：*g'jung(A) 汉字义：山

郑张上古拟音：goŋ **上古音韵地位：**疑東

中古音（反切）：群鍾平通合三（渠容）

藏文：sgaŋ **藏文义：**小山，山峰的支脉

"邛"字是汉语疑母对应藏文 g 声类，此藏文带有 s- 前缀音。

12.13　原始汉藏语：*s-k'ya

汉字：许（60i）

杨福绵拟音：*s-k'i̯o/xi̯wo(B) 汉字义：同意，允许；许诺

郑张上古拟音：hŋaʔ **上古音韵地位：**疑魚

中古音（反切）：曉魚上遇合三（虛吕）

藏文：tś'a-ba<*sk'ya- **藏文义：**许诺，声称

"许"字是汉语疑母对应藏文 k 声类 sk 复声母。

13.9　原始汉藏语：*(s-)grâk~*(s-)krâk

汉字：愕（788h）

杨福绵拟音：*ngâk<*(s-)ngâk<*(s-)grâk 汉字义：害怕

郑张上古拟音：ŋaag **上古音韵地位：**疑鐸

中古音（反切）：疑鐸入宕开一（五各）

藏文：skrag-pa **藏文义：**害怕，被吓到

"愕"字是汉语疑母对应藏文 k 声类 sk 复声母。

14.27　原始汉藏语：*s-gaŋ

汉字：昂（699b）

杨福绵拟音：*ngâng(A)<*(s-)ŋâŋ<*s-gâŋ 汉字义：高

郑张上古拟音：ŋaaŋ **上古音韵地位：**疑陽

中古音（反切）：疑唐平宕开一（五剛）

藏文：kʻàŋ-rùi 藏文义：斜坡，山峰的支脉

"昂"字是汉语疑母对应藏文 k 声类。

14.34 *原始汉藏语：* ***(s-)ka·ŋ**

汉字： 卬（699a）

杨福绵拟音： *ʔkiân/ŋian(A) **汉字义：** 高

郑张上古拟音： ŋaaŋ **上古音韵地位：** 疑阳

中古音（反切）： 疑唐平宕开一（五刚）

藏文： sgaŋ **藏文义：** 突出的山，山一边的尖坡

"卬"字是汉语疑母对应藏文 g 声类，此藏文带有 s 前缀音。

14.35 *原始汉藏语：* ***(s-)ka·ŋ**

汉字： 卬（699a）

杨福绵拟音： *ʔkiân/ŋian(B) **汉字义：** 向上看

郑张上古拟音： ŋaaŋ **上古音韵地位：** 疑阳

中古音（反切）： 疑唐平宕开一（五刚）

藏文： sgaŋ **藏文义：** 突出的山，山一边的尖坡

"卬"字是汉语疑母对应藏文 g 声类，此藏文带有 s- 前缀音。

27.8 *原始汉藏语：* ***s-ŋâ-t**

汉字： 埶（330a）

杨福绵拟音： *sŋiad/ŋiäi(C) **汉字义：** 种，耕，栽培

郑张上古拟音： ŋeds **上古音韵地位：** 疑祭 2

中古音（反切）： 疑祭去蟹开重四（鱼祭）

藏文： sŋo-ba，也作 sŋod-ba，过去时 bsŋos，未来时 bsŋo，命令式 sŋos **藏文义：** 变绿（即"长成绿色"）；祈祷

"埶"字是汉语疑母对应藏文 ŋ 声类，此藏文带有 s- 前缀音。

27.9 *原始汉藏语：* ***s-ŋâ-t**

汉字： 埶（330a）

杨福绵拟音： *s-ŋiad/śiäi(C) **汉字义：** 力量，影响

郑张上古拟音：ŋeds 上古音韵地位：疑祭 2

中古音（反切）：疑祭去蟹开重四（鱼祭）

藏文：rŋa-ba，过去时 brŋas，未来时 brŋa，命令式 rŋos **藏文义**：割，收割

"劓"字是汉语疑母对应藏文 ŋ 声类。

27.10　原始汉藏语：*s-ŋâ-t

汉字：蓺（330e）

杨福绵拟音：*sŋi̯ad/ŋi̯äi(C) **汉字义**：种，耕种，种庄稼

郑张上古拟音：ŋeds 上古音韵地位：疑祭 2

中古音（反切）：疑祭去蟹开重四（鱼祭）

藏文：sŋo-ba，也作 sŋod-ba，过去时 bsŋos，未来时 bsŋo，命令式 sŋos **藏文义**：变绿（即"长成绿色"）；祈祷

"蓺"字是汉语疑母对应藏文 ŋ 声类，此藏文带有 s- 前缀音。

27.11　原始汉藏语：*s-ŋâ-t

汉字：蓺（330e）

杨福绵拟音：*sŋi̯ad/ŋi̯äi(C) **汉字义**：种，耕，栽培；艺术；方法，规则；天才

郑张上古拟音：ŋeds 上古音韵地位：疑祭 2

中古音（反切）：疑祭去蟹开重四（鱼祭）

藏文：sŋo-ba，也作 sŋod-ba，过去时 bsŋos，未来时 bsŋo，命令式 sŋos **藏文义**：变绿（即"长成绿色"）；祈祷

"蓺"字是汉语疑母对应藏文 ŋ 声类，此藏文带有 s- 前缀音。

29.25　原始汉藏语：*(s-)kyen~*(s-)kyet

汉字：憲（250a）

杨福绵拟音：*s-kʻi̯ăn/xi̯ɒn(C) **汉字义**：借词，"喜悦的，高兴地"

郑张上古拟音：hŋans 上古音韵地位：疑元 1

中古音（反切）：晓元去山开三（許建）

藏文：skyid-pa 藏文义：使高兴，高兴，高兴的

"憙"字是汉语疑母对应藏文 k 声类 sk 复声母。

29.32　原始汉藏语：*(s-,ʔ-)kye·l

汉字：羱（无）（KYSH 216）

杨福绵拟音：ŋiǎn(A)<*ʔkiǎn 汉字义：有大角的野山羊

郑张上古拟音：ŋʷaan 上古音韵地位：疑元 1

中古音（反切）：疑桓平山合一（五丸）

藏文：skyed-pa 藏文义：生殖，生育，生长

"羱"字是汉语疑母对应藏文 k 声类 sk 复声母。

三　舌音的对应分析

在杨福绵汉藏语同源词表中，舌音声母对应藏文词条共有 66 例。其中端母对应 6 例，透母对应 4 例，定母对应 4 例，泥母对应 17 例，以母对应 31 例，胎母对应 4 例。

（一）端母对应情况

4.16　原始汉藏语：*skyok

汉字：周（1083a）

杨福绵拟音：*skyiôg/tśi̯əu(A) 汉字义：圆；周；一圈

郑张上古拟音：tjuɯw 上古音韵地位：端幽 2

中古音（反切）：章尤平流开三（職流）

藏文：skyogs-pa 藏文义：转

"周"字是汉语端母对应藏文 k 声类 sk 复声母。

4.18　原始汉藏语：*s-kyəŋ~*s-kyək

汉字：雕 / 鵰（1083t,u）

杨福绵拟音：*skiôg/tieu(A) 汉字义：鹰

郑张上古拟音：tɯɯw 上古音韵地位：端幽 2

中古音（反切）：端宵平效开四（都聊）

藏文：skyiŋ-ser **藏文义**：鹰，猎鹰

"雕 / 鵰"字是汉语端母对应藏文 k 声类 sk 复声母。

12.7　原始汉藏语：*skyâ

汉字：煮（45m）

杨福绵拟音：*skyi̯o/tśi̯wo(B) **汉字义**：煮，做饭

郑张上古拟音：tjaʔ **上古音韵地位**：端鱼

中古音（反切）：章鱼上遇合三（章与）

藏文：skya **藏文义**：水壶

"煮"字是汉语端母对应藏文 k 声类 sk 复声母。

15.4　原始汉藏语：*(s-,a-)ke·k

汉字：隄（865g）

杨福绵拟音：*skieg/tiei(A) **汉字义**：水库，堤坝

郑张上古拟音：tee **上古音韵地位**：端支

中古音（反切）：端齐平蟹开四（都奚）

藏文：gegs-pa **藏文义**：阻止，停止，禁止；关闭

"隄"字是汉语端母对应藏文 g 声类。

15.5　原始汉藏语：*(s-,a-)ke·k

汉字：堤（865k）

杨福绵拟音：*sgʻieg/dʻiei(A) **汉字义**：水库，堤坝

郑张上古拟音：tee **上古音韵地位**：端支

中古音（反切）：端齐平蟹开四（都奚）

藏文：gegs-pa **藏文义**：阻止，停止，禁止；关闭

"堤"字是汉语端母对应藏文 g 声类。

29.20　原始汉藏语：*s-ka·n

汉字：饘（148m）

杨福绵拟音：*skyi̯an/tśi̯an(A,B) **汉字义**：粥

郑张上古拟音：tjan **上古音韵地位**：端元 1

中古音（反切）：章仙平山开三（諸延）

藏文：tśʻan **藏文义**：熟的玉米或大麦等

"饘"字是汉语端母对应藏文 ts 声类。

（二）透母对应情况

12.6　原始汉藏语：*skyo

汉字：褚（45g）

杨福绵拟音：*skḭo/ t̂ḭwo(B) **汉字义**：装衣服的包，袋子

郑张上古拟音：thaʔ **上古音韵地位**：透鱼

中古音（反切）：徹鱼上遇合三（丑吕）

藏文：sgyu，或是 sgyig-gu **藏文义**：包，钱包

"褚"字是汉语透母对应藏文 g 声类，此藏文带有 s- 前缀音。

17.6　原始汉藏语：*(s-)kyeŋ~*(s-)gyeŋ

汉字：赪（834f）

杨福绵拟音：*tʻjĕng(A)<*skʻjĕŋ **汉字义**：红

郑张上古拟音：theŋ **上古音韵地位**：透耕

中古音（反切）：徹清平梗开三（丑貞）

藏文：skyeŋ-ba, skyeŋs-ba **藏文义**：害羞

"赪"字是汉语透母对应藏文 k 声类 sk 复声母。

17.7　原始汉藏语：*(s-)kyeŋ~*(s-)gyeŋ

汉字：竀（833m）

杨福绵拟音：*tʻjĕng(A)<*s-kʻjĕŋ **汉字义**：借自"红"

郑张上古拟音：theŋ **上古音韵地位**：透耕

中古音（反切）：徹清平梗开三（丑貞）

藏文：ʔəkʻjeŋ **藏文义**：红

"竀"字是汉语透母对应藏文 k 声类。

25.22　原始汉藏语：*skyâ

汉字：蠢（463d）

杨福绵拟音：*sk'yɪwən/tśʰɪuěn(B) 汉字义：蠕动，移动

郑张上古拟音：thjunʔ 上古音韵地位：透文 2

中古音（反切）：昌谆上臻合三（尺尹）

藏文：skya-rəŋs **藏文义**：黎明，日出

"蠢"字是汉语透母对应藏文 k 声类 sk 复声母。

（三）定母对应情况

12.8　原始汉藏语：*skyâ

汉字：曙（45mʾ）

杨福绵拟音：*sgyio̯/źɪwo(C) **汉字义**：日出

郑张上古拟音：djas 上古音韵地位：定魚

中古音（反切）：禅魚去遇合三（常恕）

藏文：skya-bo **藏文义**：灰白色，白里泛黄

"曙"字是汉语定母对应藏文 sk 复声母。

14.29　原始汉藏语：*skâŋ

汉字：偿（725y）

杨福绵拟音：*sgyiaŋ/źɪaŋ(A,C) **汉字义**：赔偿；补偿；履行（如愿望、誓言等）

郑张上古拟音：djaŋ 上古音韵地位：定陽

中古音（反切）：禅陽平宕开三（市羊）

藏文：skoŋ-pa，过去时 bskaŋs，未来时 bskaŋ，命令式 skoŋs **藏文义**：履行，实现（如愿望、誓言等）

"偿"字是汉语定母对应藏文 k 声类 sk 复声母。

17.9　原始汉藏语：*(s-)kâŋ

汉字：盛（318i）

杨福绵拟音：*sgyiěŋ/źɪäŋ(A) **汉字义**：装在容器里

郑张上古拟音：djeŋ 上古音韵地位：定耕

中古音（反切）：禅清平梗开三（是征）

藏文：sgyoŋ-pa，过去时 bsgyaŋs，未来时 bsgyaŋ **藏文义**：装，填充

"盛"字是汉语定母对应藏文 g 声类，此藏文带有 s- 前缀音。

17.10　原始汉藏语：*(s-)kâŋ

汉字：盛（318i）

杨福绵拟音：*sgyi̯ěn/ẓi̯an(C) **汉字义**：充分，繁盛

郑张上古拟音：djeŋ **上古音韵地位**：定耕

中古音（反切）：禅清平梗开三（是征）

藏文：'geŋs-pa，过去时 bgaŋ，未来时 dgaŋ，命令式 k'oŋ **藏文义**：装，履行

"盛"字是汉语定母对应藏文 g 声类。

（四）泥母对应情况

4.9　原始汉藏语：*s-nok~*s-njok

汉字：扰（1152a）

杨福绵拟音：*ńjog(B)<*s-ńjog **汉字义**：打乱

郑张上古拟音：njiwʔ **上古音韵地位**：泥幽 3

中古音（反切）：日宵上效开三（而沼）

藏文：sŋogs-pa **藏文义**：恼火，生气

"扰"字是汉语泥母对应藏文 ŋ 声类，此藏文带有 s- 前缀音。

7.9　原始汉藏语：*s-nok~*s-njok

汉字：娆（无）

杨福绵拟音：*ńẓjäu(KY)<*ńjog(B)<*s-ńjog; nieu<*niog **汉字义**：纷争，骚扰

郑张上古拟音：njewʔ **上古音韵地位**：泥宵

中古音（反切）：日宵上效开三（而沼）

藏文：skyo-ŋogs **藏文义**：争吵

"娆"字是汉语泥母对应藏文 k 声类 sk 复声母。

8.1 原始汉藏语：未构拟

汉字：溺（1123d）

杨福绵拟音：*niog(C) 汉字义：尿

郑张上古拟音：njewɢ 上古音韵地位：泥药

中古音（反切）：日药入宕开三（而灼）

藏文：nyog-pa 藏文义：蒙尘，脏

"溺"字是汉语泥母对应藏文 n 声类。

8.2 原始汉藏语：未构拟

汉字：溺（1123d）

杨福绵拟音：*niok 汉字义：沉，坠落

郑张上古拟音：njewɢ 上古音韵地位：泥药

中古音（反切）：日药入宕开三（而灼）

藏文：nyog-pa 藏文义：蒙尘，脏

"溺"字是汉语泥母对应藏文 n 声类。

9.1 原始汉藏语：*(s-)nu·(-n)~*(s-)nu·(-t)

汉字：乳（135a）

杨福绵拟音：*ńju(B)<*nju 汉字义：乳头，乳汁，吮吸

郑张上古拟音：njoʔ 上古音韵地位：泥侯

中古音（反切）：日虞上遇合三（而主）

藏文：nu-ma 藏文义：乳头、胸

"乳"字是汉语泥母对应藏文 n 声类。

14.4 原始汉藏语：未构拟

汉字：曩（730k）

杨福绵拟音：*nâng(B)<*(s-)nâŋ 汉字义：过去，以前

郑张上古拟音：naaŋʔ 上古音韵地位：泥阳

中古音（反切）：泥唐上宕开一（奴朗）

藏文：ɣna-bo 藏文义：古老

"曩"字是汉语泥母对应藏文 n 声类。

14.7　原始汉藏语：未构拟

汉字：譲（730i）

杨福绵拟音：*ńjang(C)<*s-njaŋ **汉字义：**容许，屈服

郑张上古拟音：njaŋs **上古音韵地位：**泥陽

中古音（反切）：日陽去宕開三（人樣）

藏文：ɣnaŋ-ba **藏文义：**给，让，容许

"譲"字是汉语泥母对应藏文 n 声类。

14.8　原始汉藏语：未构拟

汉字：瀼（730f）

杨福绵拟音：*ńjang(C)<*s-njaŋ **汉字义：**湿漉漉

郑张上古拟音：njaŋ **上古音韵地位：**泥陽

中古音（反切）：日陽平宕開三（汝陽）

藏文：hnaŋ（卢谢语）**藏文义：**浓（液体）

"瀼"字是汉语泥母对应藏文（卢谢语）n 声类。

14.9　原始汉藏语：未构拟

汉字：穰（730h）

杨福绵拟音：*ńjang(A&B)<*s-njang **汉字义：**收成好，富裕

郑张上古拟音：njaŋ **上古音韵地位：**泥陽

中古音（反切）：日陽平宕開三（汝陽）

藏文：hnaŋ<*snàŋ（缅语）**藏文义：**给，交付

"穰"字是汉语泥母对应藏文（缅语）n 声类。

14.10　原始汉藏语：未构拟

汉字：饟（730c）

杨福绵拟音：*śnjang(A,B,C) 李方桂 *hnjang<*s-njaŋ **汉字义：**把食物给（田里干活的人）

郑张上古拟音：hnjaŋ **上古音韵地位：**泥陽

中古音（反切）：書陽平宕开三（式羊）

藏文：sāŋ（克钦语）**藏文义**：给，代替

"饟"字是汉语泥母对应藏文（克钦语）s 声类。

20.1　原始汉藏语：*(s-)ni·(-n)~*(s-)ni·(-t)

汉字：昵（563f）

杨福绵拟音：*njět **汉字义**：站的很近，熟悉，亲密

郑张上古拟音：nig **上古音韵地位**：泥质 2

中古音（反切）：娘質入臻开三（尼質）

藏文：nyen-kʻor **藏文义**：亲戚

"昵"字是汉语泥母对应藏文 n 声类。

20.2　原始汉藏语：*(s-)ni·(-n)~*(s-)ni·(-t)

汉字：袑（404b）

杨福绵拟音：*njět **汉字义**：女式贴身内衣

郑张上古拟音：nig **上古音韵地位**：泥质 2

中古音（反切）：娘質入臻开三（尼質）

藏文：ɣnjen **藏文义**：家属，亲戚

"袑"字是汉语泥母对应藏文 n 声类。

21.5　原始汉藏语：*(s-)ni·(-n)~*(s-)ni·(-t)

汉字：人（388a）

杨福绵拟音：*ńjěn(A)<*s-njěn **汉字义**：人

郑张上古拟音：njin **上古音韵地位**：泥真 1

中古音（反切）：日真平臻开三（如鄰）

藏文：ɣnjen **藏文义**：家属，亲戚

"人"字是汉语泥母对应藏文 n 声类。

30.1　原始汉藏语：*(s-)nup~*(s-)nəp

汉字：纳（695c）

杨福绵拟音：*nəp **汉字义**：带入，传送，出现

郑张上古拟音：nuub **上古音韵地位：**泥緝 3

中古音（反切）：泥合入咸开一（奴答）

藏文：nub-pa **藏文义：**慢慢落下，沉入，（太阳）落下

"纳"字是汉语泥母对应藏文 n 声类。

30.2　原始汉藏语：*(s-)nup~*(s-)nəp

汉字：入（695a）

杨福绵拟音：*ńjəp<*s-ńjəp<*s-nəp

郑张上古拟音：njub **上古音韵地位：**泥緝 3

中古音（反切）：日緝入深开三（人執）

藏文：snub-pa **藏文义：**致死

"入"字是汉语泥母对应藏文 n 声类，此藏文带有 s- 前缀音。

31.5　原始汉藏语：未构拟

汉字：念（670a）

杨福绵拟音：*niəm(C) **汉字义：**想

郑张上古拟音：nɯɯms **上古音韵地位：**泥侵 1

中古音（反切）：泥添去咸开四（奴店）

藏文：nyams **藏文义：**灵魂，思想

"念"字是汉语泥母对应藏文 n 声类。

31.6　原始汉藏语：未构拟

汉字：恁（667j）

杨福绵拟音：*ńjəm(B)<*ś-ńjəm<*s-njəm **汉字义：**想

郑张上古拟音：njɯmʔ **上古音韵地位：**泥侵 1

中古音（反切）：日侵上深开三（如甚）

藏文：snyam-pa **藏文义：**想，想法

"恁"字是汉语泥母对应藏文 n 声类，此藏文带有 s- 前缀音。

（五）以母对应情况

4.12 原始汉藏语：*(s-)kok

汉字：陶（1047a）

杨福绵拟音：*sg'ôg/d'âu(A) **汉字义：**窑；陶器

郑张上古拟音：luu **上古音韵地位：**以幽 1

中古音（反切）：以宵平效开三（餘昭）

藏文：k'og-ma **藏文义：**罐子，陶器

"陶"字是汉语以母对应藏文 k 声类。

4.13 原始汉藏语：*(s-)kok

汉字：窑（1144b）

杨福绵拟音：*sgi̯og/i̯äu(A) **汉字义：**窑

郑张上古拟音：luu **上古音韵地位：**以幽 1

中古音（反切）：以宵平效开三（餘昭）

藏文：k'og-ma **藏文义：**罐子，陶器

"窑"字是汉语以母对应藏文 k 声类。

5.3 原始汉藏语：*(s-)kjâŋ~*(s-)kjâk

汉字：育（1020）

杨福绵拟音：*djôk<*gjôk（董同龢 *gjôk）**汉字义：**抚养，喂养，养育

郑张上古拟音：lug **上古音韵地位：**以觉 1

中古音（反切）：以屋入通合三（余六）

藏文：'k'yog-pa，过去时 k'yag，使动式 k'yog **藏文义：**举起，携带，提供（抚养）

"育"字是汉语以母对应藏文 k 声类。

5.4 原始汉藏语：*(s-)kjâŋ~*(s-)kjâk

汉字：毓（1021）

杨福绵拟音：*djôk<*gjôk **汉字义：**培养，养育孩子

郑张上古拟音：lug **上古音韵地位**：以覺 1

中古音（反切）：以屋入通合三（余六）

藏文：'k'yog-pa，过去时 k'yag，使动式 k'yog **藏文义**：举起，携带，提供（抚养）

"毓"字是汉语以母对应藏文 k 声类。

7.3 原始汉藏语：*(s-) grâg

汉字：號（1041q）

杨福绵拟音：*g'og(C)<*g'rog **汉字义**：呼喊，大哭

郑张上古拟音：ɦlaaw **上古音韵地位**：以宵

中古音（反切）：匣豪平效开一（胡刀）

藏文：grags-pa,（grag-pa）**藏文义**：哭，哭喊，喊

"號"字是汉语以母对应藏文 g 声类。

7.10 原始汉藏语：*s-kyəŋ~*s-kyək

汉字：鷂（1144m）

杨福绵拟音：*sgi̯og/i̯äu(C) **汉字义**：鹰，清淡

郑张上古拟音：lew **上古音韵地位**：以宵

中古音（反切）：以宵平效开三（餘昭）

藏文：skyiŋ-ser **藏文义**：鹰，猎鹰

"鷂"字是汉语以母对应藏文 k 声类 sk 复声母。

8.8 原始汉藏语：*s-kyok

汉字：削（1149c）

杨福绵拟音：*s-gi̯ok/si̯ak,*s-gi̯og/si̯äu(A) **汉字义**：剥，削，切；破坏；擦掉

郑张上古拟音：slewɢ **上古音韵地位**：以藥

中古音（反切）：心藥入宕开三（息约）

藏文：skyag-pa，过去时 bskyags，未来时 skyog **藏文义**：花费，布置，扩张；屠杀，谋杀（西部藏语）

"削"字是汉语以母对应藏文 k 声类 sk 复声母。

9.8 原始汉藏语：*(s-)gyu(-r)

汉字：渝（125h）

杨福绵拟音：*sgiu/iu(A) **汉字义：**改变

郑张上古拟音：lo **上古音韵地位：**以侯

中古音（反切）：以虞平遇合三（羊朱）

藏文：'gyur-ba **藏文义：**改变，离开

"渝"字是汉语以母对应藏文 g 声类。

10.1 原始汉藏语：*(s-)grâk; *s-grâk

汉字：束（1222a）

杨福绵拟音：*śjuk<*ś-gjuk<*s-gruk **汉字义：**系

郑张上古拟音：hljog **上古音韵地位：**以屋

中古音（反切）：书烛入通合三（书玉）

藏文：grags-pa **藏文义：**系

"束"字是汉语以母对应藏文 g 声类。

12.14 原始汉藏语：*s-kyo

汉字：瘑（92b）

杨福绵拟音：*s-gyįo/śįwo(B) **汉字义：**隐藏的痛苦

郑张上古拟音：hljaʔ **上古音韵地位：**以鱼

中古音（反切）：书鱼上遇合三（舒吕）

藏文：skyo-ba **藏文义：**疲惫，坏脾气，悲伤，烦恼

"瘑"字是汉语以母对应藏文 k 声类 sk 复声母。

12.15 原始汉藏语：šit<*sgit

汉字：涂（82d'）

杨福绵拟音：*sg'o/d'uo(A) **汉字义：**深陷；涂抹

郑张上古拟音：l'aa **上古音韵地位：**以鱼

中古音（反切）：澄麻平假开二（同都）

藏文：skud-pa，过去时 bskus，未来时 bsku，命令式 skus **藏文义：** 涂抹，擦脏，乱画

"涂"字是汉语以母对应藏文 k 声类 sk 复声母。

14.18　原始汉藏语：*(s-)gâŋ~*(s-)kâŋ

汉字：养（732j）

杨福绵拟音：*zjang(B)<*s-gjaŋ 汉字义：借自"藏"

郑张上古拟音：laŋʔ **上古音韵地位：**以陽

中古音（反切）：以陽上宕开三（餘兩）

藏文：sgyoŋ-ba, 过去式 bsgyaŋs, 将来式 bsgyaŋ **藏文义：**藏，锁上

"养"字是汉语以母对应藏文 g 声类，此藏文带有 s- 前缀音。

14.23　原始汉藏语：*(s-)kjâŋ~*(s-)kjâk

汉字：养（732j）

杨福绵拟音：*zjang(B)<*s-gjaŋ 汉字义：养育，喂养

郑张上古拟音：laŋʔ **上古音韵地位：**以陽

中古音（反切）：以陽上宕开三（餘兩）

藏文：'kʻyoŋ-ba **藏文义：**提供

"养"字是汉语以母对应藏文 k 声类。

14.24　原始汉藏语：*(s-)kjâŋ~*(s-)kjâk

汉字：养（732j）

杨福绵拟音：*zjang(C)<*s-gjaŋ 汉字义：保持，支持

郑张上古拟音：laŋʔ **上古音韵地位：**以陽

中古音（反切）：以陽上宕开三（餘兩）

藏文：skyoŋ-ba，过去时 bskyaŋs **藏文义：**守卫，保持，喂养，支持

"养"字是汉语以母对应藏文 k 声类 sk 复声母。

14.30　原始汉藏语：*s-kyəŋ~*s-kyək

汉字：扬（720j）

杨福绵拟音：*sgiaŋ/jaŋ(A) 汉字义：借词，"鹰"

郑张上古拟音： laŋ **上古音韵地位：** 以陽

中古音（反切）： 以陽平宕开三（與章）

藏文： skyiŋ-ser **藏文义：** 鹰，猎鹰

"扬"字是汉语以母对应藏文 k 声类 sk 复声母。

14.31　原始汉藏语： *(s-,r-)kaŋ

汉字： 痒（732r）

杨福绵拟音： *sgi̯aŋ/i̯aŋ(B) **汉字义：** 痒

郑张上古拟音： lj̯aŋ **上古音韵地位：** 以陽

中古音（反切）： 邪陽平宕开三（似羊）

藏文： rkoŋ-pa **藏文义：** 痒

"痒"字是汉语以母对应藏文 k 声类。

17.11　原始汉藏语： *(s-)kâŋ

汉字： 盈（815a）

杨福绵拟音： *sgi̯ĕŋ/i̯äŋ(A) **汉字义：** 满，装满；满意

郑张上古拟音： leŋ **上古音韵地位：** 以耕

中古音（反切）： 以清平梗开三（以成）

藏文： sgyoŋ-pa，过去时 bsgyaŋs，未来时 bsgyaŋ **藏文义：** 装，填充

"盈"字是汉语以母对应藏文 g 声类，此藏文带有 s- 前缀音。

19.3　原始汉藏语： 未构拟

汉字： 自（1237p）

杨福绵拟音： dzʻi(KY)<*dzʻjər（董同龢 *dzʻjəd）(C)*s-bʻjəd<*s-brjəd(?) **汉字义：** 自己（鼻？）

郑张上古拟音： ɦljids **上古音韵地位：** 以至 1

中古音（反切）： 從脂去止开三（疾二）

藏文： sbrid-pa **藏文义：** 打喷嚏

"自"字是汉语以母对应藏文 b 声类，此藏文带有 s- 前缀音。

19.4　原始汉藏语：未构拟

汉字： 泗（518d）

杨福绵拟音： *sjəd(C)<*s-bjəd<*s-brjəd(?) **汉字义：** 流鼻涕

郑张上古拟音： hljids **上古音韵地位：** 以至 1

中古音（反切）： 心脂去止开三（息利）

藏文： sbrid-pa **藏文义：** 打喷嚏

"泗"字是汉语以母对应藏文 b 声类，此藏文带有 s- 前缀。

21.2　原始汉藏语：未构拟

汉字： 赆（381d）

杨福绵拟音： *dzʻjěn(C)<sbʻjěn **汉字义：** 离别礼物

郑张上古拟音： ljins **上古音韵地位：** 以真 1

中古音（反切）： 邪真去臻开三（徐刃）

藏文： sbyin-pa, 过去式和祈使式 byin **藏文义：** 给，赠，赐予

"赆"字是汉语以母对应藏文 b 声类，此藏文带有 s- 前缀音。

23.1　原始汉藏语：*(s-)bu·n~*(s-)bu·t

汉字： 燧（227f）

杨福绵拟音： *dzjwəd(C)<*s-bjwəd **汉字义：** 钻木取火

郑张上古拟音： ljuds **上古音韵地位：** 以队 3

中古音（反切）： 邪脂去止合三（徐醉）

藏文： sbud-pa **藏文义：** 点燃，放火;（风）吼

"燧"字是汉语以母对应藏文 b 声类，此藏文带有 s- 前缀音。

25.13　原始汉藏语：未构拟

汉字： 顺（462c）

杨福绵拟音： *ĝʻjwən(C)<*dʻjwən **汉字义：** 跟从，服从，符合

郑张上古拟音： ɢljuns **上古音韵地位：** 以文 2

中古音（反切）： 船谆去臻合三（食閏）

藏文： tʻun-pa **藏文义：** 按照，遵循

"顺"字是汉语以母对应藏文 t 声类。

25.14 原始汉藏语：未构拟

汉字：循（465f）

杨福绵拟音：*dzjwən(A)<*s-djwən **汉字义**：跟从，沿着

郑张上古拟音：ljun **上古音韵地位**：以文 2

中古音（反切）：邪谆平臻合三（详遵）

藏文：stun-pa **藏文义**：同意

"循"字是汉语以母对应藏文 t 声类 st 复声母。

25.16 原始汉藏语：*(s-)nu·(-n)~*(s-)nu·(-t)

汉字：唇（455m）

杨福绵拟音：*d̑ʻjwən(A)<d̑-ńjwən<*ś-ńjwən<*s-njwən **汉字义**：嘴唇

郑张上古拟音：ɦljun **上古音韵地位**：以文 2

中古音（反切）：船谆平臻合三（食伦）

藏文：nu-po/mo **藏文义**：喂奶

"唇"字是汉语以母对应藏文 n 声类。

25.17 原始汉藏语：*m-snyu<*m-snu

汉字：唇（455m）

杨福绵拟音：*d̑ʻjwən **汉字义**：嘴唇

郑张上古拟音：ɦljun **上古音韵地位**：以文 2

中古音（反切）：船谆平臻合三（食伦）

藏文：mtśʻu **藏文义**：嘴唇

"唇"字是汉语以母对应藏文 t 声类。

26.10 原始汉藏语：*skya~*skyan

汉字：移（3q）

杨福绵拟音：*sgia/iȩ(A) **汉字义**：转换，移动；改变

郑张上古拟音：lal **上古音韵地位**：以歌 1

中古音（反切）：以支平止开三（弋支）

藏文：skya-ba，过去时 bskyas，未来时 bskya **藏文义**：改变位置；移动

"移"字是汉语以母对应藏文 k 声类 sk 复声母。

27.7　原始汉藏语：*(s-)ke-t

汉字：裔（333a）

杨福绵拟音：*sgi̯ad/i̯äi(C) **汉字义**：后人，后代

郑张上古拟音：leds **上古音韵地位**：以祭 2

中古音（反切）：以祭去蟹开三（餘制）

藏文：skye-ba **藏文义**：出生，生

"裔"字是汉语以母对应藏文 k 声类 sk 复声母。

28.13　原始汉藏语：*(s-,ʔ-)ka·n~ *(s-,ʔ-)ka·t

汉字：设（290a）

杨福绵拟音：*s-gyi̯at/śi̯ät **汉字义**：建立；设立；放置

郑张上古拟音：hljed **上古音韵地位**：以月 2

中古音（反切）：书薛入山开三（識列）

藏文：'god-pa，过去时 bgod，未来时 dgod，命令式 k'od **藏文义**：设计，计划，建立

"设"字是汉语以母对应藏文 g 声类。

29.31　原始汉藏语：*(s-,ʔ-)kye·l

汉字：羶（148q）

杨福绵拟音：*s-gyi̯an/śi̯än(A) **汉字义**：羊的味道，腐臭味

郑张上古拟音：hljan **上古音韵地位**：以元 1

中古音（反切）：书仙平山开三（式连）

藏文：skyin **藏文义**：野山羊

"羶"字是汉语以母对应藏文 k 声类 sk 复声母。

31.2　原始汉藏语：未构拟

汉字：深（666c）

杨福绵拟音：*śjəm(A)*sthjəm<*s-dʻj̥əm **汉字义**：深

郑张上古拟音：hljum **上古音韵地位**：以侵3

中古音（反切）：书侵平深开三（式针）

藏文：stim-pa **藏文义**：进入，穿过，被吸收

"深"字是汉语以母对应藏文 t 声类 st 复声母。

31.3 原始汉藏语：未构拟

汉字：深（666c）

杨福绵拟音：*śjəm(C)<*s-dʻjəm **汉字义**：深度

郑张上古拟音：hljum **上古音韵地位**：以侵3

中古音（反切）：书侵平深开三（式针）

藏文：stim-pa **藏文义**：进入，穿过，被吸收

"深"字是汉语以母对应藏文 t 声类 st 复声母。

（六）胎母对应情况

2.1 原始汉藏语：*(s-)grâk~*(s-)krâk

汉字：恜（918j）

杨福绵拟音：*tʻjək<*s-kʻjək<*s-kʻrək **汉字义**：怕

郑张上古拟音：lhwɡ **上古音韵地位**：胎职

中古音（反切）：徹职入曾开三（恥力）

藏文：skrag-pa **藏文义**：害怕，被吓到

"恜"字是汉语胎母对应藏文 k 声类 sk 复声母。

5.2 原始汉藏语：*(s-)kjâŋ~*(s-)kjâk

汉字：畜（1018a）

杨福绵拟音：xjôk<*kʻjôk；*xjôg(C)<*kʻjôg；*tʻjôk（李方桂 *skhrjəkw<
*s-kʻjôk；*tʻjôg<*s-kʻjôg）**汉字义**：养育，抚养，保持，支持，贮藏

郑张上古拟音：lhuɡ **上古音韵地位**：胎觉1

中古音（反切）：徹屋入通合三（勑六）

藏文：skyoŋ-ba，过去时 bskyaŋs **藏文义**：守卫，保持，喂养，支持

"畜"字是汉语胎母对应藏文 k 声类 sk 复声母。

16.5　原始汉藏语：*(a-,s-)kâ·t

汉字：惕（313s）

杨福绵拟音：*kʻi̯ad/kʻi̯äi(C)*kʻi̯at/kʻi̯ät **汉字义：**休息

郑张上古拟音：lheeg **上古音韵地位：**胎錫

中古音（反切）：透錫入梗开四（他歷）

藏文：kʻad-pa **藏文义：**粘牢，抓住，停止，停，阻碍

"惕"字是汉语胎母对应藏文 k 声类。

31.1　原始汉藏语：

汉字：沈（565b）

杨福绵拟音：*dʻjəm(A) **汉字义：**沉入，沉没

郑张上古拟音：lhjɯm? **上古音韵地位：**胎侵 1

中古音（反切）：昌侵上深开三（昌枕）

藏文：tʻim-pa,ʼtim-pa,ɣtim-pa **藏文义：**消失，沉没

"沈"字是汉语胎母对应藏文 t 声类。

四　齿音的对应分析

在杨福绵汉藏语同源词表中，齿音声母对应词条共有 51 例。其中清母对应 9 例，從母对应 11 例，心母对应 21 例，來母对应 10 例。下面把这 51 例词条详细的对应规则列出如下。

（一）清母对应情况

7.14　原始汉藏语：*s-kyok

汉字：悄（1149s）

杨福绵拟音：*skʻi̯og/tsʻi̯äu(B) **汉字义：**焦急，悲伤

郑张上古拟音：shew? **上古音韵地位：**清宵

中古音（反切）：清宵上效开三（於兆）

藏文：skyo-ba **藏文义：**疲惫，坏脾气，悲伤，烦恼

"悄"字是汉语清母对应藏文 k 声类 sk 复声母。

9.6　原始汉藏语：*(s-,a-)gyuk~*(s-,r-)kyuk

汉字：趋（132c）

杨福绵拟音：*skʻi̯u/tṣʻi̯u(A) **汉字义：**赶快，跑去

郑张上古拟音：shlo **上古音韵地位：**清侯

中古音（反切）：清虞平遇合三（七逾）

藏文：'gyu-ba **藏文义：**快速行动

"趋"字是汉语清母对应藏文 g 声类。

13.12　原始汉藏语：*skyak

汉字：鹊（798n）

杨福绵拟音：*skʻi̯ak/tsʻi̯ak **汉字义：**鹊，喜鹊

郑张上古拟音：shag **上古音韵地位：**清铎

中古音（反切）：清药入宕开三（七雀）

藏文：skya-ka **藏文义：**鹊，喜鹊

"鹊"字是汉语清母对应藏文 k 声类 sk 复声母。

17.1　原始汉藏语：*(s-)bja

汉字：清（812u）

杨福绵拟音：*tsʻjěng(A)<*spʻjaŋ **汉字义：**清洁、纯洁、明亮

郑张上古拟音：shleŋ **上古音韵地位：**清耕

中古音（反切）：清清平梗开三（七情）

藏文：'byoŋ-ba **藏文义：**使清洁，纯洁

"清"字是汉语清母对应藏文 b 声类。

21.7　原始汉藏语：*(s-)ni·(-n)~*(s-)ni·(-t)

汉字：亲（382g）

杨福绵拟音：*tsʻjěn(A)<*tsʻ-njěn<*s-njěn **汉字义：**父母，亲戚；近，接近

郑张上古拟音：shin **上古音韵地位：**清真 2

中古音（反切）：清真平臻开三（七人）

藏文：ɣnjen **藏文义**：家属，亲戚

"亲"字是汉语清母对应藏文 n 声类。

23.2 原始汉藏语：*(s-)bu·n~*(s-)bu·t

汉字：焠（490g）

杨福绵拟音：*ts'wəd(C)<*s-p'wəd **汉字义**：烧

郑张上古拟音：shuuds **上古音韵地位**：清隊 2

中古音（反切）：清灰去蟹合一（七内）

藏文：sbud-pa **藏文义**：点燃，放火；（风）吼

"焠"字是汉语清母对应藏文 b 声类 sb 复声母。

25.12 原始汉藏语：*(s-)mjun~*(s-)mjur

汉字：逡（468j）

杨福绵拟音：*sjwən<*s-mjwən **汉字义**：快速

郑张上古拟音：shlun **上古音韵地位**：清文 2

中古音（反切）：清谆平臻合三（七倫）

藏文：smyur-ba **藏文义**：快速，急忙，催促

"逡"字是汉语清母对应藏文 m 声类，此藏文带有 s- 前缀音。

29.9 原始汉藏语：*(s-)kwâ·l

汉字：爨（177a）

杨福绵拟音：*ts'wân(C)<*sk'wân **汉字义**：加热，煮

郑张上古拟音：shoons **上古音韵地位**：清元 3

中古音（反切）：清桓去山合一（七亂）

藏文：skol-ba **藏文义**：煮

"爨"字是汉语清母对应藏文 k 声类 sk 复声母。

29.22 原始汉藏语：*skya~*skyan

汉字：迁（206c）

杨福绵拟音：*sk'ian/ts'iän(A) **汉字义**：拿走；移动；改变

郑张上古拟音：shen **上古音韵地位**：清元 2

中古音（反切）：清仙平山开三（七然）

藏文：skyas **藏文义**：换住处

"迁"字是汉语清母对应藏文 k 声类 sk 复声母。

（二）從母对应情况

1.9 原始汉藏语：*(s-)gə·k

汉字：字（964n）

杨福绵拟音：*sg'iəg/dz'i(C) **汉字义**：培育，养育；爱，爱抚；孕育

郑张上古拟音：zlɯ **上古音韵地位**：從之

中古音（反切）：從之去止开三（疾置）

藏文：sgag-pa **藏文义**：交配

"字"字是汉语從母对应藏文 g 声类，此藏文带有 s- 前缀音。

4.14 原始汉藏语：*(s-,a-)gyuk~*(s-,r-)kyuk

汉字：骤（131q）

杨福绵拟音：*sg'iôg/dẓ'iə̯u(C) **汉字义**：快跑（特指马），迅速，突然

郑张上古拟音：zrus **上古音韵地位**：從幽 1

中古音（反切）：崇尤去流开三（鉏祐）

藏文：rgyug-pa **藏文义**：跑，匆忙，飞奔

"骤"字是汉语從母对应藏文 g 声类。

14.15 原始汉藏语：*(s-)gâŋ~*(s-)kâŋ

汉字：藏（727g'）

杨福绵拟音：*dz'âng(A)<sg'âŋ **汉字义**：隐藏，储存

郑张上古拟音：zaaŋ **上古音韵地位**：從陽

中古音（反切）：從唐平宕合一（昨郎）

藏文：sgyoŋ-ba, 过去式 bsgyaŋs, 将来式 bsgyaŋ **藏文义**：藏，锁上

"藏"字是汉语從母对应藏文 g 声类，此藏文带有 s- 前缀音。

14.16　原始汉藏语：*(s-)gân~*(s-)kân

汉字：藏（727g′）

杨福绵拟音：*dz'âng(C)<*s-g'ân **汉字义**：宝藏

郑张上古拟音：zaaŋ **上古音韵地位**：從陽

中古音（反切）：從唐平宕合一（昨郎）

藏文：sgyoŋ-ba, 过去式 bsgyaŋs, 将来式 bsgyaŋ **藏文义**：藏，锁上

"藏"字是汉语從母对应藏文 g 声类，此藏文带有 s- 前缀音。

14.17　原始汉藏语：*(s-)gân~*(s-)kân

汉字：藏（727g′）

杨福绵拟音：*tsâng(A)<*s-kâŋ **汉字义**：被偷物品

郑张上古拟音：zaaŋ **上古音韵地位**：從陽

中古音（反切）：從唐平宕合一（昨郎）

藏文：sgyoŋ-ba, 过去式 bsgyaŋs, 将来式 bsgyaŋ **藏文义**：藏，锁上

"藏"字是汉语從母对应藏文 g 声类，此藏文带有 s- 前缀音。

14.28　原始汉藏语：*(s-,r-)gyaŋ

汉字：墙（727j）

杨福绵拟音：*sg'iaŋ/dz'iaŋ(A) **汉字义**：墙

郑张上古拟音：zaŋ **上古音韵地位**：從陽

中古音（反切）：從陽平宕开三（在良）

藏文：gyaŋ,gyeŋ **藏文义**：泥土建筑

藏文：gyaŋ-skor **藏文义**：泥筑的墙

藏文：gyaŋ-tse **藏文义**：台墙

"墙"字是汉语從母对应藏文 g 声类。

17.2　原始汉藏语：*(s-)bja

汉字：净（无）（KYSH 736）

杨福绵拟音：*dz'ĕng(C)<*sb'jaŋ **汉字义**：清洁，净化

郑张上古拟音：zeŋs **上古音韵地位**：從耕

中古音（反切）：從清去梗开三（疾政）

藏文：sbyoŋ-ba, 过去时 sbyaŋs, 将来时 sbyaŋ 藏文义：打扫，洁净

"净"字是汉语從母对应藏文 b 声类，此藏文带有 s- 前缀音。

23.4　原始汉藏语：未构拟

汉字：𩱏（490l）

杨福绵拟音：*dzʻjwəd(C)<*s-brjəd(?) 汉字义：筋疲力尽，疲劳

郑张上古拟音：zuds 上古音韵地位：從隊 2

中古音（反切）：從脂去止合三（秦醉）

藏文：sbrid-pa 藏文义：麻木，麻痹

"𩱏"字是汉语從母对应藏文 b 声类，此藏文带有 s- 前缀音。

23.5　原始汉藏语：未构拟

汉字：瘁（490k）

杨福绵拟音：*dzʻjwəd(C)<*s-bʻjwəd<*s-brjəd(?) 汉字义：痛苦，疲劳

郑张上古拟音：zuds 上古音韵地位：從隊 2

中古音（反切）：從脂去止合三（秦醉）

藏文：sbrid-pa 藏文义：麻木，麻痹

"瘁"字是汉语從母对应藏文 b 声类，此藏文带有 s- 前缀音。

29.6　原始汉藏语：*(s-)nu·(-n)~*(s-)nu·(-t)

汉字：吮（468g）

杨福绵拟音：*dʻjwən(C)<*s-njwən 汉字义：吮吸（嘴唇的动作）

郑张上古拟音：zlonʔ 上古音韵地位：從元 3

中古音（反切）：從仙上山合三（徂兖）

藏文：nud-pa 藏文义：喂奶

"吮"字是汉语從母对应藏文 n 声类。

33.1　原始汉藏语：未构拟

汉字：潜（660-l）

杨福绵拟音：*dzˑjɛm(A)<*sdˑjɛm **汉字义：**入水，沉没、泡

郑张上古拟音：zlom **上古音韵地位：**從談 3

中古音（反切）：從盐平咸开三（昨鹽）

藏文：stim-pa **藏文义：**进入，穿过，被吸收

"潜"字是汉语從母对应藏文 t 声类 st 复声母。

（三）心母对应情况

1.5　原始汉藏语：*(s-)kek

汉字：灾（940a）

杨福绵拟音：*skəg/tsâi(A) **汉字义：**灾难，毁灭，伤害，不幸

郑张上古拟音：ʔsɯɯ **上古音韵地位：**心之

中古音（反切）：精咍平蟹开一（祖才）

藏文：kag-ma,keg-ma **藏文义：**不幸，伤害

"灾"字是汉语心母对应藏文 k 声类。

1.6　原始汉藏语：*sgəˑk

汉字：俟（976m）

杨福绵拟音：*sgˑi̯əg/dzˑi(B) **汉字义：**等待

郑张上古拟音：sɢrɯʔ **上古音韵地位：**心之

中古音（反切）：崇之上止开三（牀史）

藏文：sgug-pa **藏文义：**等待，期待

"俟"字是汉语心母对应藏文 g 声类，此藏文带有 s- 前缀音。

1.10　原始汉藏语：*(s-)gəˑk

汉字：孳（966k）

杨福绵拟音：*sgˑi̯əg/dzˑi(C) **汉字义：**交配；繁殖

郑张上古拟音：ʔsɯs **上古音韵地位：**影之

中古音（反切）：精之平止开三（子之）

藏文：sgag-pa **藏文义：**交配

"孳"字是汉语心母对应藏文 g 声类，此藏文带有 s- 前缀音。

4.2 原始汉藏语：未构拟

汉字：潃（1077o）

杨福绵拟音：*sjôg(B)<*s-njôg **汉字义**：排尿

郑张上古拟音：sluwʔ **上古音韵地位**：心幽 2

中古音（反切）：心尤上流开三（息有）

藏文：tśʻu-bsnyogs **藏文义**：浑浊，脏水

"潃"字是汉语心母对应藏文 ts 声类。

4.3 原始汉藏语：未构拟

汉字：溲（1097d）

杨福绵拟音：*sjôg(A)<*s-ljôg<*s-njôg **汉字义**：排尿

郑张上古拟音：sru **上古音韵地位**：心幽 1

中古音（反切）：生尤平流开三（所鸠）

藏文：rnyog-pa **藏文义**：浑浊的，搅动

"溲"字是汉语心母对应藏文 n 声类。

5.5 原始汉藏语：*(s-)grâk; *s-grâk

汉字：缩（1029c）

杨福绵拟音：*sjôk（李方桂 *srjəkw）<*s-grjôk<*s-grôk **汉字义**：系

郑张上古拟音：srug **上古音韵地位**：心觉 1

中古音（反切）：生屋入通合三（所六）

藏文：grags-pa **藏文义**：系

"缩"字是汉语心母对应藏文 g 声类。

7.6 原始汉藏语：*(s-) grâg

汉字：譟（1134b）

杨福绵拟音：*sog(C)<*s-ɣrog<*s-grog **汉字义**：喊叫

郑张上古拟音：saaws **上古音韵地位**：心宵

中古音（反切）：心豪去效开一（蘇到）

藏文：sgrog-pa **藏文义**：哭，喊

"譟"字是汉语心母对应藏文 g 声类，此藏文带有 s- 前缀音。

7.15　原始汉藏语：*s-kyok

汉字：勦（1169b）

杨福绵拟音：*ski̯og/tsi̯äu(B) **汉字义：**使疲惫

郑张上古拟音：ʔslawʔ **上古音韵地位：**心宵

中古音（反切）：精宵上效开三（子小）

藏文：skyo-ba **藏文义：**疲惫，坏脾气，悲伤，烦恼

"勦"字是汉语心母对应藏文 k 声类 sk 复声母。

13.1　原始汉藏语：未构拟

汉字：昔（798a）

杨福绵拟音：*sjǎk<*s-ńjǎk **汉字义：**以前

郑张上古拟音：sjaag **上古音韵地位：**心鐸

中古音（反切）：心昔入梗开三（思積）

藏文：sŋa-go 或 sŋon **藏文义：**以前

"昔"字是汉语心母对应藏文 ŋ 声类，此藏文带有 s- 前缀音。

13.10　原始汉藏语：*(s-)grâk; *s-grâk

汉字：索（770a）

杨福绵拟音：*sâk(李方桂 *srak)<*s-grâk **汉字义：**缠绳子，绳子

郑张上古拟音：slaag **上古音韵地位：**心鐸

中古音（反切）：心鐸入宕开一（蘇各）

藏文：sgrogs **藏文义：**绳子，线

"索"字是汉语心母对应藏文 g 声类，此藏文带有 s- 前缀音。

14.14　原始汉藏语：*(s-)gâŋ~*(s-)kâŋ

汉字：葬（702a）

杨福绵拟音：*tsâng(C)<*s-kâŋ **汉字义：**埋葬

郑张上古拟音：ʔsaaŋs **上古音韵地位：**心陽

中古音（反切）：精唐去宕合一（則浪）

藏文：sgyoŋ-ba, 过去式 bsgyaŋs，将来式 bsgyaŋ **藏文义**：藏，锁上
"葬"字是汉语心母对应藏文 g 声类，此藏文带有 s- 前缀音。

15.2 原始汉藏语：*(s-)pja(-r)~*(s-)bja(-r)

汉字：訾（358j）

杨福绵拟音：*tsjǎr(B)<*s-pjǎr **汉字义**：责备，诽谤

郑张上古拟音：ʔse **上古音韵地位**：心支

中古音（反切）：精支平止开三（即移）

藏文：spyar-ba **藏文义**：责备

"訾"字是汉语心母对应藏文 p 声类，此藏文带有 s- 前缀音。

15.8 原始汉藏语：*(s-)kyek

汉字：嘶（869e）

杨福绵拟音：*s-gieg/siei(A) **汉字义**：尖叫

郑张上古拟音：see **上古音韵地位**：心支

中古音（反切）：心齐平蟹开四（先稽）

藏文：kye **藏文义**：噢，喂

"嘶"字是汉语心母对应藏文 k 声类。

17.8 原始汉藏语：*(s-)kyeŋ~*(s-)gyeŋ

汉字：骍（821c）

杨福绵拟音：*sjěng(A)<*s-gjěŋ **汉字义**：红马，红

郑张上古拟音：seŋ **上古音韵地位**：心耕

中古音（反切）：心清平梗开三（息營）

藏文：ʔəkʻjeŋ **藏文义**：红

"骍"字是汉语心母对应藏文 ʔ 声类。

21.1 原始汉藏语：未构拟

汉字：进（379a）

杨福绵拟音：*tsjěn(C)<*spjen **汉字义**：献、进

郑张上古拟音：ʔslins **上古音韵地位**：心真 1

中古音（反切）：精真去臻开三（即刃）

藏文：sbyin-pa, 过去式和祈使式 byin **藏文义**：给，赠，赐予

"进"字是汉语心母对应藏文 b 声类，此藏文带有 s- 前缀音。

21.4　原始汉藏语：*(s-)mjun~*(s-)mjur

汉字：迅（383b）

杨福绵拟音：*sjěn(C)~*sjwěn(C)<*s-mjwěn **汉字义**：快速，突然

郑张上古拟音：sins **上古音韵地位**：心真 1

中古音（反切）：心真去臻开三（息晋）

藏文：smyo-ba 或 myo-ba **藏文义**：胡涂，疯狂

"迅"字是汉语心母对应藏文 m 声类，此藏文或带有 s- 前缀音。

25.4　原始汉藏语：*(s-)bu·n~*(s-)bu·t

汉字：焌（468n）

杨福绵拟音：*tsjwən,*tswən(C)<*s-pjwən,*s-pwən **汉字义**：烧，点火

郑张上古拟音：ʔsluuns **上古音韵地位**：心文 2

中古音（反切）：精魂去臻合一（子寸）

藏文：bud-pa=sbud-pa **藏文义**：放火

"焌"字是汉语心母对应藏文 b 声类，此藏文或带有 s- 前缀音。

25.15　原始汉藏语：未构拟

汉字：遵（430j）

杨福绵拟音：*tsjwən(A)<*s-tjwən **汉字义**：跟从，沿着

郑张上古拟音：ʔsun **上古音韵地位**：心文 2

中古音（反切）：精谆平臻合三（将倫）

藏文：stun-pa **藏文义**：同意

"遵"字是汉语心母对应藏文 t 声类 st 复声母。

29.30　原始汉藏语：*(s-)kyen

汉字：霰（156d）

杨福绵拟音：*s-gian/sien(C) **汉字义**：雨夹雪

郑张上古拟音：sqheens **上古音韵地位**：心元 2

中古音（反切）：心先去山开四（蘇佃）

藏文：skyin-t'aŋ **藏文义**：雹子，雨夹雪

"霰"字是汉语心母对应藏文 k 声类 sk 复声母。

31.4　原始汉藏语：未构拟

汉字：浸（661g）

杨福绵拟音：*tsjəm(C)<*s-tjəm **汉字义**：浸泡

郑张上古拟音：ʔsims **上古音韵地位**：心侵 2

中古音（反切）：精侵去深开三（子鴆）

藏文：stim-pa **藏文义**：进入，穿过，被吸收

"浸"字是汉语心母对应藏文 st 复声母。

33.2　原始汉藏语：*(s-, a-)ke·m

汉字：殲（620f）

杨福绵拟音：*skịam/tsịäm(A) **汉字义**：毁灭

郑张上古拟音：ʔsem **上古音韵地位**：心谈 2

中古音（反切）：精盐平咸开三（子廉）

藏文：'gem-pa **藏文义**：杀，毁灭

"殲"字是汉语心母对应藏文 g 声类。

（四）來母对应情况

4.8　原始汉藏语：*(s-) grâg

汉字：嘐（1069q）

杨福绵拟音：*xlộg(A)<*xrộg<*grôg **汉字义**：夸张的

郑张上古拟音：g·ruuw **上古音韵地位**：來幽 1

中古音（反切）：來豪平效开一（郎刀）

藏文：'k'rog-pa **藏文义**：咆哮

"嘐"字是汉语来母对应藏文 k 声类。

7.1　原始汉藏语：*(s-)grâk; *s-grâk

汉字：缭（1151g）

杨福绵拟音：*ljog(B)，*liog(B) **汉字义**：系上，包起

郑张上古拟音：rew? **上古音韵地位**：來宵

中古音（反切）：來宵上效开三（力小）

藏文：grags-pa **藏文义**：系

"缭"字是汉语來母对应藏文 g 声类。

7.2　原始汉藏语：未构拟

汉字：僚（1151h）

杨福绵拟音：*liog(A&B) **汉字义**：同事，同志

郑张上古拟音：rew? **上古音韵地位**：來宵

中古音（反切）：來宵上效开三（力小）

藏文：rogs **藏文义**：朋友，伙伴

"僚"字是汉语來母对应藏文 r 声类。

12.5　原始汉藏语：未构拟

汉字：侣（76b）

杨福绵拟音：*gljo(B)（周法高 *liaɣ）<*g-ljog **汉字义**：同志

郑张上古拟音：ra? **上古音韵地位**：來魚

中古音（反切）：來魚上遇合三（力舉）

藏文：'grogs-pa **藏文义**：联合

"侣"字是汉语來母对应藏文 g 声类。

13.11　原始汉藏语：*(s-)grâk; *s-grâk

汉字：络（766o）

杨福绵拟音：*glâk **汉字义**：线绳，马笼头

郑张上古拟音：g·raag **上古音韵地位**：來鐸

中古音（反切）：來鐸入宕开一（盧各）

藏文：sgrogs **藏文义**：绳子，线

"络"字是汉语来母对应藏文 g 声类，此藏文带有 s- 前缀音。

21.6　原始汉藏语：*(s-)ni·(-n)~*(s-)ni·(-t)

汉字：邻（387i）

杨福绵拟音：*ljěn(A)<*ʔljěn<*hnjěn<*s-njěn **汉字义：**邻居，助手

郑张上古拟音：rin **上古音韵地位：**來真 1

中古音（反切）：來真平臻开三（力珍）

藏文：ɣnjen **藏文义：**家属，亲戚

"邻"字是汉语来母对应藏文 n 声类。

22.3　原始汉藏语：*(s-)grj(w)ǎl

汉字：累（577r）

杨福绵拟音：*ljwər(A) 许思莱（1974b）*rywəl **汉字义：**蜿蜒，弯曲

郑张上古拟音：ruuls **上古音韵地位：**來微 2

中古音（反切）：來灰去蟹合一（盧對）

藏文：gril **藏文义：**圆圈

"累"字是汉语来母对应藏文 r 声类。

25.21　原始汉藏语：*(s-)grj(w)ǎl

汉字：轮（203f）

杨福绵拟音：*ljwən(A) **汉字义：**车轮

郑张上古拟音：run **上古音韵地位：**來文 2

中古音（反切）：來谆平臻合三（力迍）

藏文：ril<*rjǎl(?) **藏文义：**圆

"轮"字是汉语来母对应藏文 r 声类。

31.8　原始汉藏语：*(s-)k'əm

汉字：婪（655 i）

杨福绵拟音：*gləm(A)<*l-g'əm(?) **汉字义：**贪婪

郑张上古拟音：g·ruum **上古音韵地位：**來侵 3

中古音（反切）：來覃平咸开一（盧含）

藏文：k'am **藏文义**：欲望

"婪"字是汉语來母对应藏文 k 声类。

31.9 原始汉藏语：*(s-)k'əm

汉字：惏（655 j）

杨福绵拟音：*gləm(A)<*l-g'əm(?) **汉字义**：贪婪，垂涎

郑张上古拟音：g·ruum **上古音韵地位**：來侵 3

中古音（反切）：來覃平咸开一（盧含）

藏文：rkam-pa **藏文义**：希望，渴望

"惏"字是汉语來母对应藏文 k 声类。

五　喉音的对应分析

在杨福绵汉藏语同源词谱中，喉音声母对应藏文词条共有 63 例。其中影母对应 26 例，晓母对应 28 例，匣 / 云母对应 9 例。现将这 63 例词条详细的对应规则分列如下。

这里需要先说明一下郑张尚芳先生与斯塔罗斯金对上古喉音构拟的异同，我们以列表方式呈现，以备下文更好地解释问题。

表 3-3　郑张尚芳与斯塔罗斯金上古喉音构拟异同比较

学者	影	晓	云匣	
郑张尚芳	q>ʔ	qh>h	ɢ>ɦ	
斯塔罗斯金	ʔ	h	w	wh
	ʔʷ	hʷ		

（一）影母对应情况

3.1　原始汉藏语：*s-kyəŋ~*s-kyək

汉字：鹰（890c）

杨福绵拟音：*sgi̯aŋ/i̯aŋ(A) **汉字义**：鹰，猎鹰

郑张上古拟音：quɯŋ **上古音韵地位**：影蒸

中古音（反切）：影蒸平曾开三（於陵）

藏文：skyiŋ-ser **藏文义**：鹰，猎鹰

"鹰"字是汉语影母对应藏文 k 声类 sk 复声母。

5.5　原始汉藏语：*(s-)grâk; *s-grâk

汉字：缩（1029c）

杨福绵拟音：*sjôk（李方桂 *srjəkw）<*s-grjôk<*s-grôk **汉字义**：系

郑张上古拟音：srug **上古音韵地位**：心觉 1

中古音（反切）：生屋入通合三（所六）

藏文：grags-pa **藏文义**：系

"缩"字是汉语影母对应藏文 g 声类。

7.11　原始汉藏语：*(s-)kyok

汉字：夭（1141a）

杨福绵拟音：*s-ki̯og/ʔi̯äu(A) **汉字义**：弯曲

郑张上古拟音：qrow **上古音韵地位**：影宵

中古音（反切）：影宵平效开重三（於乔）

藏文：gyog-pa **藏文义**：弯、弯曲

"夭"字是汉语影母对应藏文 g 声类。

7.13　原始汉藏语：*s-kyok

汉字：殀（1141f）

杨福绵拟音：*s-ki̯og/ʔi̯äu **汉字义**：夭折；杀死动物幼崽

郑张上古拟音：qrowʔ **上古音韵地位**：影宵

中古音（反切）：影宵上效开重三（於兆）

藏文：skyag-pa，过去时 bskyags，未来时 skyog **藏文义**：花费，布置，扩张；屠杀，谋杀（西部藏语）

"殀"字是汉语影母对应藏文 k 声类 sk 复声母。

8.7 原始汉藏语：*(s-)kâk

汉字：鋈（1141-l）

杨福绵拟音：*s-kok/ʔuok **汉字义**：银

郑张上古拟音：qoowɢ **上古音韵地位**：影藥

中古音（反切）：影沃入通合一（烏酷）

藏文：gag **藏文义**：小块的银，锭

"鋈"字是汉语影母对应藏文 g 声类。

9.4 原始汉藏语：*(s-)gjôk~*(s-)kjôk

汉字：伛（122n）

杨福绵拟音：*·ju(B)（董同龢 jug）<*s-ʔjug<*s-gjug **汉字义**：俯身，驼背

郑张上古拟音：qoʔ **上古音韵地位**：影侯

中古音（反切）：曉侯去流开一（於武）

藏文：gyog-pa **藏文义**：弯曲，弧形

"伛"字是汉语影母对应藏文 g 声类。

11.3 原始汉藏语：*s-ku·ŋ

汉字：拥（1184k）

杨福绵拟音：*s-ki̯uŋ/ʔi̯woŋ(B) **汉字义**：拥抱，抓住；覆盖

郑张上古拟音：qoŋ **上古音韵地位**：影魚

中古音（反切）：影鍾平通合三（於容）

藏文：skuŋ-ba **藏文义**：藏在地下，埋葬

"拥"字是汉语影母对应藏文 sk 复声母。

11.4 原始汉藏语：*s-ku·ŋ

汉字：雝（1184c）

杨福绵拟音：*s-ki̯uŋ/ʔi̯woŋ(B,C) **汉字义**：借词"覆盖"

郑张上古拟音：qoŋ **上古音韵地位**：影東

中古音（反切）：影鍾平通合三（於容）

藏文：skyuŋ-ba 藏文义：留在后面，放在一边

"雏"字是汉语影母对应藏文 sk 复声母。

12.9 原始汉藏语：*(s-,a-)ko

汉字：污（97b）

杨福绵拟音：*s-kuo/ʔuo(A) **汉字义：**脏的，凌乱的

郑张上古拟音：qʷaa **上古音韵地位：**影鱼

中古音（反切）：影模平遇合一（哀都）

藏文：'go-ba 藏文义：变污，变脏

"污"字是汉语影母对应藏文 g 声类。

12.10 原始汉藏语：*(s-,a-)ko

汉字：污（97b）

杨福绵拟音：*s-kwǎ/ʔwa(A) **汉字义：**脏，恶劣的

郑张上古拟音：qʷaa **上古音韵地位：**影鱼

中古音（反切）：影模平遇合一（哀都）

藏文：bsgo-bo 藏文义：弄脏，变污

"污"字是汉语影母对应藏文 g 声类。

12.11 原始汉藏语：*(s-,a-)ko

汉字：洿（43k）

杨福绵拟音：*s-kwo/ʔuo(A) **汉字义：**污浊不动的水；脏

郑张上古拟音：qʷaa **上古音韵地位：**影鱼

中古音（反切）：影模平遇合一（哀都）

藏文：bsgo-bo 藏文义：弄脏，变污

"洿"字是汉语影母对应藏文 g 声类。

12.12 原始汉藏语：*(s-)ku·~*(s-)gu·(r)

汉字：迂（97p）

杨福绵拟音：*giwo/jiu(A)，*s-ḳiwo/ʔi̯u(A) **汉字义：**弯曲，偏斜

郑张上古拟音：qʷa **上古音韵地位：**影鱼

中古音（反切）：影虞平遇合三（憶俱）

藏文：sgur，dgur，rgur **藏文义**：弯曲

"迂"字是汉语影母对应藏文 g 声类，此藏文或带有 s- 前缀音。

12.16　原始汉藏语：šit<*sgit

汉字：圬（82dʹ）

杨福绵拟音：*s-kwo/ʔuo(A) **汉字义**：涂抹

郑张上古拟音：qʷaa **上古音韵地位**：影鱼

中古音（反切）：影模平遇合一（哀都）

藏文：skud-pa，过去时 bskus，未来时 bsku，命令式 skus **藏文义**：涂抹，擦脏，乱画

"圬"字是汉语影母对应藏文 k 声类 sk 复声母。

12.17　原始汉藏语：šit<*sgit

汉字：杇（-aʹ）

杨福绵拟音：*s-kwo/ʔuo(A) **汉字义**：涂抹

郑张上古拟音：qʷaa **上古音韵地位**：影鱼

中古音（反切）：影模平遇合一（哀都）

藏文：skud-pa，过去时 bskus，未来时 bsku，命令式 skus **藏文义**：涂抹，擦脏，乱画

"杇"字是汉语影母对应藏文 k 声类 sk 复声母。

14.36　原始汉藏语：*(s-)kôŋ~*(s-)kôk

汉字：央（718a）

杨福绵拟音：*s-kịaŋ/ʔịaŋ(A) **汉字义**：中心，中间

郑张上古拟音：qaŋ **上古音韵地位**：影阳

中古音（反切）：影阳平宕开三（於良）

藏文：kʻoŋ-pa **藏文义**：里面，内部

"央"字是汉语影母对应藏文 k 声类。

16.3 原始汉藏语：*(s-)kek

汉字：亿（844a）

杨福绵拟音：*s-kěk/ʔɛk **汉字义：**困难，灾难

郑张上古拟音：qreeg **上古音韵地位：**影锡

中古音（反切）：影麦入梗开三（於革）

藏文：skyeg **藏文义：**不幸

"亿"字是汉语影母对应藏文 k 声类 sk 复声母。

16.4 原始汉藏语：*(s-)kek

汉字：阸（844h）

杨福绵拟音：*s-kěg/ʔɛk,*s-kěg/ʔai(C) **汉字义：**困难

郑张上古拟音：qreeg **上古音韵地位：**影锡

中古音（反切）：影麦入梗开三（於革）

藏文：skyeg **藏文义：**不幸

"阸"字是汉语影母对应藏文 sk 复声母。

18.2 原始汉藏语：*(s-)kə·n~*(s-)kyə·n~*(s-)kyə·r

汉字：翳（589f）

杨福绵拟音：*s-kiər/ʔiei(A,C) **汉字义：**幕，阴影，覆盖

郑张上古拟音：qii **上古音韵地位：**影脂2

中古音（反切）：影齐平蟹开四（乌奚）

藏文：gos **藏文义：**外衣，长袍

"翳"字是汉语影母对应藏文 g 声类。

21.8 原始汉藏语：*（s-,r-）kyen

汉字：因（370a）

杨福绵拟音：*s-ki̯ěn/ʔi̯ěn(A) **汉字义：**原因，事件

郑张上古拟音：qin **上古音韵地位：**影真1

中古音（反切）：影真平臻开重四（於真）

藏文：rkyen **藏文义：**原因，事件

"因"字是汉语影母对应藏文 k 声类。

21.9　*原始汉藏语：* ***(s-)kil**

汉字：陻（483c）

杨福绵拟音：*s-ki̯ɛn/ʔi̯ěn(A) **汉字义**：控制，阻止，阻挠

郑张上古拟音：qin **上古音韵地位**：影真 1

中古音（反切）：影真平臻开重四（於真）

藏文：skyil-ba **藏文义**：关起来，限制

"陻"字是汉语影母对应藏文 k 声类 sk 复声母。

22.4　*原始汉藏语：* ***(s-)kə·n~*(s-)kyə·n~*(s-)kyə·r**

汉字：衣（550a）

杨福绵拟音：*s-ki̯ər/ʔjei(A) **汉字义**：长袍，衣服，借词"依靠"

郑张上古拟音：qɯl **上古音韵地位**：影微 1

中古音（反切）：影微平止开三（於希）

藏文：skon-pa **藏文义**：穿，给别人穿

"衣"字是汉语影母对应藏文 k 声类 sk 复声母。

25.25　*原始汉藏语：* ***(s-)kə·n~*(s-)kyə·n~*(s-)kyə·r**

汉字：隐（449a）

杨福绵拟音：*s-ki̯ən/ʔi̯ən(B) **汉字义**：隐藏

郑张上古拟音：qun? **上古音韵地位**：影文 1

中古音（反切）：影欣上臻开三（於謹）

藏文：gon-pa **藏文义**：穿，穿上；外衣，衣服

"隐"字是汉语影母对应藏文 g 声类。

25.26　*原始汉藏语：* ***(s-)kə·n~*(s-)kyə·n~*(s-)kyə·r**

汉字：緼（426f）

杨福绵拟音：*s-ki̯wən/ʔi̯uən(B,C) **汉字义**：借词"藏"

郑张上古拟音：quun **上古音韵地位**：影文 2

中古音（反切）：影魂平臻合一（烏渾）

藏文：gyon-pa **藏文义**：穿上，穿

"縕"字是汉语影母对应藏文 g 声类。

27.3 *原始汉藏语*：*(s-)k(w)at~*(s-)g(w)at

汉字：喝（313k）

杨福绵拟音：*s-k'ât/xât **汉字义**：叫喊

郑张上古拟音：qraads **上古音韵地位**：影祭 1

中古音（反切）：影夬去蟹开二（於犗）

藏文：skad-pa **藏文义**：说，告诉，讲述，叫

"喝"字是汉语影母对应藏文 k 声类 sk 复声母。

28.11 *原始汉藏语*：*(a-,s-)kâ·t

汉字：遏（31s-l）

杨福绵拟音：*s-kât/ʔât **汉字义**：停止，抑制，终止

郑张上古拟音：qaad **上古音韵地位**：影月 1

中古音（反切）：影曷入山开一（乌葛）

藏文：'k'od-pa **藏文义**：坐下，坐

"遏"字是汉语影母对应藏文 k 声类。

29.33 *原始汉藏语*：*(a-,s-)kâ·t

汉字：閼（270a）

杨福绵拟音：*s-kât/ʔât **汉字义**：阻止，阻碍

郑张上古拟音：qran **上古音韵地位**：影元 1

中古音（反切）：影仙平山开重三（於乾）

藏文：'k'ad-pa **藏文义**：坐，稳坐；一直坐着；粘牢；被停止

"閼"字是汉语影母对应藏文 k 声类。

（二）晓母对应情况

1.7 *原始汉藏语*：*(s-)kyek

汉字：嘻（955e）

杨福绵拟音：*s-k'jəg/xji(A) **汉字义**：噢（因为高兴或害怕而尖叫）

郑张上古拟音：qhɯɯ **上古音韵地位**：晓之

中古音（反切）：晓之平止开三（許其）

藏文：kye-ma **藏文义**：噢，哎呀

"嘻"字是汉语晓母对应藏文 k 声类。

3.4　原始汉藏语：*(s-,ʔ-)kyəŋ~*(s-,ʔ-)kyək

汉字：扔（897e）

杨福绵拟音：*sgyiən/śiən(A)，*sgyiən/tśiən(B) **汉字义**：举起，救

郑张上古拟音：hljɯŋ **上古音韵地位**：晓蒸

中古音（反切）：书蒸平曾开三（譀蒸）

藏文：'k'yog-pa，过去时 k'yag，命令式 k'yog **藏文义**：举，举起，带来

"扔"字是汉语晓母对应藏文 k 声类。

4.6　原始汉藏语：*(s-) grâg

汉字：哮（1168d）

杨福绵拟音：*xog(A&C)<*xrog<*g'rog **汉字义**：咆哮

郑张上古拟音：qhruus **上古音韵地位**：晓幽 1

中古音（反切）：晓肴去效开二（呼教）

藏文：'k'rog-pa **藏文义**：咆哮

"哮"字是汉语晓母对应藏文 k 声类。

4.7　原始汉藏语：*(s-) grâg

汉字：咻（1070g）

杨福绵拟音：*xjôg(A)<*xrjôg<*grôg **汉字义**：大声疾呼

郑张上古拟音：qhu **上古音韵地位**：晓幽 1

中古音（反切）：晓尤平流开三（許尤）

藏文：sgrog-pa **藏文义**：哭，喊

"咻"字是汉语晓母对应藏文 g 声类，此藏文带有 s- 前缀音。

4.17 *原始汉藏语：* ***(s-)kyok**

汉字：首（1102a）

杨福绵拟音： *sgyi̯ôg/śi̯ə̭u(B) **汉字义：**头；最重要的

郑张上古拟音：hlju? **上古音韵地位：**晓幽 1

中古音（反切）：書尤上流开三（書九）

藏文：skyogs-pa mgrin-pa **藏文义：**转动脖子，环顾

"首"字是汉语晓母对应藏文 k 声类 sk 复声母。

7.4 *原始汉藏语：* ***(s-) grâg**

汉字：嗃（1129x）

杨福绵拟音： *g'og(C)<*g'rog **汉字义：**喊叫

郑张上古拟音：qhraaw **上古音韵地位：**晓宵

中古音（反切）：晓看平效开二（許交）

藏文：'k'rog-pa **藏文义：**咆哮

"嗃"字是汉语晓母对应藏文 k 声类。

7.5 *原始汉藏语：* ***(s-) grâg**

汉字：嚆（1129b）

杨福绵拟音： *xǒg(A)<*xrǒg<*g'rǒg **汉字义：**发声

郑张上古拟音：qhraaw **上古音韵地位：**晓宵

中古音（反切）：晓看平效开二（虚交）

藏文：sgrog-pa **藏文义：**哭，喊

"嚆"字是汉语晓母对应藏文 g 声类，此藏文带有 s- 前缀音。

7.12 *原始汉藏语：* ***(s-)kyen~*(s-)kyet**

汉字：妍（无）（KYSH 300）

杨福绵拟音： xiät<*s-k'iat **汉字义：**高兴

郑张上古拟音：hleews **上古音韵地位：**晓宵

中古音（反切）：晓萧去效开四（火弔）

藏文：skyid-pa **藏文义：**使高兴，高兴，高兴的

"荍"字是汉语晓母对应藏文 k 声类 sk 复声母。

13.2　原始汉藏语：*(s-)grâk~*(s-)krâk

汉字：赫（779a）

杨福绵拟音：*xăk<*k'răk **汉字义**：红，火红；冲动，害怕

郑张上古拟音：qhraag **上古音韵地位**：晓鐸

中古音（反切）：晓陌入梗开三（呼格）

藏文：k'rag **藏文义**：血

"赫"字是汉语晓母对应藏文 k 声类。

13.3　原始汉藏语：*(s-)grâk~*(s-)krâk

汉字：奭（913a）

杨福绵拟音：*xjәk<*s-k'jәk<*s-k'rәk **汉字义**：红

郑张上古拟音：hjag **上古音韵地位**：晓鐸

中古音（反切）：书昔入梗开三（施隻）

藏文：k'rag-t'uŋ **藏文义**：一类可怕的神

"奭"字是汉语晓母对应藏文 k 声类。

13.4　原始汉藏语：*(s-)grâk~*(s-)krâk

汉字：奭（913a）

杨福绵拟音：śjäk<*ś-gjak<*s-grak **汉字义**：红

郑张上古拟音：hjag **上古音韵地位**：晓鐸

中古音（反切）：书昔入梗开三（施隻）

藏文：skrag-pa **藏文义**：害怕，被吓到

"奭"字是汉语晓母对应藏文 k 声类 sk 复声母。

13.6　原始汉藏语：*(s-)grâk~*(s-)krâk

汉字：嚇（779b）

杨福绵拟音：*xăk<*k'răk; *xăg(C)<*k'rag **汉字义**：怕

郑张上古拟音：qhraag **上古音韵地位**：晓鐸

中古音（反切）：晓陌入梗开二（呼格）

藏文：skrag-pa 藏文义：害怕，被吓到

"嚇"字是汉语晓母对应藏文 k 声类 sk 复声母。

14.5 原始汉藏语：未构拟

汉字：曏（714e）

杨福绵拟音：*xjang(B),*?>śjang(B)<*ś-njaŋ 汉字义：不久前，最近

郑张上古拟音：qhjaŋ? 上古音韵地位：晓陽

中古音（反切）：书陽上宕开三（书兩）

藏文：ɣna-sŋon 藏文义：在古代，以前

"曏"字是汉语晓母对应藏文 n 声类。

14.6 原始汉藏语：未构拟

汉字：向（715a）

杨福绵拟音：*xjang(C)<*xńjaŋ<*s-njaŋ 汉字义：以前

郑张上古拟音：qhaŋ? 上古音韵地位：晓陽

中古音（反切）：晓陽上宕开三（許兩）

藏文：sŋa-ba 藏文义：古老的

"向"字是汉语晓母对应藏文 ŋ 声类，此藏文带有 s- 前缀音。

14.11 原始汉藏语：未构拟

汉字：餉（715b）

杨福绵拟音：*?>śnjang<*s-njaŋ 汉字义：给田里干活的人带食物

郑张上古拟音：hljaŋs 上古音韵地位：晓陽

中古音（反切）：书陽去宕开三（式亮）

藏文：ɣnaŋ-ba 藏文义：给，让，容许

"餉"字是汉语晓母对应藏文 n 声类。

14.21 原始汉藏语：*(s-)kâŋ

汉字：享（716a）

杨福绵拟音：*xjang(B)<*s-kʻjaŋ 汉字义：宴会；享受

郑张上古拟音：qhaŋ? 上古音韵地位：晓陽

中古音（反切）：曉陽上宕开三（許兩）

藏文：skaŋ-ba, skoŋ-ba **藏文义**：满意；用来赎罪的祭祀

"享"字是汉语曉母对应藏文 k 声类 sk 复声母。

14.22　原始汉藏语：*(s-)kâŋ

汉字：飨（无）

杨福绵拟音：*xjang(B)<*s-k'jaŋ **汉字义**：享受宴会，为宴会或祭祀带来食物

郑张上古拟音：qhaŋʔ **上古音韵地位**：曉陽

中古音（反切）：曉陽上宕开三（許兩）

藏文：skaŋ-ba, skoŋ-ba **藏文义**：满意；用来赎罪的祭祀

"飨"字是汉语曉母对应藏文 k 声类 sk 复声母。

14.32　原始汉藏语：*(s-)kâŋ

汉字：饗（714j）

杨福绵拟音：*s-k'i̯aŋ/xi̯aŋ(B) **汉字义**：宴会，赴宴

郑张上古拟音：qhaŋʔ **上古音韵地位**：曉陽

中古音（反切）：曉陽上宕开三（許兩）

藏文：skaŋ-ba，skoŋ-ba **藏文义**：满足；用于赎罪的祭品

"饗"字是汉语曉母对应藏文 k 声类 sk 复声母。

16.1　原始汉藏语：*(s-)grâk~*(s-)krâk

汉字：虩（787d）

杨福绵拟音：*xjăk<*s-k'răk **汉字义**：害怕

郑张上古拟音：sqhraag **上古音韵地位**：曉錫

中古音（反切）：生麦入梗开二（山責）

藏文：skrag-pa **藏文义**：害怕，被吓到

"虩"字是汉语曉母对应藏文 k 声类 sk 复声母。

16.2　原始汉藏语：*(s-)grâk~*(s-)krâk

汉字：愬（769b）

杨福绵拟音：sεk<*s-grĕk **汉字义：**害怕

郑张上古拟音：sqhraag **上古音韵地位：**曉錫

中古音（反切）：生麦入梗开二（山責）

藏文：skrag-pa **藏文义：**害怕，被吓到

"愬"字是汉语曉母对应藏文 k 声类 sk 复声母。

25.20　原始汉藏语：*(s-)kwəl

汉字：训（422d）

杨福绵拟音：*xjwən(C),*s-kʻjwən **汉字义：**指导，解释，遵守，跟从

郑张上古拟音：qhuns **上古音韵地位：**曉文 2

中古音（反切）：曉文去臻合三（許運）

藏文：skul-ba **藏文义：**劝说，强加

"训"字是汉语曉母对应藏文 k 声类 sk 复声母。

26.1　原始汉藏语：*s-bwar

汉字：火（353a）

杨福绵拟音：*xwâr(B)<*s-bwâr **汉字义：**火

郑张上古拟音：qhʷaalʔ **上古音韵地位：**曉歌 1

中古音（反切）：曉戈上果合一（呼果）

藏文：sbor-ba，过去时和将来时 sbar **藏文义：**烧，点燃

"火"字是汉语曉母对应藏文 b 声类，此藏文带有 s- 前缀音。

26.7　原始汉藏语：s-mraŋ~*s-mrak

汉字：撝（27e）

杨福绵拟音：*xwia(A)<*s-mria(?) **汉字义：**标记，表明

郑张上古拟音：qhʷral **上古音韵地位：**曉歌 1

中古音（反切）：曉支平止合重三（許為）

藏文：smraŋ, smreŋ **藏文义：**话，讲

"撝"字是汉语曉母对应藏文 m 声类，此藏文带有 s- 前缀音。

28.12 **原始汉藏语**：*(a-,s-)kâ·t

汉字：歇（313u）

杨福绵拟音：*s-k'i̯ăt/xi̯ɒt **汉字义**：终止，休息

郑张上古拟音：qhad **上古音韵地位**：晓月 1

中古音（反切）：晓月入山开三（許竭）

藏文：k'ad-pa **藏文义**：粘牢，抓住，停止，停，阻碍

"歇"字是汉语晓母对应藏文 k 声类。

29.23 **原始汉藏语**：*(s-,r-)kwa·l

汉字：諠（164a）

杨福绵拟音：*s-k'i̯wǎn/xi̯wɒn(A) **汉字义**：喧闹

郑张上古拟音：qhʷan **上古音韵地位**：晓元 1

中古音（反切）：晓元平山开三（況袁）

藏文：rgol-ba **藏文义**：争吵，对抗

"諠"字是汉语晓母对应藏文 g 声类。

29.24 **原始汉藏语**：*(s-,r-)kwa·l

汉字：讙（158n）

杨福绵拟音：*s-k'wân/xwân(A)，*s-k'i̯wân/xi̯wɒn(A) **汉字义**：喊叫

郑张上古拟音：qhon **上古音韵地位**：晓元 3

中古音（反切）：晓元平山开三（況袁）

藏文：rgol-ba **藏文义**：争吵，对抗

"讙"字是汉语晓母对应藏文 g 声类。

29.27 **原始汉藏语**：*s-kya·l

汉字：献（252e）

杨福绵拟音：*s-k'i̯ǎn/xi̯ɒn(C) **汉字义**：给予，送给

郑张上古拟音：hŋans **上古音韵地位**：晓元 1

中古音（反切）：晓元去山开三（許建）

藏文：skyel-ba，未来时和过去时 bskyel，命令式 skyol **藏文义**：送、

带、给（某人食物），送去

"献"字是汉语晓母对应藏文 k 声类 sk 复声母。

31.7　原始汉藏语：未构拟

汉字：审（665a）

杨福绵拟音：*śjəm(B)<*s-ńjəm **汉字义**：检验，审查

郑张上古拟音：hljɯmʔ **上古音韵地位**：晓侵 1

中古音（反切）：書侵上深开三（式荏）

藏文：snyam-pa **藏文义**：想，想法

"审"字是汉语晓母对应藏文 n 声类，此藏文带有 s- 前缀音。

（三）匣/云母对应情况

1.2　原始汉藏语：*(s-)grâk~*(s-)krâk

汉字：骇（937s）

杨福绵拟音：*gʻɛg(C)<*gʻrĕg **汉字义**：惊慌，害怕

郑张上古拟音：grɯɯʔ **上古音韵地位**：匣之

中古音（反切）：匣皆上蟹开二（侯楷）

藏文：skrag-pa **藏文义**：害怕，被吓到

"骇"字是汉语匣母对应藏文 k 声类 sk 复声母。

15.7　原始汉藏语：*sgə·k

汉字：徯（876i）

杨福绵拟音：*gʻieg/ɣiei(B) **汉字义**：等待

郑张上古拟音：gee **上古音韵地位**：匣支

中古音（反切）：匣齊平蟹开四（胡雞）

藏文：sgug-pa **藏文义**：等待，期待

"徯"字是汉语匣母对应藏文 g 声类，此藏文带有 s- 前缀音。

17.13　原始汉藏语：*(s-,r-)gy(w)aŋ

汉字：泂（842h）

杨福绵拟音：*gʻiweŋ/ɣiweŋ(B) **汉字义**：远

郑张上古拟音：gʷeeŋʔ 上古音韵地位：匣耕

中古音（反切）：匣青上梗合四（户顶）

藏文：rgyaŋ-ma **藏文义**：远处

"泂"字是汉语匣母对应藏文 g 声类。

23.6　原始汉藏语：*(s-)k(w)at~*(s-)g(w)at

汉字：谓（523d）

杨福绵拟音：giwəd/jwei(C) **汉字义**：说，讲，叫

郑张上古拟音：ɢuds **上古音韵地位**：云队 2

中古音（反切）：云微去止合三（于貴）

藏文：skad **藏文义**：声音，哭声；讲，话语，语言

"谓"字是汉语匣母对应藏文 k 声类 sk 复声母。

25.23　原始汉藏语：*(s-)kə·l

汉字：运（458d）

杨福绵拟音：*gi̯wən/ji̯uən(C) **汉字义**：旋转，翻转；移动

郑张上古拟音：ɢuns **上古音韵地位**：云文 2

中古音（反切）：云文去臻合三（王問）

藏文：sgul-ba **藏文义**：移动，摇动，行动

藏文：'gul-ba **藏文义**：移动，摇动，搅动

"运"字是汉语匣母对应藏文 g 声类，此藏文或带有 s- 前缀音。

28.7　原始汉藏语：*(s-)k(w)at~*(s-)g(w)at

汉字：曰（304a）

杨福绵拟音：*gi̯wăt/ji̯wɒt **汉字义**：说

郑张上古拟音：ɢʷad **上古音韵地位**：云月 1

中古音（反切）：云月入山合三（王伐）

藏文：skad-pa **藏文义**：说，告诉，讲述，叫

"曰"字是汉语匣母对应藏文 k 声类 sk 复声母。

29.14 *原始汉藏语*：*(s-)grj(w)ǎl

汉字：圆（227b）

杨福绵拟音：*gjwan(A)<*gljwan **汉字义**：圆

郑张上古拟音：ɢon **上古音韵地位**：云元 3

中古音（反切）：云仙平山合三（王權）

藏文：'gril-ba **藏文义**：卷起

"圆"字是汉语匣母对应藏文 g 声类。

29.19 *原始汉藏语*：*(s-)grj(w)ǎl

汉字：旋（236a）

杨福绵拟音：*dzjwan(A)<*s-gjwan<*s-gljwan **汉字义**：转圈，骨碌，回来

郑张上古拟音：sɢʷan **上古音韵地位**：云元 1

中古音（反切）：邪仙平山合三（似宣）

藏文：'gril-ba **藏文义**：卷起

"旋"字是汉语匣母对应藏文 g 声类。

32.3 *原始汉藏语*：*(s-)kjap

汉字：馌（642t）

杨福绵拟音：*gjap **汉字义**：带去食物（给地里干活的人）

郑张上古拟音：ɢrab **上古音韵地位**：云盍 1

中古音（反切）：云葉入咸开三（筠輒）

藏文：skyabs **藏文义**：保护，帮助

"馌"字是汉语匣母对应藏文 k 声类 sk 复声母。

第三节 杨福绵汉藏语同源词声母对应分析

在本章第二节中，笔者已经列出杨福绵汉藏语同源词声母的对应情况，并在每条最后做出了简要分析。在本节中，笔者将着重分析其汉藏

语同源词中带 *s- 前缀的复声母情况。

在杨福绵汉藏语同源词声母对应中，我们可以发现带有 *s- 前缀的对应共有 78 例。杨福绵先生试图证明古汉语里存在前缀 *s-，他的证据来自《诗经》虚词以及与上古汉藏缅语的比较。《诗经》早期的诗歌里，经常有两个虚词出现在实词前（名词、动词、形容词等），即"思"*siǝg 和"斯"*siěg。它们的功能一直是难解的。杨福绵先生假设它们可能是上古汉语一个或几个前缀在古代民歌中保留下来的音节字母。很明显，在古汉语诗歌里音节的数目很重要。它们可能读作 *sǝ- 或 *si-。然而在《诗经》晚期，这两个词消失了，被以舌根塞音为首字母的词例如"其"*gʻiǝg、"爰"*giwǎn、"曰"*giwǎt 等取代。为什么会发生这种替代？杨先生解释为其中部分原因是前缀 *s- 失去了原有的功能，因此后期的诗人们终止了对带有前缀 *s- 的这类词的使用。可能也与"其"和"斯"有相似的读音有关。"斯"可以从古汉语的 *s-giʻěg 构拟为 *sgiěg，"其"构拟为 *gʻiǝg。杨福绵对古汉语和藏缅语进行了比较，得出前缀 *s- 的功能是使动、强调、名词化。

从带有前缀 *s- 或 s- 组合的汉藏语同源词来看，可以暂得出结论如下。

（1）资料显示，前缀 *s- 从语音体系上看明显来自 *s- 加辅音组合，它在原始汉语和古代汉语早期扮演形态学上的重要角色，只是到了古汉语晚期它才变得较少或没有功用了；

（2）如本章第二节中所举诸例，前缀 *s- 的功能还是显而易见的，有的表示使动，有的表示动词，有的表示名词性，有的表示身体部位，有的表示动物，有的表示植物；

（3）大量的不容忽视的带有前缀 *s- 的实例表明，当汉语和藏语进行比较时，汉语在形态学上肯定与藏语在前缀系统上相似，在后缀系统上也可能有相似之处；

（4）在谐声系统中有大量证据表明 *s- 前缀伴随舌根塞音存在，而且通过汉语与藏语的比较，使这一点得到更有力的支持从而被肯定；

（5）*s- 加后鼻音的例子很少见，这可能是因为 *sŋ- 类的声母和其他鼻音或舌面音的合并，这种合并在上古汉语时代就已经发生了；

（6）杨福绵先生支持白保罗关于各声母的前喉音化理论，我们应该去找更有力的证据，以期对这方面进行继续探索。

第四章　杨福绵汉藏语同源词韵母对应比较研究

本章将对杨福绵汉藏语同源词的韵母进行比较。将分别按照阴声韵、去声韵、入声韵、阳声韵的顺序排列并比较分析。本章所采用的韵母比较体系框架上文已经说明，故这里不再赘述。

第一节　杨福绵构拟所用的上古汉语韵母体系

杨福绵构拟所用的上古汉语韵母体系，与其所用上古汉语声母体系的来源不尽相同。杨氏的构拟中，只对斯氏的元音体系加以参考借鉴，并未全盘接受其复杂的韵尾构拟。斯塔罗斯金《古代汉语音系的构拟》（林海鹰、王冲译）中291页列出了斯塔罗斯金上古韵母系统，列表如下，以备参考。

表 4-1　斯塔罗斯金上古韵母系统

	i	e	ə	a	u	o
p	ip	ep	əp	ap		
m	im	em	əm	am		
mʔ	imʔ	emʔ	əmʔ	amʔ		
mh	imh	emh	mh	amh		
t	it	et	ət	at	ut	ot
n	in	en	ən	an	un	on

	i	e	ə	a	u	o
nʔ	inʔ	enʔ	ənʔ	anʔ	unʔ	onʔ
nh	inh	enh	ənh	anh	unh	onh
r			ər	ar	ur	or
rʔ			ərʔ	arʔ	urʔ	orʔ
rh			ərh	arh	urh	orh
k		ek	ək	ak	uk	ok
ŋ		eŋ	əŋ	aŋ	uŋ	oŋ
ŋʔ		eŋʔ	əŋʔ	aŋʔ	uŋʔ	oŋʔ
ŋh		eŋh	əŋh	aŋh	uŋh	oŋh
Ø		e	ə	a	u	o
ʔ		eʔ	əʔ	aʔ	uʔ	oʔ
h		eh	əh	ah	uh	oh
ć	ić	eć	əć	ać	ుć	oć
j	ij	ej	əj	aj	uj	oj
jʔ	ijʔ	ejʔ	əjʔ	ajʔ	ujʔ	ojʔ
jh		ejh		ajh	ujh	ojh
kʷ	ikʷ	ekʷ		akʷ		
w	iw	ew		aw		
wʔ	iwʔ	ewʔ		awʔ		
wh	iwh	ewh		awh		

下面对郑张尚芳上古汉语韵母系统与斯塔罗斯金的上古汉语韵母体系进行简要的比较说明。

表 4-2 是郑张尚芳上古汉语韵母系统。

表 4-2　郑张尚芳上古汉语韵母系统

主元音	甲类韵（收喉）	乙类韵（收舌）	丙类韵（收唇）	丁类韵（收唇化喉音）
a	1. 鱼 a	25. 歌 1al		67. 宵 1 aw
	2. 铎 ag	26. 月 1ad	49. 盍 1 ab	68. 药 1 awɢ
	3. 暮 ags	27. 祭 1 ads	50. 盍 1 abs	69. 貌 awɢs
	4. 阳 aŋ	28. 元 1 an	51. 谈 1 am	
e	5. 支 e	29. 歌 2 el		70. 宵 2 ew
	6. 锡 eg	30. 月 2 ed	52. 盍 2 eb	71. 药 2 ewɢ
	7. 赐 egs	31. 祭 2 eds	53. 盍 2 ebs	72. 溺 ewɢs
	8. 耕 eŋ	32. 元 2 en	54. 谈 2 em	

续表

主元音	甲类韵 （收喉）	乙类韵 （收舌）	丙类韵 （收唇）	丁类韵 （收唇化喉音）
i	9. 脂 2 i	33. 脂 1 il		73. 幽 3 iw
	10. 质 2 ig	34. 质 1 id	55. 缉 2 ib	74. 觉 3 iwG
	11. 至 2 igs	35. 至 1 ids	56. 挚 ibs	75. 吊 iwGs
	12. 真 2 iŋ	36. 真 1 in	57. 侵 2 im	
ɯ	13. 之 ɯ	37. 微 1 ɯl		76. 幽 2 ɯw
	14. 职 ɯg	38. 物 1 ɯd	58. 缉 1 ɯb	77. 觉 2 ɯwG
	15. 代 ɯgs	39. 队 1 ɯds	59. 位 ɯbs	78. 啸 ɯwGs
	16. 蒸 ɯŋ	40. 文 1 ɯn	60. 侵 1 ɯm	
u	17. 幽 1 u	41. 微 2 ul		
	18. 觉 1 ug	42. 物 2 ud	61. 缉 3 ub	
	19. 奥 1 ugs	43. 队 2 uds	62. 内 ubs	
	20. 冬 uŋ	44. 文 2 un	63. 侵 3 um	
o	21. 侯 o	45. 歌 3 ol		79. 宵 3 ow
	22. 屋 og	46. 月 3 od	64. 盍 3 ob	80. 药 3 owG
	23. 窦 ogs	47. 祭 3 ods	65. 盖 3 obs	81. 暴 owGs
	24. 东 oŋ	48. 元 3 on	66. 谈 3 om	

　　通过对斯塔罗斯金与郑张尚芳二家的上古汉语韵母体系的对比，我们可以看出，二者存在很多的相同之处，同时不同的地方也是明显的。其异同主要体现在以下几个方面："一是介音上，相同之处有：1. 上古只有 3 个介音：w、j、r，上古没有元音性介音。2. 都认为发展为中古二等的字全带介音 r，发展为中古庄组的二等字和重纽 B 类字也都带介音 r。r 在二者的上古系里分布大致一致。不同之处有：1. 二者对介音 w 最早出现的时期看法不同。2. 辅音性的介音 j 在二者的系里分布也有区别，郑张先生的章系及邪母带 j，斯氏不带。二是元音长短和"等"上，相同之处有：一、二、四等韵和上古的长元音相对应，三等韵和上古的短元音相对应。不同之处有：证明这一对应关系成立的依据不同。三是元音系统上，相同之处有：二者都采用 6 元音系统，一致认为脂部的主元音是 i，侯部的是 o，幽部的是 u，支部的是 e，鱼部的是 a。不同之处有：之部的主元音，郑张先生认为 ɯ 更恰当，斯氏则仍沿用旧说，用的是 ə。

187

四是韵尾和声调上，相同之处有：1. 二者都接受了奥德里古、蒲立本的上声来自 -ʔ、去声来自 -s(-h) 的仄声起源于韵尾的说法。2. 二者都拟了三个鼻韵尾，且它们的平声和上声形式完全一致，即：平声 -m、-n、-ŋ，上声 -mʔ、-nʔ、-ŋʔ。3. 阴声韵尾中二者都拟了 -Ø、-w，它们的上声形式分别是 -ʔ、-wʔ，去声形式也都接受 -s → -h、-ws → -wh。不同之处有：1. 塞韵尾一清一浊（斯氏：-p、-t、-k；郑张：-b、-d、-g）。2. 腭化韵尾一有一无（斯氏：-c、j、jʔ、jh；郑张：无腭化韵尾）。3. 唇化舌根音尾一新一旧（郑张：-ug<-wɢ，-ɢ 前易生 w；斯氏 :-kʷ）。4. 去声韵尾一今一古（斯氏：-h；郑张：-s）。5. 斯氏认为上声调产生在公元前 5 到公元前 3 世纪，去声调产生在公元 3 世纪；郑张先生则认为四声都在晋至南北朝之间产生。"

第二节　杨福绵汉藏语同源词韵母对应情况及分析

一　阴声韵对应情况及分析

在杨福绵汉藏语同源词谱中，阴声韵对应词条共有 80 例。其中之部对应 8 例，幽部对应 13 例，宵部对应 14 例，侯部对应 8 例，鱼部对应 14 例，支部对应 8 例，脂部对应 2 例，微部对应 3 例，歌部对应 10 例。现将这 80 例词条详细的对应规则排列如下。

（一）之部对应情况

之部阴声韵对应藏文韵母 e:

1.7　原始汉藏语：*(s-)kyek

汉字：嘻（955e）

杨福绵拟音：*s-kʻiəg/xji(A)　**汉字义：**噢（因为高兴或害怕而尖叫）

郑张上古拟音：qhɯ　**上古音韵地位：**晓之

中古音（反切）：晓之平止开三（許其）

藏文：kye-ma　**藏文义：**噢，哎呀

之部阴声韵对应藏文韵母 a：

1.1 原始汉藏语：s-mraŋ~*s-mrak

汉字：诲（947n）

杨福绵拟音：*xmwəg(C)<*s-mrəg(?) **汉字义**：教导

郑张上古拟音：hmɯɯs **上古音韵地位**：明之

中古音（反切）：曉灰去蟹合一（荒内）

藏文：smra-ba，也作 smar-ba **藏文义**：说，讲。

之部阴声韵对应藏文韵母 ag：

1.2　原始汉藏语：*(s-)grâk~*(s-)krâk

汉字：骇（937s）

杨福绵拟音：*gʻɛg(C)<*gʻrěg **汉字义**：惊慌，害怕

郑张上古拟音：grɯɯʔ **上古音韵地位**：匣之

中古音（反切）：匣皆上蟹开二（侯楷）

藏文：skrag-pa **藏文义**：害怕，被吓到

1.5　原始汉藏语：*(s-)kek

汉字：灾（940a）

杨福绵拟音：*skəg/tsâi(A) **汉字义**：灾难，毁灭，伤害，不幸

郑张上古拟音：ʔsɯɯ **上古音韵地位**：心之

中古音（反切）：精咍平蟹开一（祖才）

藏文：kag-ma，keg-ma **藏文义**：不幸，伤害

1.9　原始汉藏语：*(s-)gə·k

汉字：字（964n）

杨福绵拟音：*sgʻiəg/dzʻi(C) **汉字义**：培育，养育；爱，爱抚；孕育

郑张上古拟音：zlɯ **上古音韵地位**：從之

中古音（反切）：從之去止开三（疾置）

藏文：sgag-pa **藏文义**：交配

之部阴声韵对应藏文韵母 og：

1.3 原始汉藏语：*(s-)grâk~*(s-)krâk

汉字：葸（952u）

杨福绵拟音：*g'jəg(C)<*g'rəg **汉字义：**害怕

郑张上古拟音：kɯ **上古音韵地位：**见之

中古音（反切）：見之平止开三（居之）

藏文：dkrog-pa, skrog-pa **藏文义：**心神不安，激起，害怕

之部阴声韵对应藏文韵母 ogs:

1.4 原始汉藏语：未构拟

汉字：友（995b）

杨福绵拟音：*gjǔg(B)（李方桂 *rəgwx）<*g-ljôg **汉字义：**朋友，伙伴

郑张上古拟音：ɡʷɯʔ **上古音韵地位：**云之

中古音（反切）：云尤上流开三（云久）

藏文：grogs **藏文义：**朋友，伙伴

之部阴声韵对应藏文韵母 ug:

1.6 原始汉藏语：*sgə·k

汉字：俟（976m）

杨福绵拟音：*sg'jəg/dʐ'i(B) **汉字义：**等待

郑张上古拟音：sɢɯʔ **上古音韵地位：**心之

中古音（反切）：崇之上止开三（牀史）

藏文：sgug-pa **藏文义：**等待，期待

（二）之部对应情况分析

杨福绵之部阴声韵同藏文的对应有 8 例，其中对应韵母 e 有 1 例，对应韵母 a 有 1 例，对应韵母 ag 有 3 例，对应韵母 og 有 1 例，对应韵母 ogs 有 1 例，对应韵母 ug 有 1 例。对于上古之部主元音形态的构拟，各家的方式各异。如杨福绵和李方桂给上古之部构拟的主元音为 -ə-，郑张尚芳构拟的主元音为 -ɯ-，虽然形态不同，但学者一般都承认上古之部是一个偏央的元音，由于其发音部位靠近中央，所以对应发音部位比

较靠后的元音 -a- 也可以理解。

郑张尚芳把之部构拟为开韵尾，认为上古汉语开韵尾对应藏文塞韵尾（即 -g 韵尾）、鼻韵尾（即 -ŋ 韵尾、-n 韵尾）。这属于汉藏两语韵母的异常对应里的两种模式。郑张先生还认为，之部对应藏文 -s，-d 尾的这两个韵尾或为后增尾。杨福绵汉藏同源词之部与藏文韵母对应主要是韵尾 -g。

（三）幽部对应情况

幽部阴声韵对应藏文韵母 og：

4.3　原始汉藏语：未构拟

汉字：溲（1097d）

杨福绵拟音：*sjôg(A)<*s-ljôg<*s-njôg **汉字义**：排尿

郑张上古拟音：sru **上古音韵地位**：心幽 1

中古音（反切）：生尤平流开三（所鸠）

藏文：rnyog-pa **藏文义**：浑浊的，搅动

4.7　原始汉藏语：*(s-) grâg

汉字：咻（1070g）

杨福绵拟音：*xjôg(A)<*xrjôg<*grôg **汉字义**：大声疾呼

郑张上古拟音：qhu **上古音韵地位**：晓幽 1

中古音（反切）：晓尤平流开三（許尤）

藏文：sgrog-pa **藏文义**：哭，喊

4.8　原始汉藏语：*(s-) grâg

汉字：嘮（1069q）

杨福绵拟音：*xlôg(A)<*xrôg<*grôg **汉字义**：夸张的

郑张上古拟音：g·ruuw **上古音韵地位**：來幽 1

中古音（反切）：來豪平效开一（郎刀）

藏文：'k'rog-pa **藏文义**：咆哮

4.10　原始汉藏语：*(s-)gjôk~*(s-)kjôk

汉字：觓（1064f）

杨福绵拟音：*gʻjǒg(A) **汉字义**：角形的，弯且长的

郑张上古拟音：gruw **上古音韵地位**：群幽 2

中古音（反切）：群幽平流开重三（渠幽）

藏文：gyog-pa **藏文义**：弯曲，弧形

4.11　原始汉藏语：*(s-)gjôk~*(s-)kjôk

汉字：觩（1066f）

杨福绵拟音：*gʻjôg(A) **汉字义**：长且弯曲，角形的

郑张上古拟音：gu **上古音韵地位**：群幽 1

中古音（反切）：群幽平流开重三（渠幽）

藏文：kyog, kyog-kyog **藏文义**：弯曲，弧形

4.12　原始汉藏语：*(s-)kok

汉字：陶（1047a）

杨福绵拟音：*sgʻôg/dʻâu(A) **汉字义**：窑；陶器

郑张上古拟音：luu **上古音韵地位**：以幽 1

中古音（反切）：以宵平效开三（餘昭）

藏文：kʻog-ma **藏文义**：罐子，陶器

4.13　原始汉藏语：*(s-)kok

汉字：窑（1144b）

杨福绵拟音：*sgi̯og/i̯äu(A) **汉字义**：窑

郑张上古拟音：luu **上古音韵地位**：以幽 1

中古音（反切）：以宵平效开三（餘昭）

藏文：kʻog-ma **藏文义**：罐子，陶器

幽部阴声韵对应藏文韵母 ogs：

4.2　原始汉藏语：未构拟

汉字：溲（1077o）

杨福绵拟音：*sjôg(B)<*s-njôg **汉字义**：排尿

郑张上古拟音：sluw? **上古音韵地位**：心幽 2

中古音（反切）：心尤上流开三（息有）

藏文：tś'u-bsnyogs **藏文义**：浑浊，脏水

4.9　原始汉藏语：*s-nok~*s-njok

汉字：扰（1152a）

杨福绵拟音：*ńjog(B)<*s-ńjog **汉字义**：打乱

郑张上古拟音：njiwʔ **上古音韵地位**：泥幽 3

中古音（反切）：日宵上效开三（而沼）

藏文：sŋogs-pa **藏文义**：恼火，生气

4.16　原始汉藏语：*skyok

汉字：周（1083a）

杨福绵拟音：*skyi̯ôg/tśi̯ə̯u(A) **汉字义**：圆；周；一圈

郑张上古拟音：tjɯw **上古音韵地位**：端幽 2

中古音（反切）：章尤平流开三（職流）

藏文：skyogs-pa **藏文义**：转

4.17　原始汉藏语：*(s-)kyok

汉字：首（1102a）

杨福绵拟音：*sgyi̯ôg/śi̯ə̯u(B) **汉字义**：头；最重要的

郑张上古拟音：hljuʔ **上古音韵地位**：曉幽 1

中古音（反切）：书尤上流开三（书九）

藏文：skyogs-pa, mgrin-pa **藏文义**：转动脖子，环顾

幽部阴声韵对应藏文韵母 ags：

4.4　原始汉藏语：*(s-)grâk; *s-grâk

汉字：摎（1069d）

杨福绵拟音：*gljôg(A), *kljôg(A) **汉字义**：转圈系上

郑张上古拟音：krɯɯw **上古音韵地位**：見幽 2

中古音（反切）：見肴平效开二（古肴）

藏文：grags-pa **藏文义**：系

幽部阴声韵对应藏文韵母 iŋ：

4.18　原始汉藏语：*s-kyəŋ~*s-kyək

汉字：雕／鵰（1083t,u）

杨福绵拟音：*skiôg/tieu(A) 汉字义：鹰

郑张上古拟音：tɯɯw **上古音韵地位：**端幽 2

中古音（反切）：端宵平效开四（都聊）

藏文：skyiŋ-ser **藏文义：**鹰，猎鹰

（四）幽部对应情况分析

幽部对应的藏文有 13 例，其中藏文韵母是 ogs 的有 4 例，藏文韵母是 og 的有 7 例，藏文韵母是 ags 的有 1 例，藏文韵母是 iŋ 的有 1 例。根据郑张尚芳的构拟，幽部应该对应元音 u，而杨福绵构拟为 -o-，二者不同。郑张尚芳给幽部的韵尾拟为开韵尾和收唇韵尾两种类型。根据上文，杨福绵汉藏语同源词对应的基本是 -s 韵尾和塞音韵尾 -g，这在郑张先生看来是汉藏对应的异常形式。

（五）宵部对应情况

宵部阴声韵对应藏文韵母 ag：

7.13　原始汉藏语：*s-kyok

汉字：殀（1141f）

杨福绵拟音：*s-ki̯og/ʔi̯äu 汉字义：夭折；杀死动物幼崽

郑张上古拟音：qrowʔ **上古音韵地位：**影宵

中古音（反切）：影宵上效开重三（於兆）

藏文：skyag-pa，过去时 bskyags，未来时 skyog **藏文义：**花费，布置，扩张；屠杀，谋杀（西部藏语）

宵部阴声韵对应藏文韵母 ags：

7.1　原始汉藏语：*(s-)grâk; *s-grâk

汉字：缭（1151g）

杨福绵拟音：*ljog(B)，*liog(B) 汉字义：系上，包起

郑张上古拟音：rewʔ **上古音韵地位**：來宵

中古音（反切）：來宵上效开三（力小）

藏文：grags-pa **藏文义**：系

7.3　**原始汉藏语**：*(s-) grâg

汉字：號（1041q）

杨福绵拟音：*gʻog(C)<*gʻrog **汉字义**：呼喊，大哭

郑张上古拟音：ɦlaaw **上古音韵地位**：以宵

中古音（反切）：匣豪平效开一（胡刀）

藏文：grags-pa,(grag-pa) **藏文义**：哭，哭喊，喊

7.7　**原始汉藏语**：*(s-) grâg

汉字：哓（1164e）

杨福绵拟音：*xjog(A)<*xrjog<*grjog **汉字义**：惊慌的喊叫

郑张上古拟音：hŋeew **上古音韵地位**：疑宵

中古音（反切）：曉萧平效开四（許么）

藏文：grags-pa,(grag-pa) **藏文义**：哭，哭喊，喊

宵部阴声韵对应藏文韵母 o：

7.8　**原始汉藏语**：*s-nok~*s-njok

汉字：挠（1164s）

杨福绵拟音：*nŏg(B), *xnog<*s-nog(A) **汉字义**：麻烦，混乱

郑张上古拟音：rŋaaw **上古音韵地位**：疑宵

中古音（反切）：泥肴平效开二（尼交）

藏文：skyo-ŋogs **藏文义**：争吵

7.9　**原始汉藏语**：*s-nok~*s-njok

汉字：娆（无）

杨福绵拟音：*ńźjäu(KY)<*ńjog(B)<*s-ńjog; nieu<*niog **汉字义**：纷争，骚扰

郑张上古拟音：njewʔ **上古音韵地位**：泥宵

中古音（反切）：日宵上效开三（而沼）

藏文：skyo-ŋogs **藏文义**：争吵

7.14　原始汉藏语：*s-kyok

汉字：悄（1149s）

杨福绵拟音：*skʻi̯og/tsʻi̯äu(B)　**汉字义**：焦急，悲伤

郑张上古拟音：shewʔ　**上古音韵地位**：清宵

中古音（反切）：清宵上效开三（於兆）

藏文：skyo-ba　**藏文义**：疲惫，坏脾气，悲伤，烦恼

7.15　原始汉藏语：*s-kyok

汉字：勦（1169b）

杨福绵拟音：*ski̯og/tsi̯äu(B)　**汉字义**：使疲惫

郑张上古拟音：ʔslawʔ　**上古音韵地位**：心宵

中古音（反切）：精宵上效开三（子小）

藏文：skyo-ba　**藏文义**：疲惫，坏脾气，悲伤，烦恼

7.16　原始汉藏语：*s-kyok

汉字：乔（1138a）

杨福绵拟音：*kʻi̯og/kʻi̯äu(A),*ki̯og/ki̯äu(A)　**汉字义**：焦急

郑张上古拟音：krew　**上古音韵地位**：见宵

中古音（反切）：見宵平效开重三（舉喬）

藏文：skyo-ba　**藏文义**：疲惫，坏脾气，悲伤，烦恼

宵部阴声韵对应藏文韵母 og：

7.4　原始汉藏语：*(s-) grâg

汉字：嗃（1129x）

杨福绵拟音：*gʻog(C)<*gʻrog　**汉字义**：喊叫

郑张上古拟音：qhraaw　**上古音韵地位**：晓宵

中古音（反切）：晓肴平效开二（許交）

藏文：'kʻrog-pa　**藏文义**：咆哮

7.5　原始汉藏语：*(s-) grâg

汉字：嚆（1129b）

杨福绵拟音：*xǒg(A)<*xrǒg<*gʻrǒg **汉字义**：发声

郑张上古拟音：qhraaw **上古音韵地位**：晓宵

中古音（反切）：晓肴平效开二（虚交）

藏文：sgrog-pa **藏文义**：哭，喊

7.11　原始汉藏语：*(s-)kyok

汉字：夭（1141a）

杨福绵拟音：*s-ki̯og/ʔi̯äu(A) **汉字义**：弯曲

郑张上古拟音：qrow **上古音韵地位**：影宵

中古音（反切）：影宵平效开重三（於喬）

藏文：gyog-pa **藏文义**：弯、弯曲

宵部阴声韵对应藏文韵母 ogs：

7.2　原始汉藏语：未构拟

汉字：僚（1151h）

杨福绵拟音：*liog(A&B) **汉字义**：同事，同志

郑张上古拟音：rewʔ **上古音韵地位**：來宵

中古音（反切）：來宵上效开三（力小）

藏文：rogs **藏文义**：朋友，伙伴

宵部阴声韵对应藏文韵母 iŋ：

7.10　原始汉藏语：*s-kyəŋ~*s-kyək

汉字：鷂（1144m）

杨福绵拟音：*sgi̯og/i̯äu(C) **汉字义**：鹰，清淡

郑张上古拟音：lew **上古音韵地位**：以宵

中古音（反切）：以宵平效开三（餘昭）

藏文：skyiŋ-ser **藏文义**：鹰，猎鹰

（六）宵部对应情况分析

杨福绵汉藏语同源词中，宵部的对应有 14 例。其中藏文韵母是 ag 的有 1 例，藏文韵母是 ags 的有 3 例，藏文韵母是 o 的有 5 例，藏文韵母是 og 的有 3 例，藏文韵母是 ogs 的有 1 例，藏文韵母是 iŋ 的有 1 例。

在汉语宵部的构拟上，李方桂先生构拟的主元音为 -a-，同时他认为上古宵部带有圆唇音 -gw 韵尾。郑张尚芳先生赞同并发展了李方桂先生的观点，他为上古宵部构拟了 -a-、-e-、-o-3 个主元音，且为其构拟了 -w 韵尾。杨福绵给宵部构拟的主要元音是 -o-，与郑张有共同之处。总体看来，学者们公认汉语上古宵部是一个带有圆唇性质的韵部。故汉语上古宵部与藏文韵母 o 的对应都是合乎规则的。若从杨福绵先生的宵部汉藏语同源词对应情况看，上古汉语宵部拟音采用郑张尚芳先生的一部三元音说更为合理。

郑张尚芳为宵部构拟了收唇韵尾。根据上文，宵部对应藏文开韵尾的有 5 例，对应藏文 -g 韵尾的有 4 例，对应藏文 -s 韵尾的有 4 例，对应藏文 -ŋ 韵尾的有 1 例。郑张先生没有对上古汉语收唇韵尾的韵部与藏文的对应情况做出讨论和说明。

（七）侯部对应情况

侯部阴声韵对应藏文韵母 u：

9.1　原始汉藏语：*(s-)nu·(-n)~*(s-)nu·(-t)

汉字：乳（135a）

杨福绵拟音：*ńju(B)<*nju **汉字义**：乳头，乳汁，吮吸

郑张上古拟音：njo? **上古音韵地位**：泥侯

中古音（反切）：日虞上遇合三（而主）

藏文：nu-ma **藏文义**：乳头、胸

9.6　原始汉藏语：*(s-,a-)gyuk~*(s-,r-)kyuk

汉字：趋（132c）

杨福绵拟音：*skʻi̯u/tṣʻi̯u(A) **汉字义**：赶快，跑去

郑张上古拟音：shlo **上古音韵地位**：清侯

中古音（反切）：清虞平遇合三（七逾）

藏文：'gyu-ba **藏文义**：快速行动

9.8　原始汉藏语：*(s-)gyu(-r)

汉字：渝（125h）

杨福绵拟音：*sgiu/i̯u(A) **汉字义**：改变

郑张上古拟音：lo **上古音韵地位**：以侯

中古音（反切）：以虞平遇合三（羊朱）

藏文：'gyur-ba **藏文义**：改变，离开

侯部阴声韵对应藏文韵母 ug：

9.7　原始汉藏语：*(s-,a-)gyuk~*(s-,r-)kyuk

汉字：驱（122c）

杨福绵拟音：*k'i̯u/k'i̯u(A,C) **汉字义**：飞奔，赶快

郑张上古拟音：kho **上古音韵地位**：溪侯

中古音（反切）：溪虞平遇合三（岂俱）

藏文：'k'yug-pa **藏文义**：跑，猛冲

侯部阴声韵对应藏文韵母 og：

9.4　原始汉藏语：*(s-)gjôk~*(s-)kjôk

汉字：伛（122n）

杨福绵拟音：*·ju(B) 董同龢 jug<*s-ʔjug<*s-gjug **汉字义**：俯身，驼背

郑张上古拟音：qoʔ **上古音韵地位**：影侯

中古音（反切）：晓侯去流开一（於武）

藏文：gyog-pa **藏文义**：弯曲，弧形

9.5　原始汉藏语：*(s-)gjôk~*(s-)kjôk

汉字：痀（108q）

杨福绵拟音：*kiu(A) 董同龢 *kjug

郑张上古拟音：ko **上古音韵地位**：见侯

中古音（反切）：见虞合遇平三（举朱）

藏文：k'yog-po **藏文义**：弯曲，俯身

侯部阴声韵对应藏文韵母 ogs：

9.2　原始汉藏语：*(s-)gjôk~*(s-)kjôk

汉字：胸（108v）

杨福绵拟音：*g'ju(A) 董同龢 *g'jug **汉字义**：一条干肉的弯曲部分

郑张上古拟音：go **上古音韵地位**：群侯

中古音（反切）：群虞平遇合三（其俱）

藏：skyogs-pa **藏文义**：扭转（颈部）

9.3　原始汉藏语：*(s-)gjôk~*(s-)kjôk

汉字：鞠（108w）

杨福绵拟音：*g'ju(A) 董同龢 *g'jug **汉字义**：车辐向内弯曲的部分

郑张上古拟音：koo **上古音韵地位**：见侯

中古音（反切）：见侯平流开一（古侯）

藏文：skyogs-pa **藏文义**：扭转（颈部）

（八）侯部对应情况分析

侯部对应的藏文有 8 例。其中侯部对应藏文韵母 u 的有 3 例，对应藏文韵母 ug 的有 1 例，对应藏文韵母 og 的有 2 例，对应藏文韵母 ogs 的有 2 例。郑张尚芳先生给侯部的上古拟音为 -o-，杨福绵则给侯部的主要元音构拟为 -u-。u 与 o 的发音部位比较接近，故二位先生的构拟并不对立。

杨福绵给侯部拟了 -g 韵尾。根据郑张尚芳对侯部的上古拟音，侯部应为开韵尾。杨福绵除了开韵尾的 u 外，还给侯部对应藏文拟了 -g 韵尾和 -s 韵尾。郑张尚芳认为上古汉语开韵尾对应藏文塞韵尾（即 -g 韵尾）、鼻韵尾（即 -ŋ 韵尾、-n 韵尾）属于汉藏两语韵母的异常对应里的两种模式。在这点上，二位先生的分析是有明显不同的。

（九）魚部对应情况

魚部阴声韵对应藏文韵母 a：

12.7　原始汉藏语：*skyâ

汉字：煮（45m）

杨福绵拟音：*skyi̯o/tśi̯wo(B) **汉字义：**煮，做饭

郑张上古拟音：tjaʔ **上古音韵地位：**端鱼

中古音（反切）：章鱼上遇合三（章与）

藏文：skya **藏文义：**水壶

12.13　原始汉藏语：*s-kʻya

汉字：许（60i）

杨福绵拟音：*s-kʻi̯o/xi̯wo(B) **汉字义：**同意，允许；许诺

郑张上古拟音：hŋaʔ **上古音韵地位：**疑鱼

中古音（反切）：晓鱼上遇合三（虚吕）

藏文：tśʻa-ba<*skʻya- **藏文义：**许诺，声称

鱼部阴声韵对应藏文韵母 o：

12.2　原始汉藏语：*s-mjə(-n)

汉字：憮（103e）

杨福绵拟音：*mjwo&*xmwo(B&A)<*s-mjwo<*s-mjo **汉字义：**吃惊，惊讶

　　郑张上古拟音：maʔ **上古音韵地位：**明鱼

　　中古音（反切）：微虞上遇合三（文甫）

　　藏文：smyo-ba 或 myo-ba **藏文义：**胡涂，疯狂

12.9　原始汉藏语：*(s-,a-)ko

汉字：污（97b）

杨福绵拟音：*s-kuo/ʔuo(A) **汉字义：**脏的，凌乱的

郑张上古拟音：qʷaa **上古音韵地位：**影鱼

中古音（反切）：影模平遇合一（哀都）

藏文：ʼgo-ba **藏文义：**变污，变脏

12.10　原始汉藏语：*(s-,a-)ko

汉字：污（97b）

杨福绵拟音：*s-kwǎ/ʔwa(A) **汉字义**：脏，恶劣的

郑张上古拟音：qʷaa **上古音韵地位**：影鱼

中古音（反切）：影模平遇合一（哀都）

藏文：bsgo-bo **藏文义**：弄脏，变污

12.11　原始汉藏语：*(s-,a-)ko

汉字：洿（43k）

杨福绵拟音：*s-kwo/ʔuo(A) **汉字义**：污浊不动的水；脏

郑张上古拟音：qʷaa **上古音韵地位**：影鱼

中古音（反切）：影模平遇合一（哀都）

藏文：bsgo-bo **藏文义**：弄脏，变污

12.14　原始汉藏语：*s-kyo

汉字：癙（92b）

杨福绵拟音：*s-gyi̯o/śi̯wo(B) **汉字义**：隐藏的痛苦

郑张上古拟音：hljaʔ **上古音韵地位**：以鱼

中古音（反切）：書鱼上遇合三（舒吕）

藏文：skyo-ba **藏文义**：疲惫，坏脾气，悲伤，烦恼

鱼部阴声韵对应藏文韵母 od：

12.1　原始汉藏语：未构拟

汉字：罵（40c）

杨福绵拟音：*mǎ(B&C)<*mwa **汉字义**：侮辱，责骂

郑张上古拟音：mraaʔ **上古音韵地位**：明鱼

中古音（反切）：明麻上假开二（莫下）

藏文：dmod-pa **藏文义**：咒骂

鱼部阴声韵对应藏文韵母 ogs：

12.5　**原始汉藏语：未构拟**

汉字：侣（76b）

杨福绵拟音：*gljo(B)（周法高 *liaɣ）<*g-ljog **汉字义：**同志

郑张上古拟音：raʔ **上古音韵地位：**來魚

中古音（反切）：來魚上遇合三（力舉）

藏文：'grogs-pa **藏文义：**联合

魚部阴声韵对应藏文韵母 u：

12.6　**原始汉藏语：*skyo**

汉字：褚（45g）

杨福绵拟音：*ski̯o/t̂i̯wo(B) **汉字义：**装衣服的包，袋子

郑张上古拟音：thaʔ **上古音韵地位：**透魚

中古音（反切）：徹魚上遇合三（丑呂）

藏文：sgyu，或是 sgyig-gu **藏文义：**包，钱包

魚部阴声韵对应藏文韵母 ud：

12.15　**原始汉藏语：šit<*sgit**

汉字：涂（82d'）

杨福绵拟音：*sgʻo/dʻuo(A) **汉字义：**深陷；涂抹

郑张上古拟音：l'aa **上古音韵地位：**以魚

中古音（反切）：澄麻平假开二（同都）

藏文：skud-pa，过去时 bskus，未来时 bsku，命令式 skus **藏文义：**涂抹，擦脏，乱画

12.16　**原始汉藏语：šit<*sgit**

汉字：圬（82d'）

杨福绵拟音：*s-kwo/ʔuo(A) **汉字义：**涂抹

郑张上古拟音：qʷaa **上古音韵地位：**影魚

中古音（反切）：影模平遇合一（哀都）

藏文：skud-pa，过去时 bskus，未来时 bsku，命令式 skus **藏文义：**

涂抹，擦脏，乱画

12.17 原始汉藏语：šit<*sgit

汉字：朽（-aʼ）

杨福绵拟音：*s-kwo/ʔuo(A) **汉字义：**涂抹

郑张上古拟音：qʷaa **上古音韵地位：**影鱼

中古音（反切）：影模平遇合一（哀都）

藏文：skud-pa，过去时 bskus，未来时 bsku，命令式 skus **藏文义：**

涂抹，擦脏，乱画

鱼部阴声韵对应藏文韵母 ur：

12.12 原始汉藏语：*(s-)kuʼ~*(s-)guʼ(r)

汉字：迂（97p）

杨福绵拟音：*giwo/jiu(A)，*s-kiwo/ʔiu(A) **汉字义：**弯曲，偏斜

郑张上古拟音：qʷa **上古音韵地位：**影鱼

中古音（反切）：影虞平遇合三（憶俱）

藏文：sgur，dgur，rgur **藏文义：**弯曲

（十）鱼部对应情况分析

鱼部对应的藏文有 14 例，其中鱼部对应藏文韵母 a 的有 2 例，对应藏文韵母 o 的有 5 例，对应藏文韵母 od 的有 1 例，对应藏文韵母 ogs 的有 1 例，对应藏文韵母 u 的有 1 例，对应藏文韵母 ud 的有 3 例，对应藏文韵母 ur 的有 1 例。在鱼部的上古汉语拟音方面，郑张尚芳先生的拟音为 -a-，杨福绵先生则把鱼部的主要元音拟为 -o-。

早在 1923 年，汪荣宝发表了《歌戈鱼虞模古读考》一文，文中用梵汉对音的方法考证出鱼部的上古音读为 -a-，这一论证引发了古音学界的一场大辩论。经过时间推移和多种考音方法的运用，越来越多的学者接受了汪荣宝的主张。同时，韵语、谐声、域外译音等各种资料都证明了鱼部的主元音应为 -a-。藏文中在表示不同的时态变化的时候有一部分动词有 -a- 元音和 -o- 元音交替的情况，所以鱼部阴声韵有同藏文韵母 o 以

及 o 为主要元音的对应情况。这可能是因为声母受到了圆唇作用的影响，从而产生了 -a- 元音变为上古汉语的 -a- 元音和藏文的 -o- 元音的对应情况。在同 u 韵母及以 u 为主要元音的藏文对应中也是同理。

根据郑张尚芳对鱼部的上古拟音，鱼部应为开韵尾。但杨福绵的同源词除了开韵尾，还有 d 韵尾、s 韵尾和 r 韵尾，郑张尚芳先生则认为上古汉语开韵尾对应藏文塞韵尾（即 -g 韵尾）、鼻韵尾（即 -ŋ 韵尾、-n 韵尾）属于汉藏两语韵母的异常对应。

（十一）支部对应情况

支部阴声韵对应藏文韵母 a：

15.1　原始汉藏语：*(s-)pja(-r)~*(s-)bja(-r)

汉字：吡（566t）

杨福绵拟音：*p'jǎr(B) **汉字义** 责备，说坏话

郑张上古拟音：pheʔ **上古音韵地位**：滂支

中古音（反切）：滂支上止开重四（匹婢）

藏文：'p'ya-ba, 过去式 'p'yas **藏文义**：责备，嘲笑，愚弄

支部阴声韵对应藏文韵母 ar：

15.2　原始汉藏语：*(s-)pja(-r)~*(s-)bja(-r)

汉字：訾（358j）

杨福绵拟音：*tsjǎr(B)<*s-pjǎr **汉字义**：责备，诽谤

郑张上古拟音：ʔse **上古音韵地位**：心支

中古音（反切）：精支平止开三（即移）

藏文：spyar-ba **藏文义**：责备

15.3　原始汉藏语：*(s-)pja(-r)~*(s-)bja(-r)

汉字：疵（358n）

杨福绵拟音：*dz'jǎr(A)<*s-b'jǎr 借自 tsjǎr 责备 **汉字义**：缺点

藏文：spyar-ba **藏文义**：责备

支部阴声韵对应藏文韵母 e：

15.8 原始汉藏语：*(s-)kyek

汉字：嘶（869e）

杨福绵拟音：*s-gieg/siei(A) **汉字义：**尖叫

郑张上古拟音：see **上古音韵地位：**心支

中古音（反切）：心齐平蟹开四（先稽）

藏文：kye **藏文义：**噢，喂

支部阴声韵对应藏文韵母 egs：

15.4 原始汉藏语：*(s-,a-)ke·k

汉字：隄（865g）

杨福绵拟音：*skieg/tiei(A) **汉字义：**水库，堤坝

郑张上古拟音：tee **上古音韵地位：**端支

中古音（反切）：端齐平蟹开四（都奚）

藏文：gegs-pa **藏文义：**阻止，停止，禁止；关闭

15.5 原始汉藏语：*(s-,a-)ke·k

汉字：堤（865k）

杨福绵拟音：*sg'ieg/d'iei(A) **汉字义：**水库，堤坝

郑张上古拟音：tee **上古音韵地位：**端支

中古音（反切）：端齐平蟹开四（都奚）

藏文：gegs-pa **藏文义：**阻止，停止，禁止；关闭

15.6 原始汉藏语：*(s-,a-)ke·k

汉字：翅（无）

杨福绵拟音：*sgyiẹ̌g/śịe(C) 和 *kịẹ̌g/kjiẹ(C) **汉字义：**翼，翅膀

郑张上古拟音：kles **上古音韵地位：**见支

中古音（反切）：見支去止开重四（居企）

藏文：gegs-pa **藏文义：**阻止，停止，禁止；关闭

支部阴声韵对应藏文韵母 ug：

15.7　原始汉藏语：*sgə·k

汉字：谿（876i）

杨福绵拟音：*gʻieg/ɣiei(B) **汉字义：**等待

郑张上古拟音：gee **上古音韵地位：**匣支

中古音（反切）：匣齊平蟹开四（胡雞）

藏文：sgug-pa **藏文义：**等待，期待

（十二）支部对应情况分析

杨福绵汉藏语同源词支部阴声韵对应的藏文有 8 例。其中支部对应藏文韵母 a 的有 1 例，对应藏文韵母 ar 的有 2 例，对应藏文韵母 e 的有 1 例，对应藏文韵母 egs 的有 3 例，对应藏文韵母 ug 的有 1 例。对于汉语支部的上古拟音，郑张尚芳先生给的拟音为 -e-，并认为支部应为开韵尾。杨福绵则把支部的主要元音构拟为 -a- 和 -e-。杨福绵汉藏语同源词支部对应藏文开韵尾的仅有 2 例，对应藏文 -s 韵尾的有 3 例，对应藏文 -r 韵尾的有 2 例，对应藏文 -g 韵尾的有 1 例，带韵尾的例子占多数，这就与郑张尚芳先生的观点不同，郑张先生认为上古汉语开韵尾对应藏文塞韵尾（即 -g 韵尾）、鼻韵尾（即 -ŋ 韵尾、-n 韵尾）的情况属于汉藏两语韵母的异常对应模式。

（十三）脂部对应情况

脂部阴声韵对应藏文韵母 e：

18.1　原始汉藏语：*(s-)ni·(-n)~*(s-)ni·(-t)

汉字：尼（563a）

杨福绵拟音：*njər(A) **汉字义：**附近，近的

郑张上古拟音：nil **上古音韵地位：**泥脂 1

中古音（反切）：娘脂平止开三（女夷）

藏文：nye-ba **藏文义：**附近，旁边

脂部阴声韵对应藏文韵母 os：

18.2　原始汉藏语：*(s-)kəˑn~*(s-)kyəˑn~*(s-)kyəˑr

汉字：翳（589f）

杨福绵拟音：*s-kiər/ʔiei(A,C) **汉字义：**幕，阴影，覆盖

郑张上古拟音：qii **上古音韵地位：**影脂 2

中古音（反切）：影齐平蟹开四（乌奚）

藏文：gos **藏文义：**外衣，长袍

（十四）脂部对应情况分析

杨福绵汉藏语同源词脂部对应的藏文有 2 例。其中脂部对应藏文韵母 e 的有 1 例，对应藏文韵母 os 有 1 例。在上古汉语拟音方面，郑张尚芳先生给脂部的拟音为 -i、-il，而杨福绵的这 2 个例子把脂部的主要元音都拟为 -ə-。

一般学者都承认阴声韵里的脂部是与支部相配的，其主元音是一个前高元音。而对于脂部韵尾的看法，学者们的看法并不一致。部分学者认为脂部应为单元音或者是以单元音为主，有的学者则认为脂部应带 -l 韵尾或者 -r 韵尾。郑张尚芳先生给脂部构拟的韵尾包括开韵尾和流音韵尾两种类型。同时郑张尚芳先生认为汉语开韵尾和流音韵尾对应藏文的鼻韵尾（即 -ŋ 韵尾、-n 韵尾）属于汉藏两语韵母的异常对应模式。

（十五）微部对应情况

微部阴声韵对应藏文韵母 as：

22.1　原始汉藏语：*(s-)pja(-r)~*(s-)bja(-r)

汉字：诽（579f）

杨福绵拟音：*pjwər(B) **汉字义：**诽谤

郑张上古拟音：puɯlʔ **上古音韵地位：**帮微 1

中古音（反切）：非微上止合三（府尾）

藏文：dpyas-po **藏文义：**挑剔，责备

微部阴声韵对应藏文韵母 on：

22.4　原始汉藏语：*(s-)kə·n~*(s-)kyə·n~*(s-)kyə·r

汉字：衣（550a）

杨福绵拟音：*s-kiẹr/ʔjei(A) **汉字义：**长袍，衣服，借词"依靠"

郑张上古拟音：quɯl **上古音韵地位：**影微 1

中古音（反切）：影微平止开三（於希）

藏文：skon-pa **藏文义：**穿，给别人穿

微部阴声韵对应藏文韵母 ur:

22.2　原始汉藏语：*(s-)mjun~*(s-)mjur

汉字：亹（585a）

杨福绵拟音：*mjwər(B) **汉字义：**有力的，努力

郑张上古拟音：mɯlʔ **上古音韵地位：**明微 1

中古音（反切）：微微上止合三（無匪）

藏文：myur-ba **藏文义：**快速，迅速

（十六）微部对应情况分析

杨福绵汉藏语同源词微部对应的藏文有 3 例。其中微部对应藏文韵母 as 的有 1 例，对应藏文韵母 ur 的有 1 例，对应藏文韵母 on 的有 1 例。在汉语上古拟音方面，郑张尚芳先生给微部的拟音为 -ɯl、-ul，而杨福绵拟音的 3 个例子主要元音都是 -ə-，与脂部相同。

回顾微部的历史，微部是直到清代才被独立出来的上古韵部，在之前很长一段时期里，微部一直与脂部交混。学者们对上古微部音值的构拟存在很大的争议。我们以郑张尚芳先生对微部的构拟为依据，他给微部构拟了两个主元音，一个是发音部位比较靠中央的高元音 -ɯ-，另一个是发音部位靠后的圆唇高元音 -u-。对应来看，藏文发音和上古汉语发音在舌位高低上差别很大，这需要我们做进一步研究。

郑张尚芳把微部拟音为流音韵尾。而杨福绵的汉藏语同源词的例子是 -s 韵尾、-r 韵尾、-n 韵尾各 1 个，郑张尚芳认为汉语流音韵尾对应藏文开韵尾和鼻韵尾（即 -ŋ 韵尾、-n 韵尾）是汉藏两语韵母的异常对应模式。

（十七）歌部对应情况

歌部阴声韵对应藏文韵母 a：

26.6 *原始汉藏语：s-mraŋ~*s-mrak*

汉字：麾（17h）

杨福绵拟音：*xmwia(A)<*s-mwia<*s-mria(?) **汉字义**：标志，旗（即记号，语言）

郑张上古拟音：hmral **上古音韵地位**：明歌 1

中古音（反切）：晓支平止合重三（許為）

藏文：smra-ba，也作 smar-ba **藏文义**：说，讲

26.10 *原始汉藏语：*skya~*skyan*

汉字：移（3q）

杨福绵拟音：*sgia/iɛ(A) **汉字义**：转换，移动；改变

郑张上古拟音：lal **上古音韵地位**：以歌 1

中古音（反切）：以支平止开三（弋支）

藏文：skya-ba，过去时 bskyas，未来时 bskya **藏文义**：改变位置；移动

歌部阴声韵对应藏文韵母 ar：

26.3 *原始汉藏语：*(s-)pja(-r)~*(s-)bja(-r)*

汉字：毁（356a）

杨福绵拟音：*xjwăr<*s-bjwăr **汉字义**：诋毁，辱骂

郑张上古拟音：hmral? **上古音韵地位**：明歌 1

中古音（反切）：晓支上止合重三（許委）

藏文：'pyar-ka **藏文义**：责备，侮辱

歌部阴声韵对应藏文韵母 aŋ：

26.7 *原始汉藏语：s-mraŋ~*s-mrak*

汉字：撝（27e）

杨福绵拟音：*xwia(A)<*s-mria(?) **汉字义**：标记，表明

郑张上古拟音：qhʷral **上古音韵地位：**晓歌 1

中古音（反切）：晓支平止合重三（许为）

藏文：smraŋ, smreŋ **藏文义：**话，讲

歌部阴声韵对应藏文韵母 i:

26.8　原始汉藏语：*(s-)grj(w)ǎl

汉字：觧（无）

杨福绵拟音：*gʻlwâr(B), *gʻlwər, *gʻlwân(B) **汉字义：**（轮子）转弯

郑张上古拟音：klool? **上古音韵地位：**见歌 3

中古音（反切）：见戈上果合一（古火）

藏文：ril<*rjǎl(?) **藏文义：**圆

26.9　原始汉藏语：*(s-)grj(w)ǎl

汉字：裹（351c）

杨福绵拟音：*klwâr(B) **汉字义：**包扎，包起来

郑张上古拟音：klool? **上古音韵地位：**见歌 3

中古音（反切）：见戈上果合一（古火）

藏文：ril<*rjǎl(?) **藏文义：**圆

歌部阴声韵对应藏文韵母 o:

26.4　原始汉藏语：*(s-)pja(-r)~*(s-)bja(-r)

汉字：諀（无）

杨福绵拟音：xjwię(KY)<*xjwǎr(B)<*s-bjwǎr **汉字义：**诽谤，诋毁，辱骂

郑张上古拟音：hmral? **上古音韵地位：**明歌 1

中古音（反切）：晓支上止合重三（许委）

藏文：spyo-ba，过去式、祈使式 spyos **藏文义：**责备，责骂

歌部阴声韵对应藏文韵母 or:

26.1　原始汉藏语：*s-bwar

汉字：火（353a）

杨福绵拟音：*xwâr(B)<*s-bwâr **汉字义**：火

郑张上古拟音：qhʷaalʔ **上古音韵地位**：晓歌 1

中古音（反切）：晓戈上果合一（呼果）

藏文：sbor-ba，过去时和将来时 sbar **藏文义**：烧，点燃

26.2 原始汉藏语：*s-bwar

汉字：煅（356b）

杨福绵拟音： **汉字义**：猛烈燃烧的火

郑张上古拟音：hmralʔ **上古音韵地位**：明歌 1

中古音（反切）：晓支上止合重三（許委）

藏文：sbor-ba，过去时和将来时 sbar **藏文义**：烧，点燃

歌部阴声韵对应藏文韵母 ur：

26.5 原始汉藏语：*(s-)mjun~*(s-)mjur

汉字：麾（17h）

杨福绵拟音：*xmwia(A)<*s-mwia **汉字义**：迅速

郑张上古拟音：hmral **上古音韵地位**：明歌 1

中古音（反切）：晓之平止合重三（許为）

藏文：smyur-ba **藏文义**：快速，急忙，催促

（十八）歌部对应情况分析

杨福绵汉藏语同源词中歌部对应的藏文有 10 例。其中歌部对应藏文韵母 a 的有 2 例，对应藏文韵母 ar 的有 1 例，对应藏文韵母 aŋ 的有 1 例，对应藏文韵母 i 的有 2 例，对应藏文韵母 o 的有 1 例，对应藏文韵母 or 的有 2 例，对应藏文韵母 ur 的有 1 例。

歌部和鱼部的主元音一般被认为是相同的。李方桂先生为歌部构拟的主元音为 -a-，而郑张尚芳先生则为歌部构拟了 -a-、-e-、-o- 三个主元音。在歌部韵尾的构拟上，二位先生的观点也不一致，李方桂为歌部构拟了 -r 韵尾，而郑张尚芳则为歌部构拟了韵尾 -l。-l 和 -r 在上古汉语和藏文中都属于流音韵尾，它们经常交替出现。我们通过观察歌部的汉藏

同源词对应情况和上文鱼部的汉藏同源词对应情况可以发现，带韵尾的单元音和不带韵尾的单元音的对应情况也是经常混用的。郑张尚芳先生的歌部三元音说更加适合歌部主元音对应的实际情况。

郑张尚芳先生把歌部拟为流音韵尾。根据上文，杨福绵歌部对应藏文开韵尾的有 5 例，对应藏文 -r 韵尾的有 4 例，对应藏文 -ŋ 韵尾的 1 例。郑张尚芳认为汉语流音韵尾对应藏文开韵尾和鼻韵尾（即 -ŋ 韵尾、-n 韵尾）是汉藏两语韵母的异常对应模式。

二　去声韵对应情况及分析

在杨福绵汉藏语同源词谱中，去声韵所对应的汉藏语同源词词条共有 24 例。其中至部对应 5 例，队部对应 7 例，祭部对应 12 例。现将其词条详细的对应规则排列如下。

（一）至部对应情况

至部去声韵对应藏文韵母 in：

19.1　原始汉藏语：未构拟

汉字：畀（521a）

杨福绵拟音：*pjəd(C) **汉字义**：给

郑张上古拟音：pids **上古音韵地位**：帮至 1

中古音（反切）：帮脂去止开重四（必至）

藏文：sbyin-pa, 过去式和祈使式 byin **藏文义**：给，赠，赐予

至部去声韵对应藏文韵母 id：

19.2　原始汉藏语：未构拟

汉字：鼻（521b）

杨福绵拟音：*b'jəd(C)<*brjəd(?) **汉字义**：鼻子

郑张上古拟音：blids **上古音韵地位**：並至 1

中古音（反切）：並脂开止去重四（毗至）

藏文：p'rid（见 sbrid-pa）**藏文义**：打喷嚏

19.3 原始汉藏语：未构拟

汉字：自（1237p）

杨福绵拟音：dzʻi(KY)<*dzʻjər（董同龢 *dzʻjəd）(C)*s-bʻjəd<*s-brjəd(?) **汉字义**：自己（鼻？）

郑张上古拟音：ɦljids **上古音韵地位**：以至 1

中古音（反切）：從脂去止开三（疾二）

藏文：sbrid-pa **藏文义**：打喷嚏

19.4 原始汉藏语：未构拟

汉字：泗（518d）

杨福绵拟音：*sjəd(C)<*s-bjəd<*s-brjəd(?) **汉字义**：流鼻涕

郑张上古拟音：hljids **上古音韵地位**：以至 1

中古音（反切）：心脂去止开三（息利）

藏文：sbrid-pa **藏文义**：打喷嚏

19.5 原始汉藏语：未构拟

汉字：痹（无）

杨福绵拟音：pji(KY)<*pjəd<*(s-)pjəd<*s-prjəd(?) **汉字义**：风湿病，麻木

郑张上古拟音：pids **上古音韵地位**：帮至 1

中古音（反切）：帮脂去止开重四（必至）

藏文：sbrid-pa **藏文义**：麻木，麻痹

（二）至部对应情况分析

在杨福绵汉藏语同源词中，至部对应的藏文有 5 例。其中至部对应藏文韵母 in 的有 1 例，对应藏文韵母 id 的有 4 例。在对至部的汉语上古拟音方面，郑张尚芳先生给出的拟音为 -ɯg，这与杨福绵先生的拟音差别较大。

从杨福绵至部的汉藏同源词对应的情况来看，至部的藏文主元音并不能准确反映藏文与汉语之间具有对应的关系。因此，至部的汉藏语同源词需要我们重新审视其合理性。

郑张尚芳先生将至部构拟为塞韵尾。根据上文，杨福绵汉藏语同源

词至部对应藏文韵尾 -d 的有 4 例，对应藏文 -n 韵尾的有 1 例。郑张尚芳认为汉语塞韵尾对应藏文鼻韵尾是汉藏两语韵母的异常对应模式。

（三）队部对应情况

队部去声韵对应藏文韵母 ad：

23.6　原始汉藏语：*(s-)k(w)at~*(s-)g(w)at

汉字：谓（523d）

杨福绵拟音：giwəd/jwei(C) **汉字义：**说，讲，叫

郑张上古拟音：ɢuds **上古音韵地位：**云队 2

中古音（反切）：云微去止合三（于贵）

藏文：skad **藏文义：**声音，哭声；讲，话语，语言

队部去声韵对应藏文韵母 id：

23.4　原始汉藏语：未构拟

汉字：顇（490l）

杨福绵拟音：*dz'jwəd(C)<*s-brjəd(?) **汉字义：**筋疲力尽，疲劳

郑张上古拟音：zuds **上古音韵地位：**從队 2

中古音（反切）：從脂去止合三（秦醉）

藏文：sbrid-pa **藏文义：**麻木，麻痹

23.5　原始汉藏语：未构拟

汉字：瘁（490k）

杨福绵拟音：*dz'jwəd(C)<*s-b'jwəd<*s-brjəd(?) **汉字义：**痛苦，疲劳

郑张上古拟音：zuds **上古音韵地位：**從队 2

中古音（反切）：從脂去止合三（秦醉）

藏文：sbrid-pa **藏文义：**麻木，麻痹

队部去声韵对应藏文韵母 ud：

23.1　原始汉藏语：*(s-)bu·n~*(s-)bu·t

汉字：燧（227f）

杨福绵拟音：*dzjwəd(C)<*s-bjwəd **汉字义：**钻木取火

郑张上古拟音：ljuds 上古音韵地位：以队 3

中古音（反切）：邪脂去止合三（徐醉）

藏文：sbud-pa **藏文义**：点燃，放火；（风）吼

23.2 原始汉藏语：*(s-)bu·n~*(s-)bu·t

汉字：焠（490g）

杨福绵拟音：*ts'wəd(C)<*s-p'wəd **汉字义**：烧

郑张上古拟音：shuuds **上古音韵地位**：清队 2

中古音（反切）：清灰去蟹合一（七内）

藏文：sbud-pa **藏文义**：点燃，放火；（风）吼

23.3 原始汉藏语：*(s-)bu·n~*(s-)bu·t

汉字：孛（491a）

杨福绵拟音：*b'wət **汉字义**：彗星

郑张上古拟音：buuuds **上古音韵地位**：並队 1

中古音（反切）：並灰去蟹合一（蒲昧）

藏文：sbud-pa **藏文义**：点燃，放火；（风）吼

23.7 原始汉藏语：šit<*sgit

汉字：塈（515h）

杨福绵拟音：*s-k'i̯əd/xji̯ei(C)，*s-k'i̯ɛd/xji(C)，*g'i̯ɛd/g'ji(C)

汉字义：涂抹

郑张上古拟音：gruuds **上古音韵地位**：群队 1

中古音（反切）：群脂去止开重三（其冀）

藏文：skud-pa，过去时 bskus，未来时 bsku，命令式 skus **藏文义**：
涂抹，擦脏，乱画

（四）队部对应情况分析

杨福绵汉藏语同源词与队部去声韵对应的藏文有 7 例。其中队部去
声韵对应藏文韵母 ad 的有 1 例，对应藏文韵母 id 的有 2 例，对应藏文
韵母 ud 的有 4 例。

对于隊部的上古拟音，郑张尚芳先生依然采用一部三分的原则，他给隊部的上古拟音为 -ug、-ɯwɢ 和 -iwɢ。从杨福绵先生汉藏语同源词隊部对应的藏文主元音来看，隊部的藏文主元音与郑张尚芳先生构拟的隊部的主元音并不对应。这意味着对于隊部的对应还需作进一步的考证。

郑张尚芳先生给隊部构拟了塞韵尾和收唇韵尾两种类型。根据上文，杨福绵先生隊部对应藏文全部为 -d 韵尾的，这有一定的系统性。而郑张尚芳先生对 -d 类型的汉藏韵尾对应并没有作进一步的讨论。

（五）祭部对应情况

祭部去声韵对应藏文韵母 a：

27.9 原始汉藏语：*s-ŋâ-t

汉字：埶（330a）

杨福绵拟音：*s-ŋyi̯ad/śi̯äi(C) **汉字义**：力量，影响

郑张上古拟音：ŋeds **上古音韵地位**：疑祭 2

中古音（反切）：疑祭去蟹开重四（鱼祭）

藏文：ŋa-ba，过去时 bŋas，未来时 bŋa，命令式 ŋos **藏文义**：割，收割

祭部去声韵对应藏文韵母 ad：

27.3 原始汉藏语：*(s-)k(w)at~*(s-)g(w)at

汉字：喝（313k）

杨福绵拟音：*s-k'ât/xât **汉字义**：叫喊

郑张上古拟音：qraads **上古音韵地位**：影祭 1

中古音（反切）：影夬去蟹开二（於犗）

藏文：skad-pa **藏文义**：说，告诉，讲述，叫

27.4 原始汉藏语：*(s-)k(w)at~*(s-)g(w)at

汉字：话（302j）

杨福绵拟音：*g'wad/ɣwai(C) **汉字义**：说；话语

郑张上古拟音：groods **上古音韵地位**：匣祭 3

中古音（反切）：匣夬去蟹合二（下快）

藏文：skad 藏文义：声音，哭声；讲，话语，语言

27.12　原始汉藏语：*(a-,s-)kâ·t

汉字：憩（329a）

杨福绵拟音：*kʻi̯ad/kʻi̯äi(C) 汉字义：休息

郑张上古拟音：khrads 上古音韵地位：溪祭 1

中古音（反切）：溪祭去蟹开重四（去例）

藏文：kʻad-pa 藏文义：粘牢，抓住，停止，停，阻碍

祭部去声韵对应藏文韵母 e：

27.2　原始汉藏语：*s-ge·t

汉字：契（279b）

杨福绵拟音：*kʻjad(C) 借自 *kʻiat 分开 汉字义：手刻，刻痕

郑张上古拟音：kheeds 上古音韵地位：溪祭 2

中古音（反切）：溪齐去蟹开四（苦計）

藏文：’gye-ba 藏文义：分，分离

27.7　原始汉藏语：*(s-)ke-t

汉字：裔（333a）

杨福绵拟音：*sgi̯ad/i̯äi(C) 汉字义：后人，后代

郑张上古拟音：leds 上古音韵地位：以祭 2

中古音（反切）：以祭去蟹开三（餘制）

藏文：skye-ba 藏文义：出生，生

祭部去声韵对应藏文韵母 ed：

27.5　原始汉藏语：*(s-)ke·t~*(s-)ge·t

汉字：契（279b）

杨福绵拟音：*kʻi̯ad/kʻi̯ei(C) 汉字义：文字刻痕

郑张上古拟音：kheeds 上古音韵地位：溪祭 2

中古音（反切）：溪齐去蟹开四（苦計）

藏文：sgyed-po 藏文义：用来垒灶的石头

祭部去声韵对应藏文韵母 o：

27.8　原始汉藏语：*s-ŋâ-t

汉字：埶（330a）

杨福绵拟音：*sŋiad/ŋiäi(C) **汉字义**：种，耕，栽培

郑张上古拟音：ŋeds **上古音韵地位**：疑祭 2

中古音（反切）：疑祭去蟹开重四（鱼祭）

藏文：sŋo-ba，也作 sŋod-ba，过去时 bsŋos，未来时 bsŋo，命令式 sŋos **藏文义**：变绿（即"长成绿色"）；祈祷

27.10　原始汉藏语：*s-ŋâ-t

汉字：蓺（330e）

杨福绵拟音：*sŋiad/ŋiäi(C) **汉字义**：种，耕种，种庄稼

郑张上古拟音：ŋeds **上古音韵地位**：疑祭 2

中古音（反切）：疑祭去蟹开重四（鱼祭）

藏文：sŋo-ba，也作 sŋod-ba，过去时 bsŋos，未来时 bsŋo，命令式 sŋos **藏文义**：变绿（即"长成绿色"）；祈祷

27.11　原始汉藏语：*s-ŋâ-t

汉字：蓺（330e）

杨福绵拟音：*sŋiad/ŋiäi(C) **汉字义**：种，耕，栽培；艺术；方法，规则；天才

郑张上古拟音：ŋeds **上古音韵地位**：疑祭 2

中古音（反切）：疑祭去蟹开重四（鱼祭）

藏文：sŋo-ba，也作 sŋod-ba，过去时 bsŋos，未来时 bsŋo，命令式 sŋos **藏文义**：变绿（即"长成绿色"）；祈祷

祭部去声韵对应藏文韵母 id：

27.6　原始汉藏语：*(s-)ke·t~*(s-)ge·t

汉字：契（279b）

杨福绵拟音：k'iat/k'iet **汉字义**：分开的

郑张上古拟音：kheeds 上古音韵地位：溪祭 2

中古音（反切）：溪齐去蟹开四（苦計）

藏文：sgyid-bu，sgyed-bu **藏文义**：炉底，灶，包括三块石头（即分开的石头）上面可以放壶

祭部去声韵对应藏文韵母 ud：

27.1 原始汉藏语：*(s-)bu·n~*(s-)bu·t

汉字：彗（527a）

杨福绵拟音：*dzjwəd,*dzjwad(C)<*s-bjwəd~*s-bjwad **汉字义**：彗星

郑张上古拟音：sgʷeds 上古音韵地位：匣祭 2

中古音（反切）：邪祭去蟹合三（祥歲）

藏文：sbud-pa **藏文义**：点燃，放火；（风）吼

（六）祭部对应情况分析

杨福绵汉藏语同源词祭部对应的藏文有 12 例，其中祭部对应藏文韵母 a 的有 1 例，对应藏文韵母 ad 的有 3 例，对应藏文韵母 e 的有 2 例，对应藏文韵母 ed 的有 1 例，对应藏文韵母 o 的有 3 例，对应藏文韵母 id 的有 1 例，对应藏文韵母 ud 的有 1 例。对于祭部的上古拟音，郑张尚芳先生采用的是一部多元音原则，他给祭部的上古拟音为 -awɢ、-ewɢ、-owɢ，其主元音为 -a-、-e-、-o-。这与杨福绵给出的藏文对应比较相似，其主元音与郑张尚芳先生构拟的主元音基本可以对应。

从郑张尚芳对祭部的上古拟音可以看出，祭部为收唇韵尾。根据上文，杨福绵祭部对应藏文开韵尾的有 6 例，对应藏文韵尾 -d 的也有 6 例。郑张尚芳先生对上古汉语收唇韵尾与藏语之间的对应关系并没有进行讨论。

三 入声韵对应情况及分析

在杨福绵汉藏语同源词谱中，入声韵所对应的汉藏语同源词词条共 61 例。其中职部对应 1 例，觉部对应 6 例，药部对应 8 例，屋部对应 4 例，铎部对应 14 例，锡部对应 5 例，质部对应 2 例，物部对应 2 例，月

部对应 13 例，缉部对应 3 例，葉部（郑张尚芳命名为盍部）对应 3 例。
现将这 61 例词条详细的对应规则排列如下。

（一）職部对应情况

職部入声韵对应藏文韵母 ag：

2.1　原始汉藏语：*(s-)grâk~*(s-)krâk

汉字： 忒（918j）

杨福绵拟音： *t'jək<*s-k'jək<*s-k'rək **汉字义：** 怕

郑张上古拟音： lhɯg **上古音韵地位：** 胎職

中古音（反切）： 徹職入曾开三（恥力）

藏文： skrag-pa **藏文义：** 害怕，被吓到

（二）職部对应情况分析

杨福绵汉藏语同源词職部对应的藏文仅有 1 例，这 1 例是对应藏文
韵母 ag，郑张尚芳先生给職部的上古拟音为 -ɯg，这在主元音和韵尾上
都与杨福绵的拟音不相符，而且杨福绵的汉藏语同源词在数量上也不足
以支撑職部的对应规律。

对于職部的上古汉语拟音，郑张尚芳先生构拟的韵尾是 -g，从杨福
绵職部的汉藏对应例证来看，其韵尾也是 -g，这使郑张尚芳先生为職部
构拟的韵尾的合理性在一定程度上得到了印证。

根据郑张尚芳先生的汉语上古拟音，職部应为塞韵尾。根据上文，
杨福绵職部对应藏文仅有 1 例 -g 韵尾。由于材料数量过少，我们这里并
不能对汉藏语同源词的对应规律进行准确的判断。

（三）覺部对应情况

覺部入声韵对应藏文韵母 ags：

5.5　原始汉藏语：*(s-)grâk; *s-grâk

汉字： 缩（1029c）

杨福绵拟音： *sjôk（李方桂 *srjəkw）<*s-grjôk<*s-grôk **汉字义：** 系

郑张上古拟音： srug **上古音韵地位：** 心覺 1

中古音（反切）：生屋入通合三（所六）

藏文：grags-pa **藏文义：**系

覺部入声韵对应藏文韵母 og：

5.1　原始汉藏语：*(s-)kjâŋ~*(s-)kjâk

汉字：鞠（1017g）

杨福绵拟音：*kjôk **汉字义：**养育

郑张上古拟音：kug **上古音韵地位：**见覺 1

中古音（反切）：見屋入通合三（居六）

藏文：'k'yog-pa，过去时 k'yag，使动式 k'yog **藏文义：**举起，携带，提供（抚养）

5.3　原始汉藏语：*(s-)kjâŋ~*(s-)kjâk

汉字：育（1020）

杨福绵拟音：*djôk<*gjôk（董同龢 *gjôk）**汉字义：**抚养，喂养，养育

郑张上古拟音：lug **上古音韵地位：**以覺 1

中古音（反切）：以屋入通合三（余六）

藏文：'k'yog-pa，过去时 k'yag，使动式 k'yog **藏文义：**举起，携带，提供（抚养）

5.4　原始汉藏语：*(s-)kjâŋ~*(s-)kjâk

汉字：毓（1021）

杨福绵拟音：*djôk<*gjôk **汉字义：**培养，养育孩子

郑张上古拟音：lug **上古音韵地位：**以覺 1

中古音（反切）：以屋入通合三（余六）

藏文：'k'yog-pa，过去时 k'yag，使动式 k'yog **藏文义：**举起，携带，提供（抚养）

覺部入声韵对应藏文韵母 ogs：

5.5　原始汉藏语：*(s-)grâk; *s-grâk

汉字：缩（1029c）

杨福绵拟音：*sjôk（李方桂 *srjəkw）<*s-grjôk<*s-grôk **汉字义**：系

郑张上古拟音：srug **上古音韵地位**：心觉 1

中古音（反切）：生屋入通合三（所六）

藏文：grags-pa **藏文义**：系

觉部入声韵对应藏文韵母 oŋ：

5.2 原始汉藏语：*(s-)kjâŋ~*(s-)kjâk

汉字：畜（1018a）

杨福绵拟音：xjôk<*k'jôk；*xjôg(C)<*k'jôg；*t'jôk（李方桂 *skhrjəkw<*s-k'jôk；*t'jôg<*s-k'jôg）**汉字义**：养育，抚养，保持，支持，贮藏

郑张上古拟音：lhug **上古音韵地位**：胎觉 1

中古音（反切）：徹屋入通合三（勑六）

藏文：skyoŋ-ba，过去时 bskyaŋs **藏文义**：守卫，保持，喂养，支持

（四）觉部对应情况分析

觉部对应的藏文有 6 例。其中觉部对应藏文韵母 ags 的有 1 例，对应藏文韵母 og 的有 3 例，对应藏文韵母 ogs 的有 1 例，对应藏文韵母 oŋ 的有 1 例。对于觉部的上古汉语拟音，郑张尚芳先生仍遵循一部多元音原则，给觉部拟音为 -ug、-ɯwɢ、-iwɢ，杨福绵汉藏语同源词例证最多的主元音是 -o-。

郑张尚芳先生给觉部构拟的主元音为 -u，构拟的韵尾为 -g 韵尾，从杨福绵觉部的汉藏对应情况来看，觉部对应 -g 韵尾有 3 个，对应 -s 韵尾有 2 个，对应 -ŋ 韵尾有 1 个，杨福绵的研究一定程度上证明了郑张尚芳先生构拟的合理性。

（五）藥部对应情况

藥部入声韵对应藏文韵母 ag：

8.7 原始汉藏语：*(s-)kâk

汉字：銮（1141-l）

杨福绵拟音：*s-kok/ʔuok **汉字义**：银

郑张上古拟音：qoowɢ 上古音韵地位：影药

中古音（反切）：影沃入通合一（乌酷）

藏文：gag **藏文义**：小块的银，锭

8.8　原始汉藏语：*s-kyok

汉字：削（1149c）

杨福绵拟音：*s-gi̯ok/si̯ak,*s-gi̯og/si̯äu(A) **汉字义**：剥，削，切；破坏；擦掉

郑张上古拟音：slewɢ 上古音韵地位：以药

中古音（反切）：心药入宕开三（息约）

藏文：skyag-pa，过去时 bskyags，未来时 skyog **藏文义**：花费，布置，扩张；屠杀，谋杀（西部藏语）

药部入声韵对应藏文韵母 og：

8.1　原始汉藏语：未构拟

汉字：溺（1123d）

杨福绵拟音：*niog(C) **汉字义**：尿

郑张上古拟音：njewɢ 上古音韵地位：泥药

中古音（反切）：日药入宕开三（而灼）

藏文：nyog-pa **藏文义**：蒙尘，脏

8.2　原始汉藏语：

汉字：溺（1123d）

杨福绵拟音：*niok **汉字义**：沉，坠落

郑张上古拟音：njewɢ 上古音韵地位：泥药

中古音（反切）：日药入宕开三（而灼）

藏文：nyog-pa **藏文义**：蒙尘，脏

药部入声韵对应藏文韵母 ogs：

8.3　原始汉藏语：*s-kyok

汉字：勺（1120a）

杨福绵拟音：*skyi̯ok/tśi̯ak **汉字义**：用勺盛；斟酒

郑张上古拟音：bljewɢ **上古音韵地位**：並藥

中古音（反切）：禅藥入宕开三（市若）

藏文：skyogs-pa **藏文义**：勺；酒杯

8.4　原始汉藏语：*s-kyok

汉字：杓（1120b）

杨福绵拟音：*sgyi̯ok/źi̯ak **汉字义**：勺；杯

郑张上古拟音：bljewɢ **上古音韵地位**：並藥

中古音（反切）：禅藥入宕开三（市若）

藏文：skyogs-pa **藏文义**：勺；酒杯

8.5　原始汉藏语：*s-kyok

杨福绵拟音：*skyi̯ok/tśi̯ak **汉字义**：往杯里倒酒

郑张上古拟音：pljewɢ **上古音韵地位**：帮藥

中古音（反切）：章藥入宕开三（之若）

藏文：skyogs-pa **藏文义**：勺；酒杯

8.6　原始汉藏语：*s-kyok

汉字：汋（1120c）

杨福绵拟音：*sgyi̯ok/źi̯ak,*skyi̯ok/tśi̯ak, 'sgi̯ok/i̯ak **汉字义**：勺，用勺盛出来，倒出

郑张上古拟音：bljewɢ **上古音韵地位**：並藥

中古音（反切）：禅藥入宕开三（市若）

藏文：skyogs-pa **藏文义**：勺；酒杯

（六）藥部对应情况分析

杨福绵汉藏语同源词藥部对应的藏文有 8 例，其中藥部对应藏文韵母 ag 的有 2 例，对应藏文韵母 og 的有 2 例，对应藏文韵母 ogs 的有 4 例。对于藥部的上古汉语拟音，郑张尚芳先生仍然采用一部多元音原则，他给藥部的上古拟音为 -awɢ、-ewɢ、-owɢ。郑张尚芳先生给藥部构拟的主

元音为 -a-、-e- 和 -o-，从杨福绵汉藏语同源词藥部对应的藏文韵母主元音为 -a-、-o- 来看，汉藏语发音部位是比较接近的，但从韵尾来看差别很大，这种差异需要我们对藥部同源词做进一步研究。

郑张尚芳先生把藥部拟为收唇韵尾。根据上文，藥部对应藏文 -g 韵尾的有 4 例，对应藏文 -s 韵尾的有 4 例。对于上古汉语收唇韵尾的汉藏对应情况，郑张尚芳先生并没有做出进一步讨论。

（七）屋部对应情况

屋部入声韵对应藏文韵母 ags：

10.1　原始汉藏语： *(s-)grâk; *s-grâk

汉字： 束（1222a）

杨福绵拟音： *śjuk<*ś-gjuk<*s-gruk **汉字义：** 系

郑张上古拟音： hljog **上古音韵地位：** 以屋

中古音（反切）： 书燭入通合三（书玉）

藏文： grags-pa **藏文义：** 系

屋部入声韵对应藏文韵母 og：

10.2　原始汉藏语： *(s-)gjôk~*(s-)kjôk

汉字： 曲（1213a）

杨福绵拟音： *k'juk **汉字义：** 弯的，弯曲

郑张上古拟音： khog **上古音韵地位：** 溪屋

中古音（反切）： 溪燭入通合三（丘玉）

藏文： k'yog-po **藏文义：** 弯曲，俯身

屋部入声韵对应藏文韵母 ogs：

10.3　原始汉藏语： *(s-)gjôk~*(s-)kjôk

汉字： 局（1214a）

杨福绵拟音： *g'juk **汉字义：** 弯，俯身；卷曲，缠绕

郑张上古拟音： gog **上古音韵地位：** 群屋

中古音（反切）： 群燭入通合三（渠玉）

藏文：skyogs-med 藏文义：笔直，挺拔

10.4　原始汉藏语：*(s-)gjôk~*(s-)kjôk

汉字：蹋（1214b）

杨福绵拟音：*g'juk 汉字义：俯身

郑张上古拟音：gog 上古音韵地位：群屋

中古音（反切）：群燭入通合三（渠玉）

藏文：skyogs-lto-'bu **藏文义：**蜗牛

（八）屋部对应情况分析

杨福绵汉藏语同源词中与屋部入声韵对应的藏文有 4 例，其中屋部入声韵对应藏文韵母 ags 的有 1 例，对应藏文韵母 og 的有 1 例，对应藏文韵母 ogs 的有 2 例。对于屋部的上古汉语拟音，郑张尚芳先生构拟的是 -og，杨福绵给出例证的主元音包括 -o- 和 -a-，并都带有 -g 和 -s 韵尾，这与郑张先生的构拟有一定相似之处。但是杨福绵的例证过少，还不足以证明其规律性。

郑张尚芳对屋部的上古拟音标明屋部应为塞韵尾。根据上文，杨福绵汉藏语同源词屋部入声韵对应藏文 -g 韵尾的有 3 例，对应藏文 -s 韵尾的有 1 例。郑张尚芳先生认为上古汉语塞韵尾对应藏文开韵尾和鼻韵尾是汉藏两语韵母的异常对应情况。

（九）鐸部对应情况

鐸部入声韵与藏文韵母 a：

13.1　原始汉藏语：未构拟

汉字：昔（798a）

杨福绵拟音：*sjăk<*s-ńjăk 汉字义：以前

郑张上古拟音：sjaag 上古音韵地位：心鐸

中古音（反切）：心昔入梗开三（思积）

藏文：sŋa-go 或 sŋon **藏文义：**以前

13.12 原始汉藏语：*skyak

汉字：鹊（798n）

杨福绵拟音：*skʻi̯ak/tsʻi̯ak 汉字义：鹊，喜鹊

郑张上古拟音：shag 上古音韵地位：清铎

中古音（反切）：清药入宕开三（七雀）

藏文：skya-ka 藏文义：鹊，喜鹊

铎部入声韵对应藏文韵母 ag：

13.2 原始汉藏语：*(s-)grâk~*(s-)krâk

汉字：赫（779a）

杨福绵拟音：*xǎk<*kʻrǎk 汉字义：红，火红；冲动，害怕

郑张上古拟音：qhraag 上古音韵地位：晓铎

中古音（反切）：晓陌入梗开三（呼格）

藏文：kʻrag 藏文义：血

13.3 原始汉藏语：*(s-)grâk~*(s-)krâk

汉字：奭（913a）

杨福绵拟音：*xjək<*s-kʻjək<*s-kʻrək 汉字义：红

郑张上古拟音：hjag 上古音韵地位：晓铎

中古音（反切）：书昔入梗开三（施隻）

藏文：kʻrag-tʻuŋ 藏文义：一类可怕的神

13.4 原始汉藏语：*(s-)grâk~*(s-)krâk

汉字：奭（913a）

杨福绵拟音：śjäk<*ś-gjak<*s-grak 汉字义：红

郑张上古拟音：hjag 上古音韵地位：晓铎

中古音（反切）：书昔入梗开三（施隻）

藏文：skrag-pa 藏文义：害怕，被吓到

13.6 原始汉藏语：*(s-)grâk~*(s-)krâk

汉字：嚇（779b）

杨福绵拟音： *xăk<*kʻrăk; *xăg(C)<*kʻrag **汉字义：** 怕

郑张上古拟音： qhraag **上古音韵地位：** 晓鐸

中古音（反切）： 晓陌入梗开二（呼格）

藏文： skrag-pa **藏文义：** 害怕，被吓到

13.7　原始汉藏语： *(s-)grâk~*(s-)krâk

汉字： 恪（766g）

杨福绵拟音： *kʻlâk<*kʻrâk **汉字义：** 尊重，虔诚

郑张上古拟音： khlaag **上古音韵地位：** 溪鐸

中古音（反切）： 溪鐸入宕开一（苦各）

藏文： kʻrag **藏文义：** 血

13.8　原始汉藏语： *(s-)grâk~*(s-)krâk

汉字： 懼（778e）

杨福绵拟音： *xjwak<*s-kʻrwak **汉字义：** 怕

郑张上古拟音： gʷag **上古音韵地位：** 群鐸

中古音（反切）： 群藥入宕合三（具籰）

藏文： skrag-pa **藏文义：** 害怕，被吓到

13.9　原始汉藏语： *(s-)grâk~*(s-)krâk

汉字： 愕（788h）

杨福绵拟音： *ngâk<*(s-)ngâk<*(s-)grâk **汉字义：** 害怕

郑张上古拟音： ŋaag **上古音韵地位：** 疑鐸

中古音（反切）： 疑鐸入宕开一（五各）

藏文： skrag-pa **藏文义：** 害怕，被吓到

鐸部入声韵对应藏文韵母 og：

13.5　原始汉藏语： *(s-)grâk~*(s-)krâk

汉字： 赤（793a）

杨福绵拟音： *tʻjăk< 李方桂 *skhjak(?)<*s-kʻrak **汉字义：** 红

郑张上古拟音： khljag **上古音韵地位：** 溪鐸

229

中古音（反切）：昌昔入梗开三（昌石）

藏文：dkrog-pa, skrog-pa **藏文义**：心神不安，激起，害怕

13.13　原始汉藏语：*(s-,ʔ-)kok

汉字：槨（774f）

杨福绵拟音：*kwâk/kwâk **汉字义**：外层棺材

郑张上古拟音：kʷaag **上古音韵地位**：見鐸

中古音（反切）：見鐸入宕合一（古博）

藏文：kog-pa, skog-pa **藏文义**：壳，外皮；剥皮，削皮

13.14　原始汉藏语：*(s-,ʔ-)kok

汉字：郭（774a）

杨福绵拟音：*kwâk/kwâk **汉字义**：外层城墙

郑张上古拟音：kʷaag **上古音韵地位**：見鐸

中古音（反切）：見鐸入宕合一（古博）

藏文：kog-pa, skog-pa **藏文义**：壳，外皮；剥皮，削皮

鐸部入声韵对应藏文韵母 ogs：

13.10　原始汉藏语：*(s-)grâk; *s-grâk

汉字：索（770a）

杨福绵拟音：*sâk(李方桂 *srak)<*s-grâk **汉字义**：缠绳子，绳子

郑张上古拟音：slaag **上古音韵地位**：心鐸

中古音（反切）：心鐸入宕开一（蘇各）

藏文：sgrogs **藏文义**：绳子，线

13.11　原始汉藏语：*(s-)grâk; *s-grâk

汉字：络（766o）

杨福绵拟音：*glâk **汉字义**：线绳，马笼头

郑张上古拟音：g·raag **上古音韵地位**：來鐸

中古音（反切）：來鐸入宕开一（盧各）

藏文：sgrogs **藏文义**：绳子，线

（十）鐸部对应情况分析

杨福绵汉藏语同源词鐸部入声韵对应的藏文有 14 例，其中鐸部入声韵对应藏文韵母 a 的有 2 例，对应藏文韵母 ag 的有 7 例，对应藏文韵母 og 的有 3 例，对应藏文韵母 ogs 的有 2 例。对应鐸部的上古汉语拟音，郑张尚芳先生的构拟是 -ag。杨福绵给出的例证主元音是 -a- 和 -o-，从主元音上来看两者还是具有部分一致性的。

鐸部是与鱼部相配的入声韵，其主元音应为 -a-，所以在鐸部的汉藏对应中有一部分主元音是 a 韵母。郑张尚芳先生给鐸部构拟了韵尾 -g，这从杨福绵汉藏语同源词鐸部的汉藏对应例证中也能看到。

郑张尚芳先生给鐸部拟为塞韵尾。根据上文，鐸部入声韵对应藏文开韵尾的有 2 例，对应藏文 -g 韵尾的有 10 例，对应藏文 -s 韵尾的有 2 例，较好地印证了郑张先生的构拟。

（十一）錫部对应情况

錫部入声韵对应藏文韵母 ad：

16.5　原始汉藏语：*(a-,s-)kâ·t

汉字：惕（313s）

杨福绵拟音：*k'i̯ad/k'i̯äi(C)*k'i̯at/k'i̯ät 汉字义：休息

郑张上古拟音：lheeg **上古音韵地位：**胎錫

中古音（反切）：透錫入梗开四（他歷）

藏文：k'ad-pa **藏文义：**粘牢，抓住，停止，停，阻碍

錫部入声韵对应藏文韵母 ag：

16.1　原始汉藏语：*(s-)grâk~*(s-)krâk

汉字：虩（787d）

杨福绵拟音：*xjǎk<*s-k'rǎk 汉字义：害怕

郑张上古拟音：sqhraag **上古音韵地位：**曉錫

中古音（反切）：生麦入梗开二（山責）

藏文：skrag-pa **藏文义：**害怕，被吓到

16.2　原始汉藏语：*(s-)grâk~*(s-)krâk

汉字：愬（769b）

杨福绵拟音：sɛk<*s-grĕk **汉字义：**害怕

郑张上古拟音：sqhraag **上古音韵地位：**晓锡

中古音（反切）：生麦入梗开二（山责）

藏文：skrag-pa **藏文义：**害怕，被吓到

锡部入声韵对应藏文韵母 eg:

16.3　原始汉藏语：*(s-)kek

汉字：戹（844a）

杨福绵拟音：*s-kĕk/ʔɛk **汉字义：**困难，灾难

郑张上古拟音：qreeg **上古音韵地位：**影锡

中古音（反切）：影麦入梗开三（於革）

藏文：skyeg **藏文义：**不幸

16.4　原始汉藏语：*(s-)kek

汉字：阨（844h）

杨福绵拟音：*s-kĕg/ʔɛk,*s-kĕg/ʔai(C) **汉字义：**困难

郑张上古拟音：qreeg **上古音韵地位：**影锡

中古音（反切）：影麦入梗开三（於革）

藏文：skyeg **藏文义：**不幸

（十二）锡部对应情况分析

杨福绵汉藏语同源词锡部入声韵对应的藏文有 5 例。其中锡部入声韵对应藏文韵母 ad 的有 1 例，对应藏文韵母 ag 的有 2 例，对应藏文韵母 eg 的有 2 例，郑张尚芳先生给锡部的上古汉语拟音为 -eg，从杨福绵汉藏语同源词例证来看，二位先生有部分相同。

郑张尚芳先生给锡部的上古拟音为塞韵尾。根据上文，锡部对应藏文 -g 韵尾的有 4 例，对应藏文 -d 韵尾的有 1 例。从锡部入声韵对应情况来看，其主元音为 -a- 和 -e-，这与郑张尚芳先生为锡部构拟的主元

音 -e- 有部分相同。但主元音 -a- 从发音位置和舌位高低来看，与 -e- 的差别还是比较显著的，这就需要我们做进一步的研究。郑张尚芳先生为錫部入声韵构拟的韵尾为 -g，我们从杨福绵汉藏语同源词錫部的对应上可以得到例证。

（十三）質部对应情况

質部入声韵对应藏文韵母 en：

20.1　原始汉藏语： *(s-)ni·(-n)~*(s-)ni·(-t)

汉字： 昵（563f）

杨福绵拟音： *njět **汉字义：** 站的很近，熟悉，亲密

郑张上古拟音： nig **上古音韵地位：** 泥質 2

中古音（反切）： 娘質入臻开三（尼質）

藏文： nyen-kʻor **藏文义：** 亲戚

20.2　原始汉藏语： *(s-)ni·(-n)~*(s-)ni·(-t)

汉字： 袘（404b）

杨福绵拟音： *njět **汉字义：** 女式贴身内衣

郑张上古拟音： nig **上古音韵地位：** 泥質 2

中古音（反切）： 娘質入臻开三（尼質）

藏文： ɣnjen **藏文义：** 家属，亲戚

（十四）質部对应情况分析

杨福绵先生汉藏语比较同源词表中，質部入声韵对应的藏文仅有 2 例，这 2 例質部都是对应藏文韵母 en。

对于質部的上古汉语拟音，郑张尚芳先生把質部的主元音构拟为 -i-，杨福绵给出的 2 个例证的主元音是 -e-，这与郑张尚芳先生的构拟还是有很大区别的，这个区别就预示着我们需要做进一步研究。郑张尚芳先生为質部入声韵构拟的韵尾为 -d 和 -g，这和杨福绵的鼻音韵尾 -n 并不相同。我们更倾向于为入声韵質部构拟一个塞音韵尾。

郑张尚芳给質部构拟了塞韵尾和收舌韵尾。根据上文杨福绵汉藏语

同源词，質部对应藏文为鼻音韵尾的 -n，郑张尚芳认为上古汉语塞韵尾对应藏文鼻韵尾（即 -ŋ 韵尾和 -n 韵尾）是汉藏两语韵母的异常对应模式。

（十五）物部对应情况

物部入声韵对应藏文韵母 on：

24.2　原始汉藏语：*s-mjə(-n)

汉字：惚（503i）

杨福绵拟音：*xmwət<*s-mwət 汉字义：迷惑，昏沉沉

郑张上古拟音：hmɯɯd 上古音韵地位：明物 1

中古音（反切）：晓没入臻合一（呼骨）

藏文：smyon-pa 藏文义：发疯，发狂

物部入声韵对应藏文韵母 ud：

24.1　原始汉藏语：*(s-)buˑn~*(s-)buˑt

汉字：哱（491e）

杨福绵拟音：bʻuət(KY)<*bʻwət 汉字义：吹气声

郑张上古拟音：phɯɯd 上古音韵地位：滂物 1

中古音（反切）：滂没入臻合一（普没）

藏文：sbud-pa 藏文义：点燃，放火；（风）吼

（十六）物部对应情况分析

杨福绵汉藏语同源词物部入声韵对应的藏文仅有 2 例。其中物部对应藏文韵母 on 的有 1 例，对应藏文韵母 ud 的有 1 例。对于物部入声韵的上古拟音，郑张尚芳先生的构拟为 -ɯd、-ud，其主元音为 -ɯ-、-u-，韵尾为 -d 收舌韵尾。杨福绵的例证有 1 例与之完全一致。

根据上文，物部入声韵对应藏文 -d 韵尾的有 1 例，对应藏文 -n 韵尾的有 1 例。郑张尚芳先生没有对上古汉语收舌韵尾的汉藏对应情况做出讨论。

（十七）月部对应情况

月部入声韵对应藏文韵母 ad：

28.2　原始汉藏语：未构拟

汉字：蔑（311a）

杨福绵拟音：*miat **汉字义**：毁掉，消灭

郑张上古拟音：meed **上古音韵地位**：明月2

中古音（反切）：明屑入山开四（莫结）

藏文：smad-pa **藏文义**：中伤，责备

28.3　原始汉藏语：未构拟

汉字：威（294a）

杨福绵拟音：*xmjwat<*s-mjat **汉字义**：消灭，毁掉

郑张上古拟音：hmed **上古音韵地位**：明月2

中古音（反切）：晓薛入山合重四（許劣）

藏文：smad-pa **藏文义**：中伤，责备

28.7　原始汉藏语：*(s-)k(w)at~*(s-)g(w)at

汉字：曰（304a）

杨福绵拟音：*gi̯wăt/ji̯wɐt **汉字义**：说

郑张上古拟音：ɢʷad **上古音韵地位**：云月1

中古音（反切）：云月入山合三（王伐）

藏文：skad-pa **藏文义**：说，告诉，讲述，叫

28.12　原始汉藏语：*(a-,s-)kâ·t

汉字：歇（313u）

杨福绵拟音：*s-k'i̯ăt/xi̯ɐt **汉字义**：终止，休息

郑张上古拟音：qhad **上古音韵地位**：晓月1

中古音（反切）：晓月入山开三（許竭）

藏文：k'ad-pa **藏文义**：粘牢，抓住，停止，停，阻碍

月部入声韵对应藏文韵母 an:

28.4　原始汉藏语：未构拟

汉字：末（277a）

杨福绵拟音：*mwât 汉字义：最后，小，缩小

郑张上古拟音：maad 上古音韵地位：明月 1

中古音（反切）：明末入山合一（莫撥）

藏文：dman-pa **藏文义**：低，小

月部入声韵对应藏文韵母 ed:

28.5　　原始汉藏语：*s-ge·t

汉字：鍥（279f）

杨福绵拟音：*k'iad 汉字义：鍥，切断

郑张上古拟音：keed 上古音韵地位：见月 2

中古音（反切）：见屑入山开四（古屑）

藏文：'gyed-pa **藏文义**：分，撒，散播

28.6　　原始汉藏语：*s-ge·t

汉字：楔（279i）

杨福绵拟音：*siat<*s-giat 汉字义：分开尸体的牙齿

郑张上古拟音：kreed 上古音韵地位：见月 2

中古音（反切）：见黠入山开二（古黠）

藏文：sgyed-po, sgyid-po **藏文义**：炉底石

28.8　　原始汉藏语：*(s-)ke·t~*(s-)ge·t

汉字：楔（279i）

杨福绵拟音：*s-giat/siet 汉字义：楔，装在尸体牙齿之间的木头（即把牙齿分开）

郑张上古拟音：kreed 上古音韵地位：见月 2

中古音（反切）：见黠入山开二（古黠）

藏文：'gyed-pa **藏文义**：分开，撒开

28.9　　原始汉藏语：*(s-)ke·t~*(s-)ge·t

汉字：鍥（279f）

杨福绵拟音：*k'iat/k'iet 汉字义：割，割开

郑张上古拟音：keed **上古音韵地位：**见月 2

中古音（反切）：見屑入山开四（古屑）

藏文：'gyed-pa **藏文义：**分开，撒开

28.10　原始汉藏语：*(s-)ke·t~*(s-)ge·t

汉字：齾（279e）

杨福绵拟音：*ʔkiat/ŋiet **汉字义：**噬，嘎扎嘎扎的咀嚼

郑张上古拟音：ŋeed **上古音韵地位：**疑月 2

中古音（反切）：疑蟹入山开四（五结）

藏文：'gyed-pa **藏文义：**分开，撒开

月部入声韵对应藏文韵母 od：

28.1　原始汉藏语：

汉字：懱（311c）

杨福绵拟音：*miat<*hmiat<*s-miat **汉字义：**鄙视

郑张上古拟音：meed **上古音韵地位：**明月 2

中古音（反切）：明屑入山开四（莫结）

藏文：smod-pa **藏文义：**责备

28.11　原始汉藏语：*(a-,s-)kâ·t

汉字：遏（31s-l）

杨福绵拟音：*s-kât/ʔât **汉字义：**停止，抑制，终止

郑张上古拟音：qaad **上古音韵地位：**影月 1

中古音（反切）：影曷入山开一（乌葛）

藏文：'kʻod-pa **藏文义：**坐下，坐

28.13　原始汉藏语：*(s-,ʔ-)ka·n~ *(s-,ʔ-)ka·t

汉字：设（290a）

杨福绵拟音：*s-gyiat/śiät **汉字义：**建立；设立；放置

郑张上古拟音：hljed **上古音韵地位：**以月 2

中古音（反切）：书薛入山开三（識列）

藏文：'god-pa，过去时 bgod，未来时 dgod，命令式 k'od **藏文义：**设计，计划，建立

（十八）月部对应情况分析

杨福绵汉藏语同源词月部入声韵对应的藏文有 13 例。其中月部对应藏文韵母 ad 韵母的有 4 例，对应藏文韵母 an 的有 1 例，对应藏文韵母 ed 的有 5 例，对应藏文韵母 od 的有 3 例。对于月部的上古汉语拟音，郑张尚芳先生仍然采用一部多元音原则，为月部拟音为 -ad、-ed、-od，其主元音是 -a-、-e- 和 -o-，构拟的韵尾为 -d，这三种情况在杨福绵汉藏语同源词中都得到了印证。

郑张尚芳先生给月部的拟音为收舌韵尾。根据上文，杨福绵月部入声韵对应藏文 -d 韵尾的有 12 例，对应藏文 -n 韵尾的有 1 例。基本上可以印证郑张先生的构拟。

（十九）缉部对应情况

缉部入声韵对应藏文韵母 ab：

30.3　原始汉藏语： *(s-)kyəp

汉字： 汁（686f）

杨福绵拟音： *skyi̯əp/tśi̯əp **汉字义：** 汁，液，融化的雪水

郑张上古拟音： kjub **上古音韵地位：** 見缉 3

中古音（反切）： 章缉入臻开三（之入）

藏文： tś'ab<*sk'yab **藏文义：** 水

缉部入声韵对应藏文韵母 ub：

30.1　原始汉藏语： *(s-)nup~*(s-)nəp

汉字： 纳（695c）

杨福绵拟音： *nəp **汉字义：** 带入，传送，出现

郑张上古拟音： nuub **上古音韵地位：** 泥缉 3

中古音（反切）： 泥合入咸开一（奴答）

藏文： nub-pa **藏文义：** 慢慢落下，沉入，（太阳）落下

30.2　原始汉藏语：*(s-)nup~*(s-)nəp

汉字：入（695a）

杨福绵拟音： *ńjəp<*s-ńjəp<*s-nəp

郑张上古拟音： njub **上古音韵地位：** 泥缉 3

中古音（反切）： 日缉入深开三（人執）

藏文： snub-pa **藏文义：** 致死

（二十）缉部对应情况分析

杨福绵汉藏语同源词中缉部入声韵对应的藏文仅有 3 例。其中缉部入声韵对应藏文韵母 ab 的有 1 例，对应藏文韵母 ub 的有 2 例。对于缉部的上古汉语拟音，郑张尚芳先生仍采用一部多元音原则，将缉部构拟为 -ɯb、-ib、-ub。杨福绵汉藏语同源词缉部例证中有 2 例藏文韵母是 ub，这与郑张尚芳先生的构拟还是一致的。

郑张尚芳先生为缉部构拟了主元音 -u-、-ɯ- 和 -i-，构拟的韵尾为 -b，杨福绵缉部汉藏对应的 3 个例子都是 -b 韵尾。

郑张尚芳认为缉部的上古拟音应为收唇韵尾。根据上文，杨福绵缉部对应藏文 -b 韵尾的有 3 例，有力地支撑了郑张先生的构拟。

（二十一）葉部对应情况

葉部入声韵对应藏文韵母 abs：

32.2　原始汉藏语：*(s-)kjap

汉字： 协（639b）

杨福绵拟音： *gʻiap **汉字义：** 一致，一起，符合

郑张上古拟音： ɦleeb **上古音韵地位：** 匣盍 2

中古音（反切）： 匣贴入咸开四（胡頰）

藏文： skyabs **藏文义：** 保护，帮助

32.3　原始汉藏语：*(s-)kjap

汉字： 馌（642t）

杨福绵拟音： *gjap **汉字义：** 带去食物（给地里干活的人）

郑张上古拟音：grab 上古音韵地位：云盍 1

中古音（反切）：云葉入咸开三（筠辄）

藏文：skyabs **藏文义：**保护，帮助

葉部入声韵对应藏文韵母 ob：

32.1 原始汉藏语：*(s-)kjap

汉字：挟（630j）

杨福绵拟音：*gʰiap, *ʔ>tsiep<*s-kiap **汉字义：**拿，握，夹在胳膊下，环抱

郑张上古拟音：geeb **上古音韵地位：**匣盍 2

中古音（反切）：匣贴入咸开四（胡颊）

藏文：skyob-pa，过去时 bskyabs，将来时 bskyab，使动式 skyobs **藏文义：**保护，守护，保持

（二十二）葉部对应情况分析

杨福绵汉藏语同源词葉部入声韵对应的藏文仅有 3 例。其中葉部入声韵对应藏文韵母 abs 的有 2 例，对应藏文韵母 ob 的有 1 例。对于葉部的上古汉语拟音，郑张尚芳先生仍然采用一部多元音原则，把葉部构拟为 -ab、-eb、-ob，这与杨福绵汉藏语同源词葉部的藏语对应在主元音上一致，但杨福绵先生的例证较少。

郑张尚芳先生给葉部入声韵构拟的主元音为 -a-、-e-、-o-，构拟的韵尾为 -b、-bs。这与杨福绵先生葉部的汉藏对应完全一致。

郑张尚芳给葉部拟为收唇韵尾。根据上文，杨福绵汉藏语同源词葉部入声韵对应藏文 -b 韵尾的有 1 例，对应藏文 -s 韵尾的有 2 例，郑张尚芳没有对上古汉语收唇韵尾汉藏对应情况做出更多讨论。

四 阳声韵对应情况及分析

在杨福绵汉藏语同源词谱中，阳声韵所对应的汉藏语同源词词条共有 145 例。其中蒸部对应 4 例，冬部无对应例，東部对应 4 例，陽部对应 36 例，耕部对应 14 例，真部对应 10 例，文部对应 28 例，元部对应

37 例，侵部对应 10 例，谈部对应 2 例。现将这 145 例词条详细的对应规则排列如下。

（一）蒸部对应情况

蒸部阳声韵对应藏文韵母 og：

3.3　原始汉藏语：*(s-,ʔ-)kyəŋ~*(s-,ʔ-)kyək

汉字：拯（896i）

杨福绵拟音：*skyi̯əŋ/tśi̯əŋ(B) **汉字义：**救，帮助；举

郑张上古拟音：kljɯŋʔ **上古音韵地位：**見蒸

中古音（反切）：章蒸上曾开三（支庱）

藏文：'kʻyog-pa，过去时 kʻyag，命令式 kʻyog **藏文义：**举，举起，带来

3.4　原始汉藏语：*(s-,ʔ-)kyəŋ~*(s-,ʔ-)kyək

汉字：抍（897e）

杨福绵拟音：*sgyi̯əŋ/śi̯əŋ(A)，*sgyi̯əŋ/tśi̯əŋ(B) **汉字义：**举起，救

郑张上古拟音：hljɯŋ **上古音韵地位：**曉蒸

中古音（反切）：书蒸平曾开三（識蒸）

藏文：'kʻyog-pa，过去时 kʻyag，命令式 kʻyog **藏文义：**举，举起，带来

蒸部阳声韵对应藏文韵母 iŋ：

3.1　原始汉藏语：*s-kyəŋ~*s-kyək

汉字：鹰（890c）

杨福绵拟音：*sgi̯əŋ/i̯aŋ(A) **汉字义：**鹰，猎鹰

郑张上古拟音：qɯŋ **上古音韵地位：**影蒸

中古音（反切）：影蒸平曾开三（於陵）

藏文：skyiŋ-ser **藏文义：**鹰，猎鹰

蒸部阳声韵对应藏文韵母 oŋ：

3.2　原始汉藏语：*(s-,ʔ-)kyəŋ~*(s-,ʔ-)kyək

汉字：承（896c）

杨福绵拟音：*sgyiəŋ/źiəŋ(A) **汉字义**：举，交给

郑张上古拟音：gljɯŋ **上古音韵地位**：群蒸

中古音（反切）：禅蒸平曾开三（署陵）

藏文：'kʻyoŋ-ba **藏文义**：带来

（二）蒸部对应情况分析

在杨福绵汉藏语同源词中，与蒸部阳声韵对应的藏文仅有 4 例。其中蒸部阳声韵对应藏文韵母 og 的有 2 例，对应藏文韵母 iŋ 的有 1 例，对应藏文韵母 oŋ 的有 1 例。对于蒸部阳声韵的上古汉语拟音，郑张尚芳先生构拟为 -ɯŋ，杨福绵先生构拟为 -əŋ、-aŋ，韵尾都是 -ŋ，有部分的一致。但杨福绵汉藏语同源词蒸部例证太少，不足以总结其对应规律。

郑张尚芳先生为蒸部构拟为鼻韵尾。根据上文，杨福绵汉藏语同源词蒸部阳声韵与藏文对应的 4 个例证都是鼻韵尾。从韵尾的构拟看来，二位先生的观点比较一致。

（三）東部对应情况

東部阳声韵对应藏文韵母 aŋ：

11.2　原始汉藏语：*s-gaŋ

汉字：邛（1172k）

杨福绵拟音：*gʻjung(A) **汉字义**：山

郑张上古拟音：goŋ **上古音韵地位**：疑東

中古音（反切）：群鍾平通合三（渠容）

藏文：sgaŋ **藏文义**：小山，山峰的支脉

東部阳声韵对应藏文韵母 oŋ：

11.1　原始汉藏语：*(s-)kjâŋ~*(s-)kjâk

汉字：供（1182d）

杨福绵拟音：*kjung(A&C)(<*kjôŋ) **汉字义**：提供，给

郑张上古拟音：kloŋ **上古音韵地位**：见東

中古音（反切）：見鍾平通开三（九容）

藏文：kjoŋ(B) **藏文义**：喂养，照料牲口

東部阳声韵对应藏文韵母 uŋ：

11.3　原始汉藏语：*s-ku·ŋ

汉字：拥（1184k）

杨福绵拟音：*s-ki̯uŋ/ʔi̯woŋ(B) **汉字义**：拥抱，抓住；覆盖

郑张上古拟音：qoŋ **上古音韵地位**：影魚

中古音（反切）：影鍾平通合三（於容）

藏文：skuŋ-ba **藏文义**：藏在地下，埋葬

11.4　原始汉藏语：*s-ku·ŋ

汉字：雝（1184c）

杨福绵拟音：*s-ki̯uŋ/ʔi̯woŋ(B,C) **汉字义**：借词"覆盖"

郑张上古拟音：qoŋ **上古音韵地位**：影東

中古音（反切）：影鍾平通合三（於容）

藏文：skyuŋ-ba **藏文义**：留在后面，放在一边

（四）東部对应情况分析

在杨福绵汉藏语同源词中，与東部阳声韵对应的藏文仅有 4 例。其中東部阳声韵对应藏文韵母 aŋ 的有 1 例，对应藏文韵母 oŋ 的有 1 例，对应藏文韵母 uŋ 的有 2 例。对于東部阳声韵的上古汉语拟音，郑张尚芳先生构拟为 -oŋ，杨福绵先生构拟为 -uŋ，-u- 的发音与 -o- 的发音非常接近，因此杨福绵 uŋ 的拟音不难理解。杨福绵汉藏语同源词真部例证太少，不足以总结其对应规律。

郑张尚芳東部拟为鼻韵尾。根据上文，東部 4 例全部对应藏文鼻韵尾 -ŋ。在这一点上二位先生的构拟也是一致的。

（五）陽部对应情况

陽部阳声韵对应藏文韵母 a：

14.4 原始汉藏语：未构拟

汉字：曩（730k）

杨福绵拟音：*nâng(B)<*(s-)nâŋ 汉字义：过去，以前

郑张上古拟音：naaŋʔ 上古音韵地位：泥陽

中古音（反切）：泥唐上宕开一（奴朗）

藏文：ɣna-bo 藏文义：古老

14.5 原始汉藏语：未构拟

汉字：曏（714e）

杨福绵拟音：*xjang(B),*ʔ>śjang(B)<*ś-njaŋ 汉字义：不久前，最近

郑张上古拟音：qhjaŋʔ 上古音韵地位：曉陽

中古音（反切）：書陽上宕开三（書兩）

藏文：ɣna-sŋon 藏文义：在古代，以前

14.6 原始汉藏语：未构拟

汉字：向（715a）

杨福绵拟音：*xjang(C)<*xɲjaŋ<*s-njaŋ 汉字义：以前

郑张上古拟音：qhaŋʔ 上古音韵地位：曉陽

中古音（反切）：曉陽上宕开三（許兩）

藏文：sŋa-ba 藏文义：古老的

陽部阳声韵对应藏文韵母 aŋ：

14.1 原始汉藏语：*(s-)bja

汉字：炳（757d）

杨福绵拟音：*pjǎng(B) 汉字义：光亮，显赫

郑张上古拟音：praŋʔ 上古音韵地位：帮陽

中古音（反切）：帮庚上梗开重三（兵永）

藏文：'byaŋ-ba 藏文义：清洁，净化，纯洁

14.2 原始汉藏语：*(s-)bja

汉字：明（760a）

杨福绵拟音： *mjǎng(A) **汉字义：** 光明，亮光

郑张上古拟音： mraŋ **上古音韵地位：** 明陽

中古音（反切）： 明庚平梗开重三（武兵）

藏文： byaŋ-sems **藏文义：** 纯净，圣洁的想法

14.3　原始汉藏语：s-mraŋ~*s-mrak

汉字： 谎（742v）

杨福绵拟音： *xmwâng(A&B), 李方桂 *hmâng, x, <*s-mwâŋ<*s-mrâŋ(?)

汉字义： 梦话，胡说，谎话

郑张上古拟音： hmaaŋʔ **上古音韵地位：** 明陽

中古音（反切）： 曉唐上宕合一（呼晃）

藏文： smraŋ, smreŋ **藏文义：** 话，讲

14.7　原始汉藏语：未构拟

汉字： 讓（730i）

杨福绵拟音： *ńjang(C)<*s-njaŋ **汉字义：** 容许，屈服

郑张上古拟音： njaŋs **上古音韵地位：** 泥陽

中古音（反切）： 日陽去宕开三（人樣）

藏文： ɣnaŋ-ba **藏文义：** 给，让，容许

14.8　原始汉藏语：未构拟

汉字： 瀼（730f）

杨福绵拟音： *ńjang(C)<*s-njaŋ **汉字义：** 湿漉漉

郑张上古拟音： njaŋ **上古音韵地位：** 泥陽

中古音（反切）： 日陽平宕开三（汝陽）

藏文： hnaŋ（卢谢语）**藏文义：** 浓（液体）

14.9　原始汉藏语：未构拟

汉字： 穰（730h）

杨福绵拟音： *ńjang(A&B)<*s-njang **汉字义：** 收成好，富裕

郑张上古拟音： njaŋ **上古音韵地位：** 泥陽

中古音（反切）：日陽平宕开三（汝陽）

藏文：hnaŋ<*snàŋ（缅语）藏文义：给，交付

14.10　原始汉藏语：未构拟

汉字：饟（730c）

杨福绵拟音：*śnjang(A,B,C) 李方桂 *hnjang<*s-njaŋ 汉字义：把食物给（田里干活的人）

郑张上古拟音：hnjaŋ 上古音韵地位：泥陽

中古音（反切）：書陽平宕开三（式羊）

藏文：sāŋ（克钦语）藏文义：给，代替

14.11　原始汉藏语：未构拟

汉字：餉（715b）

杨福绵拟音：*ʔ>śnjang<*s-njaŋ 汉字义：给田里干活的人带食物

郑张上古拟音：hljaŋs 上古音韵地位：曉陽

中古音（反切）：書陽去宕开三（式亮）

藏文：ɣnaŋ-ba 藏文义：给，让，容许

14.20　原始汉藏语：*(s-)kâŋ

汉字：庆（753a）

杨福绵拟音：*k'jăng 汉字义：高兴，享受

郑张上古拟音：khraŋ 上古音韵地位：溪陽

中古音（反切）：溪唐去梗开重三（丘敬）

藏文：skaŋ-ba, skoŋ-ba 藏文义：满意；用来赎罪的祭祀

14.21　原始汉藏语：*(s-)kâŋ

汉字：享（716a）

杨福绵拟音：*xjang(B)<*s-k'jaŋ 汉字义：宴会；享受

郑张上古拟音：qhaŋʔ 上古音韵地位：曉陽

中古音（反切）：曉陽上宕开三（許兩）

藏文：skaŋ-ba, skoŋ-ba 藏文义：满意；用来赎罪的祭祀

14.22　原始汉藏语：*(s-)kâŋ

汉字：飨（无）

杨福绵拟音：*xjang(B)<*s-k'jaŋ 汉字义：享受宴会，为宴会或祭祀带来食物

郑张上古拟音：qhaŋʔ 上古音韵地位：曉陽

中古音（反切）：曉陽上宕開三（許兩）

藏文：skaŋ-ba, skoŋ-ba **藏文义：**满意；用来赎罪的祭祀

14.25　原始汉藏语：*s-ga·ŋ

汉字：伉（698c）

杨福绵拟音：*k'âng(C) 汉字义：高

郑张上古拟音：khaaŋs 上古音韵地位：溪陽

中古音（反切）：溪唐去宕開一（苦浪）

藏文：k'àŋ-rùi **藏文义：**斜坡，山峰的支脉

14.26　原始汉藏语：*s-ga·ŋ

汉字：冈（697a）

杨福绵拟音：*kâng(A) 汉字义：小山，山脊

郑张上古拟音：klaaŋ 上古音韵地位：見陽

中古音（反切）：見唐平宕開一（古郎）

藏文：sgaŋ **藏文义：**小山，山峰的支脉

14.27　原始汉藏语：*s-ga·ŋ

汉字：昂（699b）

杨福绵拟音：*ngâng(A)<*(s-)ŋâŋ<*s-gâŋ 汉字义：高

郑张上古拟音：ŋaaŋ 上古音韵地位：疑陽

中古音（反切）：疑唐平宕開一（五剛）

藏文：k'àŋ-rùi **藏文义：**斜坡，山峰的支脉

14.28　原始汉藏语：*(s-,r-)gyaŋ

汉字：墙（727j）

杨福绵拟音：*sgʻiaŋ/dzʻiaŋ(A) 汉字义：墙

郑张上古拟音：zaŋ 上古音韵地位：從陽

中古音（反切）：從陽平宕开三（在良）

藏文：gyaŋ,gyeŋ 藏文义：泥土建筑

藏文：gyaŋ-skor 藏文义：泥筑的墙

藏文：gyaŋ-tse 藏文义：台墙

14.32　原始汉藏语：*(s-)kâŋ

汉字：饗（714j）

杨福绵拟音：*s-kʻiaŋ/xiaŋ(B) 汉字义：宴会，赴宴

郑张上古拟音：qhaŋʔ 上古音韵地位：曉陽

中古音（反切）：曉陽上宕开三（許兩）

藏文：skaŋ-ba,skoŋ-ba 藏文义：满足；用于赎罪的祭品

14.33　原始汉藏语：*(s-)ka·ŋ

汉字：亢（698a）

杨福绵拟音：*kâŋ/kâŋ(A) 汉字义：借词"高"

郑张上古拟音：khaaŋs 上古音韵地位：溪陽

中古音（反切）：溪唐去宕开一（苦浪）

藏文：sgaŋ 藏文义：突出的山，山一边的尖坡

14.34　原始汉藏语：*(s-)ka·ŋ

汉字：卬（699a）

杨福绵拟音：*ʔkiâŋ/ŋiaŋ(A) 汉字义：高

郑张上古拟音：ŋaaŋ 上古音韵地位：疑陽

中古音（反切）：疑唐平宕开一（五剛）

藏文：sgaŋ 藏文义：突出的山，山一边的尖坡

14.35　原始汉藏语：*(s-)ka·ŋ

汉字：卬（699a）

杨福绵拟音：*ʔkiâŋ/ŋiaŋ(B) 汉字义：向上看

郑张上古拟音：ŋaaŋ 上古音韵地位：疑陽

中古音（反切）：疑唐平宕开一（五剛）

藏文：sgaŋ **藏文义**：突出的山，山一边的尖坡

陽部阳声韵对应藏文韵母 iŋ：

14.30　原始汉藏语：*s-kyəŋ~*s-kyək

汉字：扬（720j）

杨福绵拟音：*sgiaŋ/iaŋ(A) **汉字义**：借词，"鹰"

郑张上古拟音：laŋ **上古音韵地位**：以陽

中古音（反切）：以陽平宕开三（與章）

藏文：skyiŋ-ser **藏文义**：鹰，猎鹰

陽部阳声韵对应藏文韵母 oŋ：

14.12　原始汉藏语：*(s-)gâŋ~*(s-)kâŋ

汉字：诳（739l）

杨福绵拟音：*kjwang(C) **汉字义**：欺骗

郑张上古拟音：kʷaŋs **上古音韵地位**：見陽

中古音（反切）：見陽去宕合三（居況）

藏文：'goŋ-ba **藏文义**：施魔法，使入迷（藏起来的符咒）

14.13　原始汉藏语：*(s-)gâŋ~*(s-)kâŋ

汉字：迋（739d）

杨福绵拟音：*gjwang(C)，借自 *gjwang(B) **汉字义**：欺骗

郑张上古拟音：kʷaŋʔ **上古音韵地位**：見陽

中古音（反切）：見陽上宕合三（俱往）

藏文：sgoŋ-ba **藏文义**：藏起来（物品）

14.14　原始汉藏语：*(s-)gâŋ~*(s-)kâŋ

汉字：葬（702a）

杨福绵拟音：*tsâng(C)<*s-kâŋ **汉字义**：埋葬

郑张上古拟音：ʔsaaŋs **上古音韵地位**：心陽

中古音（反切）：精唐去宕合一（则浪）

藏文：sgyoŋ-ba, 过去式 bsgyaŋs, 将来式 bsgyaŋ 藏文义：藏，锁上

14.15　原始汉藏语：*(s-)gâŋ~*(s-)kâŋ

汉字：藏（727g'）

杨福绵拟音：*dz'âng(A)<sg'âŋ 汉字义：隐藏，储存

郑张上古拟音：zaaŋ 上古音韵地位：從陽

中古音（反切）：從唐平宕合一（昨郎）

藏文：sgyoŋ-ba, 过去式 bsgyaŋs, 将来式 bsgyaŋ 藏文义：藏，锁上

14.16　原始汉藏语：*(s-)gâŋ~*(s-)kâŋ

汉字：藏（727g'）

杨福绵拟音：*dz'âng(C)<*s-g'âŋ 汉字义：宝藏

郑张上古拟音：zaaŋ 上古音韵地位：從陽

中古音（反切）：從唐平宕合一（昨郎）

藏文：sgyoŋ-ba, 过去式 bsgyaŋs, 将来式 bsgyaŋ 藏文义：藏，锁上

14.17　原始汉藏语：*(s-)gâŋ~*(s-)kâŋ

汉字：藏（727g'）

杨福绵拟音：*tsâng(A)<*s-kâŋ 汉字义：被偷物品

郑张上古拟音：zaaŋ 上古音韵地位：從陽

中古音（反切）：從唐平宕合一（昨郎）

藏文：sgyoŋ-ba, 过去式 bsgyaŋs, 将来式 bsgyaŋ 藏文义：藏，锁上

14.18　原始汉藏语：*(s-)gâŋ~*(s-)kâŋ

汉字：养（732j）

杨福绵拟音：*zjang(B)<*s-gjaŋ 汉字义：借自"藏"

郑张上古拟音：laŋʔ 上古音韵地位：以陽

中古音（反切）：以陽上宕开三（餘两）

藏文：sgyoŋ-ba, 过去式 bsgyaŋs, 将来式 bsgyaŋ 藏文义：藏，锁上

14.19　原始汉藏语：*(s-)kâŋ

汉字：康（746h）

杨福绵拟音：*k'âng(A) **汉字义**：快乐，高兴

郑张上古拟音：khlaaŋ **上古音韵地位**：溪陽

中古音（反切）：溪唐平宕开一（苦岡）

藏文：k'oŋ-po **藏文义**：杯，碗（用来喝水或吃饭）

14.23　原始汉藏语：*(s-)kjâŋ~*(s-)kjâk

汉字：养（732j）

杨福绵拟音：*zjang(B)<*s-gjaŋ **汉字义**：养育，喂养

郑张上古拟音：laŋʔ **上古音韵地位**：以陽

中古音（反切）：以陽上宕开三（餘兩）

藏文：'k'yoŋ-ba **藏文义**：提供

14.24　原始汉藏语：*(s-)kjâŋ~*(s-)kjâk

汉字：养（732j）

杨福绵拟音：*zjang(C)<*s-gjaŋ **汉字义**：保持，支持

郑张上古拟音：laŋʔ **上古音韵地位**：以陽

中古音（反切）：以陽上宕开三（餘兩）

藏文：skyoŋ-ba，过去时 bskyaŋs **藏文义**：守卫，保持，喂养，支持

14.29　原始汉藏语：*skâŋ

汉字：偿（725y）

杨福绵拟音：*sgyi̯aŋ/źi̯aŋ(A,C) **汉字义**：赔偿；补偿；履行（如愿望、誓言等）

郑张上古拟音：djaŋ **上古音韵地位**：定陽

中古音（反切）：禅陽平宕开三（市羊）

藏文：skoŋ-pa，过去时 bskaŋs，未来时 bskaŋ，命令式 skoŋs **藏文义**：履行，实现（如愿望、誓言等）

14.31 *原始汉藏语：*(s-,r-)kaŋ*

汉字：痒（732r）

杨福绵拟音：*sgian/i̯aŋ(B) **汉字义：**痒

郑张上古拟音：ljaŋ **上古音韵地位：**以陽

中古音（反切）：邪陽平宕开三（似羊）

藏文：rkoŋ-pa **藏文义：**痒

14.36 *原始汉藏语：*(s-)kôŋ~*(s-)kôk*

汉字：央（718a）

杨福绵拟音：*s-ki̯aŋ/ʔi̯aŋ(A) **汉字义：**中心，中间

郑张上古拟音：qaŋ **上古音韵地位：**影陽

中古音（反切）：影陽平宕开三（於良）

藏文：kʻoŋ-pa **藏文义：**里面，内部

（六）陽部对应情况分析

在杨福绵汉藏语同源词谱中，与陽部对应的藏文有 36 例。其中陽部对应藏文韵母 a 有 3 例，对应藏文韵母 aŋ 有 19 例，对应藏文韵母 iŋ 有 1 例，对应藏文韵母 oŋ 有 13 例。对应陽部的上古拟音，郑张尚芳先生构拟为 -aŋ，杨福绵先生也构拟为 -aŋ。

郑张尚芳先生给阳部构拟的主元音为 -a-，韵尾为 -ŋ，与杨福绵对陽部的构拟相同，而韵尾 -ŋ 也在陽部的汉藏对应中得到了印证。郑张尚芳把陽部构拟为鼻韵尾。根据上文，陽部对应藏文的 36 例中，只有对应藏文开韵尾 a 的 3 个例外。郑张尚芳认为上古汉语鼻韵尾对应藏文开韵尾是汉藏两语韵母的异常对应模式。

（七）耕部对应情况

耕部阳声韵对应藏文韵母 aŋ：

17.12 *原始汉藏语：*(s-,r-)gy(w)aŋ*

汉字：夐（167g）

杨福绵拟音：*s-kʻiwan/xiwen(C)，*s-kʻi̯wěn/xi̯wäŋ(C) **汉字义：**远

郑张上古拟音：qhʷeŋs 上古音韵地位：晓耕

中古音（反切）：晓清去梗合三（休正）

藏文：brgyaŋ-ba **藏文义**：喊远处的人

17.13　原始汉藏语：*(s-,r-)gy(w)aŋ

汉字：泂（842h）

杨福绵拟音：*g‘iweŋ/ɣiweŋ(B) **汉字义**：远

郑张上古拟音：gʷeeŋʔ 上古音韵地位：匣耕

中古音（反切）：匣青上梗合四（户顶）

藏文：rgyaŋ-ma **藏文义**：远处

17.14　原始汉藏语：*(s-,r-)gy(w)aŋ

汉字：嵤（843m）

杨福绵拟音：*g‘wěŋ/ɣwɛŋ(A)，*giwěŋ/jiwɒŋ(A) **汉字义**：高，远

郑张上古拟音：Gʷreŋ 上古音韵地位：云耕

中古音（反切）：云庚平梗合三（永兵）

藏文：rgyaŋ-ma **藏文义**：远处

耕部阳声韵对应藏文韵母 eŋ：

17.3　原始汉藏语：*(s-)greŋ

汉字：擎（813k）

杨福绵拟音：*g‘jěŋ(A)<*g‘ljěŋ **汉字义**：举

郑张上古拟音：greŋ 上古音韵地位：群耕

中古音（反切）：群庚平梗开重三（渠京）

藏文：’greŋ-ba **藏文义**：支撑

17.4　原始汉藏语：*(s-)kyeŋ~*(s-)gyeŋ

汉字：惊（813b）

杨福绵拟音：*kjěŋ(A) **汉字义**：吃惊，注意，害怕（害羞，脸红）

郑张上古拟音：kreŋ 上古音韵地位：见耕

中古音（反切）：见庚平梗开重三（举卿）

藏文：'kʻyeŋ-ba 藏文义：吃惊

17.5 原始汉藏语：*(s-)kyeŋ~*(s-)gyeŋ

汉字：經（831s）

杨福绵拟音：*tʻjěng(A)<*skʻjěŋ 汉字义：红

郑张上古拟音：theŋ 上古音韵地位：透耕

中古音（反切）：彻清平梗开三（丑贞）

藏文：Ɂəkʻjeŋ 藏文义：红

17.6 原始汉藏语：*(s-)kyeŋ~*(s-)gyeŋ

汉字：赪（834f）

杨福绵拟音：*tʻjěng(A)<*skʻjěŋ 汉字义：红

郑张上古拟音：theŋ 上古音韵地位：透耕

中古音（反切）：彻清平梗开三（丑贞）

藏文：skyeŋ-ba, skyeŋs-ba 藏文义：害羞

17.7 原始汉藏语：*(s-)kyeŋ~*(s-)gyeŋ

汉字：窥（833m）

杨福绵拟音：*tʻjěng(A)<*s-kʻjěŋ 汉字义：借自"红"

郑张上古拟音：theŋ 上古音韵地位：透耕

中古音（反切）：彻清平梗开三（丑贞）

藏文：Ɂəkʻjeŋ 藏文义：红

17.8 原始汉藏语：*(s-)kyeŋ~*(s-)gyeŋ

汉字：骍（821c）

杨福绵拟音：*sjěng(A)<*s-gjěŋ 汉字义：红马，红

郑张上古拟音：seŋ 上古音韵地位：心耕

中古音（反切）：心清平梗开三（息营）

藏文：Ɂəkʻjeŋ 藏文义：红

耕部阳声韵对应藏文韵母 eŋs：

17.10　原始汉藏语：*(s-)kâŋ

汉字：盛（318i）

杨福绵拟音：*sgyiěŋ/źiaŋ(C) **汉字义：**充分，繁盛

郑张上古拟音：djeŋ **上古音韵地位：**定耕

中古音（反切）：禅清平梗开三（是征）

藏文：'geŋs-pa，过去时 bgaŋ，未来时 dgaŋ，命令式 k'oŋ **藏文义：**装，履行

耕部阳声韵对应藏文韵母 oŋ：

17.1　原始汉藏语：*(s-)bja

汉字：清（812u）

杨福绵拟音：*ts'jěŋ(A)<*sp'jaŋ **汉字义：**清洁、纯洁、明亮

郑张上古拟音：shleŋ **上古音韵地位：**清耕

中古音（反切）：清清平梗开三（七情）

藏文：'byoŋ-ba **藏文义：**使清洁，纯洁

17.2　原始汉藏语：*(s-)bja

汉字：净（无）（KYSH 736）

杨福绵拟音：*dz'jěŋ(C)<*sb'jaŋ **汉字义：**清洁，净化

郑张上古拟音：zeŋs **上古音韵地位：**從耕

中古音（反切）：從清去梗开三（疾政）

藏文：sbyoŋ-ba, 过去时 sbyaŋs, 将来时 sbyaŋ **藏文义：**打扫，洁净

17.9　原始汉藏语：*(s-)kâŋ

汉字：盛（318i）

杨福绵拟音：*sgyiěŋ/źiäŋ(A) **汉字义：**装在容器里

郑张上古拟音：djeŋ **上古音韵地位：**定耕

中古音（反切）：禅清平梗开三（是征）

藏文：sgyoŋ-pa，过去时 bsgyaŋs，未来时 bsgyaŋ **藏文义：**装，填充

17.11　*原始汉藏语：*(s-)kâŋ

汉字：盈（815a）

杨福绵拟音：*sgiěŋ/jän(A) **汉字义：**满，装满；满意

郑张上古拟音：leŋ **上古音韵地位：**以耕

中古音（反切）：以清平梗开三（以成）

藏文：sgyoŋ-pa，过去时 bsgyaŋs，未来时 bsgyaŋ **藏文义：**装，填充

（八）耕部对应情况分析

在杨福绵汉藏比较同源词谱中，与耕部阳声韵对应的藏文有 14 例。其中耕部对应藏文韵母 aŋ 有 3 例，对应藏文韵母 eŋ 有 6 例，对应藏文韵母 eŋs 有 1 例，对应藏文韵母 oŋ 有 4 例。对应耕部的上古拟音，郑张尚芳先生构拟为 -eŋ，杨福绵先生构拟也是 -eŋ。主元音为 -e-，韵尾为 -ŋ，二位在构拟上并不存在分歧。李方桂先生给耕部的上古拟音为 iŋ，龚煌城先生也将耕部与藏文 iŋ 对应。杨福绵先生汉藏语比较同源词中并没有与藏文韵母 iŋ 对应的例证。

根据郑张尚芳的上古拟音，耕部应为鼻韵尾。上文中耕部对应藏文韵尾 -ŋ 的有 14 例，这样看来耕部的韵尾不存在异常对应情况。

（九）真部对应情况

真部阳声韵对应藏文韵母 in：

21.1　*原始汉藏语：未构拟*

汉字：进（379a）

杨福绵拟音：*tsjěn(C)<*spjen **汉字义：**献，进

郑张上古拟音：ʔslins **上古音韵地位：**心真 1

中古音（反切）：精真去臻开三（即刃）

藏文：sbyin-pa, 过去式和祈使式 byin **藏文义：**给，赠，赐予

21.2　*原始汉藏语：未构拟*

汉字：贶（381d）

杨福绵拟音：*dzʻjěn(C)<sbʻjěn **汉字义：**离别礼物

郑张上古拟音：ljins **上古音韵地位**：以真 1

中古音（反切）：邪真去臻开三（徐刃）

藏文：sbyin-pa, 过去式和祈使式 byin **藏文义**：给，赠，赐予

真部阳声韵对应藏文韵母 o：

21.3　*原始汉藏语*：*s-mjə(-n)

汉字：泯（457b）

杨福绵拟音：*mjən(A&B)<*s-mjən **汉字义**：胡涂，混乱

郑张上古拟音：minʔ **上古音韵地位**：明真 1

中古音（反切）：明真上臻开重四（武尽）

藏文：smyo-ba 或 myo-ba **藏文义**：胡涂，疯狂

21.4　*原始汉藏语*：*(s-)mjun~*(s-)mjur

汉字：迅（383b）

杨福绵拟音：*sjěn(C)~*sjwěn(C)<*s-mjwěn **汉字义**：快速，突然

郑张上古拟音：sins **上古音韵地位**：心真 1

中古音（反切）：心真去臻开三（息晋）

藏文：smyo-ba 或 myo-ba **藏文义**：胡涂，疯狂

真部阳声韵对应藏文韵母 en：

21.5　*原始汉藏语*：*(s-)ni·(-n)~*(s-)ni·(-t)

汉字：人（388a）

杨福绵拟音：*ńjěn(A)<*s-njěn **汉字义**：人

郑张上古拟音：njin **上古音韵地位**：泥真 1

中古音（反切）：日真平臻开三（如邻）

藏文：ɣnjen **藏文义**：家属，亲戚

21.6　*原始汉藏语*：*(s-)ni·(-n)~*(s-)ni·(-t)

汉字：邻（387i）

杨福绵拟音：*ljěn(A)<*ʔljěn<*hnjěn<*s-njěn **汉字义**：邻居，助手

郑张上古拟音：rin **上古音韵地位**：來真 1

中古音（反切）：來真平臻开三（力珍）

藏文：ɣnjen **藏文义**：家属，亲戚

21.7 *原始汉藏语*：*(s-)ni·(-n)~*(s-)ni·(-t)

汉字：亲（382g）

杨福绵拟音：*tsʻjěn(A)<*tsʻ-njěn<*s-njěn **汉字义**：父母，亲戚；近，接近

郑张上古拟音：shin **上古音韵地位**：清真2

中古音（反切）：清真平臻开三（七人）

藏文：ɣnjen **藏文义**：家属，亲戚

21.8 *原始汉藏语*：*（s-,r-）kyen

汉字：因（370a）

杨福绵拟音：*s-kịěn/ʔịěn(A) **汉字义**：原因，事件

郑张上古拟音：qin **上古音韵地位**：影真1

中古音（反切）：影真平臻开重四（於真）

藏文：rkyen **藏文义**：原因，事件

21.10 *原始汉藏语*：*(s-)kyen

汉字：紧（368e）

杨福绵拟音：*kịěn/kịěn(B) **汉字义**：绑紧；压；紧急

郑张上古拟音：kinʔ **上古音韵地位**：见真1

中古音（反切）：见真上臻开重四（居忍）

藏文：skyen-pa **藏文义**：快，迅速

真部阳声韵对应藏文韵母 il：

21.9 *原始汉藏语*：*(s-)kil

汉字：陻（483c）

杨福绵拟音：*s-kịεn/ʔịěn(A) **汉字义**：控制，阻止，阻挠

郑张上古拟音：qin **上古音韵地位**：影真1

中古音（反切）：影真平臻开重四（於真）

藏文：skyil-ba 藏文义：关起来，限制

（十）真部对应情况分析

在杨福绵汉藏语比较同源词表中，真部阳声韵对应的藏文有 10 例。其中真部对应藏文韵母 in 的有 2 例，对应藏文韵母 o 的有 2 例，对应藏文韵母 en 的有 5 例，对应藏文韵母 il 的有 1 例。对于真部的上古汉语拟音，郑张尚芳先生将其构拟为 -iŋ、-in。杨福绵先生构拟绝大多数是 -en，与其对应最多的例证也是藏文韵母 en，这与郑张先生的拟音有所差别。郑张尚芳先生将真部的主元音构拟为 -i-，韵尾构拟为 -ŋ 和 -n，而杨福绵先生构拟的主元音有 -e-，-ə-，在韵尾方面都是 -n 韵尾。若仅就韵尾来看，二位先生构拟的都是鼻韵尾。

郑张尚芳先生给真部构拟为鼻韵尾。根据上文，真部阳声韵对应藏文鼻韵尾的有 13 例，对应藏文韵尾 -s 的有 1 例。郑张尚芳认为上古汉语鼻韵尾对应藏文韵尾 -s 是汉藏两语韵母的异常对应模式。

（十一）文部对应情况

文部阳声韵对应藏文韵母 a：

25.22　原始汉藏语：*skyâ

汉字：蠢（463d）

杨福绵拟音：*skʻyi̯wən/tśʻi̯uěn(B) **汉字义：**蠕动，移动

郑张上古拟音：thjun? **上古音韵地位：**透文 2

中古音（反切）：昌谆上臻合三（尺尹）

藏文：skya-rəŋs **藏文义：**黎明，日出

文部阳声韵对应藏文韵母 e：

25.18　原始汉藏语：*(s-)ni·(-n)~*(s-)ni·(-t)

汉字：近（443e）

杨福绵拟音：*gʻi̯ən(B)<*gʻńi̯ən<*ɣ-ńi̯ən<*s-nǰěn **汉字义：**附近

郑张上古拟音：guɯns **上古音韵地位：**群文 1

中古音（反切）：群欣去臻开三（巨靳）

藏文：nye-ba 藏文义：附近，旁边

25.19　原始汉藏语：*(s-)ni·(-n)~*(s-)ni·(-t)

汉字：近（443e）

杨福绵拟音：*gʻjən(C)<*s-njĕn 汉字义：邻近

郑张上古拟音：guɯns 上古音韵地位：群文 1

中古音（反切）：群欣上臻开三（巨靳）

藏文：nye-ba 藏文义：附近，旁边

文部阳声韵对应藏文韵母 u：

25.16　原始汉藏语：*(s-)nu·(-n)~*(s-)nu·(-t)

汉字：唇

杨福绵拟音：*ɗʻjwən(A)<ɗ-ńjwən<*ś-ńjwən<*s-njwən 汉字义：嘴唇

郑张上古拟音：ɦljun 上古音韵地位：以文 2

中古音（反切）：船谆平臻合三（食倫）

藏文：nu-po/mo 藏文义：喂奶

25.17　原始汉藏语：*m-snyu<*m-snu

汉字：唇

杨福绵拟音：*ɗʻjwən 汉字义：嘴唇

郑张上古拟音：ɦljun 上古音韵地位：以文 2

中古音（反切）：船谆平臻合三（食倫）

藏文：mtśʻu 藏文义：嘴唇

文部阳声韵对应藏文韵母 ad：

25.28　原始汉藏语：*(a-,s-)kâ·t

汉字：垦（515h）

杨福绵拟音：*s-kʻi̯əd/xji̯əi(C),*s-kʻi̯ɛd/xji(C),*gʻi̯ɛd/gʻji(C) 汉字义：借词"休息"

郑张上古拟音：khɯɯnʔ 上古音韵地位：溪文 1

中古音（反切）：溪痕上臻开一（康很）

藏文：k'ad-pa 藏文义：粘牢，抓住，停止，停，阻碍

文部阳声韵对应藏文韵母 ud：

25.1　**原始汉藏语**：*(s-)bu·n~*(s-)bu·t

汉字：喷（437b）

杨福绵拟音：*p'wən(A&C) **汉字义**：吐出

郑张上古拟音：phuuun **上古音韵地位**：滂文 1

中古音（反切）：滂魂平臻合一（普魂）

藏文：bud-pa=sbud-pa **藏文义**：放火

25.2　**原始汉藏语**：*(s-)bu·n~*(s-)bu·t

汉字：歕（437c）

杨福绵拟音：*p'wən(A&C) **汉字义**：吹出，吐出

郑张上古拟音：phuuun **上古音韵地位**：滂文 1

中古音（反切）：滂魂平臻合一（普魂）

藏文：'bud-pa，过去式 bus，p'us **藏文义**：吹气

25.3　**原始汉藏语**：*(s-)bu·n~*(s-)bu·t

汉字：焚（474a）

杨福绵拟音：*b'jwən(A) **汉字义**：烧

郑张上古拟音：bun **上古音韵地位**：並文 2

中古音（反切）：奉文平臻合三（符分）

藏文：sbud-pa **藏文义**：点燃，放火；（风）吼

25.4　**原始汉藏语**：*(s-)bu·n~*(s-)bu·t

汉字：焌（468n）

杨福绵拟音：*tsjwən,*tswən(C)<*s-pjwən,s*-pwən **汉字义**：烧，点火

郑张上古拟音：ʔsluuns **上古音韵地位**：心文 2

中古音（反切）：精魂去臻合一（子寸）

藏文：bud-pa=sbud-pa **藏文义**：放火

文部阳声韵对应藏文韵母 an：

25.7 原始汉藏语：未构拟

汉字：惽（无）

杨福绵拟音：*xmwən<*s-mwən **汉字义**：呆笨，愚蠢

郑张上古拟音：hmuuun **上古音韵地位**：明文 1

中古音（反切）：曉魂平臻合一（呼昆）

藏文：dman-pa **藏文义**：低，小

25.10 原始汉藏语：未构拟

汉字：闻（441d）

杨福绵拟音：*mjwən(A), 李方桂 mjən **汉字义**：听，闻

郑张上古拟音：muun **上古音韵地位**：明文 1

中古音（反切）：微文平臻合三（無分）

藏文：nyan-pa , 也作 mnyan-pa **藏文义**：听

25.11 原始汉藏语：未构拟

汉字：闻（441d）

杨福绵拟音：*mjwən(C)<*s-mjwən<*s-mjən **汉字义**：听说，名声

郑张上古拟音：muun **上古音韵地位**：明文 1

中古音（反切）：微文平臻合三（無分）

藏文：snyan-pa<*s-mnyan-pa(?) **藏文义**：名望，荣誉，名声

文部阳声韵对应藏文韵母 on：

25.25 原始汉藏语：*(s-)kə·n~*(s-)kyə·n~*(s-)kyə·r

汉字：隐（449a）

杨福绵拟音：*s-kịən/ʔịən(B) **汉字义**：隐藏

郑张上古拟音：qun? **上古音韵地位**：影文 1

中古音（反切）：影欣上臻开三（於謹）

藏文：gon-pa **藏文义**：穿，穿上；外衣，衣服

25.26 原始汉藏语：*(s-)kə·n~*(s-)kyə·n~*(s-)kyə·r

汉字：縕（426f）

杨福绵拟音：*s-kịwən/ʔịuən(B,C) 汉字义：借词"藏"

郑张上古拟音：quun 上古音韵地位：影文 2

中古音（反切）：影魂平臻合一（乌渾）

藏文：gyon-pa 藏文义：穿上，穿

文部阳声韵对应藏文韵母 en：

25.24　原始汉藏语：*（s-,r-）kyen

汉字：根（416b）

杨福绵拟音：*kən/kən(A) 汉字义：根，根本

郑张上古拟音：kuun 上古音韵地位：见文 1

中古音（反切）：見痕平臻开一（古痕）

藏文：rkyen 藏文义：原因，事件

文部阳声韵对应藏文韵母 in：

25.5　原始汉藏语：未构拟

汉字：分（471a）

杨福绵拟音：*pjwən(A) 李方桂 *pjən 汉字义：赠，给

郑张上古拟音：puun 上古音韵地位：帮文 1

中古音（反切）：非文平臻合三（府文）

藏文：sbyin-pa, 过去式和祈使式 byin 藏文义：给，赠，赐予

25.6　原始汉藏语：未构拟

汉字：分（471a）

杨福绵拟音：*b‘jwən(C) 李方桂 *bjən 汉字义：部分，分享

郑张上古拟音：puun 上古音韵地位：帮文 1

中古音（反切）：非文平臻合三（府文）

藏文：sbyin-pa, 过去式和祈使式 byin 藏文义：给，赠，赐予

文部阳声韵对应藏文韵母 un：

25.8　原始汉藏语：*mun~*s-mun

汉字：闷（441b）

杨福绵拟音：*mwən(C) 汉字义：悲伤，黯淡，迷糊

郑张上古拟音：muɯns 上古音韵地位：明文 1

中古音（反切）：明魂去臻合一（莫困）

藏文：mun-pa 藏文义：朦胧，黑暗，不清楚的

25.9 原始汉藏语：*mun~*s-mun

汉字：昏（457g）

杨福绵拟音：*xmwən(A)<*s-mwən 汉字义：黄昏，晚上，黑暗

郑张上古拟音：hmuɯun 上古音韵地位：明文 1

中古音（反切）：曉魂平臻合一（呼昆）

藏文：dmun-pa 藏文义：变暗，不清楚

25.13 原始汉藏语：未构拟

汉字：顺（462c）

杨福绵拟音：*ɗˤjwən(C)<*dˤjwən 汉字义：跟从，服从，符合

郑张上古拟音：ɢljuns 上古音韵地位：以文 2

中古音（反切）：船谆去臻合三（食閏）

藏文：tˤun-pa 藏文义：按照，遵循

25.14 原始汉藏语：未构拟

汉字：循（465f）

杨福绵拟音：*dzjwən(A)<*s-djwən 汉字义：跟从，沿着

郑张上古拟音：ljun 上古音韵地位：以文 2

中古音（反切）：邪谆平臻合三（詳遵）

藏文：stun-pa 藏文义：同意

25.15 原始汉藏语：未构拟

汉字：遵（430j）

杨福绵拟音：*tsjwən(A)<*s-tjwən 汉字义：跟从，沿着

郑张上古拟音：ʔsun 上古音韵地位：心文 2

中古音（反切）：精谆平臻合三（將倫）

藏文：stun-pa 藏文义：同意

文部阳声韵对应藏文韵母 il：

25.21　原始汉藏语：*(s-)grj(w)ăl

汉字：轮（203f）

杨福绵拟音：*ljwən(A) 汉字义：车轮

郑张上古拟音：run 上古音韵地位：來文 2

中古音（反切）：來谆平臻合三（力迍）

藏文：ril<*rjăl(?) 藏文义：圆

25.27　原始汉藏语：*(s-)kil

汉字：限（416i）

杨福绵拟音：*g'ɛn/ɣăn(B) 汉字义：障碍，限制

郑张上古拟音：gruuun? 上古音韵地位：匣文 1

中古音（反切）：匣山上山开二（胡簡）

藏文：skyil-ba 藏文义：关起来，限制

文部阳声韵对应藏文韵母 ul：

25.20　原始汉藏语：*(s-)kwəl

汉字：训（422d）

杨福绵拟音：*xjwən(C),*s-k'jwən 汉字义：指导，解释，遵守，跟从

郑张上古拟音：qhuns 上古音韵地位：曉文 2

中古音（反切）：曉文去臻合三（許運）

藏文：skul-ba 藏文义：劝说，强加

25.23　原始汉藏语：*(s-)kə·l

汉字：运（458d）

杨福绵拟音：*g̦iwən/ji̯uən(C) 汉字义：旋转，翻转；移动

郑张上古拟音：ɢuns 上古音韵地位：云文 2

中古音（反切）：云文去臻合三（王問）

藏文：sgul-ba 藏文义：移动，摇动，行动

藏文： 'gul-ba **藏文义：** 移动，摇动，搅动

文部阳声韵对应藏文韵母 ur:

25.12 原始汉藏语： *(s-)mjun~*(s-)mjur

汉字： 逡（468j）

杨福绵拟音： *sjwən<*s-mjwən **汉字义：** 快速

郑张上古拟音： shlun **上古音韵地位：** 清文 2

中古音（反切）： 清谆平臻合三（七倫）

藏文： smyur-ba **藏文义：** 快速，急忙，催促

（十二）文部对应情况分析

杨福绵先生汉藏语比较同源词谱中，文部阳声韵对应的藏文有 28 例。其中文部对应藏文韵母 a 的有 1 例，对应藏文韵母 e 的有 2 例，对应藏文韵母 u 的有 2 例，对应藏文韵母 ad 的有 1 例，对应藏文韵母 ud 的有 4 例，对应藏文韵母 an 的有 3 例，对应藏文韵母 on 的有 2 例，对应藏文韵母 en 的有 1 例，对应藏文韵母 in 的有 2 例，对应藏文韵母 un 的有 5 例，对应藏文韵母 il 的有 2 例，对应藏文韵母 ul 的有 2 例，对应藏文韵母 ur 的有 1 例。对于文部的上古汉语拟音，郑张尚芳先生给其构拟为 -ɯn、-un，杨福绵构拟为 -ən，与其对应最多的是藏文韵母 un。郑张尚芳先生给文部构拟了主元音 -ɯ- 和 -u-，构拟了韵尾 -n。杨福绵文部主要元音是 -ə-，韵尾是 -n，汉藏对应中共出现了 4 例韵尾为 -l 的韵母，1 例韵尾为 -r 的韵母。郑张先生认为 -l 和 -r 这两个垫音是互补出现的，但文部中为何有这种现象存在还需要我们做更深入的研究来解释。

根据郑张尚芳给文部的上古拟音，文部应为鼻韵尾。从上文来看，文部对应藏文开韵尾的有 5 例，对应藏文 -n 韵尾的有 13 例，对应藏文 -r 韵尾的有 1 例，对应藏文 -l 韵尾的有 4 例，对应藏文 -d 韵尾的有 5 例。郑张尚芳认为上古汉语鼻韵尾对应藏文开韵尾和流音韵尾（即 -l 韵尾和 -r 韵尾）是汉藏两语韵母的异常对应模式。

（十三）元部对应情况

元部阳声韵对应藏文韵母 ad：

29.2　原始汉藏语：

汉字： 俛（222b）

杨福绵拟音： *mwən **汉字义：** 俯身

郑张上古拟音： mron? **上古音韵地位：** 明元 3

中古音（反切）： 明仙上山开重三（亡辨）

藏文： smad-pa **藏文义：** 弯下

29.3　原始汉藏语：

汉字： 悗（222e）

杨福绵拟音： *mwən **汉字义：** 胡涂，愚蠢

郑张上古拟音： moon **上古音韵地位：** 明元 3

中古音（反切）： 明桓平山合一（母官）

藏文： smad-pa **藏文义：** 弯下

29.33　原始汉藏语： *(a-,s-)kâ·t

汉字： 閟（270a）

杨福绵拟音： *s-kât/ʔât **汉字义：** 阻止，阻碍

郑张上古拟音： qran **上古音韵地位：** 影元 1

中古音（反切）： 影仙平山开重三（於乾）

藏文： 'kʻad-pa **藏文义：** 坐，稳坐；一直坐着；粘牢；被停止

29.34　原始汉藏语： *(s-,ʔ-)ka·n~ *(s-,ʔ-)ka·t

汉字： 建

杨福绵拟音： *ki̯ăn/ki̯ɒn(C) **汉字义：** 设立，建立

郑张上古拟音： kans **上古音韵地位：** 见元 1

中古音（反切）： 见元去山开三（居万）

藏文： 'kʻod-pa **藏文义：** 坐下，设立；放置，建立

藏文： 'kad-pa **藏文义：** 坐，稳坐

元部阳声韵对应藏文韵母 an：

29.20　原始汉藏语：*s-ka·n

汉字：饘（148m）

杨福绵拟音：*skyi̯an/tśi̯an(A,B) 汉字义：粥

郑张上古拟音：tjan 上古音韵地位：端元 1

中古音（反切）：章仙平山开三（諸延）

藏文：tś'an 藏文义：熟的玉米或大麦等

元部阳声韵对应藏文韵母 al：

29.35　原始汉藏语：*(r-,ʔ-)kâ·l

汉字：岸（139eʻ）

杨福绵拟音：*ʔkân/ŋân(C) 汉字义：河岸

郑张上古拟音：ŋaans 上古音韵地位：群元 1

中古音（反切）：疑寒去山开一（五旰）

藏文：rgal-ba，过去时和未来时 brgal，命令式 rgol 藏文义：走过；翻过（山），涉过（河）

29.36　原始汉藏语：*(r-,ʔ-)kâ·l

汉字：干（139a）

杨福绵拟音：*kân/kân(A) 汉字义：借词“河岸”

郑张上古拟音：kaans 上古音韵地位：見元 1

中古音（反切）：見寒去山开一（古案）

藏文：rgal 藏文义：涉水

元部阳声韵对应藏文韵母 ar：

29.1　原始汉藏语：*s-bwar

汉字：燔（195g）

杨福绵拟音：*bʻjwǎn(A)<*bʻjwǎn~*bʻwar 汉字义：烧，烤

郑张上古拟音：ban 上古音韵地位：並元 1

中古音（反切）：奉元平山合三（附袁）

藏文：'bar-ba 藏文义：烧，着火

元部阳声韵对应藏文韵母 as：

29.21　原始汉藏语：*s-ka·n

汉字：飦（139m）

杨福绵拟音：*kân/kân*ki̯ǎn/ki̯ɒn(A) 汉字义：粥

郑张上古拟音：kan 上古音韵地位：见元 1

中古音（反切）：见元平山开三（居言）

藏文：'bras-tś'an 藏文义：米汤

29.22　原始汉藏语：*skya~*skyan

汉字：迁（206c）

杨福绵拟音：*sk'i̯an/ts'i̯än(A) 汉字义：拿走；移动；改变

郑张上古拟音：shen 上古音韵地位：清元 2

中古音（反切）：清仙平山开三（七然）

藏文：skyas 藏文义：换住处

元部阳声韵对应藏文韵母 ed：

29.32　原始汉藏语：*(s-,ʔ-)kye·l

汉字：羱（无）（KYSH 216）

杨福绵拟音：ŋi̯ǎn(A)<*ʔki̯ǎn 汉字义：有大角的野山羊

郑张上古拟音：ŋʷaan 上古音韵地位：疑元 1

中古音（反切）：疑桓平山合一（五丸）

藏文：skyed-pa 藏文义：生殖，生育，生长

元部阳声韵对应藏文韵母 el：

29.27　原始汉藏语：*s-kya·l

汉字：献（252e）

杨福绵拟音：*s-k'i̯ǎn/xi̯ɒn(C) 汉字义：给予，送给

郑张上古拟音：hŋans 上古音韵地位：晓元 1

中古音（反切）：晓元去山开三（許建）

藏文：skyel-ba，未来时和过去时 bskyel，命令式 skyol **藏文义：**送、带、给（某人食物），送去

29.29　*原始汉藏语：* *s-kya·l

汉字：遣（196b）

杨福绵拟音： *k'ị̈an/k'ị̈än(C) **汉字义：**送（祭祀用的肉）到坟上

郑张上古拟音： khen? **上古音韵地位：**溪元 2

中古音（反切）：溪仙上山开重四（去演）

藏文：skyel-ma **藏文义：**护送者，送

元部阳声韵对应藏文韵母 id：

29.25　*原始汉藏语：* *(s-)kyen~*(s-)kyet

汉字：憲（250a）

杨福绵拟音： *s-k'ị̈än/xị̈ɒn(C) **汉字义：**借词，"喜悦的，高兴地"

郑张上古拟音： hŋans **上古音韵地位：**疑元 1

中古音（反切）：晓元去山开三（許建）

藏文：skyid-pa **藏文义：**使高兴，高兴，高兴的

29.26　*原始汉藏语：* *(s-)kyen~*(s-)kyet

汉字：衎（139p）

杨福绵拟音： *kân/kân(C) **汉字义：**高兴

郑张上古拟音： khaans **上古音韵地位：**溪元 1

中古音（反切）：溪寒去山开一（苦旰）

藏文：skyid-pa **藏文义：**使高兴，高兴，高兴的

元部阳声韵对应藏文韵母 il：

29.14　*原始汉藏语：* *(s-)grj(w)ăl

汉字：圆（227b）

杨福绵拟音： *gjwan(A)<*gljwan **汉字义：**圆

郑张上古拟音： ɡon **上古音韵地位：**云元 3

中古音（反切）：云仙平山合三（王權）

藏文：'gril-ba 藏文义：卷起

29.15　*原始汉藏语：*(s-)grj(w)ăl*

汉字：卷（226a）

杨福绵拟音：*kjwan(B)<*kljwan, 蒲立本 *kwlān **汉字义：**圆

郑张上古拟音：gron **上古音韵地位：**群元 3

中古音（反切）：群仙平山合重三（巨員）

藏文：'gril-ba **藏文义：**卷起

29.16　*原始汉藏语：*(s-)grj(w)ăl*

汉字：卷（226a）

杨福绵拟音：*gʻjwan(A)<*gʻljwan **汉字义：**弯曲

郑张上古拟音：gron **上古音韵地位：**群元 3

中古音（反切）：群仙平山合重三（巨員）

藏文：'gril-ba **藏文义：**卷起

29.17　*原始汉藏语：*(s-)grj(w)ăl*

汉字：缳（256j）

杨福绵拟音：*gʻjwan(B)<*gʻljwan **汉字义：**系一圈，围绕

郑张上古拟音：gʷraans **上古音韵地位：**匣元 1

中古音（反切）：匣删去山合二（胡慣）

藏文：'gril-ba **藏文义：**卷起

29.18　*原始汉藏语：*(s-)grj(w)ăl*

汉字：桓（164b）

杨福绵拟音：*gʻwân(A)<*gʻlwân<*s-glwân **汉字义：**借自"转"

郑张上古拟音：gʷaan **上古音韵地位：**匣元 1

中古音（反切）：匣桓平山合一（胡官）

藏文：'gril-ba **藏文义：**卷起

29.19　*原始汉藏语：*(s-)grj(w)ăl*

汉字：旋（236a）

杨福绵拟音：*dzjwan(A)<*s-gjwan<*s-gljwan **汉字义**：转圈，骨碌，回来

郑张上古拟音：sɢʷan **上古音韵地位**：云元 1

中古音（反切）：邪仙平山合三（似宣）

藏文：'gril-ba **藏文义**：卷起

元部阳声韵对应藏文韵母 in：

29.30 原始汉藏语：*(s-)kyen

汉字：霰（156d）

杨福绵拟音：*s-gian/sien(C) **汉字义**：雨夹雪

郑张上古拟音：sqheens **上古音韵地位**：心元 2

中古音（反切）：心先去山开四（蘇佃）

藏文：skyin-t'aŋ **藏文义**：雹子，雨夹雪

29.31 原始汉藏语：*(s-,ʔ-)kyeˑl

汉字：羶（148q）

杨福绵拟音：*s-gi̯an/śi̯än(A) **汉字义**：羊的味道，腐臭味

郑张上古拟音：hljan **上古音韵地位**：以元 1

中古音（反切）：書仙平山开三（式連）

藏文：skyin **藏文义**：野山羊

元部阳声韵对应藏文韵母 od：

29.34 原始汉藏语：*(s-,ʔ-)kaˑn~ *(s-,ʔ-)kaˑt

汉字：建（249a）

杨福绵拟音：*ki̯ǎn/ki̯ɒn(C) **汉字义**：设立，建立

郑张上古拟音：kans **上古音韵地位**：见元 1

中古音（反切）：见元去山开三（居万）

藏文：'k'od-pa **藏文义**：坐下，设立；放置，建立

藏文：'kad-pa **藏文义**：坐，稳坐

元部阳声韵对应藏文韵母 ol：

29.7　原始汉藏语：*(s-)kwâ·l

汉字：湲（157f）

杨福绵拟音：*kwân(C) **汉字义**：起泡

郑张上古拟音：koon **上古音韵地位**：见元 3

中古音（反切）：見桓平山合一（古丸）

藏文：kʻol-ba **藏文义**：煮

29.8　原始汉藏语：*(s-)kwâ·l

汉字：爟（158d）

杨福绵拟音：*kwân(C) **汉字义**：招致，引火（做饭）

郑张上古拟音：koons **上古音韵地位**：见元 3

中古音（反切）：見桓去山合一（古玩）

藏文：ʼkʻol-ba **藏文义**：煮，沸腾

29.9　原始汉藏语：*(s-)kwâ·l

汉字：爨（177a）

杨福绵拟音：*tsʻwân(C)<*skʻwân **汉字义**：加热，煮

郑张上古拟音：shoons **上古音韵地位**：清元 3

中古音（反切）：清桓去山合一（七亂）

藏文：skol-ba **藏文义**：煮

29.10　原始汉藏语：*(a-)kwâ·l

汉字：倌（157-l）

杨福绵拟音：*kwân(A&C) **汉字义**：仆人

郑张上古拟音：koon **上古音韵地位**：见元 3

中古音（反切）：見桓平山合一（古丸）

藏文：kʻol-pa **藏文义**：男仆

29.11　原始汉藏语：*(a-)kwâ·l

汉字：宦（188a）

杨福绵拟音：*gʻwân(C)<*(s-)gʻwân **汉字义**：仆人，男仆

郑张上古拟音：gʷraans **上古音韵地位**：匣元 1

中古音（反切）：匣删去山合二（胡慣）

藏文：'kʻol-ba **藏文义**：使唤用人

29.12　原始汉藏语：*(a-)kwâ·l

汉字：瘝（157g）

杨福绵拟音：*kwân(A) **汉字义**：疲惫，筋疲力尽

郑张上古拟音：koon? **上古音韵地位**：见元 3

中古音（反切）：見桓上山合一（古滿）

藏文：'kʻol-ba **藏文义**：睡觉，使麻木

29.23　原始汉藏语：*(s-,r-)kwa·l

汉字：諠（164a）

杨福绵拟音：*s-kʻịwǎn/xịwɒn(A) **汉字义**：喧闹

郑张上古拟音：qhʷan **上古音韵地位**：曉元 1

中古音（反切）：曉元平山开三（況袁）

藏文：rgol-ba **藏文义**：争吵，对抗

29.24　原始汉藏语：*(s-,r-)kwa·l

汉字：讙（158n）

杨福绵拟音：*s-kʻwân/xwân(A)，*s-kʻịwân/xịwɒn(A) **汉字义**：喊叫

郑张上古拟音：qhon **上古音韵地位**：曉元 3

中古音（反切）：曉元平山开三（況袁）

藏文：rgol-ba **藏文义**：争吵，对抗

29.28　原始汉藏语：*s-kya·l

汉字：遣（196b）

杨福绵拟音：*kʻịan/kʻịän(B) **汉字义**：送，寄出

郑张上古拟音：khen? **上古音韵地位**：溪元 2

中古音（反切）：溪仙上山开重四（去演）

藏文：'kʻyol-ba **藏文义**：送抵，带到

元部阳声韵对应藏文韵母 ud：

29.6　原始汉藏语：*(s-)nu·(-n)~*(s-)nu·(-t)

汉字：吮（468g）

杨福绵拟音： *ɗʼjwən(C)<*s-njwən **汉字义：**吮吸（嘴唇的动作）

郑张上古拟音：zlonʔ **上古音韵地位：**從元3

中古音（反切）：從仙上山合三（徂兖）

藏文：nud-pa **藏文义：**喂奶

元部阳声韵对应藏文韵母 ul：

29.13　原始汉藏语：*(s-)kwəl

汉字：劝（158s）

杨福绵拟音： *kʼjad(C),*kʼiat **汉字义：**劝说，鼓励

郑张上古拟音：khons **上古音韵地位：**溪元3

中古音（反切）：溪元去山合三（去願）

藏文：'kʼul-ba **藏文义：**征服，隶属

元部阳声韵对应藏文韵母 ur：

29.4　原始汉藏语：*(s-)mjun~*(s-)mjur

汉字：勉（222c）

杨福绵拟音： *mjan(B) **汉字义：**努力

郑张上古拟音：mronʔ **上古音韵地位：**明元3

中古音（反切）：明仙上山开重三（亡辨）

藏文：myur-ba **藏文义：**快速，迅速

29.5　原始汉藏语：*(s-)mjun~*(s-)mjur

汉字：黾（无）

杨福绵拟音： *mjwěn(B) **汉字义：**自勉

郑张上古拟音：mlenʔ **上古音韵地位：**明元2

中古音（反切）：明仙上山开重四（彌兖）

藏文：smyur-ba **藏文义：**快速，急忙，催促

（十四）元部对应情况分析

元部阳声韵与藏文韵母对应的有 37 例，与其相对应的藏文具有在阳声韵中数量多、对应关系复杂的特点。其中元部阳声韵对应藏文韵 ad 的有 4 例，对应藏文韵母 an 的 1 例，对应藏文韵母 al 的有 2 例，对应藏文韵母 ar 的有 1 例，对应藏文韵母 as 的有 2 例，对应藏文韵母 ed 的有 1 例，对应藏文韵母 el 的有 2 例，对应藏文韵母 id 的有 2 例，对应藏文韵母 il 的有 6 例，对应藏文韵母 in 的有 2 例，对应藏文韵母 od 的有 1 例，对应藏文韵母 ol 的有 9 例，对应藏文韵母 ud 的有 1 例，对应藏文韵母 ul 的有 1 例，对应藏文韵母 ur 的有 2 例。对于元部的上古拟音，郑张尚芳先生构拟为 -an、-en、-on，杨福绵构拟为 -an、-ən，这与郑张尚芳先生的构拟基本一致。

郑张尚芳先生将元部的主要元音构拟为 -a-、-e-、-o-，韵尾为 -n。依照主要元音可将与元部对应的藏文韵母分为 5 类，即 a 类的 an、a、ar、al、aŋ、as，o 类的 or、ogs、ol、os、o、on，u 类的 ur、u、ul、uŋ，e 类的 ed、er、el、eŋ、en，i 类的 in、i、il。这五类藏文韵母与元部对应的例子在杨福绵先生的汉藏比较中都有，虽然没有包括所有韵尾类型，但主要元音都包含在内。

郑张尚芳将元部拟为鼻韵尾。根据上文，元部阳声韵对应藏文韵尾 -r 的有 3 例，对应藏文韵尾 -d 的有 9 例，对应藏文韵尾 -l 的有 20 例，对应藏文韵尾 -n 的有 3 例，对应藏文韵尾 -s 的有 2 例。郑张尚芳认为上古汉语鼻韵尾对应藏文流音韵尾（即 -l 韵尾和 -r 韵尾）和塞韵尾（即 -s 韵尾）是汉藏两语韵母的异常对应模式。

（十五）侵部对应情况

侵部阳声韵对应藏文韵母 am：

31.5　原始汉藏语：

汉字：念（670a）

杨福绵拟音：*niəm(C) 汉字义：想

郑张上古拟音：nuɯums **上古音韵地位**：泥侵 1

中古音（反切）：泥添去咸开四（奴店）

藏文：nyams **藏文义**：灵魂，思想

31.6　原始汉藏语：

汉字：恁（667j）

杨福绵拟音：*ńjəm(B)<*ś-ńjəm<*s-njəm **汉字义**：想

郑张上古拟音：njɯmʔ **上古音韵地位**：泥侵 1

中古音（反切）：日侵上深开三（如甚）

藏文：snyam-pa **藏文义**：想，想法

31.7　原始汉藏语：

汉字：审（665a）

杨福绵拟音：*śjəm(B)<*s-ńjəm **汉字义**：检验，审查

郑张上古拟音：hljɯmʔ **上古音韵地位**：晓侵 1

中古音（反切）：书侵上深开三（式荏）

藏文：snyam-pa **藏文义**：想，想法

31.8　原始汉藏语：*(s-)k'əm

汉字：婪（655 i）

杨福绵拟音：*gləm(A)<*l-g'əm(?) **汉字义**：贪婪

郑张上古拟音：g·ruum **上古音韵地位**：来侵 3

中古音（反切）：来覃平咸开一（卢含）

藏文：k'am **藏文义**：欲望

31.9　原始汉藏语：*(s-)k'əm

汉字：惏（655 j）

杨福绵拟音：*gləm(A)<*l-g'əm(?) **汉字义**：贪婪，垂涎

郑张上古拟音：g·ruum **上古音韵地位**：来侵 3

中古音（反切）：来覃平咸开一（卢含）

藏文：rkam-pa **藏文义**：希望，渴望

31.10　原始汉藏语：*(s-)kʻəm

汉字：贪（645a）

杨福绵拟音：*tʻəm(A)<*skʻəm **汉字义：**贪婪

郑张上古拟音：khl'uum **上古音韵地位：**溪侵3

中古音（反切）：透覃平咸开一（他含）

藏文：skam **藏文义：**想要

侵部阳声韵对应藏文韵母 im：

31.1　原始汉藏语：

汉字：沈（565b）

杨福绵拟音：*dʻjəm(A) **汉字义：**沉入，沉没

郑张上古拟音：lhjuum? **上古音韵地位：**胎侵1

中古音（反切）：昌侵上深开三（昌枕）

藏文：tʻim-pa,’tim-pa,ɣtim-pa **藏文义：**消失，沉没

31.2　原始汉藏语：

汉字：深（666c）

杨福绵拟音：*śjəm(A)*sthjəm<*s-dʻi̯əm **汉字义：**深

郑张上古拟音：hljum **上古音韵地位：**以侵3

中古音（反切）：书侵平深开三（式针）

藏文：stim-pa **藏文义：**进入，穿过，被吸收

31.3　原始汉藏语：

汉字：深（666c）

杨福绵拟音：*śjəm(C)<*s-dʻjəm **汉字义：**深度

郑张上古拟音：hljum **上古音韵地位：**以侵3

中古音（反切）：书侵平深开三（式针）

藏文：stim-pa **藏文义：**进入，穿过，被吸收

31.4　原始汉藏语：

汉字：浸（661g）

杨福绵拟音：*tsjəm(C)<*s-tjəm 汉字义： 浸泡

郑张上古拟音：ʔsims 上古音韵地位： 心侵 2

中古音（反切）： 精侵去深开三（子鸩）

藏文：stim-pa 藏文义： 进入，穿过，被吸收

（十六）侵部对应情况分析

在杨福绵汉藏语比较研究同源词谱中，与侵部阳声韵对应的藏文有 10 例。其中侵部对应藏文韵母 am 的有 6 例，对应藏文韵母 im 的有 4 例。郑张尚芳先生给侵部的上古拟音为 -ɯm、-im、-um，杨福绵的拟音为 -əm，二位先生在侵部韵尾的构拟上是一致的。郑张先生构拟的 -m 韵尾也在侵部的大多数汉藏对应的例证中得到印证。

郑张尚芳将侵部构拟为收唇韵尾。根据上文，杨福绵所构拟的韵尾也都是 -m，其汉藏语比较研究同源词表中侵部对应藏文的 10 个例证也都是收 -m 韵尾的。郑张尚芳对上古汉语收唇韵尾韵部的汉藏对应情况没有做讨论，从这里的对应情况来看，侵部对应的藏文韵尾全为收唇韵尾。

（十七）谈部对应情况

谈部阳声韵对应藏文韵母 em：

33.2 原始汉藏语：*(s-, a-)ke·m

汉字： 殲（620f）

杨福绵拟音：*skiam/tsiäm(A) 汉字义： 毁灭

郑张上古拟音：ʔsem 上古音韵地位： 心談 2

中古音（反切）： 精盐平咸开三（子廉）

藏文：'gem-pa 藏文义： 杀，毁灭

谈部阳声韵对应藏文韵母 im：

33.1 原始汉藏语：

汉字： 潜（660-l）

杨福绵拟音：*dzʻjɛm(A)<*sdʻjɛm 汉字义： 入水，沉没、泡

郑张上古拟音：zlom 上古音韵地位： 從談 3

中古音（反切）：從盐平咸开三（昨鹽）

藏文：stim-pa **藏文义**：进入，穿过，被吸收

（十八）谈部对应情况分析

杨福绵汉藏语同源词谱中，与谈部阳声韵对应的藏文仅有 2 例，分别是谈部对应藏文韵母 em 的 1 例，对应藏文韵母 im 的 1 例。关于谈部的上古拟音，郑张尚芳先生构拟为 -am、-em、-om，其主元音为 -a-、-e-、-o-，韵尾为 -m。杨福绵构拟为 -am、-εm，主要元音分别是 -a 和 -ε，韵尾是 -m。就二者都有主要元音 -a-，韵尾都是 -m 这一相同点来看，在对谈部的上古音构拟上，二位先生的构拟是一致的，同时也为郑张先生构拟的谈部收 -m 韵尾做出了一定程度的佐证。

郑张尚芳把谈部上古音构拟为收唇韵尾。根据上文，谈部例证虽少，但全部对应藏文韵尾 -m。虽然郑张尚芳没有对上古汉语收唇韵尾韵部的汉藏比较对应情况做出讨论，但谈部对应的藏文韵母全部为 -m 韵尾，这与谈部阳声韵的韵尾非常一致，并不存在异常对应情况。碍于杨福绵谈部例证太少，更深入的研究还需有新材料的发现运用。

第五章　结论

本章是本书正文的最后一章，这里笔者将上文论述过的 322 条杨福绵汉藏语同源词对应情况进行总结，并尝试归纳规律如下。

第一节　声母对应规律

杨福绵汉藏语同源词声母对应方面，呈现了如下规律。

1.综观总体，本书所采用的汉藏语比较音韵框架模式内的郑张尚芳单声母系统里，并不是的所有这 25 个声母都与杨福绵藏语同源词发生对应。其中哭母、抚母、滩母和宠母在杨福绵同源词谱中没有例证；杨福绵汉藏语同源词声母对应的数量上各声母差别显著，汉语声母对应的藏语同源词最少的仅有 4 例，最多的有 35 例；杨福绵汉藏语同源词声母对应的复杂程度差别也很大，一般情况是存在数量较多的藏语同源词例证的声母，其对应的藏语同源词情况也相对复杂。

2.杨福绵对汉藏语声母的研究，特别是对复辅音声母的研究，是他卓有建树的方面。这些复辅音声母是由一个清擦音 s- 后加一个清或浊的塞音再加一个流音（ -l- 或 -r- ）组成的。s- 是上古汉语前缀或复辅音声母的表现。在从原始汉语到古代汉语的语音转换上，杨福绵吸收了白保罗的部分意见。白保罗为了解释某些语音变化，假设在上古汉语里有前缀

*s- 和复声母 *s- 的区别。这种区别已经消失或处于逐渐消失的阶段。换言之，在上古汉语时期，前缀 *s- 渐渐融入复声母 *s- 中。因此，探索其原始形式不能离开同源词研究，也不能离开藏缅语比较研究。白保罗的语音转换体系并不完善，在某些例子中杨福绵做了修改。杨福绵试着给出从原始汉语 *s-ghl- 到古代汉语浊擦音 r- 的语音转化规律，这和白保罗认为从原始汉语 *s-khl- 到古代汉语浊擦音 x- 转化相平行。这为原始汉语和藏缅语之间的一致性提供了一个看起来更为合理的证据。

从带有前缀 *s- 或含有 *s- 的复声母的例证来看，前缀 *s- 从语音体系上看明显来自于 *s- 加辅音组合，它在原始汉语和古代汉语早期扮演形态学上的重要角色，只是到了古汉语晚期它才变得较少或没有功用了。前缀 *s- 的功能显而易见，可以表示使动，可以表示名词性，可以表示身体部位，可以表示动物，也可以表示植物。

从大量的不容忽视的 *s- 前缀实例可以看出，当汉语和藏语进行比较时，汉语在形态学上肯定与藏语在前缀系统上相似，在后缀系统上也可能有相似之处。白保罗说："关于上古汉语'面目'的转换是明显的，通常把汉语更紧密地靠近藏语和藏缅语的序列里，这将可能导致某些更深远的性质的改变，关于古汉语的语法，也关于早期汉语研究的一般领域。"（白保罗 1976）。这就为我们的汉藏语同源词比较研究的继续进行提供了具有启发性的建议。

3. 除了对前缀 *s- 的研究和构拟，杨福绵还在其汉藏语比较中对原始汉语软腭音 + 流音（-l- 或 -r-）复声母前的 *s- 情况进行深入构拟。

关于上古和远古汉语的流音介音问题，现在仍没有解决。高本汉（1940，1957）为上古汉语构拟了一个 -l- 介音，这一介音只有在作为复声母的第二个辅音时存在，例如 *kl-, *bl-, *sl- 等。他的构拟大部分是以谐声反映形式为基础的。李方桂构拟出导致古卷舌音（ts-, ts'-, dz-, s- 和 t-, t'-, d-, n- [同高本汉的 t-, t'-, d'-, n-]）形成的上古 -r- 介音，李方桂还在其他构拟中也保留了高本汉复声母中的 -l-。阿克塞尔·许思莱（1974）提出，在古汉语里，所有中古音里的 -l- 都可以和上古音一样被构拟成 -r-。因此，古代汉语中的 i̯- 和 zi̯- 就可以各自追溯到非j化或j化的 *l- (Ancient rhyme Division Ⅳ)，即可以理解为早期的介音 -l- 的由来。但他的提议没有引起太多关注。白保罗延续了高本汉的主张，不认同古代汉语有介音 -r-，但是承认原始汉语和原始汉藏语都有 -l- 和 -r- 介音。汉语的早期是否存在这种流音需要其他汉藏语言之间的比较研究来证明。杨福绵对古代汉语和原始汉语的构拟着重依靠谐声反映形式及汉藏语同源词比较研究。他得出的结论与白保罗基本相同。

在杨福绵汉藏语同源词声母对应中，我们可以发现带有 *s- 的对应共有 78 例。杨福绵先生试图证明古汉语里存在 *s-，他的证据来自于《诗经》虚词以及上古汉藏缅语的比较。《诗经》早期的诗歌里，有两个虚词经常出现在实词前（名词、动词、形容词等），即"思"*si̯əg 和"斯"*sieg。它们的功能一直是难解的。杨福绵先生假设它们可能是上古汉语一个或几个在古代民歌中保留下来的音节字母。很明显，在古汉语诗歌里音节的数目很重要。它们可能读作 *sə- 或 *si-。然而在《诗经》晚期，这两个词消失了，被以舌根塞音为声母的词例如"其"*gʻi̯əg、"爱"*giwan、"曰"*giwat 等取代。为什么会发生这种替代？杨先生解释为其中部分原因是 *s- 失去了原有的功能，因此后期的诗人们终止了对带有 *s- 的这类词的使用。也可能与"其"和"斯"有相似的读音有关。"斯"可以从古汉语的 *s-giʻeg 构拟为 *sgieg，"其"构拟为 *gʻi̯əg。杨福绵对古汉语和藏缅语进行了比较，得出 *s- 的功能是使动、强调、名词化。

从带有 *s- 或 s- 组合的汉藏语同源词来看，可以暂得出结论如下：

（1）资料显示，*s- 从语音体系上看明显来自 *s- 加辅音组合，它在原始汉语和古代汉语早期扮演形态学上的重要角色，只是到了古汉语晚期它才变得较少或没有功用了；

（2）如第三章第二节中所举，*s- 的功能还是显而易见的，有的表示使动，有的表示动词，有的表示名词性，有的表示身体部位，有的表示动物，有的表示植物；

（3）大量不容忽视的带有 *s- 的实例表明，当汉语和藏语进行比较时，汉语在形态学上肯定与藏语在前缀系统上相似，在后缀系统上也可能有相似之处；

（4）在谐声系统中，有表明 *s- 前缀伴随舌根塞音大量存在的证据，而且通过汉语与藏语的比较，这一点得到更有力的支持从而被肯定；

（5）*s- 加舌根鼻音的例子很少见。这可能是因为 *sŋ- 类的声母和其他鼻音或舌面音的合并，这种合并在上古汉语时代就已经发生了；

（6）杨福绵先生支持白保罗关于各声母的前喉音化理论，我们应该去找更有力的证据，以期对这方面进行继续探索。

第二节　韵母对应规律

杨福绵汉藏语同源词对应的韵母方面，呈现了如下规律。

1. 综观总体，本文所采用的汉藏语比较的 33 个汉语韵部并非都出现了与之相对应的藏语同源词例，冬部就没有例证。汉藏语同源词韵母对应在数量上看差别显著，汉语韵部对应的藏语同源词最少的有 2 例，而多的有 30 多例。杨福绵汉藏语同源词韵部对应的复杂程度差别也很大，一般情况是存在数量较多的藏语同源词例子的韵部，其对应的藏语同源词情况也较为复杂。

2. 至、队、祭三个去声韵部都有藏语同源词与之对应，这充分证明了本书所采用的汉藏语韵母比较框架模式的合理性和正确性。

3. 通过对杨福绵汉藏语同源词的比较研究，上古汉语同一韵部对应藏语同源词中的多个元音的现象得到了有力的支持，可以为郑张尚芳先生一部多元音说提供更充分的证据。

4. 从韵尾对应情况来看，存在上古汉语开韵尾、塞韵尾、鼻韵尾和流音韵尾与藏语开韵尾、塞韵尾、鼻韵尾和流音韵尾相互错综复杂的异常对应情况。

第三节 对一些同源词的分析、质疑和意见

综观杨福绵的汉藏语同源词比较研究，他虽然提出了一些很有参考价值的同源词，也对 *s- 前缀和复声母进行了深入分析，但仍存在着不尽如人意之处。最明显的不足是在选择同源词时，他很多时候采用了几个汉语同音或音相近的同义字对应同一藏文发音的形式。就郑张尚芳先生的研究理念来看，这些汉字中应该有一个是与此藏文形成最合理同源词对应的，汉字和藏文应该是一一对应的。在这里笔者把此类以多对一的情况从杨福绵汉藏语同源词谱里挑选出来进行分析，并试着选出其中更合理的对应形式。

一 字 / 孳

1.9 原始汉藏语： *(s-)gə·k

汉字： 字（964n）

杨福绵拟音： *sg'i̯əg/dz'i(C) **汉字义：** 培育，养育；爱，爱抚；孕育

郑张上古拟音： zlɯ **上古音韵地位：** 從之

中古音（反切）： 從之去止开三（疾置）

藏文： sgag-pa **藏文义：** 交配

1.10 原始汉藏语： *(s-)gə·k

汉字： 孳（966k）

杨福绵拟音： *sg'i̯əg/dz'i(C) **汉字义：** 交配；繁殖

郑张上古拟音： ʔsɯ **上古音韵地位：** 心之

中古音（反切）： 精之平止开三（子之）

藏文： sgag-pa **藏文义：** 交配

这两个词条对应的是同一藏文，杨福绵对其的上古汉语拟音也是一样的，从意义上看："字者，言孳乳而浸多也。"（《说文解字注》）"字""孳"互注，"字"为基本词。所以在此同源词对应的选择上，本人赞同并秉承郑张尚芳先生的理念，采用一一对应原则，保留词条 1.9。

二 鹰/雕/鵰/鹞/扬

3.1 原始汉藏语：*s-kyəŋ~*s-kyək

汉字：鹰（890c）

杨福绵拟音：*sgiaŋ/i̯aŋ(A) 汉字义：鹰，猎鹰

郑张上古拟音：quɯŋ **上古音韵地位：**影蒸

中古音（反切）：影蒸平曾开三（於陵）

藏文：skyiŋ-ser **藏文义：**鹰，猎鹰

4.18 原始汉藏语：*s-kyəŋ~*s-kyək

汉字：雕/鵰（1083t,u）

杨福绵拟音：*skiôg/tieu(A) 汉字义：鹰

郑张上古拟音：tɯɯw **上古音韵地位：**端幽 2

中古音（反切）：端宵平效开四（都聊）

藏文：skyiŋ-ser **藏文义：**鹰，猎鹰

7.10 原始汉藏语：*s-kyəŋ~*s-kyək

汉字：鹞（1144m）

杨福绵拟音：*sgi̯og/i̯äu(C) 汉字义：鹰，清淡

郑张上古拟音：lew **上古音韵地位：**以宵

中古音（反切）：以宵平效开三（餘昭）

藏文：skyiŋ-ser **藏文义：**鹰，猎鹰

14.30 原始汉藏语：*s-kyəŋ~*s-kyək

汉字：扬（720j）

杨福绵拟音：*sgiaŋ/i̯aŋ(A) 汉字义：借词，"鹰"

郑张上古拟音：laŋ **上古音韵地位**：以陽

中古音（反切）：以陽平宕开三（與章）

藏文：skyiŋ-ser **藏文义**：鹰，猎鹰

　　从拟音上看，3.1 和 14.30 杨福绵拟为同音，"扬"在表示"鹰"的意思时，是个借字，故择取同源词时，应该选其本字"鹰"。再从词义来看，藏文 skyiŋ-ser 的意义为"鹰，猎鹰"，4.18 雕 / 鵰，"䚢也。从隹周聲。鵰，籀文雕从鳥。都僚切"（《说文解字》）7.10 鹞，"鷙鳥也……說文鷂卽鷢。以其善捉雀。故亦爲鷙鳥。"（《说文解字注》），二字的本意都不是"鹰"。按照汉藏语同源词对应原则，这四个组中最合理的应为 3.1。

三　拯 / 抍 / 救 / 鞠 / 育 / 毓

3.3　原始汉藏语：*(s-,ʔ-)kyəŋ~*(s-,ʔ-)kyək

汉字：拯（896i）

杨福绵拟音：*skyiəŋ/tśiəŋ(B) **汉字义**：救，帮助；举

郑张上古拟音：kljɯŋʔ **上古音韵地位**：見蒸

中古音（反切）：章蒸上曾开三（支庱）

藏文：'kʻyog-pa，过去时 kʻyag，命令式 kʻyog **藏文义**：举，举起，带来

3.4　原始汉藏语：*(s-,ʔ-)kyəŋ~*(s-,ʔ-)kyək

汉字：抍（897e）

杨福绵拟音：*sgyiəŋ/śiəŋ(A)，*sgyiəŋ/tśiəŋ(B) **汉字义**：举起，救

郑张上古拟音：hljɯŋ **上古音韵地位**：曉蒸

中古音（反切）：书蒸平曾开三（識蒸）

藏文：'kʻyog-pa，过去时 kʻyag，命令式 kʻyog **藏文义**：举，举起，带来

4.1　*原始汉藏语：**(s-,ʔ-)kyəŋ~*(s-,ʔ-)kyək*

汉字：救（1066m）

杨福绵拟音：*ki̯og/ki̯əu(C) **汉字义**：帮助，救，解脱

郑张上古拟音：kus **上古音韵地位**：見幽 1

中古音（反切）：見尤去流开三（居祐）

藏文：'k'yog-pa，过去时 k'yag，命令式 k'yog **藏文义**：举，举起，带来

5.1　*原始汉藏语：**(s-)kjâŋ~*(s-)kjâk*

汉字：鞠（1017g）

杨福绵拟音：*kjôk **汉字义**：养育

郑张上古拟音：kug **上古音韵地位**：見覺 1

中古音（反切）：見屋入通合三（居六）

藏文：'k'yog-pa，过去时 k'yag，使动式 k'yog **藏文义**：举起，携带，提供（抚养）

5.3　*原始汉藏语：**(s-)kjâŋ~*(s-)kjâk*

汉字：育（1020）

杨福绵拟音：*djôk<*gjôk（董同龢 *gjôk) **汉字义**：抚养，喂养，养育

郑张上古拟音：lug **上古音韵地位**：以覺 1

中古音（反切）：以屋入通合三（余六）

藏文：'k'yog-pa，过去时 k'yag，使动式 k'yog **藏文义**：举起，携带，提供（抚养）

5.4　*原始汉藏语：**(s-)kjâŋ~*(s-)kjâk*

汉字：毓（1021）

杨福绵拟音：*djôk<*gjôk **汉字义**：培养，养育孩子

郑张上古拟音：lug **上古音韵地位**：以覺 1

中古音（反切）：以屋入通合三（余六）郑张上古拟音：

藏文：'k'yog-pa，过去时 k'yag，使动式 k'yog **藏文义**：举起，携带，

提供（抚养）

先看"拯"和"抍"。"抍，上举也。从手升聲"（《说文解字注》），二者在表示"上举"这个意思时，是同音异体字，"抍"为本字，"拯"为后起。再看"育"和"毓"，二者在《说文解字》里是同音异体字，"育，養子使作善也……毓，育或从每。"所以此二字可以合并，与此藏文表示"抚养"的意义相对应。至于"救"字本义是"止也"（《说文解字》），与此藏文意义不符，可以暂时剔除。"鞠"字本义是"蹋鞠也"（《说文解字》），表示"养育"是后起意，不符合这里的汉藏语同源词择词原则，可以剔除。所以杨福绵这6组同源词可以合并成下面两组。

3.4 原始汉藏语：*(s-,ʔ-)kyən~*(s-,ʔ-)kyək

汉字： 抍／拯

杨福绵拟音： *sgyi̯əŋ/śi̯əŋ(A)，*sgyi̯əŋ/tśi̯əŋ(B) **汉字义：** 举起，救

郑张上古拟音： hljɯŋ **上古音韵地位：** 曉蒸

中古音（反切）： 書蒸平曾开三（識蒸）

藏文： 'kʻyog-pa，过去时 kʻyag，命令式 kʻyog **藏文义：** 举，举起，带来

5.3 原始汉藏语：*(s-)kjâŋ~*(s-)kjâk

汉字： 育／毓

杨福绵拟音： *djôk<*gjôk（董同龢 *gjôk) **汉字义：** 抚养，喂养，养育

郑张上古拟音： lug **上古音韵地位：** 以覺1

中古音（反切）： 以屋入通合三（余六）

藏文： 'kʻyog-pa，过去时 kʻyag，使动式 kʻyog **藏文义：** 举起，携带，提供（抚养）

四 哮／嘐／嗃

4.6 原始汉藏语：*(s-) grâg

汉字： 哮（1168d）

杨福绵拟音： *xog(A&C)<*xrog<*gʻrog **汉字义：** 咆哮

郑张上古拟音：qhruus **上古音韵地位**：曉幽 1

中古音（反切）：曉看去效开二（呼教）

藏文：'k'rog-pa **藏文义**：咆哮

4.8 原始汉藏语：*(s-) grâg

汉字：嘮（1069q）

杨福绵拟音：*xlôg(A)<*xrôg<*grôg **汉字义**：夸张的

郑张上古拟音：g·ruuw **上古音韵地位**：來幽 1

中古音（反切）：來豪平效开一（郎刀）

藏文：'k'rog-pa **藏文义**：咆哮

7.4 原始汉藏语：*(s-) grâg

汉字：嗃（1129x）

杨福绵拟音：*g'og(C)<*g'rog **汉字义**：喊叫

郑张上古拟音：qhraaw **上古音韵地位**：曉宵

中古音（反切）：曉肴平效开二（許交）

藏文：'k'rog-pa **藏文义**：咆哮

上面三个字杨福绵构拟为同一原始汉藏语，对应同一藏文，其古汉语拟音也相似。"哮，豕驚聲也。从口孝聲。許交切"（《说文解字》）；"嘮，誇語也。从口翏聲。古肴切"（《说文解字》）；"嗃，嗃嗃，嚴酷皃。从口高聲。呼各切"（《说文解字》），"又《廣韻》許交切"。其中只有"哮"是本意"咆哮"。这三个词条只保留 4.6 即可。

五 陶/窑

4.12 原始汉藏语：*(s-)kok

汉字：陶（1047a）

杨福绵拟音：*sg'ôg/d'âu(A) **汉字义**：窑；陶器

郑张上古拟音：luu **上古音韵地位**：以幽 1

中古音（反切）：以宵平效开三（餘昭）

藏文：kʻog-ma **藏文义**：罐子，陶器

4.13 原始汉藏语：*(s-)kok

汉字：窑（1144b）

杨福绵拟音：*sgi̯og/i̯äu(A) **汉字义**：窑

郑张上古拟音：luu **上古音韵地位**：以幽 1

中古音（反切）：以宵平效开三（餘昭）

藏文：kʻog-ma **藏文义**：罐子，陶器

陶，"再成丘也，在濟陰……《夏書》曰：'東至于陶丘。'陶丘有堯城，堯嘗所居，故堯號陶唐氏。徒刀切"（《说文解字》），其本义是地名，"陶器"是后起义；"窑"是"窑"的异体字，"燒瓦窯也"（《说文解字》），"陶器，瓦"是引申义。在语音上，郑张对二字的上古拟音是一样的，中古也相同。二者只保留 4.12 即可。

六 挠/娆

7.8 原始汉藏语：*s-nok~*s-njok

汉字：挠（1164s）

杨福绵拟音：*nŏg(B), *xnog<*s-nog(A) **汉字义**：麻烦，混乱

郑张上古拟音：rŋaaw **上古音韵地位**：疑宵

中古音（反切）：泥肴平效开二（尼交）

藏文：skyo-ŋogs **藏文义**：争吵

7.9 原始汉藏语：*s-nok~*s-njok

汉字：娆（无）

杨福绵拟音：*ńźjäu(KY)<*ńjog(B)<*s-ńjog; nieu<*niog **汉字义**：纷争，骚扰

郑张上古拟音：njew? **上古音韵地位**：泥宵

中古音（反切）：日宵上效开三（而沼）

藏文：skyo-ŋogs **藏文义**：争吵

"挠，擾也。从手堯聲。一曰捄也。奴巧切。此與女部嬈字音義皆同"
（《说文解字注》）。既然"挠"与"嬈"音义皆同，这两组可以合并为一组。

七 悄／勦

7.14 原始汉藏语：*s-kyok

汉字：悄（1149s）

杨福绵拟音：*sk'i̯og/ts'i̯äu(B) 汉字义：焦急，悲伤

郑张上古拟音：shew? 上古音韵地位：清宵

中古音（反切）：清宵上效开三（於兆）

藏文：skyo-ba 藏文义：疲惫，坏脾气，悲伤，烦恼

7.15 原始汉藏语：*s-kyok

汉字：勦（1169b）

杨福绵拟音：*ski̯og/tsi̯äu(B) 汉字义：使疲惫

郑张上古拟音：?slaw? 上古音韵地位：心宵

中古音（反切）：精宵上效开三（子小）

藏文：skyo-ba 藏文义：疲惫，坏脾气，悲伤，烦恼

"悄，憂也。从心肖聲"（《说文解字》）；"勦，勞也。从力。巢聲。子
小切。又楚交切"（《说文解字注》），二字的意思不同。且中古韵书资料也
显示二字的读音不同。而杨福绵认为二者是同音同义字。我们认为这里应
该遵从现存语言材料的记载，二字既不同音，也不同义。"悄"对应藏文
"悲伤，烦恼"之意，"勦"对应藏文"疲惫"之意。

八 勺／杓／酌／汋

8.3 原始汉藏语：*s-kyok

汉字：勺（1120a）

杨福绵拟音：*skyi̯ok/tśi̯ak 汉字义：用勺盛；斟酒

郑张上古拟音：bljewɢ 上古音韵地位：並藥

中古音（反切）：禅藥入宕开三（市若）

藏文：skyogs-pa **藏文义**：勺；酒杯

8.4　**原始汉藏语**：*s-kyok

汉字：杓（1120b）

杨福绵拟音：*sgyi̯ok/źi̯ak **汉字义**：勺；杯

郑张上古拟音：bljewɢ **上古音韵地位**：並藥

中古音（反切）：禅藥入宕开三（市若）

藏文：skyogs-pa **藏文义**：勺；酒杯

8.5　**原始汉藏语**：*s-kyok

汉字：酌（1120d）

杨福绵拟音：*skyi̯ok/tśi̯ak **汉字义**：往杯里倒酒

郑张上古拟音：pljewɢ **上古音韵地位**：帮藥

中古音（反切）：章藥入宕开三（之若）

藏文：skyogs-pa **藏文义**：勺；酒杯

8.6　**原始汉藏语**：*s-kyok

汉字：汋（1120c）

杨福绵拟音：*sgyi̯ok/źi̯ak,*skyi̯ok/tśi̯ak, 'sgi̯ok/i̯ak **汉字义**：勺，用勺盛出来，倒出

郑张上古拟音：bljewɢ **上古音韵地位**：並藥

中古音（反切）：禅藥入宕开三（市若）

藏文：skyogs-pa **藏文义**：勺；酒杯

"勺，挹取也。象形，中有實，與包同意。凡勺之屬皆从勺。之若切"（《说文解字》），"勺"为本字，此四组可以只保留8.3。

九　妖／削

7.13　**原始汉藏语**：*s-kyok

汉字：妖（1141f）

杨福绵拟音：*s-kḭog/ʔi̯äu **汉字义**：削

郑张上古拟音：qrowʔ **上古音韵地位**：影宵

中古音（反切）：影宵上效开重三（於兆）

藏文：skyag-pa，过去时 bskyags，未来时 skyog **藏文义**：花费，布置，扩张；屠杀，谋杀（西部藏语）

8.8 原始汉藏语：*s-kyok

汉字：削（1149c）

杨福绵拟音：*s-gi̯ok/si̯ak,*s-gi̯og/si̯äu(A) **汉字义**：剥，削，切；破坏；擦掉

郑张上古拟音：slewɢ **上古音韵地位**：以药

中古音（反切）：心药入宕开三（息约）

藏文：skyag-pa，过去时 bskyags，未来时 skyog **藏文义**：花费，布置，扩张；屠杀，谋杀（西部藏语）

"殀，《廣韻》《集韻》《韻會》於兆切《正韻》伊鳥切，音夭。《玉篇》殁也。短折曰殀，壽之反也。《孟子》殀壽不貳。亦作夭。又斷殺也。《禮·王制》不殺胎，不殀夭。《鄭註》殀，斷殺也。少長曰夭。"（《康熙字典》）"削，鞞也。革部曰。鞞、刀室也……凡侵削、削弱皆其引伸之義也。"（《说文解字注》）如此看来，"殀""削"二字都没有藏文 skyag-pa "花费，布置，扩张"之意，至于所谓的"西部藏语"的"屠杀，谋杀"之意，则不足为凭。笔者认为在找到其他佐证之前，杨福绵这两组同源词可以暂时去除。

总体而言，杨福绵汉藏语同源词收词虽然比较丰富，但仍采用斯塔罗斯金和白保罗的语音体系与语音变化规则，他自己的拟音尚不足以形成一套体系。即使如此，杨福绵在汉藏语同源词比较方面的闪光点仍不容小觑。由于笔者水平有限，其中很多有争议的地方并未详加讨论，只能留给广大同仁去做更加深入的研究了。

参考文献

白保罗（本尼迪克特）：《汉藏语言概论》，马提索夫编，罗美珍、乐赛月译，瞿霭堂、吴妙发校，中国社会科学院民族研究言室，1984。

包拟古：《原始汉语与汉藏语》，潘悟云、冯蒸译，中华书局，1995。

丁邦新：《中国语言学论文集》，中华书局，2008。

丁邦新、孙宏开：《汉藏语同源词研究》，广西出版社，2002。

丁声树、李荣：《古今字音对照手册》，中华书局，1981。

冯蒸：《汉藏语比较研究的原则与方法：西门华德〈藏汉语比较词汇集〉评析》，《温州师范学院学报（哲学社会科学版）》1988 年第 4 期。

冯蒸：《汉语音韵学论文集》，首都师范大学出版社，1997。

冯蒸：《冯蒸音韵论集》，学苑出版社，2006。

冯蒸：《汉藏语比较语言学重要论著述评和初步研究》，《汉字文化》2009 年第 1 期。

冯蒸：《二十世纪汉语历史音韵学研究的一百项新发现与新进展（上）》，《汉字文化》2010 年第 5 期。

冯蒸：《论古代汉语和藏语同源词比较的音韵框架模式》，《汉字文化》2011 年第 6 期。

高本汉：《中国音韵学研究》，赵元任、罗常培、李方桂合译，商务印书馆，2003。

龚煌城:《汉藏语研究论文集》,北京大学出版社,2004。

龚煌城、梅祖麟:《汉藏语比较语言学的回顾与前瞻》,《语言暨语言学》2006 年第 7 期。

郭锡良:《汉字古音手册(增订本)》,商务印书馆,2010。

黄海英:《俞敏在中国语言学中的学术成就》(导师:施向东),南开大学,2008。

江荻:《藏语复杂声母系统及复杂演化行为》,《中国藏学》1996 年第 4 期。

李方桂:《上古音研究》,商务印书馆,1997。

林海鹰:《斯塔罗斯金与郑张尚芳上古音系统比较研究》(导师:冯蒸),首都师范大学,2006。

全广镇:《汉藏同源词综探》,学生书局,1996。

斯塔罗斯金:《古代汉语音系的构拟》,林海鹰,王冲译,上海教育出版社,2010。

孙顺:《汉藏同源词音义对应问题研究》(导师:张渭毅),北京大学,2008。

王宇枫:《由汉藏关系词韵母系统的对应关系看上古的阴声韵和入声韵》,《语言》(第五卷),首都师范大学出版社,2005。

吴安其:《汉藏语同源研究》,中央民族大学出版社,2002。

徐通锵:《历史语言学》,商务印书馆,2008。

尹蔚彬:《汉藏语同源词探讨:鼻音、流音声母关系字声母、韵母比较》(导师:黄布凡),中央民族大学,1997。

俞敏:《俞敏语言学论文集》,商务印书馆,1999。

郑张尚芳:《上古韵母系统和四等、介音、声调的发源问题》,《温州师范学报(社会科学版)》1987 年第 4 期。

郑张尚芳:《汉语的同源异形词和异源共形词》,《汉语词源研究》第 1 辑,吉林教育出版社,2001。

郑张尚芳:《上古音系》,上海教育出版社,2003。

郑张尚芳:《中古三等专用声母非、章组、日、喻邪等母的来源》,《语言研究》2003 年第 6 期。

郑张尚芳:《原始汉语 p- 类复声母在中古的表现形式》,《汉语史研究:纪念李方桂先生百年冥诞论文集》,中央研究院语言研究所,2005。

郑张尚芳:《汉藏两语韵母的异常对应》,《语言研究》2006 年第 2 期。

Paul Fu-Mien Yang, S. J. *Modern Dialects and the Reconstruction of Archaic Chinese (Initial Consonant Clusters)*, (Georgetwon University Press, 1968.)

Paul Fu-Mien Yang, S. J. On the Reconstruction of Old Chinese Based on Modern Dialect Data, *4th ICSTLL*,1971, 10, pp.8-9.

Paul Fu-Mien Yang, S. J. Prefix *s- in Proto-Chinese, *8th ICSTLL*, 1975:10, pp.24-26.

Paul Fu-Mien Yang, S. J. Prefix *s- and *SK-, *SKL- clusters in Proto-Chinese (PC): Part I. Prefix *s- and *SK- clusters., *Genetic Relationship, Diffusion and Typological Similarities of East and Southeast Asian Language*, Tokyo, 1976, pp.359-411.

Paul Fu-Mien Yang, S. J. Prefix *s- and *SK-, *SKL- clusters in Proto-Chinese (PC): Part II. Prefix *s- and *SKL- clusters., *9th ICSTLL*, 1976, 10, pp.22-24.

Paul Fu-Mien Yang, S. J. Proto-Chinese *SKL- and Tibeto-Burman Equivalents, *10th ICSTLL*, 1977, 10, pp.14-16.

Paul Fu-Mien Yang, S. J. Proto-Chinese *SK- and Tibeto-Burman Equivalents, *11th ICSTLL*, 1977, 10, pp.20-22.

Paul Fu-Mien Yang, S. J. Prefix *kə- in Modern Chinese Dialect and Proto-Chinese, *MS33*, 1977-1978, pp.286-299.

Paul Fu-Mien Yang, S. J. Traces of Proto-Chinese Bilabial Prefixes in Archaic Modern Chinese, *12th ICSTLL*, 1979, 10, pp.19-21.

Paul Fu-Mien Yang, S. J.Sinitic and Proto-Chinese : Part I. Archaic Chinese and Proto-Min, *15th ICSTLL*, 1982, 8, pp.17-19.（A）

Paul Fu-Mien Yang, S. J. Sinitic and Proto-Chinese : Part I. Archaic Chinese and Proto-Min, *15th ICSTLL*, 1982, 8, pp.17-19.（B）

Paul Fu-Mien Yang, S. J. Prefix *s- and *st- clusters in Proto-Chinese: Part I. From Xie-sheng and Dialect Reflexes (first draft), *18th ICSTLL*, 1985, 8, pp.27-29.

Paul Fu-Mien Yang, S. J. Initial consonant clusters *KL in Modern Chinese Dialects and Proto-Chinese, *Linguistics of the Sino-Tibetan Area: The State of the Art, Papers presents to Paul K. Benedict for his 71st birthday*, 1985, pp.168-179.

Schuessler, Alxel: *A Dictionary of Early Zhou Chinese*. (Honolulu: University of Hawaii Press, 2006.)

附　录

附录 1 *Prefix *s- in Proto-Chinese* 中文译文

上古汉语中的 *s- 前缀

0. 介绍

马伯乐（Maspero）、雅洪托夫（Yakhontov）、蒲立本（Pulleyblank）、包拟古（Bodman）、李方桂（Li Fang-kuei）以及白保罗（Paul K. Benedict）曾经讨论并证明了上古汉藏语和上古汉语里存在着 *s- 前缀。然而，有关上古汉语里 *s- 前缀的性质及其形态学功能的一些问题仍没有解决。这篇论文试图从存在于早期的汉语经典著作特别是从《诗经》的语言学资料中发现更有说服性的证据。同时从谐声系列中，从汉语及其他汉藏语同源词中发现这种证据。这项研究的主要意图在于识别具有 *s- 前缀的词的词根，同时标明此前缀在形态学上可能具备的功能。

1.《诗经》资料

在之前的一篇论文里（1972），我指出《诗经》的某些语气词如有 *gjŭg，其 *g'jəg（或 *kjəg），爰 *gjwǎt, 于 *gjwo 有早期前缀 *g- 存在的线索。其真实性已被词语 "曰杀" *gjwǎt-sat<*g-sat，藏缅语 *g-sat "杀"，"有僚" *gjŭg-liog< *g-liog，古代藏语 grog "朋友，同志" 所证明。

在这篇文章里，我们又从《诗经》中找到两个位置相当于前缀 *g-的语气词，即"斯"*sjĕg 和"思"*sjəg。古代诗人无疑是把这两个词作为发噝声前缀 *s- 的语音标志来使用的。根据王显（1959）的研究，它们大部分存在于定语之前。*sjĕg 这种形式也存在于动词、名词和数词之后。现列举定语前缀的例子：

（1）斯皇 *sjĕg-gʹwâng<*s-gʹwâng "叮当声"（宝石）

（2）斯翼 *sjĕg-gjək<*s-gjək "十分恭敬"

（3）斯棘 *sjĕg-kjək<*s-kjək "迅速移动"

（4）斯革 *sjĕg-kɛk<*s-kɛk "伸展翅膀"

（5）斯飝 *sjĕg-pjwər<*s-pjwər "飝"

（6）斯频 *sjĕg-bʹjĕn<*s-bʹjĕn "按压"（自然状态）

（7）思皇 *sjəg-gʹwâng<*s-gʹwâng "威严"（爵士）

（8）思齐 *sjəg-dzʹjər<*s-dzʹjər "高贵"（文王的母亲）

（9）思文 *sjəg-mjwən<*s-mjwən "好"（后稷）

（10）思娈 *sjəg-bljwan<*s-bljwan "美丽"（年轻女子）

（11）思媚 *sjəg-mjər<*s-mjər "可爱"（妻子）

（12）思柔 *sjəg-ńjôg<*s-ńjôg "温和"（酒）

王显把这两个语气词理解为语法功能与重叠词相类似的加强语气的小品词。杜百胜（W. A. C. H. Dobson）（1968：307-8）对它们的功能定义与定语的前缀相似。杜百胜还对它们的出现和年代做了详细的分析并将它们与"有"和"其"相比较。下面的图表对其进行了概括。

《诗经》部分	出现的字	大致年代
《周颂》	有 *gjŭg 思 *sjəg	公元前 11-10 世纪
《大雅》	有 *gjŭg 斯 *sjĕg	公元前 10-9 世纪
《小雅》	有 *gjŭg 斯 *sjĕg	公元前 9-8 世纪
《国风》	有 *gjŭg 其 *gʹjəg	公元前 8-7 世纪

杜百胜指出："前缀'有'存在于《周颂》、《鲁颂》和《商颂》，并存在于此后的整个颂部分。前缀'其'则局限在《国风》里。前缀'思'局限在颂和《大雅》里。在《小雅》中，'思'前缀出现两次，其一，215 从第 292 行引用，其二是 218'思变'，在《国风》中作'其变'，215 和 218 可能是仿古的例子。在《雅》部分，前缀'斯'占统治地位——在《小雅》（211，196，191，197，189）部分的诗歌里有应用的倾向……'思'是最早的形式……前缀'其'则是最晚的形式，被局限在《国风》里使用。"（1968：225）从他的论述中，我们可以得出这样的结论：思 *sjəg 是反映上古 *s- 前缀的最早的形式，而斯 *sjěg 则是后来的诗人引用或模仿思 *sjəg 前缀的。既然有 *gjǔg 是和思 *sjəg 同一时期的，那它应该反映了独立前缀 *g-。其 *g'jəg 如果不是从 *sjəg 而来，就是 *sjəg 的方言变体。因为它的声母——送气舌根音 g'——可能是通过语音转换 s->h->ɣ->g'- 从 s- 得来，这在藏缅语言中很常见，举例来说：藏语 smin-pa<*s-min-pa，缅语 hmyań~h-mań<*h-myań~*h-mań "熟"，加罗语 gimin~gumun<*gə-min~ *gə-mun "煮熟，熟"，藏缅语 *s-min "熟"（见白保罗 1972：106）。有趣的是 *g'jəg 形式大多数出现在《国风》的《邶风》、《卫风》和《王风》部分。从地理位置上说，邶、卫和王是古代国名，位于现代中国河北南部、山西西南、河南大部以及一些省份的毗邻地区（见金开诚 1963：13）。恰好在这些区域的某些多音节词的第一音节中我们发现保留有古老的前缀 *g-（现代形式是 kə-）的痕迹，这与加罗语的情况相似（见杨福绵 1972）；但是在这些区域，我们仍然没有发现上古汉语前缀 *s- 的踪迹。

仅从《诗经》的证据来看，我可以假设上古汉语有两个前缀 *s- 和 *g-，还有一个仿古的前缀 *g'-。如果对于 *sjəg 和 *sjěg 是上古汉语 *s- 前缀的语音符号的假设是正确的话，我们显然能对上面所列某些词中的上古汉语前缀 *s- 和藏语（及藏缅语）前缀 *s- 进行比较。

（2）斯翼 *s-gjək "非常恭敬"。"翼"的本义是"翅膀"。因为声符是"异"的同音字组包括"趩"*t'jək，白保罗（1972：171）把"翼"构拟为 *djək，认为和藏缅语的 *g-lak "胳膊"是同源词。然而，通过更仔细的研究我们注意到几个"翼"的同源词（可能反映了古代方言的差异）分为两种读音。"翅"*śjěg(C) 和 *kjěg(C) 从 *ś-djěg<*s-djěg 和 *(s-)kjěg 而来；"翅"*śjěg(C) 从 *s-djěg 或 *s-gjěg 而来（参见：伎，技 *g'jěg）；翮*g'ɛk 从 *(s-)g'ɛk 而来。同一个词的声母有不同的颚音 *s- 和舌根音 *g'- 或 *k- 两种读音，这表明更早的 *ś- 前缀来自上古汉语 *s-。这一点也可以通过现代闽方言进行证实："翼"在龙溪、兴化、福州读 sik，在揭阳、潮州读 sek，在厦门读 sit，柏扬读 siet。上古闽方言应该读作 *sjek，是从上古汉语 *s-gjək 或 *s-djək 而来。看来最好是把由 *sryog-，*g-sryog- 发展而来的上古汉语 *s-gjək 或 *s-djək 与藏语 śog-，yśog- "翅膀"进行比较，这可能也与从 *g-slyogs（？）发展而来的 yzogs "侧面"有关，参见 logs "侧面"。

（3）斯棘 *s-kjək "快速移动"。我们可以把这个词同从 *m-gyog-s-（中部藏语 gyog-po）而来的藏语 mgyogs-pa "迅速、快速"以及从 *r-gyug "跑、赶快、冲"而来的 rgyug-pa 进行比较。这个词也是从 *s-kuk 而来的"速"*suk 的同源词，因为它的声旁"束"*śjuk 可能来自 *ś-gjuk<*s-gjuk（见下文 2.6.4）。

（4）斯革 *s-kɛk 或 *s-g'ɛk "伸展翅膀"。在这里"革"是"翮"*kɛk 的简写，《切韵》读作 ɣɛk<*g'ɛk<*(s-)g'ɛk(见上文)。*s- 是一个使役前缀。

（5）斯飞 *s-pjwər "飞行"。在藏语 'p'ur-ba "飞"，spur-ba "使飞"与汉语 *pjwər "飞"，s-pjwər "飞行"之间存在完美的一致性。从汉代的方言里，可以推演出前缀 *s- 存在的线索，"翚"*xjwər "飞"（《方言》12：91），《说文》："翚翔"，可能来自 *s-bjwər（比较巴兴语 byer "飞"）。语音的转变与"火"*s-bwâr(见下文 2.1.1) 的转变相似。原始闽语（罗杰瑞 1973）的"飞"的声母带有一个"清音化"的 *-p，这可能是因为失去了前缀 *s-。

（11）思媚 *s-mjər "可爱的"。没有前缀的"媚"*mjər 是"爱、谄媚"的意思，是"眉"*mjər 的同源词①。这样我们就可以把 * s-mjər 和藏语 smin-ma"眉毛"、藏缅语 *s-mul~*s-mil"毛发"相比较。

通过观察，我们可以得出《诗经》中前缀 *s- 的作用是强调或加强语气，在某种程度上与藏缅语的使役前缀 *s- 相类似。

2. 同源词组

这一部分所列的同源词组是我认为极有可能词根前附着有前缀 *s- 的词。为了证实这一假设，我选择了那些可能与藏语和藏缅语同源的词。关于藏缅语前缀 *s- 的详细分析，读者可以参考孔好古（1896）、李方桂（1933）、张谢贝蒂（1971）、白保罗（1972，1974），包拟古（1973）。

2.1 藏语 sb-/p-：上古汉语 *s-b-/p-

2.1.1

'bar-ba "烧，着火" hwar（怒语）"烧，点燃" sbor-ba，过去时和将来时 sbar "烧，点燃" ʔwan（克钦语）"火" waʔ（加罗语）"火" 藏缅语 *bwar~*pwar 原始汉藏语 *s-bwar 上古汉语 *(s-)bjwan~*(s-)bjwar	燔 *bʻjwǎn(A)<*bjwǎn~*bʻwar "烧，烤"（声旁番 *pʻjwân~*pwar） 炲 *xmjwər(B)<*s-mjwər<*s-bjwər "烧" 火 *xwâr(B)<*s-bwâr "火" 燬 *xjwâr<*s-bjwâr "猛烈燃烧的火"

在上古汉语里，*s- 是一个名词化前缀。

2.1.2

bud-pa=sbud-pa "放火" 'bud-pa 过去式 bus, pʻus "吹气" sbud-pa "点燃，放火；（风）吼" 原始汉藏语 *(s-)buˑn~*(s-)buˑt（杨福绵）	喷 *pʻwən(A&C) "吐出" 歕 *pʻwən(A&C) "吹出，吐出" 哱 bʻuət(KY)<*bʻwət "吹气声" 焚 *bʻjwən(A) "烧" 焌 *tsjwən&*tswən(C)<*s-pjwən,s*-pwən "烧，点火" 燧 *dzjwəd(C)<*s-bjwəd "钻木取火" 焠 *tsʻwəd(C)<*s-pʻwəd "烧" 孛 *bʻwət "彗星" 彗 *dzjwəd,*dzjwad(C)<*s-bjwəd~*s-bjwad "彗星"

---

① 释名：眉，媚也，有妩媚也。

2.1.3

'p'ya-ba, 过去式 'p'yas "责备，嘲笑，愚弄"	吡 *p'jǎr(B) "责备，说坏话"
dpyas-po "挑剔，责备"	诽 *pjwər(B) "诽谤"
'pyar-ka "责备，侮辱"	毁 *xjwǎr<*s-bjwǎr "诋毁，辱骂"
spyo-ba, 过去式 & 祈使式 spyos "责备，责骂"	毁 xjwię(KY)<*xjwǎr(B)<*s-bjwǎr "诽谤，诋毁，辱骂"
spyar-ba "责备"	訾 *tsjǎr(B)<*s-pjǎr "责备，诽谤"
原始汉藏语 *(s-)pja(-r)~*(s-)bja(-r)（杨福绵）	疵 *dz'jǎr(A)<*s-b'jǎr"缺点"，借自 tsjǎr"责备"

这里我们加上两个明显的同源词进行讨论。

（1）牝 *b'jən~*b'jər(B) "雌性动物"，雌 *ts'jǎr(A) "雌鸟，雌性"。这两个词有相似的韵尾和意思，可能从一个普遍存在的原始汉语词根而来。*ts'jǎr 可能来自 *sp'jǎr~*s-b'jǎr，即带有动物性前缀 *s- 的词根 *b'jǎr。克钦语 šə-vi~šəyi 是从 *s(ə)-bi~*s(ə)-bji "雌性" 而来，原始汉藏语 *p(w)əy(-n) "雌性" 为我们构拟 *s-b'jǎr 提供依据。请注意，声旁 "此" *ts'jǎr 也出现在上面提到的訾 *tsjǎr(B)<*s-pjǎr。然而这并不意味着所有此声旁的形声字组都有从它们原始汉语带来的 *s-p- 形式的声母，只是它们中的一部分是从早期的 *s-p 形式而来。同样的原则也适用于其余研究。

（2）腺 *b'iər(A) "肚脐，脐部"，脐 *dz'iər(A)。这一组词更能说明情况，因为反映了同一词 "脐" 的两种变化。*b'iər 只在汉代的文中出现，它可能是原始词根 "脐" 的方言表现形式，而 *dz'iər 是从 *s-b'iər 而来 —— 在词根上加了表示身体部位的前缀 *s-。腺和上文提到的吡 *(s-)p'jǎr "责备" 声旁相同。尽管如此，*dz'iər 是从原始汉语 *s-d'iər 而来是可能的，这与藏缅语 *s-tay "脐" 完全相符（白保罗 1974）。如果真是这样，我们可以把 *b'iər 的来源理解为原始汉语 *s-d'iər 的一种方言形式 *s-b'iər。

我们还可以比较藏语 'pyen "屁"，克钦语 a-p'jet "屁"，汉语 pji(KY)<*p'jər(C) "屁"。

2.1.4

byin "福气，赐予福气" sbyin-pa, 过去式和祈使式 byin "给，赠，赐予" 原始彝缅语 *biy- "给" 藏缅语 *biy "给" 原始汉语 *(s-)bjin *(s-)bjit	分 *pjwən(A) 李方桂 *pjən "赠，给" *bʻjwən(C) 李方桂 *bjən "部分，分享" 畀 *pjəd(C) "给" 进 *tsjěn(C)<*spjen "献，给" 赆 *dzʻjěn(C)<*sbʻjěn "离别礼物" 现代方言 广东话 pei "给" 客家话 pun 或 pin "给" 上海话 pəʔ<(*pjət) "给"

2.1.5

pʻrid（见 sbrid-pa）	鼻 *bʻjəd(C)<*brjəd(?) "鼻子" 自 dzʻi(KY)<*dzʻjər（董 同 龢 *dzʻjəd）(C)*s-bʻjəd<*s-brjəd(?) "自己"（鼻？）
sbrid-pa "打喷嚏"	泗 *sjəd(C)<*s-bjəd<*s-brjəd(?) "流鼻涕"（声旁 "四" *sjəd, 原始汉藏语 *s-bləy）
其他同源词： sbrid-pa "麻木，麻痹"	痹 pji(KY)<*pjəd<*(s-)pjəd<*s-prjəd(?) "风湿病，麻木" 颣 *dzʻjwəd(C)<*s-brjəd(?) "筋疲力尽，疲劳"（参见上文 2.1.2. 瘁 *s-pʻwəd） 瘁 *dzʻjwəd(C)<*s-bʻjwəd<*s-brjəd(?) "痛苦，疲劳"

2.1.6

'byaŋ-ba "清洁，净化，纯洁" byaŋ-sems "纯净，圣洁的想法" 'byoŋ-ba "使清洁，纯洁" sbyoŋ-ba, 过去时 sbyaŋs, 将来时 sbyaŋ "打扫，洁净"	炳 *pjăŋ(B) "光亮，显赫" 明 *mjăŋ(A) "光明，亮光" 清 *tsʻjěŋ(A)<*spʻjaŋ "清洁、纯洁、明亮" 净 *dzʻjěŋ(C)<*sbʻjaŋ "清洁，净化"

原始汉语 *s-bʻjaŋ 里的 *s- 是使役前缀。我把原始汉藏语构拟为 *(s-)bja。

2.2 藏语 sm- ：原始汉语 *s-m-

2.2.1

dmod-pa *-mwa-d（白保罗 1972:189）"咒骂" smod-pa "责备" smad-pa "中伤，责备" dman-pa "低，小" smad-pa "弯下"	骂 *måʼ(B&C)<*mwa "侮辱，责骂" 懱 *miat<*hmiat<*s-miat "鄙视" 末 *mwât "最后，小，缩小" 俛 *mjan(B)<*hmjan<*s-mjan "俯身"

在 *miat 中，前缀 *s- 通过同源词蔑 *miat "毁掉，消灭" 和威 *xmjwat<*s-mjat "消灭，毁掉" 还原；在 *mjan 中，前缀 *s- 通过同源词悗 *mwən（声符同是 "免"）"胡涂，愚蠢"，以及 "惛" *xmwən<*s-mwən "呆笨，愚蠢" 还原。

2.2.2

smyo-ba 或 myo-ba "胡涂，疯狂"（过去式 smyos, myos）	憮 *mjwo&*xmwo(B&A)<*s-mjwo<*s-mjo "吃惊，惊讶" 惚 *xmwət<*s-mwət "迷惑，昏沉沉" 泯 *mjən(A&B)<*s-mjən "胡涂，混乱"
smyon-pa "发疯，发狂"	歾 *mjən(B),*mwən,*xmwən(A)<*s-mjən/*s-mwən "昏聩，胡涂"

原始汉语 *s- 是个动词前缀。韵尾 -n 可能是个词尾。原始汉藏语为 *s-mjə(-n)。

2.2.3

mun-pa "朦胧，黑暗，不清楚的" dmun-pa "变暗，不清楚"	闷 *mwən(C) "悲伤，黯淡，迷糊" 昏 *xmwən(A)<*s-mwən "黄昏，晚上，黑暗"

原始汉藏语 *mun~*s-mun，"黑暗" 原始汉语 *s- 是一个名词化前缀。

2.2.4

nyan-pa，也作 mnyan-pa "听" snyan-pa<*s-mnyan-pa(?) "名望，荣誉，名声"	闻 *mjwən(A)，李方桂 mjən "听，闻" *mjwən(C)<*s-mjwən<*s-mjən "听说，名声"

去声的名词 "闻" 可能是从早期的词失去前缀 *s- 得来，这一前缀和藏语中一样具有名词化功能。

2.2.5

mjen（克钦语）"过去，变坏" mjet（克钦语）"浅睡，打盹" met（米基尔语）"毁灭" mit（达尼语）"毁灭" səmit（怒语）"毁灭" simit（阿萨姆语）<*sə-mit"毁灭"	眠 *miən(A)"闭眼，睡觉" 泯 *mjən(A&B)"摧毁，毁坏" 滅 *mjat<*s-mjat"淹没，毁灭" 威 *xmjwat<*s-mjat"毁灭，破坏" 原始汉藏语 *met~*mit"毁坏"（白保罗）

我将原始汉藏语构拟成 *(s-)me·n~*(s-)me·t，"熄灭；消除"。

2.2.6

myur-ba"快速，迅速" smyur-ba"快速，急忙，催促"	勉 *mjan(B)"努力" 黾 *mjwěn(B)"自勉" 敏 *mjwěn(B)<*s-mjwěn"聪明，活跃，迅速" 亹 *mjwər(B)"有力的，努力" 麾 *xmwia(A)<*s-mwia，借用"迅速" 迅 *sjěn(C)~*sjwěn(C)<*s-mjwěn"快速，突然" 迿 *sjwən<*s-mjwən"快速"

我把原始汉藏语构拟为 *(s-)mjun~*(s-)mjur。

2.2.7

smra-ba，也作 smar-ba"说，讲" smraŋ, smreŋ"话，讲" mrań（缅语） 原始彝缅语 *mrwak"说" *ʔmrwak"说话，讲，告诉" （欧克朗 1974:89）	麾 *xmwia(A)<*s-mwia<*s-mria(?) "标志，旗"（即记号，语言） 撝 *xwia(A)<*s-mria(?)"标记，表明" 謊 *xmwâng(A&B)，李方桂 *hmâng, x, <*s-mwân<*s-mrâŋ(?)"梦话，胡说，谎话" 诲 *xmwəg(C)<*s-mrəg(?)"教导"

从这些同源词组中提出了原始汉藏语的同源异形词：*s-mraŋ~*s-mrak。

2.3　藏语 st-：原始汉语 *s-t（关于古汉语 st- 辅音从见包拟古 1969，1973）

2.3.1

tʻim-pa,ʼ tim-pa,ɤtim-pa "消失，沉没" stim-pa "进入，穿过，被吸收"	沈 *dʻ jəm(A) "沉入，沉没" 深 *śjəm(A)*sthjəm<*s-dʻiəm "深" *śjəm(C)<*s-dʻjəm "深度" 潜 *dzʻjɛm(A)<*sdʻjɛm "入水，沉没、泡" 浸 *tsjəm(C)<*s-tjəm "浸泡"

2.3.2

tʻun-pa "按照，遵循" stun-pa "同意"	顺 *dʻjwən(C)<*djwən "跟从，服从，符合" 循 *dzjwən(A)<*s-djwən "跟从，沿着" 遵 *tsjwən(A)<*s-tjwən "跟从，沿着"

2.4 藏语 s-n/ŋ：原始汉语 *s-n-

2.4.1

na-bo "古老" ɤna-sŋon "在古代，以前" šoŋ šoŋ（克钦语）"以前" sŋa-ba "古老的"；sŋa-go "以前" sŋan "以前" sŋon "以前"	曩 *nâng(B)<*(s-)nâŋ "过去，以前"（声旁 "襄" *snjang） 曏 *xjang(B),*ʔ>śjang(B)<*ś-njaŋ "不久前，最近" 向 *xjang(C)<*xńjaŋ "以前" 昔 *sjǎk<*s-ńjǎk "以前"，参见 "腊" *sjǎk<*s-ńjǎk "干肉"，"肉" *ńjôk<*s-ńjôk 的同源词，原始汉藏语 *s-ńa·k，"肉"

白保罗（1972：48）比较了 *nâng 和藏语 rnying-pa "老"，但这没有多少说服力。

这里再加上一些有相同声符 "襄" 的词：

ɤnaŋ-ba "给，让，容许" hnaŋ（卢谢语）"浓（液体）" 原始汉藏语 *(s-)naŋ "浓（液体）" hnaŋ<*snàŋ（缅语）"给，交付" sāŋ（克钦语）"给，代替"	讓 *ńjang(C)<*s-njaŋ "容许，屈服" 瀼 *ńjang(C)<*s-njaŋ "湿漉漉" 穣 *ńjang(A&B)<*s-njang "收成好，富裕" 饟 *śnjang 李方桂 *hnjang<*s-njaŋ "把食物给（田里干活的人）" 餉 *ʔ>śnjang<*s-njaŋ "给田里干活的人带食物"（比较："向" *s-njaŋ）

2.4.2

nyog-pa "蒙尘，脏"	溺 *niog(C) "尿"；*niok "沉，坠落"
	尿 nieu(KY)(C)<*niog "尿，排尿"
nyog-ma, tśʻu-nycg "泥泞，脏水"	溲 *sjôg(B)<*s-njôg "排尿"（比较
tśʻu-bsnyogs "浑浊，脏水"	"脩" *sjôg<*s-njôg "干肉"，羞 *snjôg "食品，
rnyog-pa "浑浊的，搅动"	肉"，"肉" ńjôk<*s-ńjôk）
nɔɔ（现代藏语）"搅浑，污染"	溲 *sjôg(A)<*s-ljôg<*s-njôg "排尿"

　　*s-njôg "排尿" 中的前缀 *s- 是动词（使动）前缀。原始汉语 *(s-)njôg "尿，排尿"。

2.4.3

nu-ma "乳头、胸"	乳 *ńju(B)<*nju "乳头，乳汁，吮吸"
hnu-te（卢谢语）"胸，乳汁"	
nu-ba "吮吸"	㝅nəu(C)<*nu(?) "喂奶"（楚方言）
nu-po/mo "喂奶"	唇 *ďʻjwən(A)<ďʻ-ńjwən<*ś-ńjwən<*s-njwən "嘴唇"
nud-pa "喂奶"	
'nus(Nam T) "喂奶"	吮 *ďʻjwən(C)<*s-njwən "吮吸"（嘴唇的动作）
snun-pa "喂奶"	
原始汉藏语（白保罗）*nəw "胸，乳汁"	原始汉语 *(s-)nju(-n)
原始彝缅语 *s-nut "嘴唇"（欧克朗 1974）	

　　我把原始汉藏语构拟为 *(s-)nu·(-n)~*(s-)nu·(-t)。长元音引起了原始汉语的颚化。*s- 是一个动词（及物动词）前缀。语音 snjwən>ďʻjwən 的转换可以通过比较下面的声符来证明：享 *ďjwən：惇 *ńjwən；隼 *śńjwən：准 *tńjwən；摄 *śńjap：慑 *tjap 等。白保罗（1972：f.n.428）把汉语 "唇" *ďʻjwən 和藏语 mtśʻu "嘴唇" 相比较，认为汉语的 -n 是表示 "双数" 的词尾。我接受他的假设，认为藏语 mtśʻu 是从 *m-snyu<*m-snu 而来。

2.4.4

nye-ba "附近，旁边"	尼 *njər(A) "附近，近的"
sə-ni（克钦语）<*s-ni "带来，附近"	邇 *njăr(B)<*s-njăr "附近，旁边"（比较 "玺" *snjăr）
snyen-pa，bsnyen-pa "来到附近"	昵 *njĕt "站的很近，熟悉，亲密"
ʔəni（克钦语）"靠近"	袒 *njĕt "女式贴身内衣"
nyen-kʻor "亲戚"	人 *ńjĕn(A)<*s-njĕn "人"
ɣnjen "家属，亲戚"	邻 *ljĕn(A)<*ʔljĕn<*hnjĕn<*s-njĕn "邻居，助手"（比较原始闽语 *hl- "鳞"：saiŋ 建阳、建瓯）（罗杰瑞 1973）
藏缅语 *ney "附近"	
原始汉藏语（白保罗）*ney(/t)	

我把原始汉藏语构拟为 *(s-)ni·(-n)~*(s-)ni·(-t)。

2.4.5

nyams "灵魂，思想"	念 *niəm(C) "想"
snyam-pa "想，想法"	恁 *ńjəm(B)<*ś-ńjəm<*s-njəm "想"
	审 *śjəm(B)<*s-ńjəm "检验，审查"

2.4.6

nub "西"（日落方向）	内 *nwəb(C) "里面，中间"
nub-pa "慢慢落下，沉入，落下（太阳）"	纳 *nəp "带入，传送，出现"
snub-pa "致死"	
	入 *ńjəp<*s-ńjəp<*s-nəp "进入，带入"
保都加罗语 *(h.)nap~*(h.)nup "日落，沉入，进入，穿过"	原始汉藏语（白保罗）*nu.p~*ni.p "沉没"

我把原始汉藏语构拟为 *(s-)nup~*(s-)nəp。

2.5 藏语 sk-：原始汉语 *s-k-

2.5.1

kʻol-ba "煮"	滒 *kwân(C) "起泡"
'kʻol-ba "煮，沸腾"	爟 *kwân(C) "招致，引火（做饭）"
skol-ba "煮"	爨 *tsʻwân(C)<*skʻwân "" "加热，煮"

我把原始汉藏语构拟为 *(s-)kwâ·l "煮，做饭"。这里我们增加一些有相同声符 "官" *kwân 的同源词。古汉语韵尾为 -l，见许思莱（Schuessler）（1974a）。

kʻol-pa "男仆" 'kʻol-ba "使唤用人" 'kʻol-ba "睡觉，使麻木"	倌 *kwân(A&C) "仆人" 宦 *gʻwân(C)<*(s-)gʻwân "仆人，男仆" 痯 *kwân(A) "疲惫，筋疲力尽"

2.5.2

'kʻul-ba "征服，隶属" skul-ba "劝说，强加"	劝 *kʻjad(C)*kʻiat "劝说，鼓励" 训 *xjwən(C)*s-kʻjwən "指导，解释，遵守，跟从"

我把原始汉藏语构拟为 *(s-)kwəl。

2.5.3

'gye-ba "分，分离" 'gyed-pa "分，撒，散播" sgyed-po, sgyid-po "炉底石" 原始汉藏语（白保罗）*s-ge·t	契 *kʻjad(C)（手刻，刻痕）借自 *kʻiat "分开" 锲 *kʻiad(C) "锲，切断" 楔 *siat<*s-giat（分开尸体的牙齿）

前缀 *s- 是一个名物化前缀。

2.5.4

kʻam "欲望" rkam-pa "希望，渴望" skam "想要"	婪 *gləm(A)<*l-gʻəm(?) "贪婪" 惏 *gləm(A)<*l-gʻəm(?) "贪婪，垂涎" 贪 *tʻəm(A)<*skʻəm "贪婪"（声符是 "今" *kjəm）

我把原始汉藏语构拟为 *(s-)kʻəm。

2.5.5

'goŋ-ba "施魔法，使入迷"（藏起来的符咒）	诳 *kjwang(C) "欺骗"（通过隐藏）
	迋 *gjwang(C)，借自 *gjwang(B) "欺骗"
	葬 *tsângB(C)<*s-kâŋ "埋葬"
sgoŋ-ba "藏起来（物品）"	藏 *dzʻâng(A)<sgʻâŋ "隐藏，储存"
sgyoŋ-ba，过去式 bsgyaŋs，将来式 bsgyaŋ "藏，锁上"	*dzʻâng(C)<*s-gʻâŋ "宝藏"
	*tsâng(A)<*s-kâŋ "被偷物品"
	养 *zjang(B)<*s-gjaŋ，借自 "藏"
kʻoŋ（克钦语）"有，放在一边"	现代汉语方言 "藏"
	苏州：kʻaŋ；温州：kʻuɔ<*kʻuoŋ；
	南昌：kiɛ<*kiɛŋ；厦门：kʻŋ；
	建阳：kʻoŋ；潮州：kʻɯŋ；福州：kʻauŋ
	古代方言：*(s-)gʻâŋ~*(s-)kʻâŋ

我把原始汉藏语构拟为 *(s-)gâŋ~*(s-)kâŋ "藏，隐藏"。

2.5.6

kʻoŋ-po "杯，碗（用来喝水或吃饭）"	康 *kʻâng(A) "快乐，高兴"
skaŋ-ba, skoŋ-ba "满意；用来赎罪的祭祀"	庆 *kʻjǎng(C) "高兴，享受"
	享 *xjang(B)<*s-kʻjaŋ "宴会；享受"
	飨 *xjang(B)<*s-kʻjaŋ "享受宴会，为宴会或祭祀带来食物"

我把原始汉藏语构拟为 *(s-)kâŋ "享受宴会"。*s- 在古代汉语中是动词性的。

2.5.7

kjoŋ(B) "喂养，照料牲口"	供 *kjung(A&C)(<*kjôŋ) "提供，给"
'kʻyoŋ-ba "提供"	客家话：kjuŋ(C) "喂养，养育"
skyoŋ-ba，过去时 bskyaŋs "守卫，保持，喂养，支持"	养 *zjang(B)<*s-gjaŋ "养育，喂养"
	*zjang(C)<*s-gjaŋ "保持，支持"
	鞠 *kjôk，借自 id. "养育"
'kʻyog-pa，过去时 kʻyag，使动式 kʻyog "举起，携带，提供（抚养）"	畜 *xjôk<*kʻjôk；*xjôg(C)<*kʻjôg；*tʻjôk 李方桂 *skhrjəkw<*s-kʻjôk；*tʻjôg<*s-kʻjôg "养育，抚养，保持，支持，贮藏"
rgyags, brgyags "储备，粮食，食物"	育 *djôk<*gjôk（董同龢 *gjôk）"抚养，喂养，养育"
	毓 *djôk<*gjôk "培养，养育孩子"

我把原始汉藏语构拟为 *(s-)kjâŋ~*(s-)kjâk。

2.6　藏语 sgr-：原始汉语 *s-gl/r-

2.6.1

ril<*rjǎl(?) "圆"	轮 *ljwən(A) "车轮"
	累 *ljwər(A) "蜿蜒，弯曲"
wan（克钦语）"圆圈"	许思莱（1974b）：*rywəl
gril "圆圈"	圆 *gjwan(A)<*gljwan "圆"
'gril-ba "卷起"	卷 *kjwan(B)<*kljwan，蒲立本：*kwlān "圆"；
kəwan（克钦语）"围绕"	*gʻjwan(A)<*gʻljwan "弯曲"
gryul（雷布查语）"圆"	缳 *gʻjwan(B)<*gʻljwan "系一圈，围绕"
	桓 *gʻwân(A)<*gʻlwân<*s-glwân，借自 "转"（参见 *sjwan）
	輠 *gʻlwâr(B), *gʻlwər, *gʻlwân(B)"（轮子）转弯"
	裹 *klwâr(B) "包扎，包起来"
sgril-ba<*s-grjǎl-(?) "包起来，围起来"	旋 *dzjwan(A)<*s-gjwan<*s-gljwan "转圈，骨碌，回来"
	许思莱（1974b）：*zlwan

这些同源词组非常复杂，特别是在藏语和汉语发音的一致性方面。不管怎样，我暂时把原始汉藏语构拟为 *(s-)grj(w)ǎl。

2.6.2

'greŋ-ba "支撑"	擎 *gʻjěng(A)<*gʻljěŋ "举"
sgreŋ-pa "上升，直立，举起"	兴 *xjəng(A)<*s-kʻjəŋ<*s-kljəŋ " 举，上升；开始，开创"
	扨 *śjəng(A)<*ś-gljəŋ "支撑，保持"
	现代方言是 "用手拿" 的意思：
	沈阳、扬州：liŋ（拎）
	苏州：lin<liŋ

我把原始汉藏语构拟为 *(s-)greŋ。

2.6.3

k'rag "血" k'rag-t'uŋ "一类可怕的神"	赫 *xăk<*k'răk "红，火红；冲动，害怕" 奭 *xjǝk<*s-k'jǝk<*s-k'rǝk "红" śjäk<*ś-gjak<*s-grak "红" 赤 *t̂'jăk< 李方桂 *skhjak(?)<*s-k'rak "红" 伏 *t'jǝk<*s-k'jǝk<*s-k'rǝk "怕"
skrag-pa "害怕，被吓到" dkrog-pa, skrog-pa "心神不安，激起，害怕" 'grog-tśe（拉达克语） krauk（缅语）"害怕" 藏缅语 *grok~*krok "害怕，恐惧" 原始汉藏语 *(s-)grâk~*(s-)krâk	嚇 *xăk<*k'răk; *xăg(C)<*k'rag "怕" 恪 *k'lâk<*k'râk "尊重，虔诚" 虩 *xjăk<*s-k'răk "害怕" 㦾 *xjwak<*s-k'rwak "怕" 愕 *ngâk<*(s-)ngâk<*(s-)grâk "害怕" 愬 sɛk<*s-grĕk "害怕"（也作 *sâg "通知" 见下面 2.6.5.） 骇 *g'ɛg(C)<*g'rĕg "惊慌，害怕" 菶 *g'jǝg(C)<*g'rǝg "害怕" 瞿 *kjwo(C) 李方桂 *kwjagh<*krwag "害怕，紧张，注意，慌张" 惧 *g'jwo(C) 李方桂 *gwjagh<*g'rwag "怕"

虽然愬 *sâg~sɛk 和愕 *ngâk 的声符都是屰 *ngjăk，但高本汉看到了声母 *s- 和 *ŋ- 的不一致，于是把它们划分在不同的谐声系列中。但是在这里它们重新放在一起，通过我把 *sâg 构拟成 *sŋâg<*s-ŋrâg，把 *ngâk 构拟成 *sŋrâk<*sŋrâk，最终可见它们分别来自古代汉语 *s-grâg 和 *s-grâk，这与原始汉藏语 *s-grâk 吻合。我们也可以把"愬"构拟为 *s-grĕk，与上古汉语 *srĕk、中古汉语 ṣɛk 相一致。

2.6.4

rak（米基尔语）"系，绑" grags-pa "系"	缭 *ljog(B), *liog(B) "系上，包起" 摎 *gljôg(A), *kljôg(A) "转圈系上" 鞹 *g'wâk<*g'râk; wâk<*ʔrâk "系" 繶 *g'wĕg(C)<*g'rĕg; xwĕk<*xrĕk<*k'rĕk "系，环绕，障碍"
'grogs-pa, 过去时 bsgrags, 将来时 bsgrag, 命令式 sgrags "系"	缩 *sjôk（李方桂 *srjǝkw）<*s-grjôk<*s-grôk "系" 束 *śjuk<*ś-gjuk<*s-gruk "系"
sgrogs "绳子，线" 原始彝缅语 *ʔkrak "绳子" 马提索夫（1970）	索 *sâk(Li*srak)<*s-grâk "缠绳子，绳子" 络 *glâk "线绳，马笼头"

原始汉藏语 *(s-)grâk（杨福绵）; *s-grâk "绳子"（白保罗 1974）

下面我们增加几个不带前缀 *s- 的同源词：

rogs "朋友，伙伴" grogs "朋友，伙伴" 'grogs-pa "联合"	僚 *liog(A&B) "同事，同志" 友 *gjǔg(B)（李方桂 *rəgwx）<*g-ljôg "朋友，伙伴" 侣 *gljo(B)（周法高 *liaɣ）<*g-ljog "同志"

2.6.5

grags-pa, (grag-pa) "哭，哭喊，喊" 'grags-pa "发声，哭，喊" 'kʻrog-pa "咆哮" sgrog-pa "哭，喊"	號 *gʻog(C)<*gʻrog "呼喊，大哭" 叫 *kjôg(C)<*krjôg "喊，呼" 嗃 *gʻog(C)<*gʻrog "喊叫" 嚆 *xǒg(A)<*xrôg<*gʻrǒg "发声" 哮 *xog(A&C)<*xrog<*gʻrog "咆哮" 譟 *sog(C)<*s-ɣrog<*s-grog "喊叫" 愬 *sâg(C)<*s-ɣrâg<*s-grâg "告诉，解释"（白保罗：*s-grâk） 訴 *sâg(C)<*s-grâg "指责，告诉" 歗 *sjôg(C)<*s-ɣrjôg<*s-grôg "大哭" 咻 *xjôg(A)<*xrjôg<*grôg "大声疾呼" 哓 *xjog(A)<*xrjog<*grjog "惊慌的喊叫" 嘐 *xlóg(A)<*xrôg<*grôg "夸张的"

这组同源词包括好几种方言变化形式，故十分复杂。我暂时把原始汉藏语构拟为 *(s-) grâg。白保罗（1974）把愬 *sâg 解释为词根 *sâk+ 词尾，并把其原始形式构拟为 *s-grâk。

补遗

2.2.6 亹 *mjwər(B) "有精力的，努力"

2.4.1.a

skyo-ŋogs "争吵" sŋogs-pa "恼火，生气" šə-nɔ（克钦语）"强行，胁迫" hnok（缅语）"搅动，混乱，骚扰"	挠 *nǒg(B), *xnog<*s-nog(A) "麻烦，混乱" 扰 *ńjog(B)<*s-ńjog "打乱" 娆 *ńźjäu(KY)<*ńjog(B)<*s-ńjog; nieu<*niog "纷争，骚扰"

我把原始汉藏语构拟为 *s-nok~*s-njok。

2.4.4

在邻 *ljěn 等之后加：近 *g'jən(B)<*g'ńjən<*ɣ-ńjən<*s-njěn "附近"；
*g'jən(C)<*s-njěn "邻近"（比较：圻 *g'jər~*ngjən）；

亲 *ts'jěn(A)<*ts'-njěn<*s-njěn "父母，亲戚；近，接近"。

2.5.11

skyob-pa，过去时 bskyabs，将来时 bskyab，使动式 skyobs "保护，守护，保持" skyabs "保护，帮助"	挟 *g'iap, *?>tsiep<*s-kiap "拿，握，夹在胳膊下，环抱" 协 *g'iap "一致，一起，符合"，比较："协助，协佐" 馌 *gjap "（给地里干活的人）带去食物"

我把原始汉藏语构拟为 *(s-)kjap。

补遗（P.12, 2.5.7. 之后）

2.5.8

'k'yeŋ-ba（叶斯开 Jäschke）：可能 ='geŋs-pa "吃惊"；但是也可能 =skyeŋ-ba k'jeŋ（克钦语）"变红" ?ək'jeŋ "红" skyeŋ-ba, skyeŋs-ba "害羞" 原始汉藏语 *(s-)kyeŋ~*(s-)gyeŋ（白保罗 1974）	惊 *kjěng(A) "吃惊，注意，害怕"（害羞，脸红） 赪 *t'jěng(A)<*sk'jěn "红" 赪 *t'jěng(A)<*sk'jěn "红" 窥 *t'jěng(A)<*s-k'jěn 借自 "红" 骍 *sjěng(A)<*s-gjěn "红马，红"

2.5.9

k'aŋ（缅语）<*(s-)gaŋ 圆丘，上升 k'àŋ-rùi 斜坡，山峰的支脉 ă-goŋ（雷布查语）<*-gaŋ 石山 sgaŋ（藏语）小山，山峰的支脉 原始汉藏语 *s-ga·ŋ（白保罗 1974）	亢 *k'âng(C) 借自同源异形词，"高"（sc. 门） 冈 *kâng(A) "小山，山脊" 昂 *ngâng(A)<*(s-)ŋâŋ<*s-gâŋ "高" 邛 *g'jung(A) "山" 崧 *sjông(A)<*s-gjôŋ "高" 嵩 *sjông(A)<*s-gjôŋ "高"

2.5.10

gyog-pa "弯曲，弧形"	觓 *g'jŏg(A) "角形的，弯且长的"
kyog, kyog-kyog "弯曲，弧形"	觓 *g'jôg(A) "长且弯曲，角形的"
	曲 *k'juk "弯的，弯曲"
	鞠 *kjôk "鞠躬，弯腰"
k'yog-po "弯曲，俯身"	局 *g'juk "弯，俯身；卷曲，缠绕"
	跼 *g'juk "俯身"
'k'yog-po "弯曲，弯身"	朐 *g'ju(A) 董同龢 *g'jug "一条干肉的弯曲部分"
	輈 *g'ju(A) 董同龢 *g'jug "车辀向内弯曲的部分"
skyogs-med "笔直，挺拔"	伛 *·ju(B) 董同龢 jug<*s-ʔjug<*s-gjug "俯身，驼背"
skyogs-lto-'bu "蜗牛"	痀 *kiu(A) 董同龢 *kjug "脊柱弯曲；驼背"
skyogs "勺，汤勺，杯子，高脚杯"	勺 *ḑjôk<*s-gjôk "勺子，杯子"
	*ṯjôk<*s-kjôk "用勺子盛，盛酒"
skyogs-pa "扭转（颈部）"	杓 *ḑjok<*s-gjok "勺子"
	酌 *ḑjok<*s-gjok "把酒倒入杯中"
	汋 *ḑjok<*s-gjok；*ṯjok<*s-kjok；
	*djok<*gjok "盛出，用勺子盛出"

　　我把原始汉藏语构拟为 *(s-)gjôk~*(s-)kjôk "勺，用勺盛"。图表中 "汋" 是一个极好的分析古代汉语三种词性变化的例子，即 *gjok（词根）、*s-gjok 以及 *s-kjok（前缀＋词根）。前缀 *s- 可能既是名词性的也是动词性的。

3. 结论

　　通过对于藏语和原始汉语前缀 *s- 的比较研究，我们可以得出如下结论。

　　（1）这篇论文提供的所有（同源词）例子，都证明或支持了前缀 *s- 的存在。

　　（2）到了上古汉语时代，前缀 *s- 或是丢掉，或是已经变成没有功能的成分。在很多例子中，这一前缀和发咝声的声母 *s-，*ś-，x- 合并。如果没有其他汉藏语特别是藏语的帮助，将很难发现这一前缀的踪迹。

　　（3）在原始汉语里，这个前缀出现在动词前其功能可能是强调或使动，在名词前表名词化，也有少数在副词前表副词化。作为名词化的标志，它常出现在上古汉语的上声字前，这使我们相信，至少某些上声字是来源于前缀 *s- 消失之后。

（4）这篇论文里对原始汉语的构拟主要着眼于带有前缀 *s- 的词根；然而对于词根本身没有涉及更多。也就是说，还有很大的空间去进一步完善、考虑和改进。

附录2 *Prefix *s- and *SK-, *SKL- clusters in Proto-Chinese (PC): Part I. Prefix *s- and *SK- clusters* 中文译文

原始汉语中的前缀 *s-、*SK- 与 *SKL-
第一部分：前缀 *s- 和 *SK-

自从李方桂关于古汉语音韵学的文章（1971 年）发表以来，有关前缀 *s- 和 *s 加声母组合的研究引起了一些汉藏语言学家的关注，其中包括白保罗和本文作者。

李方桂在关于上古声母组合的论述中通过多个例子指出这样一个现象：中古声母 s- 和 ṣ-（从上古 *s- 而来），与其他多种谐声系列的声母相关联，例如 l-、m-、n-、t-、k-、x-、ŋ- 等。李方桂认为以上这些是上古声母组合（复声母）sl-、sm-、sn-、st-、sk-、sŋ- 等的反映形式。李方桂这种解释并不是全新的，高本汉就曾经构拟成 *sl-，*sn- 和 *sń-，其他人曾构拟过 *sm-，*st-，*sŋ- 等，但李方桂是首次对这类组合加以系统的论述，同时指出可以把 *s- 看成一个前缀，这一前缀在我们关于上古汉语形态学的研究中将占有重要地位。与汉语有亲属关系的藏语更加清楚地显示出前缀 s- 的存在。李方桂关于 s- 和 ṣ- 与舌根音转换的例子

319

有：楔（siet）（契 khiei），歲 sjwäi（劌 kjwäi），繐 sjwäi（惠 yiwei），

损 suən（隕 jwĕn，塤 xjwon），宣 sjwän（桓 yuân），所 ṣjwo（户 yuo），

憸 sjäm（檢 kjäm，歛 ljäm），恤 sjwĕt（血 xiwet），荀 sjuĕn（絢 xiwen）

等等。在发音类型上，声母为 ś- 的词也与舌根音交替。声母 ś- 可能是

从 *s- 分离而来。这种转换在古汉语的多音字中也有发现，如車 kjwo，

tśhja，舡 kǎng，tśjwong，穀 kuok，tśjak，等等。李方桂认为把这类词

看做是从舌根塞音而来的说法是更合适的。他提出了一个有关 *s- 与舌

根音声母发音转换规则的试验性体系，如下：

　　　　古汉语：*sk-，*skw->s-，sw-，如楔、损等。

　　　　古汉语：*sk-+j->tś-，如鋮、旨、苣、支等。

　　　　*skw-+j->sw-，如歲、繐、宣、荀、恤、崧。

　　　　古汉语：*skh->tsh-(?)，如造。

　　　　*skh-+j->tśh-，如樞、杵、車、赤、出等，或 ś-，如欶、翅、

　　收、燒等，原因不明。

　　　　古汉语：*sg->dz-(?)，如造。

　　　　*sg-+j->dź-，如示，或 ź-，如贤、豉、氏、视等。原因尚不明

　　确，可能与方言的差异有关。

　　白保罗曾发表了一篇知名的有关古汉语 *st- 复声母组合的文章，文

中试图证明 *st- 的存在以及 *st- 向 ts- 的转变。他的论述是建立在汉语和

藏语一致性以及语义相关的词的基础之上的，在他看来，前缀 *s- 在原

始汉语里不仅有现实的功能，而且是一个派生词缀，与其他一些前缀相

伴存在。但是就我们对汉语的最初认识，*s- 似乎已经失去了其本义仅以

无涵义的残余形式存在于词里。

　　李方桂的文章问世以后，白保罗使用李方桂的构拟资料来比较古汉

语和藏文的一些同源词，主要是针对以 *st-，*sp-，*sk- 开头的词。遗憾的

是，他比较出的大部分一致性都存有疑问。对于前缀 *s- 的反映形式，他说，在藏文里，成对的不及物动词与带 *s- 前缀的及物动词形式相对的例子容易找到，但在汉语里，这样成对的词确实十分罕见。尽管如此，他仍举出了一个能证明这种原始差异存在的例子：

	藏文	上古 / 中古汉语
	rnal: 休息，心情平静	妥：平静
同时有：	mnal: 睡觉	绥：舒适，安睡
	nyal-ba: 躺下，睡觉	
	snyol-ba: 躺下，上床	

白保罗在他 1974 年的论文里提出了一些暂时性建议，并给出了一份古汉语与藏语同源词表，显示出了藏语 *sk-，*sk'-，*skl- 与古汉语 *ʔ-，*x-，*s- 在发音上分别相符。这些一致性非常具有资料价值。

白保罗在其不朽的著作《汉藏语言概论》中注意到了上古汉语的 *s- 前缀，并且给出了一些例子，但并没有进行细节上的详尽叙述。然而，在李方桂的文章和罗杰瑞关于原始闽语的文章问世后，白保罗在国际汉藏语言学会议上提交了三篇重要论文（白保罗 1973，1974，1975），近期作为一篇长篇论文出版了。在这里前缀 *s- 和 *s- 加声母组合复声母的问题得到了广泛系统的论述。关于前缀 *s-，他指出三种功能类型：动物性前缀，例如从原始汉藏语 *s-kiŋ 而来的"鹰" *s-ki̯əŋ；身体部位前缀，例如从原始汉藏语 *s-na·k 而来的"肉" *s-ńiôk；使役动词前缀，例如从原始汉藏语 *s-kə·w 而来的"妪"（取暖）*s-ki̯u。在同源词比较及原始汉藏语构拟中，一些浊音的声母经常会造成对同音字解释的困难。为了解决这个问题，白保罗采取了"次浊音"原则，即在某些情况下，原来的清声母在前缀 *s- 后浊化，例如扬 sgi̯aŋ（从 *s-ki̯aŋ 而来），"鹰"带有浊音 g-，与鹰 *s-ki̯aŋ "鹰"带有常规清音 k- 相对。在对上古汉语前缀

*s- 的认识和构拟之上，为了解释让人迷惑的多种反映形式（谐声和藏缅比较上的证据），白保罗进行了假设，这对于建立区分复声母组合（不分音节的）和前缀（分音节的）的基本差异是必要的。例如 sk- 与 *s-k- 相对等等。尽管对于原始藏缅语前缀 *a-(=ʔa- 或无重音的 ʔə-，常用作 ʔ-)，白保罗提出一个相似的古汉语喉音前缀 ʔ- 来解释鼻音和塞音频繁的互换，这种交换既发生在前缀也发生在词尾。绝大多数例子显示在词尾位置的交换是以塞音（浊音或清音）代替鼻音，这显然是由于之前词尾的同化作用，表明古汉语中大多数词尾之前有一个塞音声母，如偃 *s-kat/ʔat "（使）停下"（发音是晏 *s-kan/ʔan），是从 *s-kan 加有塞音声母的词尾而来。而在声母的位置，常见的是以鼻音代替塞音。这里白保罗为古汉语列举了一系列前喉塞音，这样就与藏缅语组成一个组系，前喉音的声母是唇音、齿音和舌根塞音，如 ʔb-，ʔp-，ʔt-，ʔk- 等。其他前喉音声母也有可能是 ʔs-，ʔsk-，ʔn- 和 ʔm-。白保罗关于古汉语与原始汉藏语舌根音声母的前缀 *s- 的对应语音转换体例如下：

	k	g	ŋ
*s-（组合）	sk/t	sg/i̯ (via di̯)	xŋ/x
	sk'/t'	sg'/d'	[sŋ/ŋ]
	ski̯/t̂	sgi̯/d̂	
	sk'i̯/t̯'	sg'i̯/d̂'	
	sky/tś	sgy/dź	
	sk'y/tś'	sg'y/dź'	
	[sk/ts~tʂ]	[sg/z (via dz)]	
		[sg'/dz'~dẓ']	
*s-（前缀）	s-k/ʔ	s-g/s	s-ŋ/s
	s-k'/x	s-gy/ś	s-ŋy/ś

在我 1975 年的论文里，我试图证明古汉语里存在前缀 *s-，证据来自于《诗经》以及古汉语同藏缅语的比较。《诗经》早期的诗歌里，我们发现有两个虚词经常出现在实词（名词、动词、形容词等）前，即"思"*siəg 和"斯"*si̯ĕg。它们的功能一直是难解的。我假设它们可能是上古汉语一个或几个前缀在古代民歌中保留的音节字母。很明显，在古汉语诗歌里，音节的数目很重要。它们可能读作 *sə- 或 *si-（藏缅语比较：克钦语 śə-，卢谢语 sa-，雷布查语 să-，米里语 si 等等）。然而在《诗经》晚期，这两个词消失了，被以舌根塞音为声母的词例如"其"*gʻi̯əg，"爰"*gi̯wăn，"曰"*gi̯wăt 等所取代。为什么会发生这种替代？我解释为其部分原因是前缀 *s- 失去了原有的功能，因此后期的诗人们终止了对代表前缀 *s- 的这类词的使用。可能也与"其"和"斯"有相似的读音有关。"斯"可以从古汉语的 *s-gi̯ʻĕg 拟构为 *sgi̯ĕg，因为它的发音可以根据下面举例读作"其"*gʻi̯əg，我对古汉语和藏缅语进行了比较，根据偶尔发现的迹象显示出前缀 *s- 的功用：使动、强调、名词化。

这篇文章仅涉及前缀 *s- 和 *SK-，SKL- 类型的组合。我将用更加确定的证据去揭示汉语和藏缅语之间的同源词，追溯前缀 *s- 的多种功能。对于古代汉语、原始汉语和原始汉藏语的语音系统的拟构，汉语方面将根据高本汉在其《汉文典（修订本）》（简称为 GSR，并标有引述的页码）一书中对上古汉语（和中古汉语）的拟构，藏缅语使用白保罗的系统。偶尔也引述李方桂和董同龢的构拟。古代及现代的声调类型将用圆括号标示：(A) 标示平声；(B) 标示上声；(C) 标示去声；(D) 标示入声（除在现代方言中仍读入声的字之外则省略不标）。当一个原始字或古字在《汉文典》中没有时，将引述其他资料，如《说文》（以 SW 表示）、《广韵声系》（以 KYSH 表示）和《方言》（以 FY 表示）。我将采用白保罗的语音转换原则。我的解释和拟构的基础是来自于对谐声系列表现形式的收集，包括古代借词（以 l.f. 表示）；汉语内部的同源词（以 cg. 表示），包括讨论是异体字还是相同的字（以 sw 表示）；与藏缅语的同源词，例如与藏文（WT）、缅文（WB）、克钦语（K.）、雷布查语的同源词；还来源于这些语言的原始形式，例如原始藏缅语（TB）、原始彝缅语（PLB）、原始苗瑶语（PMY）。

A.*sk-, *sk'-, *sg'-/t-, t'-, d'-:

1. 谐声反映形式

（1）天（361a）*sk'ien/t'ien(A)"天"，同源词"祆"（KYSH281）*s-k'ien/xien(A)"神，天（取自拜火教的形式）"，原始藏缅语 *(m-)ka(-n)，原始汉藏语 *(s-,m-)ka(-n)（白保罗 1976）。*-n 是一个"共有词尾"。

（2）靦（244a）*sk'ian/t'ien(A)"脸"，声符是"见"（241a）*kian/kien(C)"看"（白保罗 1975）。

（3）菩（672i）*sg'əm/d'âm(B)"莲花，荷花"，声符是"臽"（672a）*g'ɛm/ɣăm(C)"小井，小坑"；同义词"菡"（643h）*g'əm/ɣâm(B)"莲花，荷花"（白保罗 1975）。

（4）唐（700a）*sg'âŋ/d'âŋ(A)"煊赫，伟大"，借词"寺庙里的小路"，声符是"庚"（746a）*kăŋ/kɒŋ(A)"循环，轮转"，借词"路"。

（5）樘（700d）*sg'âŋ/d'âŋ(A)"杯"，同源词"觴"（720-l'）*s-gyiaŋ/śiaŋ(A)"高脚酒杯"，上古汉语 *s-gaŋ。

（6）塘（700c）*sg'âŋ/ d'âŋ(A)"堤，坝，堰"，同源词"障"（723k）*skiaŋ/tśiaŋ(A,C)"沟堰，筑坝"，上古汉语 *s-kaŋ。在"筑坝"这个词里，*s- 的声调是 (C)，具有使动意义。

（7）台（976p）*sk'əg/t'âi(A)"成圆形的（特指"后面"）"；哈（1240a）*s-k'əg/xâi(A)"笑"，同源词"咳"（937g）*g'əg/ɣâi(A)"婴儿笑"；"哑"（805c）*s-kăk/ʔɒk"笑"；上古汉语 *s-kək+ 词尾。

（8）饕（1244h）*sk'ôg/t'âu(B)"贪食者，饕餮"，声符"號"（1041q）*g'og/ɣâu(A,C)"喊，叫，命令"。

2. 同源词反映形式

（9）偷（125u）*sk'u/t'ǫu(A)"偷"，同源词"寇"（111a）*k'u/k'ǫu(C)"抢；强盗"，"扣"（110e）*k'u/k'ǫu（B,C）"敲打；攻击"，"殴"（122j）*s-kuʔǫu(B)"打"；比较原始藏缅语 *r-kə·w "偷"，原始汉藏语 *（s-,r-）kə·w（白保罗1976）。

（10）汤（720z）*sk'âŋ/t'âŋ(A)"热的液体"，同源词"羹"（747a）*kǎŋ/kɒŋ(A)"汤"，"臛"（741-1）*s-k'iaŋ/xiaŋ(A)"牛肉汤"（白保罗1976）；原始汉语 *s-kaŋ。藏缅语可能的同源词是 *ka·ŋ "热；烤；烧"（STC：71）。

（11）汤（732z）借词 *sgɣiaŋ/śiaŋ(A)"（河流）水流大"，同源词"泱"（718g）*s-kiaŋ/ʔiaŋ(A)"流动；激流"，"洋"（732h）*sgiaŋ/iaŋ(C)"宽广的水域；激流"；上古汉语 *s-giaŋ。

（12）臺（939a）*sg'əg/d'âi(A)"塔；升高的台阶"，借词"仆人"，同源词"奚"（876d）*g'ieg/ɣiei(A)"奴役；仆人""廝"（869d）*s-giĕg/sie̹(A)"仆人；家奴"；原始汉语 *s-ge·k。

3. 藏缅语同源词反映形式

（13）隄（865g）*skieg/tiei(A)"水库，堤坝"，"堤"（865k）*sg'ieg/d'iei(A)"水库，堤坝"；比较"翅"*sgyiĕg/śie̹(C) 和 *kiĕg/kjie̹(C)"翼，翅膀"；藏文同源词可能是 "gegs-pa" 表示"阻止，停止，禁止；关闭"；原始汉藏语 *(s-,a-)ke·k。

（14）铫（1145h）*sk'iog/t'ieu(A) 和 *sk'i̹og/ts'i̹äu(A)"锄头"，同源词"基"（920g）*ki̹əg/kji(A) 借词"锄头"；同源词"钁"（《说文》，KYSH 22）ki̹wak<*ki̹wak "大锄头"；客家语"钁头"kiɔk t'ɛu "大锄头；斧子"；雷布查语中可能的同源词是 kryok "挖，掘"，从 *s-krok(?) 而来。原始汉语 *s-kiok。

（15）桃（1145u）*sg'og/d'âu(A)"桃树；桃子"；克钦语同源词 śə-k'ɔ "各种桃类；温柏树"；原始汉藏语 *s-gaw，可能借自原始苗瑶语

*glaaw（白保罗 1976）。

B.*sk-，*sk'-，*sg'-，sg-/ts-，ts'-，dz'-，z-：

1. 谐声反映形式

（16）井（819a）*skiěŋ/tsiäŋ(B)"井"，"穽"（-h）和"阱"（-i）
*sg'iěŋ/dz'iäŋ(B)"陷阱；坑"，声旁与"耕"相同（808a）*kě'ŋ/
kɒŋ(A)"耕种"，同源词"坑"（698h）*k'ǎŋ/k'ɒŋ(A)"坑"，等同于"阬"
（-i）"坑，洞"；原始汉语 *s-ke·ŋ。

（17）造（1057a）*sk'ôg/ts'âu(C)"去并提供'祭品'；去"，声符
"告"（1039a）*kôg/kâu(C) 和 *kôk/kuok"宣布，通知"。

（18）造 *sg'ôg/dz'âu(B)"生产；做"。

（19）松 *sgiuŋ/ziwoŋ(A)"松树"，声符"公"（1170a）*kuŋ/
kuŋ(A)"父亲"；原始汉语 *s-ku·ŋ；从雷布查语 kuŋ"树"，nyít
kuŋ"印度铁杉；松科长叶球兰"。其他的一些词也来自于这类，见白保
罗（1976）。*s- 是"植物性"前缀。

2. 同源词反映形式

（20）霁（593a）*skiər/tsiei(A)"晴空"，同源词"启"（588j）
*k'iər/k'iei(B)"雨后晴空"；原始汉语 *s-kiər。

（21）兹（966a）*skiəg/tsi(A)"黑色"，同源词"缁"（966e）*skiəg/
tsi(A)"黑色"，等同于"紂"（943s），"黑色"，綦（952z）*g'iəg/
g'ji(A)"黑灰斑杂的"，等同于"骐"（952a'），"黑白斑杂的马"。

（22）錙（966j）*skiəg/tsi(A)"锄头"，同源词"耔"（964m）
*skiəg/tsi(B)"锄地"，"割"（971d）*skiəg/tsi(C)"挖，锄"，基（952g）
*kiəg/kji(A)借词"锄头"，来自上面（14）。

（23）禩（967d）*sgiəg/zi(B)"祭品；年"，同源词"朞"（952j）
*kiəg/kji(A)"年"，等同于"期"（952k），"一年"，等同于"稘"（952-
1），"一年"；原始汉语 *s-kiək+ 词尾。

3. 藏缅语同源词反映形式

（24）衺（47c）*sgi̯o/zi̯o(A)"倾斜的，不正当的"，同源词"斜"（KYSH 780）zi̯a(A)<*dzi̯ǎ"倾斜的，歪斜的"，敧（1d）*k'ia/k'jie、*kia/kjie(A)"歪斜的"，迤（3r）*sgia/ie̯(A)"歪斜，偏斜"；克钦语 k'ye"歪斜的，倾斜的"，n-k'ye"歪斜的，倾斜的"，k'yeŋ"歪斜的，倾斜的"，gyeŋ"歪斜的，倾斜的"，显然与汉语"顷"（828a）*k'i̯wěn/k'i̯wän(A)"倾斜"是同源词，等同于"倾"，"顷"*k'i̯ěn/k'i̯än(A)还有"歪头，弯腰"的意思，原始汉藏语同源词 *(s-)kya~*(s-)kya-ŋ。

（25）钻（153i）*skwân/tsuân(A)"钻，穿孔，穿透"，同源词"贯"（159a）*kwân/kuân(A,C)"穿孔；从中间穿过"，"穿"（232a）*sk'i̯wan/ts'i̯wän(A)"钻穿"；藏缅语 k'wan"长把凿子"，克钦语 u-gɔn"凿子"；原始汉藏语 *（s-）kya~*(s-)kya-ŋ。

（26）钱（115j）*sg'i̯an/dz'i̯än(A)"钱币，钱"；藏文 skyi-ba"借钱或东西"，skyin-pa"借出，借款"；汉语有第二种发音；原始汉藏语 *skyen。

（27）爨（177a）*sk'wân/ts'uân(C)"灶；加热，煮饭"，同源词"涫"（157f）*kwân/kuân(C)"起泡"；藏文 'k'ol-ba"煮，煮开"，skol-ba"煮"；原始汉藏语 *(s-)kwâ·l。同源词中没有前缀 *s- 的有：（27a）官（157a）*kwân/kuân(A)"官员"，倌（157-l）*kwân/kuân(A,C)"仆人，马夫"，宦（188a）*g'wan/ɣuan(C)"仆人；官员"；藏文 k'ol-pa"男仆"，'k'ol-ba"奴役"，原始汉藏语 *(a-)kwâ·l；（27b）痯（157g）*kwân/kuân(A)"疲劳，精疲力竭"，藏文 'k'ol-ba"无知觉；睡着；麻木"；原始汉藏语 *(a-)kwâ·l。

（28）窡（345b）*sk'i̯wad/ts'i̯wäi(C)，*sk'i̯wad/ts'i̯wäi(C)，*sk'i̯wan/ts'i̯wän(C)"洞，穴，山洞"，同源词"窀"（26 h）*s-ki̯wân/ʔiwɒn(B)"小洞"，窾（162b）k'wân/k'uân(B)"洞，开口"；藏语 *kwar"洞，山洞"（STC：74）；原始汉语 *(s-)kwân（＋词尾）；原始汉

327

藏语 *(s-)kwân~*(-)kwâr。

（29）殲（620f）*ski̯am/tsi̯äm(A)"毁灭"；藏语 'gem-pa"杀，毁灭"；原始汉藏语 *(s-, a-)ke·m。

（30）袭（689a）*sgi̯əp/zi̯əp"穿衣；覆盖；重复"，褶（690g）*sg'i̯əp/d'iep"双层；袍子上的皱褶"；克钦语 gup"成双"，śə-gup"成双，成对"，kyep"增加，翻倍，提高"；原始汉藏语 *s-gə·p~*s-gyəp。

（31）墙（727j）*sg'i̯aŋ/dz'i̯aŋ(A)"墙"；藏文 gyaŋ,gyeŋ"泥土建筑"，gyaŋ-skor"泥筑的墙"，gyaŋ-tse"台墙"；rgyaŋ(gyaŋ 的巴尔蒂方言)"墙"，原始汉藏语 *(s-,r-)gyaŋ。

（32）鹊（798n）*sk'i̯ak/ts'i̯ak"鹊，喜鹊"；藏文 skya-ka，从 *skyak-ka(?)"鹊"而来；原始汉藏语 *skyak。

（33）灾（940a）*skəg/tsâi(A)"灾难，毁灭，伤害，不幸"，同源词㤥（937i）*g'əg/ɣâi(C)"承受，灾难"，㕦（844a）*s-kĕk/ʔɛk"困难，灾难"，陒（844h）*s-kĕg/ʔɛk,*s-kĕg/ʔai(C)"困难"；藏文 kag-ma,keg-ma"不幸，伤害"，skag"不幸，悲惨"，skyeg"不幸"；原始汉藏语 *(s-)kek（＋词尾）。

（34）陶（1047a）*sg'ôg/d'âu(A)"窑；陶器"，同源词䍃（1144a）*sgi̯og/i̯äu(A)"陶器"，等同于窑（1144b）"窑"；藏文 k'og-ma"罐子，陶器"；原始汉藏语 *(s-)kok（＋词尾）。汉语有第二种发音。

（35）叢（1178a）*sg'uŋ/dz'uŋ(A)"丛林"；藏缅语 *ku·ŋ"树；枝；植物"；原始汉藏语 *(s-)ku·ŋ。汉语有第二种发音。*s- 是"植物性"前缀。

C.*sk-，*sk'-，*sg'-/tṣ-，tṣ'-，dẓ'-：

1. 谐声反映形式（没有列出）

2. 同源词反映形式（见3）

3.藏缅语同源词反映形式

（36）趋（132c）*skʻi̯u/tʂʻi̯u(A)"赶快，跑去"，同源词"骤"（131q）*sgʻi̯ôg/dẓʻi̯ə̯u(C)"快跑（特指马），迅速，突然"，"驱"（122c）*kʻi̯u/kʻi̯u(A,C)"飞奔，赶快"；藏文 ʼgyu-ba"快速行动"，rgyug-pa"跑，匆忙，飞奔"，ʼkʻyug-pa"跑，猛冲"；原始汉藏语 *(s-,a-)gyuk~*(s-,r-)kyuk。131 和 132 这两类在构拟时应以 -g 结尾，因为它们包括一些以 -i̯ə̯u 结尾的古代汉语，这些词可以有规律地追溯到上古的 *-i̯ôg。-g 可能是早期词尾的反映形式，同藏语里的 -g 类似。

（37）俟（976m）*sgʻi̯əg/dẓʻi(B)"等待"，等同于"竢"（-n），同源词"徯"（876i）*gʻieg/ɣiei(B)；藏文 sgug-pa"等待，期待"；原始汉藏语 *sgə·k。

（38）籅（1051e）*skʻi̯ôg/tʂʻi̯ə̯u(C)"助手，帮助"，声符"告"*kôg（见上面第 17），同源词"救"（1066m）*ki̯ôg/ki̯ə̯u(C)"帮助，救助"；藏文 skyob-pa"保护，防护，救"，skyobs"帮助，辅助"；原始汉藏语 *skyok（＋词尾）。

D.*ski-，*skʻi̯-，*sgi̯-，*sgʻi̯-/t̂-，t̂ʻ-，d̂-，d̂ʻ-：

1.谐声反映形式

（39）赬（831x）*skʻi̯ĕŋ/t̂ʻi̯äŋ(A)"红"，声符"巠"（831a）*kieŋ/kieŋ(A)"水路"；汉藏语"赪"*skʻi̯ĕŋ/t̂ʻi̯äŋ(A)"红"，醒（835v）*sgʻi̯ĕŋ/d̂ʻi̯äŋ(A)*skʻi̯ĕŋ/t̂ʻi̯äŋ(A)"醉酒，大醉（即'脸红'）"；原始藏缅语 *s-kyeŋ，原始汉藏语 *s-kyeŋ（白保罗 1976）。比较汉语"赭"（45d）*skyi̯a/tśi̯a(B)"红土；红陶"和克钦语 kʻye"变红"、n-kʻye"红"；原始汉藏语 *(s-)kya。

（40）趨（954g）*skʻi̯ək/t̂ʻi̯ək"行军声，前进声"，声符"異"（-a）*gi̯ək/i̯ek"翅膀"。

2. 同源词反映形式

（41）畜（1018a）*s-kʻi̯ôk/xi̯uk,*s-kʻi̯ôg/xi̯ə̯u,*skʻi̯ôk/t̂ʻi̯uk,*skʻi̯ôg/t̂ʻi̯ə̯u(C) "抚养；养育；拥有；支持；储藏"，同源词 "鞠"（1017）*ki̯ôk/ki̯uk 借自 "养育"。

3. 藏缅语同源词反映形式

（42）褚（45g）*ski̯o/t̂i̯wo(B) "装衣服的包，袋子"；藏文 sgyu，或是 sgyig-gu "包，钱包"，gye-mo "包"；原始汉藏语 *skyo。

（43）敞（725m）*skʻi̯aŋ/t̂ʻi̯aŋ(B) "高且平坦的地方；开阔"，从 "场"（720x）*sgʻi̯aŋ/d̂ʻi̯aŋ "场地" 而来；藏文 kʻaŋ- "顶部；一片高地"，a-kʻaŋʔ "伸出去的东西"，kʻaŋʔ "伸开，张开"；克钦语 śə-kʻaŋ "帐篷"（北方用法）；原始汉藏语 *s-kʻaŋ。

（44）黜（496f）*skʻi̯wət/t̂ʻi̯uět "驱逐；降级；抛弃"，与 "屈"（496k）*kʻi̯wət/kʻi̯uət "弯，投降" 有相同声符；藏语 skrod-pa "驱逐，赶走，逐出"；克钦语 krɔt "把一个不受尊重的人从村子里排挤出去"，ə-krɔt "打扰，引起不适或不舒服，驱逐不受尊重的来访者"，kʻyɔt "放逐，驱逐"；雷布查语 hlyǎt/*kʻlyǎt "赶走，驱逐"。所有藏缅语同源词都指向一个中间的流音 -r- 或 -l-；假设原始汉藏语是 *s-kro·t。这一系列的其他词见白保罗（1976）。*s- 是使动前缀。

E.*skyʻ-，*skʻy-，*sgy-，*sgʻy-/tś-，tśʻ-，ś-，d́źʻ-:

1. 谐声反映形式

（45）车（74a）*ki̯o/ki̯wo(A)，*skʻyi̯ǎ/tśʻi̯a(A) "马车，战车"。

（46）处（85a）*skʻyi̯o/tśʻi̯wɔ(B) "居住"，声符 "虎"（57b）*s-kʻo（从 *s-kʻloʔ 而来）/xuɔ(B) "老虎"。厦门话 kʻia(A)-kʻi(B)（没有特征）"居住，定居"，khia 可能来自 *(s-)kʻyi̯o 或 *(s-)kʻlyi̯o(?)。更多详情见白保罗（1976）。

（47）指（552f）*skyi̯ər/tśi(B) "手指"，从有相同声符 "者"（-1）

*gʻiɛr/gʻji(A) "老" 字而来。厦门话 "指" ki(B) "手指"。

（48）拾（687a）*skyi̯əp/źi̯əp "拾起，采集"，*gʻi̯ǎp/gʻi̯ɒp "交替，轮流"。厦门话 "拾" kʻioʔ(D) "拾起，收集"。

（49）枝（864b）*skyi̯əg/tśi̯e(A) "（树）枝"，原始汉语 *s-ki̯əg 带有 "植物性" 前缀，从 "技"（-k）*gʻi̯ěg/gʻji̯e(B) "技术，能力" 而来；厦门话和其他闽方言 "枝" ki(A) "（树）枝"；建阳话 "翅膀" kʻe(D)-poŋ(B)。"翅"（864e）*sgyi̯ěg/śi̯e(C) 这个词在闽语和其他很多方言里都有以送气音发音的声母，例如中国北方话中的 tʂʻiˑ 或 tsʻiˑ，粤语里的 tśʻiˑ。它反映了一种带有送气塞音的古代读法，可能是 *skʻyi̯ěg/tśʻi̯e/tʂʻiˑ。建阳话在表身体部位的前缀 *s- 后保留了原始汉语 *s-kʻyi̯ěk "翅膀" 里上古舌根音 kʻ。

（50）糦（955-l）*skʻyi̯əg/tśʻi(C) "用于祭祀的熟米饼"，等同于饎（960k）*skʻyi̯əg/tśʻi，声符 "臣"（960a）*gi̯əg/i "下巴"，也是 "姬"（f-）*ki̯əg/kji "姓" 的声符。同源词 "芑"（953q）*kʻi̯əg/kʻji(B) "一种米饼"，稷（922b）*ski̯ək/tsi̯ək "米饼"；原始汉语 *s-ki̯ək 带有 "植物性" 前缀 *s-。

（51）止（961a）*skyi̯əg/tśi(B) "脚；停止"，"齿"（-l）*skʻyi̯əg/tśʻi(B) "前牙"；厦门话 "齿" kʻi(B) "牙齿"；等同于定安的 xi，可能来自 *skʻi "牙齿"。

（52）钊（1163a）*kiog/kieu(A)，*skyi̯ôg/tśi̯äu(A) "切；看"，声符 "刀"（1131a）*skog/tâu(A) "刀"；也是 "到"（1132a）*skɔg/tâu(C) "到" 的声符，在厦门话里同样的词是 kau(C) "到达，直到"。

2. 同源词反映形式

（53）饘（148m）*skyi̯an/tśi̯an(A,B) "粥"，同源词 "飦"（139m）*kân/kân*ki̯ǎn/ki̯ɒn(A)。餰（197c）是（148m）的异体字 "一种稠的米粥"，声符 "衍"（197a）*gi̯an/i̯än（B,C）"流过"；从藏语 tśʻan "熟的玉米或大麦等"，'bras-tśʻan "米汤" <*skʻyan；原始汉藏语 *s-kaˑn。

（54）鬒（375a）*skyi̯en/tsi̯ěn(B)"黑发"，黰（-e）是其异体字。同源词"皯"（139h）*kân/kân(B)"脸色黑"；来自"玄"（366a）*gʻiwen/ɣiwen"深黑；黑"。

（55）之（962a）*skyi̯əg/tśi(A)"去；表示所有格的助词"。中国北方方言所有格的标志常是 ti 或 tə；在南方方言里经常带有一个舌根音声母，例如苏州话 kəʔ(D)，温州话 gai(C)，客家话 kɛ(C)，广东话 kɛ(A)，潮州话 kai(A)，建阳话 ke(C)；所有这些形式可能都是从"之"*s-kyi̯ək 分离而来。

（56）禔（866a）*skyi̯ěg/tsi̯e(A)，*sgyi̯ěg/zi̯e(A)，*sgʻieg/dʻiei(A)"和平，喜悦"，同源词"祉"（961k）*skʻi̯əg/tʻi(B)"快乐，繁盛"，祺（952y）*gʻi̯əg/gʻji(A)，喜（955a）*s-kʻi̯əg/xji(B)"高兴；喜悦"；原始汉语 *s-ki̯ək~*s-gi̯ək。

（57）志（962e）*skyi̯əg/tśi(C)"目标；记录"，同源词"记"（953j）*ki̯əg/kji(C)"记录；记得"；原始汉语 *s-ki̯ək。

（58）诏（1131q）*skyi̯og/tsiäu(C)"告诉，宣布，通知"，同源词"诰"（1039e）*kôg/kâu(C)"宣布，通知"；原始汉语 *s-ko·k。

3. 藏缅语同源词

（59）煮（45m）*skyi̯o/tśi̯wo(B)"煮，做饭"；藏文 skya"水壶"；原始汉藏语 *skyâ。

（60）诸（45p）*skyi̯o/tśi̯wo(A)"众多，全部"；同源词"俱"（121d）*ki̯u/ki̯u(A)"全部；都；一起"，"够"（KYSH 72）kəu(A)<*ku"足够，充足；很多"；克钦语 gu"足够"，gu-gu"全部"，śə-gu"都，每"；原始汉藏语 *s-ku·。

（61）曙（45m'）*sgyi̯o/źi̯wo(C)"日出"；藏文 skya-bo"灰白色，白里泛黄"，skya-rəŋs"黎明，日出"；原始汉藏语 *skyâ。

（62）蟺（148p）*sgyi̯an(B)"土里的虫"，同源词蚓（371c）*sgi̯ən/i̯ěn(B)，螾（450j）*sgi̯ən/i̯ěn(B)"土里的虫"；蚕（KYSH 281） t'ien(B)<*sk'ien，虷（139u）*g'ân/ɣân(A)"土里的虫"；克钦语 kə-gyinrin"常见的土虫"，kə-kyin,kə-gyin"蠕虫"；原始汉藏语 *（s-，k-）gien。*s- 是动物性前缀。在汉语里有一些不同的方言形式。

（63）蠢（463d）*sk'yi̯wən/tś'i̯uěn(B)"蠕动，移动"，同源词"运"（458d）*gi̯wən/ji̯uən(C)"旋转，翻转；移动"；藏文 sgul-ba"移动，摇动，行动"，'gul-ba"移动，摇动，搅动"；克钦语 kun"弯曲",t'iŋ-kun"蠕动，弯曲或扭曲身体"，kun-kun"弯，弯曲；像虫子一样蠕动"；原始汉藏语 *(s-)kə·l。

（64）枕（656g）*skyi̯əm/tśi̯əm(B,C)"枕头；枕"，同源词"椹"（658f）*ski̯əm/ti̯əm(A)"砧板"，比较有相同声符的"堪"（-p）*k'əm/k'ậm；原始藏缅语 *kum（STC：143），但是 *kəm 可能更合适；原始汉藏语 *(s-)kə'm。

（65）汁（686f）*skyi̯əp/tśi̯əp"汁，液，融化的雪水"，比较"湒"（694i）*k'li̯əp/k'i̯əp"汁液"；藏文 tś'ab<*sk'yab"水"；克钦语 mə-gyep"发芽的米；液体"；原始汉藏语 *(s-)kyəp。

（66）章（723a）*skyi̯aŋ/tśi̯aŋ(A)"明亮的，辉煌的，灿烂的"，同源词"昌"（724a）sk'yi̯aŋ/tś'i̯aŋ(A)"明亮，灿烂"，堂（725s）*sg'âŋ/d'âŋ(A)借词，"壮丽的"；克钦语 śə-goŋ"辉煌的，崇高的"；雷布查语 ăŋ<*găŋ(?)"辉煌的；崇高"；光（706a）*kwâŋ/kwâŋ(A)"光辉的；崇高"；原始汉藏语 *(s-)kaŋ。

（67）偿（725y）*sgyi̯aŋ/źi̯aŋ(A,C)"赔偿；补偿；履行（如愿望、誓言等）"；藏文 skoŋ-pa，过去时 bskaŋs，未来时 bskaŋ，命令式 skoŋs"履行，实现（如愿望、誓言等）"；原始汉藏语 *skâŋ。

（68）射（807a）*sg'yi̯ăg/dź'i̯a(C)"用弓射；弓箭手"，*sg'yi̯ăk/dz'i̯äk"用弓箭射"；藏文 rgyag-pa"扔，投，掷"；怒语 də-gyaŋ"投掷，投射"，可能是 *-gyak 的同源异形词；雷布查语 tyok<*kyok 或 *s-kok(?)"投掷，投射"；原始汉藏语 *(s-,r-)gyak（白保罗 1976）。雷

布查语有舌根音声母的残存是建立在与下面藏文的分析比较基础上的:

注释	藏文	雷布查语
脚	rkaŋ	a-dyaŋ<*a-gyaŋ 或 a-sgaŋ(?)
头	*kok(PLB)	a-t'yak<*a-k'yak 或 a-sk'ak(?)
吐	skyug-pa	(名词)dyuk<*gyuk 或 *sguk(?)
		(动词)tyuk<*kyuk 或 skuk(?)
投射	rgyag-pa	tyok<*kyok 或 skok(?)

(69) 盛 (318i)*sgyĭěŋ/źïäŋ(A) "装在容器里",*sgyĭěŋ/źïaŋ(C) "充分,繁盛", 同源词 "盈" (815a) *sgĭěŋ/ïän(A) "满,装满;满意";藏文 sgyoŋ-pa, 过去时 bsgyaŋs, 未来时 bsgyaŋ "装,填充", 'geŋs-pa, 过去时 bgaŋ, 未来时 dgaŋ, 命令式 k'oŋ "装,履行";克钦语 koŋ "满,扩张";原始藏缅语 *s-gâŋ~*s-kâŋ, 原始汉藏语 *(s-)kâŋ (白保罗 1975)。

(70) 螽 (1010e)*skyĭôŋ/tśïuŋ(A) "蝗虫", 等同于汉藏语 "螽" (1002f), 同源词 "蚤" (1172e)*g'ïuŋ/g'ïwoŋ(A) "蟋蟀;蝗虫";藏缅语 kyuiŋ~gyuiŋ;原始汉藏语 *(s-)yu(·)ŋ (白保罗 1976)。汉语里有 "动物性" 前缀 *s-。

(71) 周 (1083a)*skyĭôg/tśïəu(A) "圆;周;一圈";藏文 skyogs-pa "转", 原始汉藏语 *skyok (+ 词尾)。

(72) 首 (1102a)*sgyĭôg/śïəu(B) " 头; 最重要的 ", 等同于 (C) "把头朝着……",雷布查语 a-t'yak<*-sk'ak(?) "头";原始彝缅语 *kok "头" (马提索夫 1972);藏缅语 *(m-,s-)gaw;比较藏文 skyogs-pa "转", skyogs-pa mgrin-pa "转动脖子,环顾";原始汉藏语 *(s-)kyok (+ 词尾);汉语有 "身体部位" 前缀 *s-。反对白保罗将藏文 skra "头发" 和汉语 *skyĭôg "头" (白保罗 1974) 相比较。

(73) 勺 (1120a)*sgyĭok/źïak "勺;杯",*skyĭok/tśïak "用勺盛;

斟酒”，等同于杓 (b-)（第一种读法）“勺”，汋 (c-)*sgyi̯ok/źi̯ak,*skyi̯ok/tśi̯ak, 'sgi̯ok/i̯ak “勺，用勺盛出来，倒出”，酌 (d-)*skyi̯ok/tśi̯ak “往杯里倒酒”；藏文 skyogs-pa “勺；酒杯”；藏缅语 yok；原始汉藏语 *s-kyok（也见白保罗 1976）。

（74）糕（1244b）kuok<*kok,tśi̯ak<*skyi̯ok “米糠”，同源词“椁”（774f）*kwâk/kwâk “外层棺材”，等同于“郭”“外层城墙”；藏文 kog-pa,skog-pa “壳，外皮；剥皮，削皮”；缅文 ǎ-k‘auk “犬吠”；原始彝缅语 *ʔkuk（STC：74）；原始汉藏语 *(s-,ʔ-)kok。

F.*sg-/i-：

1. 谐声反映形式（没有列出）

2. 同源词反映形式（见下面 3）

3. 藏缅语同源词反映形式

（75）移（3q）*sgia/i̯e̯(A) “转换，移动；改变”，同源词“迁”（206c）*sk‘i̯an/ts‘i̯än(A) “拿走；移动；改变”；藏文 skya-ba，过去时 bskyas，未来时 bskya “改变位置；移动”，skyas “换住处”；原始汉藏语 *skya~*skyan。*sgia 中是第二种读音。

（76）渝（125h）*sgiu/i̯u(A) “改变”；藏文 'gyur-ba “改变，离开”，sgyur-ba “转换，改变”；原始汉藏语 *(s-)gyu(-r)。反对白保罗（1976）将汉语“数”（123r）*s-gli̯u/si̯u(C) “数字，级别”和藏语 sgyur(<*sglur-) 比较。

（77）扬（720j）*sgi̯aŋ/i̯aŋ(A) 借词，“鹰”，同源词“鹰”（890c）*s-ki̯əŋ/ʔi̯əŋ(A) “鹰，猎鹰”；比较“鹞”（1144m）*sgi̯og/i̯äu(C) “鹰，清淡”，雕，鵰（1083t,u）*skiôg/tieu(A) “鹰”；藏文 skyiŋ-ser “鹰，猎鹰”（'ser 来自 gser “金的”）；原始汉藏语 *s-kyəŋ~*s-kyək（+ 词尾）。白保罗（1976）：*s-kiŋ。*s- 是动物性前缀。

（78）养（732j）*sgi̯aŋ/i̯aŋ(B) “养育，喂养”，*sgi̯aŋ/i̯aŋ(C) “支持”；

藏文 skyoŋ-ba，过去时 bskyaŋs，未来时 bskyaŋ，命令式 (b)skyoŋ(s) "保护，养育，支持"；藏文 kyàuŋ "喂养牲口"；藏缅语 *kyaŋ~*kyoŋ；原始汉藏语 *(s-)kyaŋ~*(s-)kyoŋ。在汉语里前缀后的声母有第二种发音。

（79）养（732j）*sgi̯aŋ/i̯aŋ(B) 借词，"隐藏"，同源词 "藏"（727g'）*sg'âŋ/dz'âŋ(A) "隐藏，储藏"；汉语现代方言里表示 "隐藏，藏" 的词有：苏州话 k'aŋ(C)，温州话 k'uɔ(C)<*k'ɔŋ，南昌话 kiɛ(B)<*kiaŋ，南平话（福建）k'aŋ(A)，厦门话 k'ŋ(C)，潮州话 k'ɯŋ(C)，福州话 k'auŋ(C)，建阳话 k'oŋ(C)；古代方言 *(s-)kâŋ；藏文 sgoŋ-ba "藏东西"，sgyoŋ-ba 过去时 bsgyaŋs，未来时 bskyaŋ "藏，收起，锁起"；克钦语 k'ɔŋ "收藏，放一边"；原始汉藏语 *(s-)gaŋ~*(s-)kaŋ。

（80）痒（732r）*sgi̯aŋ/i̯aŋ(B) "痒"；藏文 rkoŋ-pa "痒"；原始汉藏语 *(s-,r-)kaŋ。汉语里在前缀 *s- 后有第二种发音。

G. *s-k-/ʔ-:

1. 谐声反映形式（没有列出）

2. 同源词反映形式

（81）晏（146f）*s-kan/ʔan(C)，*s-kân/ʔân(C) "晚"，同源词 "旰"（139f）*kân/kân(C) "夕阳"；原始汉语 *(s-)kân。参见白保罗（1976）。

（82）瘨（228d）*s-ki̯wan/ʔi̯wän(A) "疲劳，受苦"，同源词 "倦"（226i）*g'i̯wan/g'iwän(C) "疲劳"；原始汉语 *(s-)gi̯wan。

（83）慇（448e）*s-ki̯ən/ʔi̯ən(A) "悲伤"，同源词 "懂"（480v）*g'i̯ən/g'i̯ən(A) "悲伤"；原始汉语 *(s-)gi̯ən。

（84）奥（1045a）*s-kôg/ʔâu(C) 借词，"煮"，同源词 "竈"（1027b）*skôg/tsâu(C) "做饭的地方；火炉"；原始汉语 *skok+ 词尾。

（85）妖（1141d）*s-ki̯og/ʔi̯äu(A) "美，好，有魅力"，同源词 "佼""姣"（1166e,f）*kôg/kau(B) "美丽"，窈（1115i）*s-kiog/ʔieu(B) "美丽"；原始汉语 *ski̯ok+ 词尾。

3.藏缅语同源词反映形式

（86） 污（97b）*s-kuo/ʔuo(A)"脏的，凌乱的"，*s-kwå/ʔwa(A)"脏，恶劣的"，同源词"洿"（43k）*s-kwo/ʔuo(A)"污浊不动的水；脏"；藏文 'go-ba"变污，变脏"，bsgo-bo"弄脏，变污"；原始汉藏语 *(s-,a-)ko，藏文可能发第二种软腭音。

（87）伛（122n）*s-ki̯u/ʔi̯u(B)"身体弯曲；驼背"，同源词"痀"（108q）*ki̯u/ki̯u(A)"弯曲的脊柱"，"朐"（-v）*g'i̯u/g'i̯u(A)"一条风干肉的弯曲部分"，迂（97p）*gi̯wo/ji̯u(A)，*s-ki̯wo/ʔi̯u(A)"弯曲，偏斜"；藏文 sgur, dgur, rgur"弯曲"，sgur-po"弯曲；驼背"；克钦语 gu，ku"变弯"，ku-ku"弯，曲，驼"，ə-gu"弯，驼"；原始汉藏语 *(s-)ku·~*(s-)gu·(r)。

（88）因（370a）*s-ki̯ěn/ʔi̯ěn(A)"原因，事件"，同源词"根"（416b）*kən/kən(A)"根，根本"；藏文 rkyen"原因，事件"；原始汉藏语 *（s-,r-）kyen。

（89）隐 *s-ki̯ən/ʔi̯ən(B)"隐藏"，等同于 (C)"依靠"，同源词"緷"（426f）*s-ki̯wən/ʔi̯uən(B,C)，借词"藏"，衣（550a）*s-ki̯ər/ʔjei(A)"长袍，衣服"，等同于 (C)"穿"，借词"依靠"，"翳"（589f）*s-kiər/ʔiei(A,C)"幕，阴影，覆盖"；藏文 gon-pa"穿，穿上；外衣，衣服"，gyon-pa"穿上，穿"，skon-pa"穿，给别人穿"，gos"外衣，长袍"；克钦语 k'on"穿（在衣架上）"；雷布查语 kán"穿"（婴儿语言）；原始汉藏语 *(s-)kə·n~*(s-)kyə·n~*(s-)kyə·r。

（90）陛（483c）*s-ki̯ɛn/ʔi̯ěn(A)"控制，阻止，阻挠"，同源词"限"（416i）*g'ɛn/ɣǎn(B)"障碍，限制"；藏文 skyil-ba"关起来，限制"；原始汉藏语 *(s-)kil（白保罗 1975），也许 *(s-)ke·l 更好。*s- 表示使动。

（91）窪（879b'）*s-kwǎg/ʔwa(A)"空的，凹的"，同源词"窒"（879f）*kiweg/kiwei(A)，*s-kwǎg/ʔwa"洞，空的，凹的"；缅文 k'wak"凹"；克钦语 k'yɔk"凹，空的，低的"，lə-kyɔk"低处，空隙，洞"；

原始汉藏语 *(s-)kwak。

（92）夭（1141a）*s-ki̯og/ʔi̯äu(A)"弯曲"，同源词"曲"（1213a）
*k'i̯uk/k'i̯wok"弯，弯曲"，局（1214a）*g'i̯uk/g'i̯wok"弯，弯曲（身体）"，
等同于"跼"（-b）"弯曲身体"，藏文 gyog-pa，弯、弯曲，kyog，kyog-
kyog，弯、弯曲，扭，k'yog-po"弯，曲，扭"，skyogs-med"不（med）弯；
笔直"；原始汉藏语 *(s-)kyok。

（93）鋈（1141-l）*s-kok/ʔuok"银"；藏语 gag"小块的银，锭"；
原始汉藏语 *(s-)kâk。

（94）拥（1184k）*s-ki̯uŋ/ʔi̯woŋ(B)"拥抱，抓住；覆盖"，雝（1184c）
*s-ki̯uŋ/ʔi̯woŋ(B,C) 借词"覆盖"；藏文 skuŋ-ba"藏在地下，埋葬"，
skyuŋ-ba"留在后面，放在一边"；原始藏缅语 *s-kuŋ~*s-ku·ŋ；原始汉
藏语 *s-ku·ŋ（白保罗 1976）。

H. *s-k'-/x-：

1. 谐声反映形式（没有列出）

2. 同源词反映形式

（95）显（242a）*s-k'ian/xien(B)"显示，表明"，同源词"见"（241a）
*kian/kien(C)"看见"，*g'ian/ɣien(C)"出现；明显；表明"。*s- 表使动。

（96）血（410a）*s-k'iwet/xiwet"血"，同源词"衅"（446a）
*s-k'i̯ən/xi̯ən(C)"祭祀的时候涂血"，借自"熏"（641a）*s-k'i̯wən/xi̯uən；
原始汉语同源异体字 *s-k'iwet~*s-k'i̯(w)ən。

（97）希（549a）*s-k'i̯ər/xi̯ei(A)"瘦；罕见，少"，同源词"几"
（547a）*ki̯ər/kji̯ei(A)"小"，等同于(B)"几个；一些"。

（98）睎（549g）*s-k'i̯ər/xi̯ei(A)"希望"，同源词"覬"（543a）
*ki̯ɛr/kji(C)"盼望"，冀（603a）*ki̯ɛr/kji(C)"希望"。

（99）贿（995z）*s-k'wəg/xuâi(B)"送礼，贿赂"，同源词"赇"
（1066j）*g'i̯ôg/g'i̯əu(A)"贿赂"。

3.藏缅语同源词反映形式

（100）戏（22b）*s-k'ia/xjiɛ(C)"运动，玩笑"；克钦语 a-gya"取笑"，k'ya"责骂，奚落"；原始汉藏语 *(s-)kya。

（101）许（60i）*s-k'io/xi̯wo(B)"同意，允许；许诺"；藏文 tś'a-ba<*sk'ya-"许诺，声称"；克钦语 ka"许诺"，śə-ka"声称"；原始汉藏语 *s-k'ya。

（102）誼（164a）*s-k'i̯wǎn/xi̯wɒn(A)"喧闹"，同源词"讙"（158n）*s-k'wân/xwân(A)，*s-k'i̯wân/xi̯wɒn(A)"喊叫"；藏文 rgol-ba"争吵，对抗"；原始汉藏语 *(s-,r-)kwa·l。

（103）靪（KYSH 129）xiet<*s-k'iat"系紧；赶快"，声符"见"（241a）*kian/kien；同源词"紧"*ki̯ěn/ki̯ěn(B)"绑紧；压；紧急"；藏文 skyen-pa"快，迅速"；克钦语 kyin"压，紧急"；原始汉藏语 *(s-)kyen。

（104）憲（250a）*s-k'i̯ǎn/xi̯ɒn(C)借词，"喜悦的，高兴地"，同源词"忻"（139p）*kân/kân(C)"高兴"，"娶"（KYSH 300）xiät<*s-k'iat"高兴"；藏文 skyid-pa"使高兴，高兴，高兴的"；克钦语 kan"幸运"；原始汉藏语 *(s-)kyen~*(s-)kyet。

（105）献（252e）*s-k'i̯ǎn/xi̯ɒn(C)"给予，送给"，同源词"遣"（196b）*k'i̯an/k'i̯än(B)"送，寄出"，*k'i̯an/k'i̯än(C)"送（祭祀用的肉）到坟上"；藏文 skyel-ba，未来时和过去时 bskyel，命令式 skyol"送、带、给（某人食物），送去"，'k'yol-ba"送抵，带到"，skyel-ma"护送者，送"；原始汉藏语 *s-kya·l。

（106）喝（313k）*s-k'ât/xât"叫喊"，同源词"话"（302o）*g'wad/ɣwai(C)"说；话语"，曰（304a）*gi̯wǎt/ji̯wɒt"说"；谓（523d）giwəd/jwei(C)"说，讲，叫"；藏文 skad-pa"说，告诉，讲述，叫"，skad"声音，哭声；讲，话语，语言"；原始汉藏语 *(s-)k(w)at~*(s-)g(w)at。

（107）训（422d）*s-k'i̯wən/xi̯uən(C)"教训；解释"，同源词"劝"

（158s）*k'i̯wǎn/k'i̯wɒn(C)"劝告，鼓励"；藏文 'k'ul-ba"征服，制服"，skul-ba"劝告，训诫"；原始汉藏语 *(s-)kwə·l。

（108）饗（714j）*s-k'i̯aŋ/xi̯aŋ(B)"宴会，赴宴"，汉藏语"享"（716a）*s-k'i̯aŋ/xi̯aŋ(B)"祭品，宴会，享受"，同源词"庆"（753a）*k'i̯ǎŋ/k'i̯ɒŋ(C)"高兴，喜悦，庆贺"，康（746h）*k'âŋ/k'âŋ(A)借词，"兴旺的，欢乐的，喜欢"，藏文 skaŋ-ba,skoŋ-ba"满足；用于赎罪的祭品"，k'oŋ-po"一杯，一碗（饮料或食物）"；原始汉藏语 *(s-)kâŋ。

（109）夐（167g）*s-k'iwan/xiwen(C)，*s-k'i̯wěn/xi̯wän(C)"远"，同源词"泂"（842h）*g'iweŋ/ɣiweŋ(B)，"远"，嵤（843m）*g'wěn/ɣwɛŋ(A)，*gi̯wěn/ji̯wɒŋ(A)"高，远"；藏文 brgyaŋ-ba"喊远处的人"，rgyaŋ-ma"远处"；原始汉藏语 *(s-,r-)gy(w)aŋ。

I.*s-g-/s-:

1. 谐声反映形式

（110）斯（869a）*s-gi̯ěg/sie̯(A)"分开，撕开"，借词，"这"，声符（根据《说文》）：其（952a）*ki̯əg/kji(A)"簸箕"，*g'i̯əg/g'ji(A)"这，他的，她的，它的"，同源词"是"（866a）*sgi̯ěg/zie̯(B)"这"，之（962a）*skyi̯əg/tśi(A)借词"这，他，她，它"，参见藏文 tś'eg-pa<*'sk'yeg-（原始汉藏语 *s-kyek）"分开，撕开"。

（111）崧（119af）*s-gi̯ôŋ/si̯uŋ(A)"高"，松（1190a）*sgi̯uŋ/zi̯woŋ(A)"松树"，声符"公"（1173a）*kuŋ/kuŋ(A)"父亲，祖父"。同一类型的其他词请见白保罗（1976）。

2. 同源词反映形式

（112）撕（869f）*s-gieg/siei(A)"用手拿；控制"，同源词"携"（880c）*g'iweg/ɣiwei(A)"用手拿；控制"；原始汉语 *s-gi(w)eg。

（113）厮（869d）*s-gi̯ěg/sie̯(A)"奴隶，仆人"，同源词"奚"（876d）*g'ieg/ɣiei(A)"奴隶，仆人"，等同于"娱"(g-)"女奴，女仆"；比较

藏文 ɣyog-po "仆人"，ɣyog-mo "女奴"；原始汉语 *s-gieg。

3. 藏缅语同源词反映形式（见 110）

（114）霰（156d）*s-gian/sien(C) "雨夹雪"，等同于汉藏语 "霓"（KYSH 129），声符 "见"（241a）*kian/kien(C)；藏文 skyin-t'aŋ "雹子，雨夹雪"（t'aŋ "平原，草原"）；克钦语 k'yen "霜，雪，冰"，gyen "霜"（北部用法）；原始汉藏语 *(s-)kyen，反对白保罗（STC：172；1976），把汉语和藏文的 ser-ba "雹子" 相比较。

（115）楔（279i）*s-giat/siet "楔，装在尸体牙齿之间的木头（即把牙齿分开）"，同源词 "契"（279b）*k'iad/k'iei(C) "文字刻痕"，借词 k'iat/k'iet "分开的"，鍥（f-)*k'iat/k'iet "割，割开"，齧（-e）*ʔkiat/ŋiet "噬，嘎扎嘎扎的咀嚼"；藏文 'gyed-pa "分开，撒开"，sgyed-po "用来垒灶的石头"，sgyid-bu，sgyed-bu "炉底，灶，包括三块石头（即分开的石头）上面可以放壶"；原始汉藏语 *(s-)ke·t~*(s-)ge·t（参见白保罗 1974）。

（116）嘶（869e）*s-gieg/siei(A) "尖叫"，同源词 "嘻"（955e）*s-k'i̯əg/xji(A) "噢（因为高兴或害怕而尖叫）"；噫（957b）*s-ki̯əg/ʔi(A) "哎呀，噢"；藏文 kye "噢，喂"，kye-ma "噢，哎呀"；克钦语 kyek "喊，像鸟落进网里一样大叫"，gyek "咯咯叫"；原始汉藏语 *(s-)kyek。也见（130）。

（117）澌（869c）*s-gi̯ĕg/si̯e(A) "融化的冰，冰水"；藏文 'k'yag(s)-pa "结冻，凝结"；克钦语 gye，ge "凝结"；原始汉藏语 *(s-,a-)kyak。汉语有第二种发音。

（118）小（1149a）*s-gi̯og/si̯äu(B) "小，变小"，同源词 "少"（-f）*s-gyi̯og/śi̯äu(B) "少，一点"，幺（1115a）*s-ki̯ôg/ʔieu(A) "小"，丝（-b）*s-ki̯ǒg/ʔiĕu(A)，*s-ki̯ôg/ʔi̯əu(A) "小"，幼（-f）*s-ki̯ǒg/ʔiĕu(C) "年轻"；眇（1158a）*m-s-gyi̯og/mi̯äu(B) "眯眼看，视力差；小，不明显；很小，片刻"，这个字的声符是 "少" *s-gyi̯og，*m- 是前缀；雷布查语 tyak， a-tyak<*kyak 或 *skak(?) "小，片刻，少"，kǎ-dyǎk,kǎ-dyók<*-gyǎk,*-gyók 或 *-sgǎk,*-sgók(?) "刚出生的肚皮没毛的动物的幼崽"；原始汉藏语 *(s-)kyok。

（119）削（1149c）*s-gi̯ok/si̯ak,*s-gi̯og/si̯äu(A) "剥，削，切；破坏；擦掉"，借词 "杀死"，同源词 "夭"（1141a）*s-ki̯og/ʔi̯äu(B) "杀死，毁坏"，殀（-f）*s-ki̯og/ʔi̯äu "夭折；杀死动物幼崽"；藏文 skyag-pa，过去时 bskyags，未来时 skyog "花费，布置，扩张；屠杀，谋杀（西部藏语）"；原始汉藏语 *s-kyok。

（120）悄（1149s）*ski̯og/tsʻi̯äu(B) "焦急，悲伤"；同源词 "勦"（1169b）*ski̯og/tsi̯äu(B) "使疲惫"，乔（1138a）*kʻi̯og/kʻi̯äu(A),*ki̯og/ki̯äu(A) "焦急"；藏文 skyo-ba "疲惫，坏脾气，悲伤，烦恼"；原始汉藏语 *s-kyok。

（121）崧（1190f）*s-gi̯ôŋ/si̯uŋ(A) "高"，等同于汉藏语 "嵩"（1012a），同源词 "伉"（698c）kʻâŋ/kʻâŋ(C) 借词 "高"，亢（698a）*kâŋ/kâŋ(A) 借词 "高"，昂（699b）ʔkâŋ/ŋâŋ(A) "举高"，卬（699a）*ʔki̯âŋ/ŋi̯aŋ(A) "高"，(B) "向上看"；冈（697a）*kâŋ/kâŋ(A) "山，山脊"；藏文 sgaŋ "突出的山，山一边的尖坡"；藏缅语 kʻaŋ<*s-gaŋ "小山，土丘"，kʻaŋ-ruì "坡地，山的尖坡"（-ruì 显然指 (ǎ)-ruì "骨头"）；克钦语 koŋ "高地，小山"，śə-goŋ "崇高，高，光辉的"；怒语 ǎ-haŋ "高"，haŋ<*kʻaŋ(?) "使变高"；原始汉藏语 *(s-)kaʻŋ；白保罗（1976）：*s-gaʻŋ。但是汉语里表示 "高" 的词的清声母没有前缀，更好的解释是汉语和藏缅语在前缀后都按第二种发音。

J.*s-gy-/ś-：

1. 谐声反映形式

（122）聲（822a）*s-gyi̯ěŋ/śi̯ṇŋ(A) "声音，噪音，发音，名声"，声符是 "殸"（832a）*kʻieŋ/kʻieŋ(C) "用于奏乐的石头"。

2. 同源词反映形式

（123）黍（93a）*s-gyi̯o/śi̯wo(B)"小米"，同源词"秬"（95j）*g'i̯o/g'i̯wo(B)"深色小米"；原始汉语 *s-gio 带有"植物性"前缀 *s-。

（124）手（1101a）*s-gyi̯ôg/śi̯ə̯u(B)"手"，同源词"右"（995i）*g'i̯ŭg/i̯ə̯u（B,C）"右手，在右边"；原始汉语 *s-gyok+ 词尾，并带有表示"身体部位"的前缀 *s-。反对白保罗（STC：158，170）的原始汉藏语 *tśəw。*s- 是表示"身体部位"的前缀。

（125）獸（1100a）*s-gyi̯ôg/śi̯ə̯u(C)"动物"，同源词"畜"（1018a）*s-k'i̯ôk/xi̯uk，*s-k'i̯ôg/xi̯ə̯u(C)，*sk'i̯ôk/t̂'i̯uk，*sk'i̯ə̯u(C)"家养的动物"；反对白保罗（STC：168，187）把藏文 *śa"肉体，肉"和汉语比较；*s- 是"动物性"前缀。

3. 藏缅语同源词反映形式

（126）瘑（92b）*s-gyi̯o/śi̯wo(B)"隐藏的痛苦"；藏文 skyo-ba"疲惫，坏脾气，悲伤，烦恼"；原始汉藏语 *s-kyo。汉语有第二种发音。与（120）相比较。

（127）羶（148q）*s-gyi̯an/śi̯än(A)"羊的味道，腐臭味"，同源词"羱"（KYSH 216）ŋi̯ǎn(A)<*ʔki̯ǎn"有大角的野山羊"；藏文 skyin"野山羊"；浙江吉利 tək'yen"山羊"；卢谢语 ke·l"山羊"；藏缅语 *kye·l（STC：73）；原始汉藏语 *(s-,ʔ-)kye·l。汉语有"动物性"前缀 *s- 和喉塞音前缀 (ʔ)*ʔ-。

（128）世（339a）*s-gyi̯ad/śi̯äi(C)"一代，时代，代代，世袭"，同源词"裔"（333a）*sgi̯ad/i̯äi(C)"后人，后代"；藏文 skyed-pa"生殖，生育，生长"，skye-ba"出生，生"；梭摩语 kask'iet"带来"；克钦语 kat"生产，产生，带来"；雷布查语 ăt<*găt(?)"生殖，交配"；原始汉藏语 *(s-)ke-t（白保罗 1975）。

K. *ʔk-, *ʔg-/ŋ-:

1. 谐声反映形式

2. 同源词反映形式

（129）驭（80a）*ʔki̯o/ŋi̯wo(C)"驾马车"，等同于相同的词"御"（60-1）"驾马车；马车夫"，车（74a）*ki̯o/ki̯wo(A)，*skʻi̯å/t̂ʻi̯a(A)"四轮马车"。*ʔ- 是动词性前缀。

3. 藏缅语同源词反映形式（也见 115，121，127）

（130）鶪（873p）*ʔgiek/ŋiek"咯咯"；克钦语 gyek"咯咯叫"；原始汉藏语 *(ʔ-)gyek。

（131）硋，閡（937t,u）*ʔgəg/ŋâi(C)"阻碍，阻止"，声符"亥"(-a)*gʻəg/ɣâi(B)"十二天干之一"，相同的词"礙"（956g）*ʔgəg/ŋâi(C)"障碍"；藏文 'gegs-pa，过去时 bkag，未来时 dgag，命令式 kʻog"阻止，禁止，停止"，'kʻegs-pa"阻止，停止，关闭"；原始汉藏语 *ʔ-gək~*ʔ-kək。另外：汉语"诫"（990a）*kɛg/kăi(C)"警告，禁止"，止（661a）*ski̯əg/tśi(B)"停止（行动）"<*s-ki̯ək。

L.*xŋ-, *s-ŋ-, *s-ŋy-/x-, ś-(*ŋ-), s-:

1. 谐声反映形式

（132）犧（2z）*xŋia/xŋie̯(A)"祭祀用的动物，纯净的祭品"，声符是"我"（2-1）*ŋâ/ŋâ(B)"我"，同源词"宜"（21a）*ŋia/ŋie̯(A)"给土地神的祭品"。

（133）稣（67a）*s-ŋo/so(A)"收集成束"，声符"鱼"（79a）*ŋi̯o/ŋi̯wo(A)"鱼"。

2. 同源词反映形式

（134）遡（769d）*s-ŋâg/suo(C)"反方向朝上走；方向相反的"，声符"屰"（788a）*ŋi̯ăk/ŋi̯ɒk"倔强的，固执的"，同源词"逆"（788c）*ŋi̯ăk/ŋi̯ɒk"反方向走，迎上去"，同源异体词"迎"（699d）*ŋi̯ăŋ/ŋi̯ɒŋ(A)"相遇"，(C)"相遇，接"；原始汉语 *(s-)ŋi̯aŋ~*(s-)ŋi̯ak。

3. 藏缅语同源词反映形式

（135）　埶（330a）*sṇiad/ṇiäi(C)"种，耕，栽培"，*s-ŋyi̯ad/śi̯äi(C)"力量，影响"，等同于"蓺"（-e）"种，耕种，种庄稼"，等同于"藝"（-f）"种，耕，栽培；艺术；方法，规则；天才"；藏文 sṇo-ba，也作 sṇod-ba，过去时 bsṇos，未来时 bsṇo，命令式 sṇos"变绿（即'长成绿色'）；祈祷"，rṇa-ba，过去时 brṇas，未来时 brṇa，命令式 rṇos"割，收割"；雷布查语 nyót<*s-ŋót(?)"耕地，田野"（参见借自藏文 snyad"控告，改变"的雷布查语 nyót）nyót zuk"耕种土地"，也许与克钦语 śə-ŋai"生产，生出"，mə-ŋai<*-ŋad"收获季节"，k'ai"种；种子；栽培"是同源词。为了说明藏文的元音结尾，我们也可以把汉语"芽"（37d）*sṇå/ŋa(A)"芽，嫩芽"与藏语 sṇo-"变绿"相比较，这样拟构出的原始汉藏语是 *s-ŋâ-t。

从带有前缀 *s- 或 s- 组合的词语初步列表看，我们可以得出以下暂定的结论。

（1）资料显示，前缀 *s- 从语音体系上看明显的来自于"*s-＋辅音"组合，它在原始汉语和古代汉语早期扮演形态学上的重要角色，只是到了古汉语晚期它才变得较少或没有功用了。

（2）在某些例子里这一前缀的功能显而易见，如：表示使动的有（6），（44），（90），（129）；表示动词的有（41），（52），（58），（96）；表示名词性的有（38），（53），（64），（82），（115）；表示"身体部位"的有（47），（51），（72），（124）；表示"动物"的有（62），（70），（77），（125），（127）。这里我提出了这个前缀的另一个功能，即表示"植物"，如在（3），（9），（35），（49），（123）中的那样。

（3）虽然这篇论文是关于前缀 *s- 的，但是第（118）例看起来是赞同白保罗（1976）提出的前缀 *m- 存在的可能性。

（4）从大量的不容忽视的前缀 *s- 实例可以看出，当汉语和藏语进行比较时，汉语在形态学上肯定与藏语在前缀系统上相似，在词尾系统上也可能有相似之处。

（5）在谐声系统中，有表明前缀 *s- 伴随舌根塞音大量存在的证据，而且通过与藏缅语尤其是藏语和雷布查语的比较，这一点得到更有力的支持从而被肯定。

（6）*s-＋舌根鼻音的例子很少见。这可能是因为 *sŋ- 类的声母和其他鼻音或硬腭音的合并，这种合并在上古汉语时代就已经发生了。

（7）通过少数列举的例子，如（115），（121），（127），（129），（130），（131），白保罗关于各种声母的前喉音化理论看来已经被很好地接受了，应该在找到更有力的支持证据方面继续探索。

我将引用白保罗对古代汉语和原始汉语的新发现的评论来总结我论文的这一部分："对于上古汉语'面目'的转换是明显的，通常把汉语更紧密地靠近藏语和藏缅语的序列里，这将可能导致某些更深远的性质的改变，关于古汉语的语法，也关于早期汉语研究的一般领域。"（白保罗1976）。

补遗

（12a）涂（82d'）*sg'o/d'uo(A)"深陷；涂抹"，同源词"圬"（97z）*s-kwo/ʔuo(A)"涂抹"，等同于"杇"（-a'），墍（515h）*s-k'i̯əd/xjɐi(C)，*s-k'i̯ɛd/xji(C)，*g'i̯ɛd/g'ji(C)"涂抹"；藏文 skud-pa，过去时 bskus，未来时 bsku，命令式 skus"涂抹，擦脏，乱画"；原始汉藏语 šit<*sgit；原始藏缅语 *s-kəw-t。

（13a）掐（1078c）*sk'ôg/t'âu(A)"打"，同源词"敲"（1129s）*k'ŏg/k'au（A,C）"打"；克钦语 k'ɔk"敲"，ə-k'ɔk"触上，相撞"；藏缅语 k'ok"敲，连续敲扣"；原始汉藏语 *(s-)kok。

（13b）稻（1078h）*sg'ôg/d'âu(B)"稻子，水稻"，同源词"糳"（1128b）*skå/tsâk"优质的纯稻米"；克钦语 k'au"稻秧，水稻"（Shan）；藏缅语 kok"稻秧"，马鲁语 kòk"水稻，稻米"；原始汉藏语 *(s-)kok。

汉语 *s- 是一个"植物性"前缀。

（33a）字（964n）*sg'i̯əg/dz'i(C)"培育，养育；爱，爱抚；孕育"，等同于同源词"孳"（966k）"交配；繁殖"。藏文 sgag-pa "交配"；雷布查语 gyek 或 gek "产生；生出"；克钦语 sə-gya "创造者"，sə-k'a "创造者"；原始汉藏语 *(s-)gə·k。白石台语（一种广东话）"字"ki(C)。

（42a）蜇（287g）*ski̯at/t̂i̯ät "叮咬"；克钦语 gat, git, lə-gat "蜜蜂"（即"能叮人的昆虫"）；雷布查语 vót<v-gót<*b-gót(?) "一种大蜜蜂"；原始汉藏语 *(s-)ga·t。

（42b）哲（287g）*ski̯at/t̂i̯ät "敏锐的，聪明"，同源词"黠"（393v）*g'ăt/ɣăt "狡猾"；克钦语 sə-gat "（在智力上）提高"，gat "（心智）成熟；机智，聪明，敏锐"；原始汉藏语 *s-ga·t。

（49a）承（896c）*sgyi̯əŋ/źi̯əŋ(A) "举，交给"，同源词"拯"（896i）*skyi̯əŋ/t̂śi̯əŋ(B) "救，帮助；举"，抍（897e）*sgyi̯əŋ/śi̯əŋ(A)，*sgyi̯əŋ/t̂śi̯əŋ(B) "举起，救"，擎（813k）*g'i̯ĕŋ/g'i̯əŋ(A) "举"；藏文 'k'yoŋ-ba "带来"，'k'yog-pa，过去时 k'yag，命令式 k'yog "举，举起，带来"；汉语中同源词可能是"救"（1066m）*ki̯og/ki̯əu(C) "帮助，救，解脱"；原始汉藏语 *(s-,ʔ-)ky̯əŋ~*(s-,ʔ-)ky̯ək。

（68a）食（921a）*sg'yi̯ək/dź'i̯ək "吃"，*sgi̯əg/zi(C) "食物；喂养"；藏文 rgyags, brgyags "供给，粮食，食物"；克钦语 sə-k'a "食物，粮食"，k'ya "准备糯米"；原始汉藏语 *(s-,r-)gyək。反对白保罗（STC：169）将汉语 *sgi̯əg 同藏缅语 *dza "吃"相比较。也要参见藏语 tś'ag<*sk'yag(?) "喂马或其他动物的干饲料"；雷布查语借自藏语的 tś'ak "粮食，给马吃的食物（不是草）"。

（69a）中（1007a）*ski̯ôŋ/t̂i̯uŋ(A) "中间；中途；内部"；同源词"仲"（1007f）*sg'i̯ôŋ/d̂'i̯uŋ(C) "中间那个；兄弟中排行第二"，督（1031n）*sk'ôk/tuok "中间（特指后部中间的接缝处）"，央（718a）*s-ki̯aŋ/ʔi̯aŋ(A) "中心，中间"；藏文 guŋ "中间；中午"，dguŋ "中间；中午，

347

午夜", k'oŋs "中间，中部"，k'oŋ-pa "里面，内部"；雷布查语 a-tśŭk "中间，内部；中心；核心；果仁"，să-góŋ "中间，内部，属于"；怒语 mǎ-guŋ "心（即'中心'）"；原始汉藏语 *(s-)kôŋ~*(s-)kôk。

（87a）阏（270a）*s-kât/ʔât "阻止，阻碍"，同源词 "遏"（31s-1）*s-kât/ʔât "停止，抑制，终止"，歇（313u）*s-k'i̯ăt/xi̯ɒt "终止，休息"，愒（313s）*k'i̯ad/k'i̯äi(C)*k'i̯at/k'i̯ät "休息"，憩（329a）*k'i̯ad/k'i̯äi(C) "休息"，垍（515h）*s-k'i̯əd/xji̯ɛi(C)，*s-k'i̯ɛd/xji(C)，*g'i̯ɛd/g'ji(C) 借词 "休息"；藏文 'k'ad-pa "坐，稳坐；一直坐着；粘牢；被停止"，'k'od-pa "坐下，坐"，k'ad-pa "粘牢，抓住，停止，停，阻碍"；雷布查语 kyǎt<*s-kǎt "安静"，kyǎt-lǎ "在休息，安静"，a-kyǎt，a-kyet "舒适，安静，宁静"；原始汉藏语 *(a-,s-)kâ·t（白保罗 1975）。参见（128a）。

（108a）馨（832f）*s-k'ieŋ/xieŋ(A) "香气"，同源词 "香"（717a）*s-k'i̯aŋ/xi̯aŋ(A) "香气"；雷布查语 fyeŋ，a-fyeŋ<*s-geŋ(?) "闻一种发酵的液体"；克钦语 ə-k'aŋ "冒犯的、讨厌的气味"，k'yiŋ，ə-k'yiŋ，tśə-k'yiŋ "讨厌的气味"，k'yiŋ "散发臭味"；原始汉藏语 *(s-)ka·ŋ~*(s-)ke·ŋ。注意汉语 "香气" 即 "好的味道" 与克钦语 "讨厌的味道" 在语义上的对立。

（114a）散（156a）*s-gân/sân（B,C）"分散，散开"，《说文》同源词 "橵" *s-gât/sât "散开，驱散"；克钦语 gat "播种，撒种"，ə-gat "撒"；原始汉藏语 *(s-)gat。

（128a）设（290a）*s-gyi̯at/śi̯ät "建立；设立；放置"，同源词 "建"（249a）*ki̯ăn/ki̯ɒn(C) "设立，建立"；藏文 'god-pa，过去时 bgod，未来时 dgod，命令式 k'od "设计，计划，建立"，'k'od-pa "坐下，设立；放置，建立"；'kad-pa "坐，稳坐"；也许同克钦语的 sə-kyet "结束"，kyet "结束，完成" 是同源词；雷布查语 vyán<v-gyán<*b-gyan(?) "设立，种植，安排"；原始汉藏语 *(s-,ʔ-)ka·n~ *(s-,ʔ-)ka·t。

（129a）孽（289g）*ʔgi̯at/ŋi̯ät 借词 "灾难"，等同于 "辥"（289h）

"不祥的，不幸的"，声符"辥"（289a）*s-giat/si̯ät；同源词"害"（314a）*gʻâd/ɣâi(C)"伤害；被伤害；破坏，害处"；藏文 god"损失，破坏，不幸"；原始汉藏语 *(s-)ga·t。

（131a）螘 *ʔgi̯ər/ŋi̯ei(B)"蚂蚁"，声符"豈"（548a）*kʻi̯ər/kʻi̯ei(B)，*kʻər/kʻâi(B)；同源词"蚁"（2x）*ʔgia/ŋia(B)"蚂蚁"；克钦语 u-kyin"蚂蚁"，kə-kyin"普通黑色蚂蚁"；怒语 săgin"白蚁"；雷布查语 tŭk-gar"黑蚂蚁"，tŭk-fyil<*-sgil(?)"一只蚂蚁，蚂蚁"；原始汉藏语 *(s-,ʔ-)kyəl。

（131b）岸（139eʼ）*ʔkân/ŋân(C)"河岸"，声符"干"（139a）*kân/kân(A) 借词"河岸"；藏语 rgal-ba，过去时和未来时 brgal，命令式 rgol"走过；翻过（山），涉过（河）"，rgal"涉水"，克钦语 u-kʻan"涉水"，kə-kan"涉水"；原始汉藏语 *(r-,ʔ-)kâ·l。

附录 3　*Prefix *s- and *SK-, *SKL- clusters in Proto-Chinese (PC): Part II. Prefix *s- and *SKL-clusters* 中文译文

原始汉语中的前缀 *s-、*SK- 与 *SKL-
第二部分：前缀 *s- 和 *SKL-

　　这是我在第一届日美东亚及东南亚语言联合研讨会（日本富士，1976 年 7 月 20~24 日）上提交论文的第二部分。在第一部分里，我试图构拟古汉语和原始汉语在单纯软腭辅音前会有前缀性质的 *s- 及含有 *s- 的复声母组合的情况。我的构拟是建立在以下基础上的：（1）谐声字；（2）汉语内部的同源词；（3）汉语与藏缅语族其他语言之间的同源词。在这三个方面，我列举了大约 150 个词。在第二部分里，我将对原始汉语软腭音 + 流音 -l- 或 -r- 复声母前 *s- 情况进行深入构拟。

　　关于上古和远古汉语的流音介音问题，现在仍没有解决。高本汉（1940，1957）为上古汉语构拟了一个 -l- 介音，这一介音只有在作为辅音组合的第二个辅音时存在，例如 *kl-，*bl-，*sl- 等。他的构拟大部分是以谐声反映形式为基础的。李方桂构拟出导致古卷舌音（ tʂ-，tʂʻ-，dʐ-，ʂ- 和 ṭ-，ṭʻ-，ḍ-，ṇ- [同高本汉的 t̂-，t̂ʻ-，d̂ʻ-，n̂-]）形成的上古 -r-介音，除了古音第二部之外，李方桂还在其他地方也保留了高本汉复声母中的 -l-。最近，阿克塞尔·许思莱（1974）提出，古音第二部的所有

声母以及中古音的 -l- 声母一样都可以在上古音中被构拟成 -r-，因此，古代汉语中的 i̯- 和 ź̯- 就可以各自追溯到非 j 化或 j 化的声母 *l-，可以理解为从早期的介音 -l- 而来。他的提议没有引起太多关注。

白保罗延续了高本汉的主张，不认同上古汉语的介音 -r-, 但是承认远古汉语和原始汉藏语都有 -l- 和 -r- 介音。

我们可以承认李方桂的上古介音 -r- 是一种用来解释某些中古汉语语音学现象的假设构拟，但这一构拟并不总是反映上古汉语和原始汉语里真的存在流音 -r-。汉语的早期是否存在这种流音，需要其他汉藏语言之间的比较研究来证明。

下文所使用的汉语上古音到中古音语音的转化形式是在这篇论文第一部分所采用的白保罗的语音系统的基础上得来的。新添加的内容是白保罗在他近期的论文（1976a，1976b）里提出的普通的声母与喉音塞化前的声母的区别。采用 *skr- 类型声母中的 -r- 来解释中古卷舌音声母的来源。在远古汉语和中古异读字（经常是在方言里）里可能还有其他流音（如 -l-）。

我对上古汉语和原始汉语的构拟将着重依靠于谐声反映形式及汉语和其他藏缅语言之间的同源词。

对中古和上古汉语语音系统的构拟仅在结尾部分以高本汉的著作（《汉文典》）为基础。我仅在分析导致 *skr-/tṣ- 类声母和 *kr- 类声母在中古音的演变时采用了李方桂的体系；其中不包括高本汉系统的中古颚塞音（t̂-，t̂ʻ-，d̂ʻ- 等），李方桂将其构拟为齿塞音 +r（tr-，thr-，dr- 等）。

由于语言学资料上有新的证据和新的解释，在某些情况下，我在这部分的构拟会与我上一部分的构拟不同（改变或者修饰）。

A.*skl-，*skʻl-，*sgʻl-，*sglị-/t-，tʻ-，dʻ-，ị-:

（1）贪（645a）*skʻləm/tʻâm(A)"贪求"，声符"今"（651 a-e）*klị̯əm/kị̯əm(A)"现在，目前"；以"贪"为声符的字有"僋"（KYSH

80）lậm（C)<*gləm "不纯，脏"，t'âm(C)<*sk'ləm "愚蠢，贪心"；同源词 "婪"（655 i）*gləm/lâm（A）"贪心的"，等同于 "惏"（655 j）"贪心的，贪婪的"，爁（609 h）*glâm/lâm(C)"过量的，放肆的"，藏语 skam-pa~rkam-pa "希望，欲望"。应用，同源异形词 skyem-pa<*sklem-pa(?)"渴"，skyems "渴望"，也与藏语 drum-pa<*grum-(?)"有强烈欲望，希望，憔悴" 相比较；原始汉语 *s-k'ləm~*(s-)gləm；原始汉藏语 *s-kləm。参见下文 #56，73，74，78。

（2）铫（1145 h）*sk'liog/t'ieu(A),*ʔsk'lịog/ts'i̯äu(A) "锄头"，同源词 "锄"（46 p'）*sg'rịo/dẓ'i̯wo(A) "锄头"（楚方言），也和 "钁"（KYSH 22)ki̯wak<*ki̯wak<*kli̯wak(?)"大锄头（《说文》）" 以及客家话 "镢头"kiɔk t'ɛu "大锄头，斧子" 进行比较；雷布查语同源词 kryok<*skrok(?)"锄"；原始汉语 *s-kli̯ok+ 后缀；原始汉藏语 *s-krok。参见下文 #7，9，75。

（3）倓（617m）*sg'lâm/d'âm(C,A)"安静的"，同源词 "恬"（621 b）*sg'liam/d'iem(A)"安静，恬静"；雷布查语 glyam "安静，舒适"，k'yam，sə-k'yam*<-k'lam(?)"平静，安静"；原始汉语 *s-g'lam；原始汉藏语 *s-klam。

（4）淡（617 o）*sg'lâm/d'âm(B,C)"无味的"，雷布查语同源词 klyom< *sklom(?)"使无味"，a-klyom "无味的"；原始汉语 *sglâm；原始汉藏语 *sklâm。

（5）甜（KYSH 304）*sg'liam/d'iem(A)"甜"，同源词 "甘"（606 a）*klâm/kâm（A）"甜"；同样声符是 "甘" 的字有：甛（KYSH 83)xâm（A,B)<*s-k'lâm，也写成 "欿"（613 1）*gli̯am/li̯äm(B,C)"要求，索取"；雷布查语同源词是 k'lyam<*sk'lam(?)"甜"；比较藏缅语 *klum（STC fn. 231）；原始汉语 *s-klâm；原始汉藏语 *s-klâm。

（6）踏（628 b）*sg'lâp/d'âp "踩，踢，使劲踩"，同源词 "踏"（KYSH 315）t'âp/*sk'lâp "踩，踏上"，搨（KYSH 294）*tâp<*skləp "打"，藏语 skrab-pa "用脚打击地面；跺脚，踏"，'k'rab-pa "打，使劲踏，推进"；原始汉语 *s-klâp；原始汉藏语 *s-krap。

（7）咷（1145 t）*sgʻlog/dʻâu（A），*skʻliog/tʻieu(C) "呻吟，哭喊"，同源词 "嘵"（1164 e）*s-kʻliog/xieu(A) "惊恐的喊叫"，噭（1162 c）*kliog/kieu(C)，*kliok/kiek "喊，哭喊，啜泣"，叫（1064 g）*kliôg/kieu(C) "喊出，喊"，等同于 "訆"（1064 h）"喊"，等同于 "呌"（1064 i）"喊，喧闹"，嗥（1040 d）*gʻlôg/ɣâu(A) "嚎叫，哭喊"，咬（1166 g）*krŏg/kau(A)，*s-klŏg(<*s-krŏg)/ʔau(A)，李方桂 *kragw，*ʔragw "哭喊"，藏语 sgrog-pa "叫，喊叫"，'grags-pa "出声，哭喊，喊叫"，grags-pa "哭喊，大声哭喊，喧闹"，'grogs-pa "哭喊，喊叫"；雷布查语 kryok<*skrok(?) "叫（家禽）"；克钦语 krɔk "用来指示的声音（拟声词）"；藏语 kʻjok-kʻjok~kʻrok-kʻrok "咔嗒"；原始汉语 *s-krok（+后缀）；原始汉藏语 *(s-)grok~*(s-)krok。见 #104，105，112，116。

（8）桃（1145 u）*sgʻlog/dʻâu(A) "桃树，桃"，克钦语同源词 səkʻɔ "各种桃"，tśyəkʻɔ "一种柑橘"；原始汉语 *sgʻlog 带有 "植物性" 前缀 *s-，可能借自原始苗瑶语 *glaww（白保罗 1976a：188）；比较原始汉藏语 *s-gaw（白保罗）。

（9）鼗 (1145 y)*sgʻlog/dʻâu(A) "一种小鼓"，同源词可能是 "敲"（1129 s）*kʻrŏg/kʻau(A,C)，"打"，咢（788 f-g）*ʔglâk/ŋâk "打鼓并制造噪音"；李方桂（*khragw,h）；藏语 skrog-pa "打鼓"，也和 dkrog-pa "搅，搅动" 相比较；原始汉语 *s-krog；原始汉藏语 *s-krog。见 #124。

（10）鹽（609 n）*sglịam/i̯äm(A)，李方桂 *grjam "盐"，同源词 "咸"（671 f）*gʻrɛm/ɣǎm(A)，李方桂 *kriamx/kam "盐，咸"；雷布查语 kram-bo "盐"，藏文 rgyam-tsʻwa "一种盐"；原始汉语 *s-gram，原始藏缅语同源词 *gryum（白保罗 1976a：188）。

（11）炎（617 a）*sglịam/ji̯äm，i̯äm(C) "火焰，爆发"，*sgʻlâm/dʻâm(A) "灿烂的，辉煌的"，同源词 "燄"（617 c）*sglịam/i̯äm(B,C) "燃烧"，惔（617 k）*sgʻlâm/dʻâm(A) "火焰，燃烧"；藏

文 'grams-pa "伤害，燃烧"，'grams-ts'ad "疾病，伴随持续的努力的狂热"；藏缅语 ählyam "火光"；参见原始藏缅语 *(s-)lyam "舌头；火焰"（STC:48）；原始汉语 *s-glam；原始汉藏语 *(s-,a-)glam。

（12）熠（690f）*sgli̯əp/i̯əp,*gli̯əp(?)/ji̯əp "闪闪发光"，同源词 "烨"（682a）*gli̯əp(?)/ji̯əp,*gli̯ɛp(?)/ji̯äp "照耀，闪烁"；雷布查语 lyo:p<*lyap "发光，闪耀，闪烁"，so-lyo:p "片状闪电"；藏缅语 hlyap "闪光，闪电"；怒语 lap lap wa "闪光"；原始藏缅语 *lyap（STC:49）；原始汉语 *s-gli̯əp~*s-gli̯ǎp；原始汉藏语 *(s-g-)lyap。

（13）杨（720q）*sgli̯aŋ/i̯aŋ(A) "杨树，一种比柳树叶子更大、树枝更粗的树（《尔雅》）"，同源异形词：柳（1141）*gli̯ôg/li̯əu(B) "柳树"；藏文 glaŋ-ma "一种大的高山柳树"，ltśaŋ-ma<*-klyaŋ- "柳树，柳属小枝"；雷布查语 suŋ-klyaŋ kuŋ "桐棉"；原始汉语 *s-gli̯aŋ~*(s-)gli̯ok（+后缀）；原始汉藏语 *(s-)glaŋ~*(s-)klyaŋ。见下文 #44。

（14）亦（800a）*sgli̯ǎk/i̯äk，李方桂 *rak，《说文》等同于掖（800 l）"腋窝，胳膊下"，等同于 "腋"（800 m）"腋窝"，同源词 "胳"（766 d）*klâk/kâk "腋窝"，等同于 "袼"（766 e）"（大衣）腋下的缝线"；雷布查语 a-kro:k "衣服的接缝"；高棉语 kliək "腋窝"；马来语 kelek "腋窝"（借词?）；泰语 rak "腋窝"；原始藏缅语 *g-lak "胳膊；手"（STC:34）；原始汉语 *s-glak 带有 "身体部位" 前缀 *s-；原始汉藏语 *(s-)g-lak。在现代方言中的反映形式，见杨福绵（1968，1971）。

（15）夜（800 m）*sgli̯ǎg/i̯a(C) "夜晚"，同源词 "夕"（796a）*ʔsgli̯ǎk/zi̯äk "傍晚，晚上"；等同于 "夗"（796 e）"黑暗，夜晚（像在坟墓里）"，宿（1029 a）*s-gli̯ôk/si̯uk "夜里暂住，过夜"（比较 "缩"（1029 c）），*sgri̯ôk/si̯uk "绑；收集"，同源词：藏语 sgrug-pa "收集，集合"（见下面 #121）；原始藏缅语 *ryak "夜晚"，*s-ryak "过夜"（STC:48）；原始汉语 *s-gli̯ak；原始汉藏语 *s-g-ryak。

B.*skli̯-，*skʻli̯-，*sgʻli̯-/t̂ʻ-，t̂ʻ-，d̂ʻ-：

（16）长（721a）*skli̯aŋ/t̂i̯aŋ(B)，李方桂 *trjangx "长高，成长，老的；年长的"，*sgʻli̯aŋ/d̂ʻi̯aŋ(A) "长；高"，同源词：克钦语 graŋ "成熟"；雷布查语 kro:ŋ "高"；原始汉语 *s-gli̯aŋ；原始汉藏语 *(s-)graŋ。

（17）帐（721g）*skli̯aŋ/t̂i̯aŋ(C) "帷幕"，同源词：克钦语 graŋ "帘子，帷幕"；原始汉语 *s-kli̯aŋ；原始汉藏语 *(s-)graŋ。

（18）张（721h）*skli̯aŋ/t̂i̯aŋ(C) "拉开弓，放上箭；伸展，扩张；展示；展开（帐篷）；帐篷；自夸，强加"，同源词：克钦语 šəgraŋ "自夸，吹牛；撑开（伞）；伸展"；原始汉语 *s-kli̯aŋ；原始汉藏语 *(s-)kraŋ。

（19）瘭（KYSH 1071）t̂i̯wok<*skli̯uk "冻疮"，声符 "彔"（1208 a-d）*gluk/luk；《说文》等同于 "瘃"（比较 "涿"（1218 e））*skrŭk/t̂ȧk "滴" 和 "漉"（1208f）gluk/luk "拉紧；滴"，等同于 盝（1208e）"拉紧，倒出"，同源词 "疣"（996e）*gli̯ŭg(?)/ji̯ŏu(A) "肿胀，肿块"；原始汉语 *s-kli̯uk。比较 #46，124。

（20）穿（232a）*skʻli̯wan/t̂ʻi̯wän(A) "钻穿"，同源词 "贯"（159a）*klwân/kuân(A,C) "刺穿；从中心穿过；把绳子穿过；系"，克钦语 kʻron "穿过，如杆子穿过一个开口或线穿过针孔"，藏缅语 lwan "手钻；用手钻钻孔"；（比较藏语 rgyud-pa<*rglud-(?) "系在绳子上；穿过"）；原始汉语 *s-klwan；原始汉藏语 *(s-)krwan。反对杨福绵（1976#25）。下一个词的声符是 "串"。

（21）患（159f）*grlwan/ɣwan(C) "灾难；不幸；悲伤，焦虑"，藏语同源词 gron-tśan "不利"，gron-tśʻe "很有害"；原始汉藏语 *grwan。

（22）黜（496f）*skʻli̯wət/t̂ʻi̯uĕt "驱逐，降级"，藏缅语同源词 skrod-pa "驱逐，逐出"，克钦语 kʻjot "流放，驱逐，逐出"，krot "挤出，被村子里驱逐的不受欢迎的人"；原始汉语 *s-kʻli̯wət；原始汉藏语 *(s-)krot。反对杨福绵（1976：#44）。

（23）跲（651u）*sk-li̯əm/t̂ʻi̯əm(B) "犹豫走"，《说文》等同于 踥

（658g），同源词趁（652h）*ʔklĭəm/ŋĭəm(B)（注意是同音）"低头快走"，雷布查语 gra:m "赶快，迅速"，gra:m-gra:m "迅速，赶快"；原始汉语 *s-klĭəm；原始汉藏语 *(s-)grəm(?)。

（24）和（25）省略。

（26）瘳（1069k）*sk'lĭôg（高本汉 *t'lĭôg）/t̑'ĭə̯u（A），*gliôg（高本汉 *dliôg?）/lieu(A)"痊愈，恢复；不同；伤害"，声符是"翏"（1069a）*gliôg/liə̯u(C)，*gliǒg/liěu(C)，*gliog/liä̯u(C)；同源词"療"（1151f）*gliog/liä̯u(C)"治病；治愈；愈合"，（1125a-c）*glåk/lâk，*gliog/liä̯u(C)"治疗"，药（1125p）*sglĭok（高本汉 *gĭok）/i̯âk，李方桂 *grjakw "草药；药物；治疗"，雷布查语 kryoŋ，kuŋ-kryoŋ-lə "康复期"，kuŋ-kryoŋ-lə tet luk ŋam "明显的康复，升起，起床"，gro:k "好了，正确了；健康，康复"；原始汉语 *s-gliok；原始汉藏语 *(s-)grok（白保罗 1976a:188）。

（27）籀（KYSH 907）d̑'ĭə̯u(C)<*sg'lĭôg 李方桂（*drjəgwh）"读书，朗诵；学习"（《说文》）声符是"留"（1114p-r）*gliôg/liə̯u(A)（残留声母 *g，见白保罗 1976b：12）；同源词"读"（1023m）*sg'luk（高本汉 *d'uk）/d'uk "朗诵；读"，根据《说文》，声符是"六"（1032a-d）*gliôk/liuk（见梅耶及诺曼 1971：99，白保罗 1976a:170），胶（1069s）*klôg/kaw(A,B) 借自"学校"，校（1166i）*g'rŏg/ɣau(C)"学校"，（第一种读法）*krŏg/kau(C) 借自"检验；（后起）校对"；西部藏语 sgrog-pa "读"，klog-pa "读"，klog-gra "学校"；原始汉语 *s-klok；原始藏缅语 *(s-)klok。

C.*sklyĭ-，*sk'lyĭ-，*sg'lyĭ-，*sglyĭ-/tś-，tś'-，dź'-，ź-：

（28）膞（231k）*sglyĭwan（高本汉 *d̑ĭwan）/źĭwän（B），*sklĭwan（高本汉 *t̑ĭwan）/tśĭwän(B)"切肉；薄片"，同源词"脔"（178i）*glĭwan（高本汉 *blĭwan）/lĭwän(B)"切肉"，剸（295g）*sklĭwat（高本汉 *tĭwat）/

356

t̂i̯wat, *sklwǎt/tuât "切"；原始汉语 *s-kli̯wan~*s-kli̯wat；比较藏语
gtśod-pa(<*g-klyod?) "切，切开"，'tśʻad-pa "被切，被切开"。

　　注释：汉文典系统中的 178a-d "孌" 应该拟构成 *glwân（高本汉
*blwân）/luân(A)，o "变" *p-gli̯an（高本汉 *pli̯an）/pi̯än(C)，p "蛮"
*m-glwân（高本汉 *mlwan）/mwan(A)，q "挛" *sgrwan（高本汉 *slwan）/
ṣwan(C)，*sgri̯wan(sli̯wan)/ṣi̯wän(C)<*sglwan~*sgli̯wan。附加有关舌根音
*g- 或 *k- 的拟构资料："孌"（KYSH 1035）ki̯wɒn(C)<*kli̯wǎn "倒；流
干（《说文》）；折叠（《尔雅》），"pʻi̯wɒn(C)<*p-gli̯wǎn "测量（《尔雅》）"；
弯（KYSH 1035）ʔwan(A)*s-klwan（汉文典中没有列出，但高本汉
1963-1967：#787 拟构为 *ʔwan）"弯弓；弯"，关（187a-c）*klwan/
kwan(A)，李方桂 *kwran，借自 *s-klwan（高本汉 *ʔwan）/ʔwan(A) "弯
（弓）"（见下文 #53）；湾（KYSH 1035）ʔwan（A）<*s-klwan "弯曲的沙
滩，海湾，港口"；也和 "娈"（178k-l）*gli̯wan/li̯wän(B,C) "美丽" 比
较，同源词：克钦语 məkran "显示出美丽的外面；艳丽的"；声母 *p-，
*m-，*s- 可能是原始汉语前缀的反映形式。

　　（29）襜（619e）*skʻli̯am/tśʻi̯äm(A) "卸载槽；摇晃；移动"，同源
词 "撼"（KYSH 1007）γɐ̂m(B)<*gʻləm（在汉文典中没有列举）"移动；
摇晃（《说文》）"，雷布查语 hlyam, hlyam tyu to "地震中剧烈摇晃（tyu
to 表示"上下"）"，kram "像脱粒的稻草一样摇晃"；zo kram "上下摇动；
扬去"；藏文 skyɔm-pa "摇晃，搅扰；搅拌"，可能来自于 *sklom-，
'kʻyom-pa, *'kʻlom(?) "摇晃；波动（船）"；原始汉语 *s-kli̯am~*(s-)
glam；原始汉藏语 *s-klam。

　　（30）舌（288a）*sgʻli̯at（高本汉 *d̂ʻi̯at）/dzʻi̯ät "舌头"，同源
词 "臄"（803h）*gʻli̯ak/gʻi̯ak "舌头"（声符是 "虎"？），比较 "舓"
（867f）*sgʻi̯ĕg(<*sgʻli̯ĕg ?)/ dźʻi̯e(B) "用舌头舔起；舔"；厦门话和潮州
话 "舌" tsiʔ(D)<skik<*sklik(?) "舌头"；广东话 "脷"（一个方言字）lei
（C2），客家话 "脷" li(C) "舌头"，两个好像都来自上古 *sgʻli̯ĕg（867f）

357

伴随规则语调变化即从阳上变阳去；原始汉语 *s-gli̯ak；原始藏缅语 *s-lyak~*m-lyak（STC:84）；原始汉藏语 *s-g-lyak 带有"身体部位"前缀 *s-。

（31）射（807a-d）*sg'lyi̯ag/dź'i̯a(C)"用弓箭射；弓箭手"，*sg'lyi̯ak/dź'i̯äk"用弓箭射"，同源词：藏语 rgyag-pa<*gryag-(?)"扔，投，掷"，雷布查语 kryo:k"投下，用力扔下；枪开火"，也同怒语 de-gyaŋ<*-glyaŋ(?) 比较；原始汉语 *s-gli̯ak；原始汉藏语 *(s-)glyak（白保罗 1976a:*(s-,r-)gyak）。

（32）麝（KYSH 766）dź'i̯a（C）<*sglyi̯ag"麝，香鹿"（《尔雅》），同源词：藏语 gla-ba"麝"；原始汉语 *s-gli̯ag；原始汉藏语（白保罗 1976a：188）*(s-)gla 带有"动物性"前缀 *s-。

（33）寿（1090g）*sglyi̯ôg/si̯ə̯u(B)"高龄，长寿"，同源词"叟"（1097b）*s-glug/sə̯u(B)"老年男性"（借自"溲"*sgri̯ôg/si̯ə̯u(B)"撒尿"），考（1041d）*k'lôg/k'âu(B)"高龄；老；故去的父亲"，朽（1041m）*s-k'li̯ôg/xi̯ə̯u(B)"烂，腐烂；被遗忘"，旧（1067c-e）*g'li̯ŭg/g'i̯ə̯u(C)"旧的（不新），古代；很长时间，很久以前"，老 *glôg/lâu(B)"老的"，耄（1137h）*mglog/mâu(C)"很老；衰老"，媼（1244e）ʔau(B)<*s-klôg"老年妇女"，孝（1168a）*s-k'rǒg/xau(C)"（对父母尊重并尽义务）孝顺的，虔敬"，雷布查语 grok，a-grok"很老的（人或动物）"，bryok<*b-grok(?)"老，变老"；藏语 'k'ogs-pa<*'k'logs-(?)"年老体弱；衰老的；腐烂的"；原始汉语 *glog~*m-glog~*s-glog~*k'log~*s-k'log；原始汉藏语 *(s-)grok~*(a-)krok。注意 1137-h"很老"的声母 *m-，这可能是一个加强语气的前缀（因为南部藏语有前缀 *m-，见 STC：117-21）。支持这一观点的证据是把"毛"（1137a-c）拟构为 *mglog。

（34）

①毛（1137a-c）*mglog/mâu(A)"头发；绒毛；羽毛"，同源词"毫"（1129m）*g'log/ɣâu(A)"头发"，藏语 skra"头发"，原始汉语 *grog；

原始汉藏语 *(s-)kra（反对白保罗 1976a：187，把藏语 skra 同"首" *s-gyi̯ôg/si̯ə̯u(B)"头"进行比较）。

②芼（1137g）*mglog/mâu(A)"蔬菜（尤指用在汤中）"同源词"蓼"（1069p）*gliôg/lieu(B)"各种蓼属植物，尤指水蓼"，*gli̯ôk/li̯uk"（植物）长得很高"。

③眊（1137i）*mglog/mâu(C)、*mgrǒk（李方桂 *mrakw）/måk、*mglåk/mâk"目光呆滞"，同源词"瞀"（1114j-k）*mgli̯ôg（高本汉 mli̯ôg）/mi̯ə̯u(C)"视力差"。注意相同的声调去声。

④薹（KYSH 55）mâu(C)<*mglog"很老；年老；九十岁（《说文》）"，声符"蒿"（1129q-r）*s-k'log/xâu(A)，根据《广韵》这是"毛"的异体字（上面例子）。所以对这个类型中 1129（高）的拟构中间有 -l-，见 #9，105，123。

D.*skr-, *sk'r-, *sg'r-, sgr-/tʂ-, tʂ'-, dẓ'-, s-:

（35）栉（399g）*skriĕt/tʂi̯et，李方桂 *tsrjit"梳子，梳头"，等同于"桺"（《说文》）（399d）"把头发拢在后面"，同源词：雷布查语 kra:t"梳（头发），梳理，刮"，hrit<*k'rit(?)"梳"，藏缅语 k'rac"用指甲划上记号，刻"，克钦语 k'ret"锉，磨"，ʔə-gret(gret)"（被刺）刮；（被子弹）擦伤"，mə-k'ret"用手指记号；划（火柴）"；原始彝缅语 *kret~*Nkret（马提索夫 1972：48）；原始汉语 *s-kri̯ĕt；原始汉藏语 *(-)kret。

（36）眨（KYSH 518）tṣap/*skrap"动眼睛，眨眼"，同源词：藏语 'k'rab-pa"眨眼，闪烁"，克钦语 grip<*grap"眨眼"；原始汉语 *s-krap；原始汉藏语 *(s-,a-)krap。

（37）壮（727m）*skri̯aŋ/tʂi̯aŋ(C)，李方桂 *tsrjang/tʂjangh"强壮，粗壮，伟岸"，同源词"劲"（755e）*g'li̯ǎŋ/g'i̯ɒŋ(A)"强壮，有力"，强（710e）*g'li̯aŋ/g'i̯aŋ(A)"强壮，暴力"，刚（697b）*kâŋ/kâŋ(A)"硬，强壮"，

藏文 mkʻraŋ-ba, kʻraŋ "硬，坚实，结实"，雷布查语 kroːŋ "僵硬，粗糙，硬"，glaŋ "变硬"，hlaŋ "变硬"，a-hlaŋ "硬，强"，groŋ "强壮，有力（声音）"；原始汉语 *s-kriaŋ；原始汉藏语 *(s-,m-)kraŋ。

（38）啧（868o）*skrĕk/tʂɛk，sgʻrĕk/dʐʻɛk，李方桂（*tsrik）"争吵，争论"，同源词"争"（811a）*skreŋ/tʂɛŋ(A)李方桂 *tsring "争吵，吵架，对抗"，同源词可能是藏文 ʼkʻrug-pa "杂乱，争吵，斗争"。雷布查语 čok<skyok<*skrok（参见雷布查语 čór，藏文 *skyur"酸的"）"吵闹，吵架；好争论的，爱吵架的"；原始汉语 *skrĕŋ~*skrĕt。

（39）爪（1111a）*skrôg/tʂau(B)，李方桂（*tsragwh）"爪，剪指甲"，《说文》等同于"叉"（1112a）"爪，指甲"，抓（KYSH 737）tʂ au(B)<*skrôg "乱抓"，tʂau(C) "用爪拣"，同源词"搔"（1112f）*sôg/sâu（A）<*s-grôg "挠，抓"，等同于"骚"（1112g）"动，骚乱"，搅（1038i）*krôg/kau（B），李方桂（*kragwx）"扰乱"，比较"胶"（1069s）*klôg/kau(A,B)借词"摇晃，移动"，藏文 dkrog-pa "搅动，搅拌"，dkrug-pa（西部藏语 ˋsrug-ce<*skrug-）"搅动，打扰；烦恼，扰乱"，克钦语 gəlau<*glog(?) "激怒"。

（40）噬（325d）*skʻrwăd/tʂʻwăi(C)，*skʻrwad/tʂʻwai(C) "咬，吃"，同源词"啐"（490e）ʔskʻlwəd/tsʻuăi(C) "尝"，醉（490h）*ʔsklịwəd/tswi(C) "喝多，醉酒"，啜（295c）*sklịwat/tịwät "狼吞虎咽"，*skʻlyịwat/tśʻịwät，*sglyịwad/źịwai(C) "尝，吃"，歠（295i）*skʻlyịwat/tśʻịwät "喝"；克钦语 grɔt "咽下（液体）"，dəgrɔt "吞下，轻松咽下"，dźɛkʻɔt<*-krɔt "咽下"，藏语 grod-pa "肚子；反刍动物的胃，反刍动物的第一个胃"；原始汉语 *s-krwat；原始汉藏语 *(s-)krwat。

（41）扱（1254b）tʂʻăp<*skʻrăp "收集，集合（郑玄将这个意义读作 *xịəp(<*s-kʻlịəp)）；举；插入；降（手触地）"；声符是"及"（681a）*gʻịip/gʻịəp "来，到达"；原始汉语 *s-kʻrap，见下文 #99。

（42）省略

（43）凔（703c）*ʔskʻlâŋ/tsʻâŋ(A)，*skʻrịaŋ/tʂʻịaŋ(C)"冷"，同源词"凉"（755l）*glịaŋ/lịaŋ(A)"寒冷，冷"，"冷"（823h）*glieŋ/lieŋ(B)，*glǎŋ/lɒŋ(B)"冷"，净（KYSH 736）tʂʻɛŋ(A)<*skʻrěŋ"冷"，瀞（KYSH 593）tʂʻịɒŋ(C)<*skʻrịěŋ"冷"（《说文》）；藏语 graŋ-ba"冷，凉"，groŋ-ba 是 graŋ-ba 的口语形式，克钦语 tsəkraŋ"冷食，残渣"，雷布查语 hyaŋ<*s-kʻraŋ(?)；米基尔语 niŋ-kreŋ"冷天，冬天"（niŋ= 季节）；原始汉语 *s-kʻlaŋ~*glaŋ；原始彝缅语 *Nkraŋ~*Nkrak（马提索夫 1972：49）；原始藏缅语 graŋ（STC:39）；原始汉藏语 *(s-,N-)graŋ。见下文 #80。

（44）疮（703n）*skʻrịaŋ/tʂʻịaŋ(A)"皮下脓肿，肿块"，参见"疡"（720s）*sglịaŋ/ịaŋ(A)"溃疡，疡"（参见上文 #13），痒（732i）*sglịaŋ/ịaŋ(B)"溃疡"，同源词：藏语 skraŋ-ba"肿胀"，skraŋ-po"肿块，肿瘤"；克钦语 ʔəkɔŋ<*-krɔŋ(?)"肿，肿起"；原始汉语 *s-krịaŋ；原始汉藏语 *(s-)kraŋ。

（45）齮（KYSH 1071）tʂʻɛk/*skʻrěk"磨牙；嚼"（《说文》），同源词"齯"（KYSH 1050）t̂ʻâi（A）<*skʻləg"咬"，声符是"来"（944a）*log(<*gləg?)/lâi(A)；也和"齝"（KYSH 892）t̂ʻi(A)<*skʻịəg"反刍，咀嚼反刍的食物"（《说文》），齿（961l）*skʻyịəg/tśʻi(B)"前牙"；同源词：藏文 kʻrig-kʻrig byed-pa"磨牙"，kʻrig-kʻrig"咬牙，磨牙"，比较可钦语 krit"磨牙"，kret"咬，咀嚼"，藏缅语 krit"磨；咬牙"；原始藏缅语 *krit（STC:30）；原始汉语 *s-krek；原始汉藏语 *(s-)krik。

（46）碶（KYSH 1071）tʂʻâk<*skʻrǔk(<*skʻlǔk)"大岩石，基石"，声符"剥"（1228a）*p-glǔk/pâk（白保罗 1976b:12）；同源词"碌"（1208i）*gluk/luk"宝石"，珞（766u）*glâk/lâk，*gliak/liek"小石头；些许"，砾（1125j）*gliok/liek"卵石，细砾"，磽（1164i）*kʻrǒg(<*kʻlǒg)/kʻau(A)，*kʻliog/kʻieu(A)"沙砾"，石（795a）*sglyịak/źịäk"石头，岩石"；藏缅语 kjɔk<klɔk"石头，岩石"（西田 1976:35）；原始汉语 *(s-)klok；原始彝缅语 *k-lok~*k-loŋ；比较原始藏缅语 *r-luŋ

（STC:32）；原始汉藏语 (s-)k-loŋ~*(s-)k-lok。

（47）衕（KYSH 999）dẓɒng(A)<*sgʻrǎŋ "长角"，声符 "行"（748a）*gʻrǎŋ/ɣɒŋ(A) "街道，路"；同源词 "觵"（707-l）*krwǎŋ/kwɒŋ(A) "喝酒用的角杯，举行仪式时用的一种容器"，等同于 "觥"（706i）《说文》，李方桂 *kwrang，觡（766bʻ）*klǎk/kɒk "鹿角"；加罗语 groŋ，博多语 goŋ，迪马萨语 groŋ "角"，bogroŋ "角落，角"，比较藏文 grwa，gru "角，角落"，rwaru "角"，马提索夫（1976：272）建立起藏语词根 *k-ru-ŋ 和 *k-rwa-ŋ，并把它们同原始匈牙利 - 泰语 *kloŋ[o] "角" 相比较；原始汉语 *s-gʻrǎŋ~*(s-)krwǎŋ 和 *(s-)krǎk~[*(s-)krǎk]；原始汉藏语 *(s-)k-rwa-ŋ~*(s-)k-rwa-k。下面的字有相同的声符 "行"：

（48）衡（748h）*gʻrǎŋ/ɣɒŋ(A)，李方桂 *grang "帽子的（横档），交叉点"，*gʻrwǎŋ/ɣwɒŋ(A) "交叉犁地，横向的，地平的"，横（707m）《说文》*gʻrwǎŋ/ɣwɒŋ(A)，李方桂 *gwrang "交叉点，横向的，纬度的"，同源词 "輅"（766nʻ）*gʻrǎk/ɣɒk "用于把人拉的小车的绳子与杆子连接起来的木制横档"，雷布查语 hrya:ŋ<*s-kʻraŋ(?) "放在交叉点（只指薄的东西）"；原始汉语 *gʻr(w)ǎŋ~*gʻr(w)ǎk；原始汉藏语 *gr(w)aŋ。

（49）漦（1237q）*sgʻri̯əg(<*sgʻli̯əg)/dẓʻi(A) "（龙的）唾液；顺流而去（《说文》）；滴（唾液）（《尔雅》）"；声符是 "氂"（979a）*gli̯əg/lji(A)（*s-kʻli̯əg/xji(A) "裂缝，离开"，同源词 "隙"（787c）*kʻli̯ǎk/kʻi̯ɒk "裂缝，缺口"。见杨福绵 1973:11-12），同源词 "流"（1104a）*gli̯ôg（高本汉 *li̯ôg)/li̯əu(A) "流；漂浮"。白保罗（1986a）举例为 *s[gʻ]li̯əg。同源词可能是克钦语 gyik<*klik(?) "自由流动"；原始汉藏语（暂定）：*(s-)glik。

（50）崇（1003h)*sgʻri̯oŋ/dẓʻi̯uŋ(A) "高；提高；颂扬"，同源词 "隆"（1015f）*gli̯ôŋ/li̯uŋ(A) "高；充足的；突出的"，峥（811c）*sgʻrɛŋ/dẓʻɛŋ(A)，*sgʻrǎŋ/dẓʻɒŋ(A) "高；险峻的"；雷布查语 kro:ŋ "高，长，长腿的"，也参见克钦语 kraŋ "天上的神怪的变更"；原始汉语 *s-kli̯oŋ（或

*s-grĭoŋ)~*s-glaŋ（或 *s-graŋ）；原始汉藏语 *(s-)kroŋ。见下文 #123。

（51）删（KYSH 797）ṣan(A)<*sgran（155i）"切，删掉"，同源词"划" *sk'răn/tṣ'ăn(B)"刨；切；切除（《广雅》）"，（139n)*k'lân/k'ân(A)"切"；克钦语 gran "切成两半"，kran "砍到，倒（树）"；藏语 sgral-ba "切碎"；原始汉语 *s-gran（或 *s-k'ran）；原始汉藏语 *(s-)gral。

（52）狦（KYSH 797）ṣan（A,C)<*sgran "凶猛强壮的狗"（《说文》），同源词"犬"（479a-d）*k'iwən(<*k'liwən)/k'iwɛn（B）"狗"，犴（KYSH 36）k'an(A)<*k'ran，ŋân(A,C)<*ʔklân "蒙古野狗"；东喜马拉雅语：巴兴语、杜米语、芦洞语 k'li，吐龙语、卡林语 k'le "狗"；藏语 k'yi 可能来自于 *k'li，藏缅语 k'we 可能来自 *k'lwe "狗"；白保罗拟构的原始藏缅语是 *kwəy，解释汉语 k'iwən 是从带有集合性后缀 -n 的 *k'(i)u-n 而来，"狗" *ku/kǫu(B) 是无后缀的形式（STC:158）。许思莱（1975:199）拟构为 *khlwən<*khlu-n。*sgran<*s-glan 和 *ʔklân<*s-klân 也有可能是方言里带有 *s- 前缀的同源异体字；原始汉语 *(s-)k'liwən 带有"集合性"后缀。原始汉藏语 *(s-)k'lwəy-n。

（53）櫚（KYSH 358）ṣwan(A)<*sgrwan "门闩"，普遍写成"闩"；同源词"關"（187b-c)*krwan/kwan(A)"栅栏，前门;（后起义）关（门）"，比较"闌"（185f-g)*glan/lan(A)"栅栏，设关卡；保护"，等同于"欄"（185q）"栏杆，围栏"；原始汉语 *(s-)klwan；比较藏语 skyor-ba<*sklor-(?)"圈占，篱笆"；原始汉藏语（暂定）*s-klwar。下一条也带有相同声符"睘"（256h)*g'lwab/ɣwan(A)。

（54）還（256k-m）*glwan/ɣwan(A)"转身"，高本汉说："这个字经常用同义词 236a 旋；但实际上同一个字还有另一种读法"：*ʔsglĭwan/zĭwän(A)"转身"，还有"檈"（KYSH 359）zĭwän（A）<*ʔsg'lĭwan "一种枣子"，等同于"檈"（KYSH 358）sĭuěn(A)<*s-glĭwən 和 zĭwän "圆板"；同源词：藏语 skor-ba<*sklor- "围绕；绕着物体移动"；原始汉语

*s-glwan(或 *s-klawn)；原始汉藏语 *s-klwar。

（55）率（498a）*sgriwət/s̠iuět 和 *sgriwəd/s̠wi(C)"前进，跟随"，同源词"俾"（KYSH 801）s̠iuět<*sgriwət"走，前进"；藏语 sgrod-pa='grod-pa"走；旅行", bgrod"走，走路的方式"；原始汉语 *s-griwət；原始汉藏语 *s-grot（白保罗 1976a:187）。

（56）罧（KYSH 1048）s̠ləm(C)，李方桂 (*srjəm)<*sgriəm"用来捕鱼的工具（用一捆木头制作）"；这个字和"槮"（647g）*sgriəm/s̠iəm(A),*sk'riəm/ts̠'iəm(A)"长，高（树）；水果"一样出自《尔雅》，同源词"擒"（651n）*g'liəm/g'iəm(A)"捉住"，禽（651j）（同音）"鸟；动物；捉住，捕获"，藏语 sgrim-pa"很快抓住"，克钦语 šə-grim"一种陷阱",k'im(<*k'rim?)"用于捉鸟的陷阱、套索"，也有 mə-k'am"陷阱"，雷布查语 a-grem, gryam"关动物的笼子"，grip(<*grim?)"监管，用笼子关鸟或动物"；原始汉语 *s-griəm；原始汉藏语 *s-grim。比较 #1，23，73，74，77，78（声符"今"）。

（57）森（664a）*sgriəm/s̠iəm(A)"茂密的树林，丛里，树林"，声符和同源词都是"林"（655a）*gliəm/liəm(A)"树林"，加罗语是后缀 -grim+ 名词表示"树丛，树林"，比较 diŋ-gram（有不同的元音）"树林"，也比较藏语 drim<*grim（？）"树桩，树干"；原始汉语 *s-gliəm 带有"强调性"前缀（？）；原始汉藏语 *(s-)grim（白保罗 1976:178）。

（58）涩（KYSH 803）s̠iəp<*sgriəp"不光滑（《说文》）；刻薄的；收敛的（《尔雅》）"，等同于"濇"（《说文》）"不光滑的"（KYSH 803），同源词：克钦语 krup"收敛的"，ʔəkrup"收敛"；原始汉语 *s-griəp；原始汉藏语 *(s-)krup。

（59）史（975a）*sgriəg/s̠i(B)"书记员，抄写员；记录"，比较"吏"（975g）*gliəg/lji(C)"官员"，同源词：藏语 sgrig-pa"按顺序摆放，安排，写（书）"；原始汉语 *s-griək；原始汉藏语 *s-grik（1976a:187）。

（60）缩（1029c）*sgriôk/s̠iuk"绑；收集"，同源词"缪"（1069 1）

364

*m-glǐǒg/mǐəu(A)"捆上",缭(1151g)*gliog(高本汉 *lǐog)/
lǐäu(B)和 *gliog(高本汉 *liog)/lieu(B)"捆上;包上";藏语 sgrog-
pa"绑",'grogs-pa"绑上,系";grags-pa"绑";原始汉语 *s-griok~*m-
griok;原始汉藏语 *(s-)grok。"索"见下文 #114.

(61)搜(1097d)*sgriôg/sǐəu(A)"寻找",等同于"蒐"(1098a)
(《说文》)借词"寻找藏起来的东西",同源词"索"(770a)*s-glâk/sâk
借词"寻找,彻底搜查",克钦语 k'rɔk"寻找,搜查",sɔk, gəsɔk<*-
sgrɔk(?)"寻找,彻底搜查(房屋);被搜";原始汉语 *s-griok~*s-grâk;
原始汉藏语 *(s-)grâk。

E.*ʔskl-, *ʔsk'l-, *ʔsg'l-, *ʔsgl-/ts-, ts'-, dz'-, z-:

(62)挼(468f')*ʔsklwər/tsuâi(C)"推",《广韵》也读作 *ʔsk'lǐwən/
ts'ǐuən(C), *ʔsklwən/tsuən(C);同源词"推"(575a')*sk'lwər/t'uâi(C)和
*sk'lyǐwər/tś'wi(A)"推,推动;扩展",挤(593n)*ʔsklǐər/tsiei (A,B,C)
"推",抵(590g)*sklǐər/tiei(A)"推动";原始汉语 *ʔskl(iw)ər。反对白
保罗(1976b:9):认为 GRS 593(s 霎 *tsǐər/tsiei-)是齿音塞擦音。杨福
绵(1976a)拟构的这一系列带有 *sk- 类型声母,现在这些带有 *skl- 类
型声母。另外:同源词"催"(575j')*sk'lwər/ts'uâi(A)"催促,压抑",
摧(575l')*ʔsg'lwər/dz'uâi(A)"打断,压制"。

(63)朘(468g'-h')*ʔsklwɔr/tsuâi(A)"婴儿的生殖器",同源词"裸"
(351g-h)*glwâr/luâ(B)"没穿衣服,裸体的(即生殖器暴露的)",等同
于"臝"(351i)"裸体的",累(577r)*glǐwər(高本汉 *lǐwər)/ljwi
(A),借自 *glwâr/luâ(B)"裸体的";比较藏语 skyar-gog"裸体的",从
*sklar-(gog-pa"小孩爬行")而来;雷布查语 cə-glo:t"裸体的";原始
汉语 *ʔsklwər~*ʔsklwâr;原始汉藏语 *skl(w)ar。

(64)佥(613a)*ʔsk'lǐam(高本汉 *k'siam?)/ts'ǐäm(A)"都",相
同声符的字有:憸(613b)*ʔsk'lǐam/ts'ǐäm(A,B)和 *s-glǐam/sǐäm(A)"不

诚恳的，奉承的，油嘴滑舌的"，险（613f）*sk'li̯am/xi̯äm(B) 和 *sk'li̯ăm/xi̯ɒm(B)"险峻的，危险；奉承的"，验（613h）*ʔkli̯am/ŋi̯äm(C)"证实"，检（613d）*kli̯am/ki̯äm 和 *kli̯ăm/ki̯ɒm(B)"测量，规定；积累"，同源词"敛"（613 l）*gli̯am/li̯äm(B,C)"收集，积累"。这是一个反映古代带有或不带有 *s- 和喉塞音 *ʔ- 的 *KL- 复声母形式的谐声系列。也被白保罗（1976:188）引用（部分）。比较 #94。

（65）蹌（703j）*ʔsk'li̯aŋ/ts'i̯aŋ(A)"用庄严的形式行走；舞蹈"，同源词：克钦语 kək'raŋ"来回移动（走、跑或飞）"，原始汉语 *ʔs-k'li̯aŋ；原始汉藏语 *(s-)k'raŋ。比较上面 #43，44。

（66）泉（237a-d）*ʔsg'li̯wan（高本汉 *dz'i̯wan）/dz'i̯wän（A）"泉水，源泉"，同源词"原"（258a-b）*ʔgli̯wan/ŋi̯wɒn(A)"泉水，源泉；本源"，藏语 k'ron-pa"井，泉"；原始汉语 *s-gli̯wan；原始汉藏语 *(s-)krwan。也见于白保罗（1976b:6），他把"泉"拟构为 *[sg'li̯wan，把"原"拟构为 *ʔgiwan。下面词条（#67 和 #68）是同样以"原"为声符的字。

（67）縓（1249a）*ʔsk'li̯wan/ts'i̯wän(C)（应该被列在 GSR258 之下）"橙色的丝"，同源词"絹"（228f）*kli̯wan/ki̯wän(A)"丝织品"，涑（185h）*glian/lien(C)"煮丝"，等同于"練"（185i）"煮丝，白丝；纯洁"；原始汉语 *(ʔ-)s-kli(w)an。（也被白保罗引述）。也同"源"（258e）*ʔgli̯wan/ŋi̯wɒn(A) 比较，《广韵》也读作 ts'i̯wän(A)<*ʔsk'li̯wan"轻声的交谈；友好愉快的谈话（《广韵》）；慢慢说话（《说文》））。同源词可能是藏语 'gor-ba<*'glor-(?)"逗留，徘徊，闲逛"；原始汉藏语（暂定）：*(s-,a-)glwar。

（68）愿（258f）*ʔgli̯wăn/ŋi̯wɒn(C)"希望，想要，盼望"，同源词"恋"（178m）*gli̯wan（高本汉 *bli̯wan)/li̯wän(C)"盼望"（拟构的细节见上文 #28），雷布查语 gro:n"希望，相信，想得到"，ə-gro:n"希望，期望"；原始汉语 *ʔ-gli̯wan；原始汉藏语 *(-)grwan。

（69）象（728a-d）*ʔsgli̯aŋ/zi̯aŋ(B)"大象；形象，形状，外表；描

绘"，同源词：藏语 glaŋ "牛；大象"；原始汉语 *s-glįaŋ 带有"动物性"前缀；原始汉藏语 *(s-)glaŋ。也被白保罗引述（1976a:188,fn 26）。

（70）象（728a-d）*ʔsglįaŋ/zįaŋ(B) "形象，形状；外表；描绘"，等同于"像"（728e）（《说文》）"形象；类似；描绘"，克钦语 k'raŋ "形状，形象，外形"，lup-krɔŋ "坟墓顶上的雕像、肖像"；原始汉语 *ʔs-glįaŋ；原始汉藏语 *(s-)kraŋ。

（71）訟（1190b）*ʔsglįuŋ/zįwoŋ(A,C) "提出诉讼，爱争吵的，训斥"，同源词"鬨"（1182q）*g'luŋ/ɣuŋ(C) 和 *g'rŭŋ/ɣåŋ(C) "争吵，对抗"；雷布查语 kro:ŋ "大声，吵闹"，藏语 'kr'ug-pa "被干扰；争吵，对抗，斗争；混乱，吵闹，战争"；原始汉语 *ʔs-gruŋ；原始汉藏语 *(s-,a-)kroŋ。

（72）颂（1190d）*ʔsglįuŋ/zįwoŋ(C) "颂词，颂扬"，同源词：藏语 sgruŋ-pa "混合，捏造，伪装"，sgruŋs "寓言，传说，故事"（包拟古 1973:394 所引述）；雷布查语 kryoŋ "赞扬，表扬"，tə-kroŋ "赞扬，认可"，克钦语 dəgraŋ "夸张，吹牛"；原始汉语 *ʔs-glįôŋ；原始汉藏语 *(s-)groŋ。

E. *ʔkl-~*ʔgl-/ŋ-:

（73）岑（651t）*ʔklįəm/ŋįəm(B) 和 *ʔsk'lįəm/ts'įəm(A) "河边的高堤"，*sg'rįəm/dz'įəm(A) "小高山"，同源词：藏文 'gram "岸，河堤"；原始汉语 *ʔs-grįəm；原始汉藏语 *(s-a-)gram。反对白保罗（1976b:6）：今 *ʔkįəm。见上文 #1, #23, #56（声符是"今" *klįəm 的字）。

（74）颔（651n'）*g'ləm/ɣâm(B) "下巴；使消瘦，苍白（尤指脸色）"；*ʔgləm/ŋâm(B) "点头"，藏语同源词 'gram-pa "面颊"，'gram-rus "颧骨，下巴"，mur-'gram "下巴，下颚骨"；原始汉语 *g'ləm；原始藏缅语（喜马拉雅语）*s-gram "面颊"（马提索夫 1976：269）；原始汉藏语 *(s-)gram，带或不带"身体部位"前缀 *s-。表示"消瘦，苍白"意思的有：克钦语同源词 grəm "变瘦，皮包骨的"，grəm-grəm "瘦，极瘦，皮包骨";原始汉藏语 *grəm。表示"点头"的有:等同于同源词"颔"(652j)*ʔgləm/ɣ̂m(B),克钦语同源词 gram "弯腰";原始汉藏语 *(a-)grəm。

(75)愕(788h)*ʔklâk/ŋâk "害怕",相当于"噩"(768a-c)"害怕"(《说文》),恪(766g)*k'lâk/k'âk "尊敬,恭敬的",同源词"嚇"(779b)*s-k'răk/xɒk 和 *s-k'răgxa(C) "害怕",虩(787d)*s-k'liǎk/xiɒk "害怕",蒦(778a)*s-k'li̯wak/xi̯wak "害怕"(比较上文 #2),愬(769b)*sgrěk/sak "害怕"(见杨福绵 1975:13-14);藏语 skrag-pa "使害怕,怕,恐怕;凑合",dkrog-pa "惊醒,凑合",藏缅语 krauk~k'rauk "害怕";原始藏缅语 *grâk~*krâk "害怕,惊吓"(STC:159);原始汉语 *(s-)krǎk;原始汉藏语 *(s-)grâk(白保罗 1976a:189)。其他带有声母 *ʔkl-~*ʔgl- 的字见 #9,23,52,64,66,67,68。

F.*s-kl-, *s-k'l-, *s-gl-, *s-glyi̯-/ʔ-, x-, s-, ś-:

(75a)厌(616c)(*s-kli̯am/ʔi̯äm(C) "满足")*s-kli̯ap/ʔi̯äp "压;压制;压下,压平",同源词"压"(616h)*s-klap/ʔap "压下,压上",等同于"押"(629h)"盖章,盖上印章(即压下)";藏语 glem-pa "压,挤压;压碎,压扁",gleb-pa "弄平,弄扁",雷布查语 gryəm "压下";原始汉语 *s-kl(i)am~*s-kl(i)ap;原始汉藏语 *(s-)gliam。下面的词条同样以"甲"为声符:

(76)匣(629e)*g'rap/ɣap,李方桂 *grap "盒子",同源词"匥"(630j)*k'liap/k'iep "储藏;盒子",等同于"箧"(630o)"盒子;篮子";藏语 sgrom "盒子,箱子,柜子",sgrom-bu "小盒子,小箱子",sgam<*sgram(?) "箱子,盒子,柜子";原始汉语 *klam(+后缀);原始汉藏语 *(s-)gram。

(77)陰(651y)*s-kli̯əm/ʔi̯əm(A)"阴影,黑暗;阴天",同源词"暗"(653h)*s-kləm/ʔâm(C)"黑暗",等同于"闇"(653i)(B,C)"黑暗";

藏语 'grib-pa "变少，变暗，变黑"，sgrib-pa "变黑，变模糊；暗，模糊，黑"；原始汉语 *s-klịəm；原始汉藏语 *s-grim~*s-grip。

（78）歆（651i'-j'）*s-klịəm/ʔịəm(B) "喝"，《说文》等同于 "飲"（654a）(B) "喝"，等同于 (C) "给喝"，厦门话 lim(C) "喝"，藏语同源词 skyem-pa<*sklem- "渴，喝"，skyems "渴，喝，饮料"，skom<*sklom- "渴；喝"，skam-pa<*sklam- "渴望；愿望"，同源词也可能是 skem-pa<*sklem-，过去时 bskams，未来时 bskam，命令式 skoms "使干，瘦；干，干涸"；雷布查语 hlo:m<*k'lom "使干（就像把湿的东西放在火边）"；原始汉语 *s-klịəm；原始藏缅语 *s-klem~*s-klam。可能的同源词见 #1。

（79）饏（KYSH 68）ʔịɒŋ（A）<*s-klịǎŋ "满意。满足"，《说文》餭（KYSH ibid）是异体字；同源词 "脹"（KYSH 530）ȶịaŋ(C)<*sklịaŋ "被满足"，张（721h）*sklịaŋ/ȶịaŋ(C) "鼓出，自负；想要大便"（见上面 #18）；藏语 'graŋ-ba "吃得满意，满足"；原始汉语 *s-klịaŋ；原始汉藏语 *(s-,a-)graŋ。另外饏的声符是 "景"（755d）*klịaŋ/kịɒŋ(B) "明亮"。《汉文典》中 "影" 756a 排在 755 之下，拟构为 *s-klịaŋ（高本汉 *ʔịaŋ）/ʔịɒŋ(B) "影子"，同源词 "景"（755d）（见上文，还有另一种意义：）"影子；按影子测量"。

（80）嬰（314a-b）*s-klịěŋ/ʔịäŋ(A) "项链"，同源词 "领"（823f）*glịěŋ/lịäŋ(B) "脖子；领子"（比较上面 #43）；另一个有相同声符 "嬰" 的字是 "癭"（814d）*s-klịěŋ/ʔịäŋ(B) "肿块，肿胀"，显然和 #44 "疮" *sk'rịaŋ "肿块，肿" 是同源词。比较 #120。

（81）噎（957b）*s-krɛg/ʔǎi(C) "打嗝"，也是 *s-klịəg/ʔi(A) "哎呀！噢！"，藏语同源词 sgreg-pa "打嗝，嗝"；原始汉语 *skreg；原始汉藏语 *sgrek。

（82）亿（957e）*s-klịək/ʔịɔk "亿，很大的数字"，藏语同源词 k'ri，k'ri-k'rag "万；无数"；原始汉语 *s-klịək；原始汉藏语 *(s-)krik。

（83）奥（1045a）*s-krôg/ʔau(C)"房子的东南角"，同源词"窔"（1166z）*s-kliog/ʔieu(B)"房子的东南角"，藏语 k'ug, k'ugs, *k'lug-"角落，角"；原始汉语 *s-klog；原始汉藏语 *(s-)klôk。其他声符是"交"（1166a-b）*krǒg/kau(A)"交叉，交换"的字有：

（84）交（1166a-b）*krǒg/kau(A)"交叉，交换；参加；有关"，藏语 'grogs-pa"联合，参加"，grogs"朋友，联合，合作"，比较汉语"至交"（t̂i̯ěd/tśi[A]- *krǒg/kau[A]）"紧密联合，亲密朋友"；另外还有：勠（1069j）*gli̯ôg/li̯ə̯u(A,C) 和 *gli̯ôk/li̯uk"联合力量"；原始汉语 *krog~*gri̯og；原始汉藏语 *grok。

（85）皎（1166x）*kliog/kieu(B)"明亮"《说文》等同于"皓"（1166y）"明亮"，藏语同源词 bkrag, krag"明亮，光泽"；原始汉藏语 *(-)krok。

（86）嘑（55i）*s-k'lo/xuo(A)"喊，咒骂"，等同于同源词"呼"（55h) (A,C)"喊叫，喊"，藏语同源词 sgra"声音，噪音，响声"，怒语 kəla<*kla"噪音"；克钦语 šəga（来自 ga"说"）"召唤，叫"，šəga u"大声呼喊，制造噪音"；原始汉语 *s-k'lo；原始汉藏语 *s-grâ。

（87）虎（57b）*s-k'lo/xuo(B)"老虎"，原始彝缅语同源词 *(k-)la，这是一个早期借自于孟 - 高棉语 k'la~kla 的词；原始汉语 *s-k'lâ（白保罗 1976a:187）。

（88）總（KYSH 1058）xuən(B)<*s-k'lwən"系（结）"，声符"悤"（KYSH ibid.）luən<*glwən"不尊重规则或礼仪；傲慢；无知举动"，基本的声符是"卵"（179a）*glwân/luân(B)"蛋，卵"（注意最后 *-wân~*-wən 的转换，在其他地方也有发生，如 GSR 227a-b 员 *gli̯wan/ji̯wän 和 *gli̯wən/ji̯uən），同源词"鲲"（417i）*klwən/kuən(A)"鱼卵"，毈（KYSH 258）d'uân(B) <*sg'lwân"未孵化的卵（《说文》）"；雷布查语 gryul, pə-gryul-lo"椭圆形"；原始汉语 *s-glwân~*(s-)klwən；原始汉藏语 *(s-)glwən。词条 417-i 中间的 -l- 可以依据以下证据还原：混（417k）

*g'lwən/ɣuən(B) "混乱，混乱的（即无秩序）"，同源词"乱"（180c）*glwân/luân(C) "杂乱，混乱"（再次注意 -wân~-wən 的转换）。我们还要比较"焜"（417 1）*g'lwən/ɣuən(B)、*klwən/kuən(A) "火焰，点亮"和藏语 sgron-pa "点亮，点燃"，sgron-ma "灯，灯笼，火炬"；原始汉藏语 *(s-)gron。

（89）血（410a-c）*s-k'liwet/xiwet "血"，同源词"膟"（498h）*gli̯wət/li̯uět "肠周围的脂肪；用来血祭的肉（《说文》）"，臂（KYSH 256）ljwi(C)<*gli̯wəd "血牲（《说文》）"，比较"膫"（1151p）*gliog/lieu(A) "肠周的脂肪（《说文》）"带有舌根音 -g；白保罗的原始藏缅语（STC：51）*s-hywəy，原始汉藏语 *s-hywəy-t；马提索夫在（1976：273）中记录，依据 *gli̯wət 修订其形式应该是像 *s-lywəy-t。很多泰语方言也都有声母 l-，如武鸣土语 luat，摆夷语 lɣt，掸语 löt，通用泰语li̯ət "血"（西田 1960:44）；根据原始汉藏语 *s-klywəy-t 我把原始汉语拟构成 *s-k'liwet。

（90）釁（446a-b）*s-k'li̯ən/xi̯ɛn(C) 和 *s-k'li̯ɛn/xi̯ěn(C) "在祭品上涂血"，等同于《说文》衅（447a）。明显是同源异形词 *s-k'liwet "血"不带有中间的字母 -w-，同时尾字母在 -n 到 -t 之间进行转换：*s-k'li(w)ɛn~*s-k'liwet。

（91）恤（410e）*s-gli̯wět/si̯uět "关心，同情，悲伤，焦虑；关照，热心"，藏语同源词 glod-pa "使舒适，安慰；使振奋"；原始汉藏语 *(s-)gl(y)ot。（比较"慰"（525d）*s-ki̯wəd（<*kli̯wəd?）/ʔjwęi(C) "舒适，纾缓"）。

（92）洫（410d）*s-k'li̯wět/xi̯uět(?) 和（同一图表）（930a）*s-k'li̯wək/xi̯wək "水道，护城河，沟渠"，同源词"埒"（299d）*gli̯wat（高本汉 *li̯wat）/li̯wät "水道，河床；堤坝"，减（929l）*s-k'li̯wek/xi̯wək "护城河"，藏语 grog-po "深谷，山谷，侧面的山谷"，grog-tś'u "小溪，小河"；克钦语 k'yɔk<k'rok(?) "失望，空的，沉没，低的"；

371

原始汉语 *s-k'li̯wət~*s-k'li̯wək；原始汉藏语 *(s-)krok。

（93）邺（410f-h）*s-gli̯wět/si̯uět，借自 *s-glwət/suət "刮，刷"，同源词 "刷"（298a）*sgri̯wat（高本汉 *si̯wat）si̯wät 和 sgrwat/swat "刮干净，刷"，刮（302n）*krwat/kwat，李方桂 *kwrat "擦亮，刮"，比较藏语 'drud-pa 和 'brud-pa "除掉，冲刷，擦亮"；原始汉语 *s-grwət；原始汉藏语 *(s-)grot(?)。

（94）险（613f）*s-k'li̯am/xi̯äm(B) 和 *s-k'li̯ăm/xi̯ɒm(B) "险峻的，危险的山谷，危险，使危险"，同源词 "岩"（607l）*ʔkram/ŋam(A) "多岩石的，高耸的；险峻的"，嵒（673a）*ʔklɛm/ŋăm(A) 和 *ʔkli̯əm/ŋi̯əm(A) 以及（KYSH）*ʔkləm/ŋâm(A) "险峻的，危险地"，异体字 "喦"（KYSH 501）：这两个字的声符可能都是 "品"（669a-d）*p'-gli̯əm/p'i̯əm(B) "种，类，等；度"（注意前缀 *p-；也同 "临"（669e）*gli̯əm/li̯əm(A)"靠近，去"。比较，藏语同源词 'grim-pa[有时写作 'brim-pa]"去，走"，克钦语 k'rum "遇见，聚集"；原始汉藏语 *(p-,a-)grim）；原始汉语 *(s-,a-)kli̯əm。

（95）拹（639d）*s-k'li̯ăp/xi̯ɒp "打破"，同源词 "拉"（641l）*gləp/lâp "打破"，克钦语 k'yep<*k'rep(?) "打破；缩小成小片或碎块"，擸（1254a）lâp<*gləp "打破"（这个词应该放在 GSR 639 l 之后），克钦语 k'yep<*k'rep(?) "打破；使缩成小块"，ʔək'yep "打破，如面包屑"；原始汉语 *s-klap；原始汉藏语 *(s-)krap。

（96）脅（639e）*s-k'li̯ăp/xi̯ɒp "体侧；肋骨"，克钦语同源词 gərep "胸侧"，gərep n-ra "肋骨"，那加语 s-rap "肋骨"，米基尔语 rèp "肋骨"。包拟古（1973：385）说："然而，这看起来很难将汉语 '体侧，肋骨' 同 '脅'（639-e）xi̯ăp 联系起来"；很明显他由于疏忽错过了 1254a。现在我们能把原始汉语拟构为带有 "身体部位" 前缀 *s- 的 *s-kli̯ap，把原始汉藏语拟构为 *(s-)g-rep。

（97）惵（KYSH 1021）xi̯ɒp<*s-k'li̯ăp "用力量威胁"，克钦语同源

词 k'rim "威胁", ʔəkʻrim "威胁；威胁以警告"；原始汉语 *s-kʻli̯ap（＋后缀）；原始汉藏语 *(s-)kʻrem。

（98）翕（675q）*s-kʻli̯əp/xi̯əp "联合，和谐；一致"，同源词 "合"（675a）*gʻləp/ɣập "参加，联合；和睦；同意"，洽（675m）*gʻrɛp/ɣăp，李方桂 *grəp 借自 "符合，和谐的；联合，集合"，等同于同源词 "祫"（675n）"统一的祭祖，全体地"，劦（639a）*gʻliap/ɣiep "集中力量"，等同于 "协"（639b）"和睦；一起，一致"，欒（609j）借词 *glâm/lâm(B) "参加，联合"，克钦语 kʻrim "一致行动，同时，符合"，kʻrip "一致，和谐，和睦，同意"，雷布查语 kryo:m "联合，一致行动，同意，符合"，比较藏语 'tśʻam-pa<*'kʻlyam-(?) "一致，同意，赞同"；原始汉语 *s-kliap~*(s-)kliam；原始汉藏语 *(s-)kriem~*(s-)kriep。

（99）歙（KYSH 160）xi̯əp<*s-kʻli̯əp，李方桂 *hrjiep/śiäp "吸鼻子，用鼻子呼吸"，同源词 "歆"（KYSH 1021）xi̯ɒp<*s-kʻlĭăp "吸气"，吸（681j）*s-kʻli̯əp/xi̯əp "吸入，吮吸"，噆（660o）*skrəp/tsập "（蚊子）叮，吸"，雷布查语 kryup "吸干"，hryup "大声吸入"，原始汉语 *s-kʻli̯əp；原始汉藏语 *(s-)kryup；比较原始苗瑶语 *sruup "吮吸"（马提索夫 1976：286）。

（100）廞（652l）*s-kʻli̯əm/xi̯əm(A) "展示，陈列；为战争准备战车（《说文》；开始（《尔雅》））"；借词（？）"多岩石的，险峻的（《广韵》）"（见 #94）"，藏语同源词 'grem-pa，过去时 bkram "按顺序放，展开，陈列"；原始汉语 *s-kʻli̯əm；原始汉藏语 (s-,a-)grim；白保罗（1976a:187）原始汉藏语 *(s-,a-)grəm。

（101）觳（1125g）*s-kʻrŭk/xâk 和 *s-kʻluk/xuk "吐"，同源词 "喀"（776oʼ）*kʻrăk/kʻɒk "吐出，呕吐"，藏语 skyug-pa<*sklug- "呕吐"；原始汉藏语 *s-kluk（白保罗 1976:187*s-kluˑk）。

（102）戆（1015e）*s-kʻluŋ/xuŋ(A) 和 *s-kʻlộŋ/t̂ʻâŋ(C) "愚蠢"，同源词 "惷"（1192d）*s-glyi̯uŋ/śi̯woŋ(A)，*skʻli̯uŋ/t̂ʻi̯woŋ(C)，*skʻlŭŋ/

t'åŋ(A)"愚蠢"。1015-e 的声符是"降"（1015a-c）*krôŋ/kåŋ(C)"下降"，
1015-d 泽应该拟构成 *g'lôŋ/ɣuoŋ(A)、*g'rôŋ/ɣåŋ(A)、*g'luŋ/ɣuŋ(A)、
*krôŋ/kåŋ(C)"淹没"，同源词"洪"（1182o）*g'luŋ/ɣuŋ(A)"洪水"，
（1172v）*krǔŋ/kåŋ(A)"长江，河"，藏语 kluŋ，tś'u-kluŋ"河"；原始汉
藏语 *kluŋ。更多细节见杨福绵（1975:13-14）。此外表示"愚蠢"的还
有："瞳"（1188s）*sk'luŋ/t'uoŋ(A)"无知"。比较 #124。

（103）好（1044a）*s-k'lôg/xâu(B)"好"，*s-klôg/xâu(C)"爱，喜
欢"，借自"拿"（同源词"窾"1161-h*k'liog/k'ieu(C)"拥有，开放"），
同源词"休"（1070a）*s-k'li̯ôg/xi̯ə̯u(A)借词"好，优秀"，毂（1226i）
*kluk/kuk 借词"好；待遇好；幸运"，雷布查语 gro:k"使好，正确，
适合；健康"（比较上面 #26），克钦语 grak"使好，好的，美好的"，
k'rak"使好"；原始汉语 *s-k'log；原始汉藏语 *(s-)grok。比较 #122。

（104）嚛（KYSH 232）xuk<*s-k'luk"大声唱"，声符和同源字都是
"樂"（1125a）ʔgrǒk/ŋåk、*glåk/lâk、*ʔgrǒg/ŋau(C)"音乐（第一种读音）；
欢乐，喜悦"，比较藏语 sŋags"咒语"，可能借自上古汉语。

（105）謞（1129t）*s-k'rǒg/xau(C)"喊"，等同于《说文》嗃（1129x）
"颤抖的声音"，等同于同源词"嚣"（1129b）(A)"发声"，譹（1129z）
*g'log/ɣâu(A)"喊"，哮（1168d）*s-k'rog/ɣau(A,C)"吼，喊"，虓（992v）
s-k'lôg/ɣau(A)"虎啸"，嘷（1040d）*g'lôg/ɣâu(A)"嚎叫，喊"，号
（1041p）*g'log/ɣâu(C)"大声喊，哀号"，藏语 'k'rog-pa"吼叫，急促，
发嗡嗡声，哼"，'k'rog-k'rog"吼叫，急促，嗡声"，sgrog-pa"叫，喊"，
原始汉语 *s-k'rog；原始汉藏语 *s-krok~*s-grok。见上文 #7。

（106）烘（1182r）*s-k'luŋ/xuŋ(A)"烧"，同源词"炌"（KYSH 3）
tś'i̯woŋ(A)<*s-k'lyi̯uŋ"用热量蒸发"，克钦语 səgruŋ"烧，火焰，火"，
比较藏语 sgron-pa"点灯，照亮"，原始汉语 *s-k'luŋ；原始汉藏语
*s-gruŋ。

（107）訇（1252b）*s-k'lwɛŋ/xwɛŋ(A)"噪音"，等同于《说文》

"轰"（KYSH 984）"运货车或战车的隆隆声"，同源词"閧"（1182p-q）*gʻluŋ/ɣuŋ（A）、*gʻrŭŋ/ɣǎŋ(C)"争吵，对抗"，雷布查语 kro:ŋ "高声，吵闹"，gro:ŋ~graŋ "同时喊叫或吵闹"；原始汉语 *gluŋ~*s-kluŋ；原始汉藏语 *(s-)gruŋ。

（108）線（237e）*s-glian/si̯än(C)"威胁"，等同于《说文》"綫"（115r），藏缅语同源词 kʻjań, kʻrań "威胁"；原始汉语 *s-glian；原始汉藏语 *(s-)kran。比较 #66。

（109）酸（466eʹ）*s-glwân/suân(A)"酸"，同源词"餕"（468x）*ʔskli̯wən/tsi̯uěn(C)"剩饭"，嫒（256cʹ）*s-kliwan/ʔiwen(C)"坏，馊（尤指食物）"，藏语 skyur-ba<*sklur "酸"，skyur ʼdźug-pa "变酸"，藏缅语 kʻjań~*kʻran "酸的"，kʻjań- "微酸的"；原始汉语 *s-klwân~*s-klwən；原始汉藏语 *(s-)kl(w)ân ~*(s-)kl(w)ən。比较 #62，63。

（110）飒（694h）*s-gləp/sập "风的呼啸声"（应该列在 GRS 694 之后），声符"立"（694a）*gli̯əp/li̯əp "站立"；同源词"泣"（694h）*kʻli̯əp/kʻi̯əp "哭，哭泣"，原始藏缅语 *krap；原始汉语 *s-kləp（*s-gləp 显示第二种读音）；原始汉藏语 *(s-)krap（白保罗 1972：38）。

（111）朔（769a）*s-glâk/sâk 和（KYSH 239）sâk<*s-grâk "每月的第一天"，藏语同源词 zla-ba "月"，克钦语 šəta<*s-kla<*sgla；原始汉语 *s-gla-k（带有后缀 (?)-k）；原始藏缅语 *s-gla（STC:42 fn.137）；原始汉藏语 *s-glâ(-k)。

（112）愬（769b）*s-glâg/suo(C)"通知，解释"，等同于《说文》"诉"（792j）及其异体字"謵"（769c）"指责；通知"，藏语同源词 sgrog-pa，过去时 bsgrags "叫，喊叫；出版，正式宣布；喊，尖叫"，藏缅语 krak "荣誉，名声"；原始汉语 *s-glâk（＋后缀）；原始汉藏语 *(s-)grâk（白保罗 1976a:189）。也见 #7，75，105 以及杨福绵（1975:14）。

（113）遡（769d）*s-glâg/suo(C)"迎着朝上走"，等同于《说文》"溯"，"泝"（792h,i）"逆着流水"（遡的声符是 788 屰 *ʔgli̯ǎk），同源

词"逆"（788c-e）*ʔgliǎk/ŋi̯ɒk"逆行；反叛；迎着；接"，同源词和同源异形词"迎"*ʔgli̯ǎn/ŋi̯ɒŋ(C)"迎上去；接"，同源词"佫"（766x）*krǎk/kɒk"去"，骆（766n'）*ʔgrǎg/ŋa(C)"迎上去"；原始汉语*(s-,a-)gl(i̯)aŋ~*(s-,a-)gl(i̯)ak。

（114）索（770a）*s-glâk/sâk"拧绳子；绳；线"，同源词"络"（766o）*glâk/lâk"丝线，细绳；缰绳"，绞（1166k）*krǒg/kau(B)"扭，绞"，校（1166i）*krǒg/kau(C)"脚镣"，缴（1258e）tśi̯ak<*skly̯i̯ok"系在箭上的绳子"，声符是"敫"（1162a）*kliog/kieu(A)"照耀；明亮"（见#7）s，藏语grogs"细绳，绳子，镣铐"，sgrog-pa，过去时bsgrags，未来时sgrag"绑上"，'grogs-pa"绑上，系上"（见#60）；原始汉语*s-grâk(或*s-glâk)；原始汉藏语*s-grâk（白保罗1976a:188）。

（115）醒（812b'）*s-glieŋ/sieŋ（A,B,C）"从酒醉中清醒"，克钦语同源词kriŋ"一次酒醉后清醒过来"，tšʻəkriŋ"清醒，正常"，griŋ"意识和理解力都正常"，比较藏语sgrin-po"明智的，灵巧的，聪明"；原始汉藏语*(s-)griŋ。另外：比较"聆"（KYSH 1037）lieŋ（A)<*glieŋ"听见，听"，听（835d'-e'）*skʻlieŋ/tʻieŋ(A)"听到"，等同于(C)"听，承认"，圣（835z-b'）*s-gly̯i̯ěn/si̯än(C)"圣人"。拟构了*skl-类型的声母，也要比较"莛"（835l）*sgʻlieŋ/dʻieŋ(A)"主茎，茎"，同源词"茎"（831u)*gʻrěn/ɣɛn(A)"主茎"，梃（835j）*sgʻlieŋ/dʻieŋ(B)"棒，棍"；桯（835y）*sgli̯ěn/i̯än(A)"柱子"，同源词"量"（738a）*gli̯aŋ/li̯aŋ(A)"梁；桥，杆"。

（116）啸（1028f）*s-gli̯ôg/si̯ɒu(C)"低吟；呼啸"，等同于《说文》歗（1028g）"哀号"，同源词"咻"（1070g）*s-kʻli̯ôg/xi̯ɒu(A)"吵闹"，嫪（1069a)*gli̯ôg/li̯ɒu(C)、*gli̯ôg/li̯ěu(C)、*gli̯og/li̯äu(C)"风啸"，窼（929m）*s-kʻli̯wək/xi̯wək"啸（风）"，雷布查语hryuk，tə-hryuk"呼啸"，tə-hryuk mat"啸"，藏语šugs-sgra<*sryugs-"呼啸"，šugs-pa"低吟"；原始汉语*s-gli̯ôk；原始汉藏语*(s-)gryuk。其他用以拟构*s-gl-的

证据：萧（1028i）*s-gliôg/sieu(A) 借词"孤单的，安静的"，同源词"寥"（1069n）*gliôg/lieu(A)"空的，孤单的；安静的"（注意相同的韵尾和相同的声调）。

（117）粟（1221a）*s-gli̯uk/si̯wok"带壳的谷物（大米或小米）"，同源词"榖"（1226i）*kluk/kuk"谷物"，殼（1226a）*k'ruk/k'åk"空壳，空的"。

（118）速（122i-j）*s-gluk/suk"迅速，快；紧要；邀请"，同源词"諫"（1222g-h)*ʔsk'li̯uk/ts'i̯wok"催促"，等同于"促"（1219d）"催促，紧迫"，勩（1217a）*s-k'li̯uk/xi̯wok"催促，同时；施压"，同源词和同源异形词是"騋"（1222 1）*s-li̯uŋ/si̯woŋ(B)，*s-glug/səu(B)"摇马衔铁让它快跑；催马"，嗾（1206g)*s-glug/səu(B,C)，*ʔsk'lug/ts' əu(C)"催狗"，比较藏语 mgyogs-pa<*m-glogs-"快，迅速，飞速"，也比较 'k'yug-pa<*'k'lug-"跑，沿着飞奔"；原始汉语 *s-k'l(i̯)uk；原始汉藏语 *(s-,a-)kluk。

（119）升（897a）*s-glyi̯əŋ/śi̯əŋ(A) 借词"升起，升，起"，同源词"扖"（897e)*s-glyi̯əŋ/śi̯əŋ(A)，*sklyi̯əŋ/tśi̯əŋ(B)"举起，储存"，乘（895a-c）*sg'lyi̯əŋ/dź'i̯əŋ(A)"攀登，上升"，陵（898c-d）*gli̯əŋ/li̯əŋ(A)"高山，小山；增加"，拯（896i）*sklyi̯əŋ(B)"救，帮助；举起"，腾（893v）*sg'ləŋ/d'əŋ(A)"升起；升，增高"，兴（889a）*s-k'li̯əŋ/xi̯əŋ(A)"举起，提升，升高；开始；激发"，藏语 sgreŋ-pa"提升，上升，举起，支持"，'greŋ-pa"站起"，雷布查语 hro:ŋ"起来，上升"，hryo:ŋ"向上给（给高处某人东西；）导致上升"，比较克钦语 greŋ"在或站成队"；原始汉语 *s-kli̯əŋ~*s-gli̯əŋ；原始汉藏语 *(s-)greŋ。在 GRS 898 中舌根音声母 *g- 的拟构还有更深入的证据，见下面词条：

（120）凌（898f）*gli̯əŋ/li̯əŋ(A)"冰"，同源词"冷"（823h）*glieŋ/lieŋ(B)、*glăŋ/ləŋ(B)"冷"（7551）*gli̯aŋ/li̯aŋ(A)"寒冷的，寒冷"，"冰"（899b）*p-gli̯əŋ/pi̯əŋ(A)"冰"（*p- 可能是一个前缀：比较 #28, 46, 94

和白保罗 1976b:12)。也要比较：凌（898f）*gli̯əŋ/li̯əŋ(A)"虐待，压迫"，等同于"陵"（898c-d）"侵占；盗用；骚扰，压制；侮辱"，冯（899d）*b-gli̯əŋ/b'i̯əŋ(A)"虐待；侵占；生气；上升"；借词"满，坚实的"，《说文》"盈"（815a-b）*sgli̯ěŋ/i̯äŋ(A)"满，填满"，然而白保罗拟构为*[sbl]i̯eŋ< 原始汉藏语 *(s-)bliŋ（白保罗 1976a:189）。但比较看来 *sgli̯ěŋ 更合适：桯（835y）*sgli̯eŋ/i̯äŋ(A)"柱子"，等同于《说文》"楹"（815c）"柱子"（参见 #115）；原始汉语大概是 *(s-,b-)sliŋ。

（121）收（1103a）*s-gli̯ôg/śi̯əu(A)"接，拿；收集，接收；收获"，声符是"丩"（1064a）*kli̯ǒg/ki̯ěu(A)"扭，拧"（《说文》樛 1069-h*kli̯ǒg/ki̯ěu(A)"扭"），同源词"叔"（1031b）*s-gli̯ôk/śi̯uk"收集；收获"，捄（1066g）*kli̯ôg/ki̯əu(A)"收集"，摮（1092a）*ʔsg'li̯ôg/dz'i̯əu(A)"收集，拿到一起"，秋（1092a）*ʔsk'li̯ôg/ts'i̯əu(A)"秋天（即收获季节），庄稼，收获"，稹（926e）*sgri̯ək/si̯ək"收割，收获"，等同于"啬"（926a），藏语 sgrug-pa"收集，采摘，捡起"；原始汉语 *s-gli̯ôk~*s-kli̯ôk；原始汉藏语 *s-gru:k。反对张琨和张谢贝蒂（1976a:348）："…'收集'，藏语 sgrug-pa，汉语"捄"*kjəug（K1066 g:*ki̯ôg），这里我们假定被 *s- 清化，随后再失掉 *sg->*sk->*k-"。我更倾向解释为 *kli̯ôg 是词根 *s- 是前缀，这在词根前有可能也有可能不发生。当它在词根前发生时，第一个辅音（舌根音）通过"二次浊化"的过程浊化（参见白保罗 1976a:184,fn.21）。

（122）鑠（1125o）*s-gli̯ok/śi̯ak 借词"美，好"，同源词"佼"，"姣"（1166e,f）*krǒg/kau(B)"美丽"，妖（1141d）*s-kli̯og/ʔi̯äu(A)"美，好，有魅力"，窈（1115i）*s-kli̯og/ʔieu(B)"美好"；原始汉语 *s-kli̯ok；原始汉藏语见 #103。反对杨福绵（1976a:#85）。

（123）烧（1164t）*s-gli̯og/śi̯äu(A)，李方桂 *hrjagw<*hŋrjagw(?)"烧"，同源词"燎"（1151e）*gli̯og/li̯äu(A,C)、*gliog/lieu(C)"燔祭（燃烧过用来祭神的物品）；火炬；火焰；烧；明亮"，樵（1148i）*ʔsg'li̯og/

dz'i̯äu(A)"燃烧（燃料）",焦（1148a）*ʔskli̯og/tsiäu(A)"烤，烧，烧焦",等同于"燋"（1148b）(A)"烤，烧",*ʔskliok/tsi̯ak,*skrǒk/tsåk"火炬",灼（1121f）*sklyi̯ok/tśi̯ak"烧，明亮",炙（791a）*sklyi̯ǎk/tśi̯ǎk、*sklyi̯ǎg/tśi̯a(C)"烤，炙",烙（766n）*glâk/lâk"烧",藏语 sreg-pa"烧毁，用火烧毁；烤，焙，炙",西部藏语 s̀rag-ts̀e"烧",康区藏语 ystrag-pa<*bskrag-"烧",Nornang ša-skrag"烤肉（肉 ša）",雷布查语 hryək 或 hryo:k<*s-k'rək 或 *s-k'ro:k(?)"烧，置于火上";原始汉语 *s-klok~*s-klâk;原始汉藏语 *s-krâk。下面是张琨和张谢贝蒂（1976b:19）给出的"烧"的拟构：*s-N-gjaug<*s-N-glaug< *s-N-graug<*s-N-draug<*s-N-raug,但是这缺乏证据,因为在其他地方没有中间鼻音（-N-）的反映形式,除了 GSR 1164,正如"尧"（1164a）*ŋiog/ŋieu(A)"高",可以拟构为 *ʔgliog(或 *ʔkliog)/ŋieu,是"翘"（1164h）*g'li̯og/g'i̯äu(A)借词"堆起;高;危险的"的一个同源词,等同于"乔"（1138a）"高,升高",等同于"侨"（1138c）"高,长",等同于"峤"（1138d）(A,B)"顶峰","恔"（1138i）*kli̯og/ki̯äu(A)"高,扬起头",等同于"挢"（1138j)(B)"举,升起,高"等。也见 #50,*gli̯ôŋ/li̯uŋ(A)"高",同源异形词 *ʔliog。

（124）舂（1192a-b）*s-glyi̯uŋ/śi̯woŋ(A)"用杵去掉谷物的外壳;在奏乐中打节奏的棍子",等同于同源词"捈"（1192c）"打,击",撞（1188f'）*sg'lŭŋ/d̑'åŋ(A)、*sg'lŭŋ/d̑'åŋ(C)"打,撞",椓（1218c）*sklŭk/t̑åk"打,撞",控（1172a'）*k'rŭŋ/k'åŋ(C)"打",敲（1129s）*k'rǒg/k'au(A,C)"打";原始汉语 *klŭŋ~*s-glŭŋ：*klŭk~*s-glŭk。见 #9。

后　记

　　2009 年 9 月，好久远的日子，我 31 岁。长期学习工作于陕甘宁的我终于在冯蒸老师的垂青下步入了北京的校园。也是春风得意，也是踌躇满志，但命运的安排谁又能看清。那年冬天来得特别早，11 月的一场大雪把来不及飘落的黄叶都冻死在枝头。我也患上了重感冒，当时不以为意，依旧熬夜、读书，求知似渴。人却一天天消瘦，厌食、脱发、失眠，后来发展到下肢水肿，前胸后背剧痛，因为躺下就无法呼吸，所以寒假前的两个月几乎都是坐着睡两三个小时。即使这样我也没有意识到问题的严重性，一直挺到寒假。家人在第一时间带我就医，医生安排我立即入院，确诊为系统性红斑狼疮，临床表现为肾炎、心包炎、胸腔积液、强凝血。各项指标都达到危重临界，医生连下病危通知。在大剂量激素连续冲击的功效下，几日内症状缓解，算是保住了命。之后就开始了漫长而痛苦的化疗治疗，还要承受激素和细胞毒素的双重副作用。无奈之下向学校提出了休学申请，2010 年开始休学，一整年后才重新回到学校。又由于英语公共课的问题，另用一年重新修满学分。

　　生病的日子是昏暗的，一种对疾病没法治愈随时会复发的恐惧更是如心头重石。我无数次想过退学，又无数次振作。这要感谢我敬爱的冯蒸老师，他没有给我一点点压力，让我专心养病。对于我这个跨专业的学生从未轻视，在别人看起来再简单不过的问题他都给予重视，诲人不倦。在我一次次要放弃的时候为我指点方向。经过几年的系统治疗，其间虽然有小的复发，但都能很快控制住，病情持续稳定。

2014年终于成功开题，着手毕业论文的写作。开始动笔才觉察，自己由于长期服用激素，严重伤害了记忆力和分析判断力。另外我吃一种叫作羟氯喹的药，影响视力视觉，出现视野缺失和眩晕、视物模糊等症状，导致我不能连续看电脑二十分钟以上，更不能看和制作各种表格。这两点使得我论文的进展异常缓慢艰辛。仍要感谢我的导师，为我指明研究的方向；感谢我的室友，哪怕是熬夜时的一杯热水；特别感谢任文博师妹，我的论文大部分是靠手写完成，是文博牺牲休息时间帮我录入电脑并编辑排版，太多感谢的话已是出口无言。

2016年，本书作为我的博士学位论文初次写成，我最终能完成论文还要感谢指导我开题和写作乃至答辩的各位校内外专家、老师。感谢郑张尚芳老师，耄耋之年仍不遗余力地帮助关心后辈成长。如今先生虽已乘鹤西去，但音容宛在。我对各位心怀感激感恩，不必一一指名。感谢我的工作单位宁夏社会科学院各位领导同事，无论我脱产上学还是休学养病，都给予我最大的关怀支持，你们是我强大的后盾。感谢李范文老师，没有您的认同举荐，就没有今天奋力拼搏的我。感谢我的家人，你们是我前进的最大动力，是我不放弃自己的绝对勇气，没有你们，我一步也走不下去。感谢我的医生宫怡，仁心仁术，十年如一日为我尽心尽力，保护我病弱的身体。我要感谢的人太多太多，感谢所有在我困难的时候伸出援手、不计得失的帮助我的人们。感谢陌生人一个微笑，感谢雨后的一道彩虹。感谢生命，感谢替我关门却又替我开窗的多舛又多彩的人生。

2019年，本书有幸被纳入"宁夏社会科学院文库"，并由社会科学文献出版社出版发行。感恩之余，我本着严谨的态度对原文进行了修订。修订稿承吴安其先生审读全文，指点拨正，使我受益良多，在此一并致谢。

图书在版编目（CIP）数据

　　汉藏语音韵对应研究：以杨福绵汉藏音韵研究成果
为例 / 王艳春著. -- 北京：社会科学文献出版社，
2021.1
　　（宁夏社会科学院文库）
　　ISBN 978-7-5201-7020-8

　　Ⅰ.①汉…　Ⅱ.①王…　Ⅲ.①汉语－音韵学－对比研
究－藏语　Ⅳ.①H11②H214.1

　　中国版本图书馆CIP数据核字（2020）第140104号

·宁夏社会科学院文库·

汉藏语音韵对应研究
　　——以杨福绵汉藏音韵研究成果为例

著　　者 / 王艳春

出 版 人 / 王利民
责任编辑 / 陈　颖

出　　版 / 社会科学文献出版社·皮书出版分社（010）59367127
　　　　　　地址：北京市北三环中路甲29号院华龙大厦　邮编：100029
　　　　　　网址：www.ssap.com.cn
发　　行 / 市场营销中心（010）59367081　59367083
印　　装 / 三河市尚艺印装有限公司

规　　格 / 开　本：787mm×1092mm 1/16
　　　　　　印　张：24.5　字　数：340千字
版　　次 / 2021年1月第1版　2021年1月第1次印刷
书　　号 / ISBN 978-7-5201-7020-8
定　　价 / 158.00元

本书如有印装质量问题，请与读者服务中心（010-59367028）联系